金融案件
司法观点集成

The Collection of Judicial Rules
in the Cases on Finance

主　编：孙彬彬

撰稿人：孙彬彬　邢昊然　沈蔼婷　沈天衣
李宏杰　陶　平　徐天合　姜明泽
张铁妹　王文娟

法律出版社
LAW PRESS·CHINA

序

在民商事争议解决领域，“金融纠纷”一直是法律从业人员及相关公众瞩目的焦点，也是一个历久而弥新的话题。随着金融市场的迅速发展、金融环境的显著变化，这种“新”更在近年来得到充分的彰显。

在社会现实层面，一方面，传统金融纠纷案件数量急剧增加，而专业程度高、社会关注密切、示范效应突出等因素，不断增大着金融审判所承受的压力；另一方面，诸如互联网金融、商业保理等领域的金融业务创新不断带来新的金融风险，“e租宝”、“中晋系”……或许头一天还风光无限，一夕之间便千夫所指，爆发巨量的金融风险。

在规范依据层面，金融领域相对频繁的立法与修法实践引起法律环境的不时变化，包括《证券法》《保险法》与《商业银行法》在内的金融法律法规的立、改、废，在引发广泛社会关注的同时，更不断对相关司法实践及法律从业人员提出更新、更高的要求。

作为衔接规范与现实的枢纽、化解金融领域纠纷的渠道，金融领域的争议解决也面临着（乃至既已发生了）深刻的改变。在积极探索多元化金融纠纷解决机制的同时，诉讼作为金融纠纷最主要、最具权威性的解决路径，仍然值得也需要对其中的重点与疑难问题进行深入研究，而裁判文书公开制度的推行与完善，也为这一项研究提供了宝贵的素材库。

基于长期以来的金融案件争议解决经验，和对金融领域商事争议解决的司法实践状况与发展趋势的观察、钻研，我们的律师团队在整理司法裁判规则、总结法律实务经验的基础上，完成了本书的编撰，以期与广大法律界同仁分享与交流。

本书在形式上围绕一个具有典型特征的“主案例”进行个案研究，将每一研究分为“裁判规则”、“案情简介”、“各方观点”、“法院观点”及“律师点评”四个主要内容，同时整理与“主案例”及相关法律问题有关的多个“关联案例”，供读者更全面、深入地了解相关司法裁判思路与规则；在内容上尽可能涵括了金融市场各主要领域的纠纷类型，依据证券、票据、信托、私募投资等金融产品类型与法律关系之不同进行体例编排。

在这样一种把已决个案作为起点、将未来个案作为目的的实务研究过程中，我们始终奉行着“提出问题—分析问题—解决问题”的务实态度。我们真诚希望，在您开展金融纠纷争议解决相关法律实务工作或法学学术研究时，这本书能提供些许助益。

最后，从本书开始编撰到最终付梓，得到了来自各方的帮助与支持，在此一并表示深深谢意。

孙彬彬

2016 年 5 月

于北京市中伦（上海）律师事务所

目　　录

第一章　票据

第二章　期货

第三章　融资租赁

第四章 私募投资

第五章 委托理财

第六章 信贷

第七章 信托

第八章 信用证

第九章 证券

第一章 票 据

一、持票人因重大过失持有票据不享有票据权利

关 键 词： 重大过失　票据权利　票据无因性　贴现

问题提出： 持票人因自身重大过失导致失票，其是否有权在票据贴现后向贴现人主张赔偿责任？

案件名称： A 银行股份有限公司长治市分行与长治 B 经销有限公司票据纠纷案〔1〕

裁判规则： 金融机构办理票据贴现业务未能尽到严格审查义务，导致对于瑕疵票据贴现，应承担过错赔偿责任，但持票人在失票后未能及时排查、发现工作中的漏洞并及时办理挂失止付或提起公示催告程序，致使失票风险转化为实际损失，其对于损害的发生也存在重大过失，故其应自行承担相应的损失。

案情简介

申请再审人（一审被告、二审上诉人）：A 银行股份有限公司长治市分行

被申请人（一审原告、二审被上诉人）：长治 B 经销有限公司

2007 年 1 月 21 日，长治 B 经销有限公司（以下简称 B 公司）因煤炭交易从邯郸钢铁股份有限公司受让一张票号 CB/0101746158 的银行承兑汇票。该汇票票面记载事项为：出票日期 2006 年 12 月 30 日；出票人邯郸钢铁集团有限责任公司；收款人邯郸钢铁股份有限公司；付款行中国农业银行邯郸市渚河支行；出票金额壹仟万元；汇票到期日 2007 年 6 月 29 日。原 B 公司财

---

〔1〕 最高人民法院（2013）民提字第 89 号。

务部长原某（2006年12月21日原某被任命为长治华明煤业有限公司副经理，原工作未进行交接）于2007年1月23日从B公司驻邯郸办事处主任处取走该支承兑汇票，并将该承兑汇票交给C银行长治市分行的李某，李某找他人私刻B公司的财务和法人名章进行汇票背书，后将该汇票交给A银行长治分行英雄路分理处的黄某，黄某联系D公司会计王某，言明利用其所在公司的账户办理贴现，王某同意并给黄某提供一份空白工业品买卖合同，黄某对合同内容进行虚假填写，后黄某持虚假买卖合同、承兑汇票及相关手续提交到A银行长治分行申请贴现。2007年1月30日A银行长治分行的银行承兑汇票贴现申请审批表上标明：经办为黄某，后A银行长治分行的营业部主任、客户经理、公司业务部主任、分管行长、行长均在该审批表上签字同意。同日协力公司与A银行长治分行签订银行承兑汇票贴现协议并予以贴现。2007年6月27日，B公司提起本案诉讼，要求确认其为CB/O101746158号银行承兑汇票的权利人，A银行长治分行将该汇票返还。

另查明，本案承兑汇票的流转过程为：出票人为邯郸钢铁集团有限责任公司，收款人为邯郸钢铁股份有限公司，邯郸钢铁股份有限公司背书给B公司，B公司背书给聊城公司（B公司公章及法人名章为李某找人私刻，刑事案件另查明聊城公司的公章及法人章亦为伪造），聊城公司背书给D公司。

诉讼中，B公司提起财产保全申请，一审法院于2007年6月27日作出（2007）长民初字第127号民事裁定，冻结了争议汇票。A银行长治分行提供担保，一审法院于2007年6月28日裁定解除了对该汇票的冻结，A银行长治分行于2007年7月4日申请该汇票出票行农业银行邯郸市渚河支行解付。同月B公司以本案相关证据涉及刑事案件的侦查尚不能对外公开、相关人员被立案侦查为由，申请中止审理，一审法院于2007年8月3日裁定本案中止审理。后原某因犯挪用资金罪、行贿罪被判处有期徒刑五年零六个月，李某因挪用资金罪被判处有期徒刑三年六个月，黄某被免于刑事处罚。2010年4月22日本案恢复审理。

B公司认为A银行长治分行在办理上述承兑汇票贴现业务时是先贴现后审查申请贴现人与前手之间是否具有真实的交易关系和债权债务关系，并且A银行长治分行的相关人员具体参与了伪造D公司与其前手聊城公司的基础交易合同及增值税发票的违法行为，由此足见A银行长治分行属违规操作，恶意贴现，其依法不享有票据权利。故请求人民法院判令：（1）依法确认A

银行长治分行不是票号 CB/0101746158 银行承兑汇票的票据权利人而 B 公司是该汇票的权利人；（2）A 银行长治分行依法向 B 公司返还票号为 CB/O101746158 的银行承兑汇票；（3）本案诉讼费用由 A 银行长治分行承担。

判决结果

一审判决：B 公司为 CB/0101746158 号银行承兑汇票的权利人；A 银行长治分行于判决生效后三十日内返还 B 公司一千万元。

二审判决：驳回上诉，维持原判。

最高院再审判决：（1）撤销山西省高级人民法院（2011）晋民终字第 62 号民事判决、山西省长治市中级人民法院（2007）长民初字第 127 号民事判决；（2）A 银行股份有限公司长治市分行于本判决生效后 10 日内给付长治 B 经销有限公司 84．88 万元及其利息（从 2007 年 6 月 29 日起至实际给付之日止，按照中国人民银行规定的同期贷款利率计算）。

各方观点

申请再审人（一审被告、二审上诉人）A 银行长治分行的观点：（1）本案汇票已经解付，票据权利消灭，人民法院通过损害赔偿调整双方权利义务关系，属于票据损害赔偿纠纷。本案再审审理各方对 B 公司票据项下损失的承担问题，并未超出原审审理范围。（2）检察机关在案发后为 B 公司追回赃款 151. 2 万元。李某利用本案 1000 万元汇票所得贴现款，购买 18 张共 800 万元小额汇票，通过原某交还 B 公司，B 公司也确认收到该 800 万元汇票。据此，本案 1000 万元汇票项下，B 公司损失至多 48. 8 万元。（3）由于 B 公司内部管理混乱，导致高级管理人员原某等犯罪金额高达 2900 余万元。自原某将涉案汇票交给李某，B 公司即失去对票据的控制权，此系造成本案 B 公司损失的根本原因，与 A 银行长治分行无关。（4）A 银行长治分行办理本案汇票贴现合法合规，不存在过错，并已经支付了票据贴现款，未谋取任何不当利益，不应对非因 A 银行长治分行贴现造成的损失承担责任。（5）本案中，B 公司对于损失的发生具有明显过错，且存在直接因果关系，B 公司应自行承担损失。

被申请人（一审原告、二审被上诉人）B公司的观点：本案属票据纠纷，应适用票据法相关规定判定诉争双方的票据权利人地位及相应的法律责任。B公司为涉案票据权利人，依法享有票据权利。长治分行办理案涉票据贴现中具有重大过错，属恶意取得票据，依法不应享有票据权利。其非法贴现取得票据及提供反担保解付票据后，应承担返还票据金额的付款人义务及票据债务人义务。B公司属刑事案件受害人并无过错，不应承担责任。另本案中B公司实际损失确为1000万元且该损失与本案诉争票据法律关系并无关联。长治分行以损害赔偿责任纠纷为由申请再审，改变了原审双方的诉争焦点及抗辩事由，混淆了本案基本法律关系，其再审请求及事实理由均已超出了原审审理范围，应予以驳回。

法院观点

一审法院观点：B公司提供了《工矿产品销售合同》《价格补充协议》及其向邯郸钢铁股份有限公司出具的增值税专用发票可以证明其与邯郸钢铁股份有限公司存在真实的交易关系，其票据转让符合《中华人民共和国票据法》第十条的规定，故B公司系CB/0101746158号银行承兑汇票的权利人。A银行长治分行辩称占有票据才可行使票据权利的理由一审法院不予采信。A银行长治分行的银行承兑汇票贴现申请审批表上表明黄某为经办人，故应认定黄某在办理上述业务时行使的是A银行长治分行的职务行为。黄某持虚假合同、承兑汇票及相关手续提交到A银行长治分行申请贴现的行为属恶意贴现行为，由此给B公司造成损失的责任应由A银行长治分行承担。A银行长治分行辩称黄某不是A银行长治分行的职工，其不是职务行为的理由不予采信。鉴于本案争议的承兑汇票已被A银行长治分行申请解付，B公司要求返还该承兑汇票已无可能，故应由A银行长治分行承担返还票据款1000万元。

二审法院观点：双方争议的焦点应为如何确定涉案票据的权利人及该票据被非法贴现后造成损失的过错责任。

关于涉案票据权利人，本案两审中，B公司均提供了《工矿产品销售合同》《价格补充协议》及其向邯郸钢铁股份有限公司出具的增值税专用发票，以证明其与邯郸钢铁股份有限公司存在真实交易关系，其票据转让符合《中华人民共和国票据法》第十条的规定，故B公司系涉案CB/O101746158号银行承兑汇票的权利人。

关于票据损失后的过错责任，B 公司员工原某在将涉案汇票交给 C 银行长治市分行员工李某后，其目的是让李某将该汇票换成多支小额承兑汇票，但李某将该汇票交给黄某，黄某在所接受汇票并无相关交易合同、增值税发票、完整背书的情况下，伪造上述材料，应李某之请将该汇票贴现，主观上属于恶意；上诉人 A 银行长治分行虽辩称黄某的行为属个人行为，其所在 A 银行长治分行英雄路分理处无贴现业务，但却在黄某以所在分理处员工身份办理贴现业务时，在贴现申请表上载明黄某为经办人，且在此后多个审批环节均因各审查人未尽严格审查义务，至汇票被非法贴现（黄某刑事侦查卷中载明，在涉案汇票贴现时无增值税发票的情况下，先行办理贴现，后补发票）；涉案汇票被贴现后，上诉人的承办人黄某伪造的票据权利人为 D 公司，但上诉人却将该贴现款 9864850 元转入李某指定的个人账户（刑事判决书记载），以致最终给票据权利人 B 公司造成损失。本案一审中该汇票被冻结，但在上诉人 A 银行长治分行担保并表示一旦将来判决其承担责任时，保证承担责任的前提下被解除冻结，此后，该汇票由上诉人向出票行解付，上诉人 A 银行长治分行取得了该票据利益，故应向票据实际权利人 B 公司承担赔偿责任。综上所述，一审认定事实清楚，适用法律适当，上诉人 A 银行长治分行的上诉理由与本院查明的事实不符，其上诉请求依法不应支持。

最高人民法院观点：本案的焦点问题，一是本案纠纷性质；二是本案中 B 公司的实际损失范围；三是当事人的民事责任承担。

（一）关于本案纠纷的性质问题

原审判决根据 B 公司取得本案所涉票据的合法过程判定其是票据的原权利人并无不当，但本案的一个重要事实是，该票据在 B 公司原工作人员原某挪用资金犯罪过程中已从该公司转移至李某手中，后李某采取私刻印章等手段将该票据连续背书转让给聊城公司、D 公司，并在 A 银行长治分行办理了贴现业务。至此，B 公司已成为形式上的票据背书前手而不是持票人。另根据中国人民银行《贷款通则》第九条规定，票据贴现，系指贷款人以购买借款人未到期商业票据的方式发放的贷款。中国人民银行《商业汇票承兑、贴现与再贴现管理暂行办法》第二条规定，本办法所称贴现系指商业汇票的持票人在汇票到期日前，为了取得资金贴付一定利息将票据权利转让给金融机构的票据行为，是金融机构向持票人融通资金的一种方式。由此可见，票据贴现实质是金融机构与持票人之间融通资金买卖票据的交易关系，这是贴现人与持票人之间形成的票据基础关系。贴现人支付了贴现款后享有票据权利，可以要求付款人付款，原票据权利人丧失票据权利。原审判决在本案所涉票据至诉前已办理了贴现业务、B公司已不是持票人，且A银行长治分行就同一张票据已向持票人（贴现申请人）支付了986.485万元贴现款的情况下，判令A银行长治分行再向持票人的前手B公司支付1000万元票据返还款显属不当，应予纠正。

B公司诉请依法确认其是涉案汇票的权利人，并要求A银行长治分行依法向其返还该汇票，其诉请内容包括确认之诉和给付之诉。本案所涉票据在诉讼数月前已经贴现完成，在此情况下，B公司关于要求A银行长治分行返还票据的诉请已无法实现，解决相关争议的办法只能是损害赔偿问题。本案一、二审法院均系在票据损害赔偿纠纷的审理范围内进行的审理，并依据解决票据损害赔偿纠纷的相关法律规定，即最高人民法院《关于审理票据纠纷案件若干问题的规定》第七十五条的规定，判令A银行长治分行向B公司支付1000万元款项。在一审、二审诉讼过程中B公司并未就人民法院对本案的审理范围提出异议，并进行了相应主张和诉辩。现A银行长治分行申请再审主张其不应按照原审判决向B公司支付1000万元款项，该诉请并未超出原审范围，B公司关于A银行长治分行的再审申请超出原审范围的答辩意见不能成立。最高人民法院《民事案件案由规定》中“票据损害责任纠纷”案由是“票据纠纷”案由的子案由，两者并不矛盾。票据损害赔偿请求权是普通的民事债权和票据权利都具有的侵权救济方式，本案在确定票据返还已不可能的情况下，应根据B公司的实际损失和综合考虑当事人的过错情况，确定其应承担的相关民事责任。

（二）关于确定本案B公司损失范围的问题

本案中，B公司的实际损失应为其丧失的1000万元汇票金额，在扣除其已收回的800万元汇票金额及检察机关退回赃款部分金额后所得的余额，即169.76万元。理由如下：

1. 根据已生效的山西省长治市城区人民法院（2007）城刑初字第235号刑事判决的内容，B公司包括本案所涉票据在内所形成的1000万元损失系因其工作人员原某非法挪用资金所造成。原某挪用资金的犯罪行为连续数次，只有本案中的损失涉及A银行长治分行办理的贴现业务，故在确定与A银行长治分行办理票据贴现业务相关的B公司损失时，应当针对该笔票据所形成的损失单独计算，不应当将与A银行长治分行无关的其他损失计算入内。

2. 本案中，原某将涉案汇票交给李某的目的，就为了是让李某将该汇票换成多个小额承兑票据并返还B公司，以弥补其之前挪用的800万元汇票所形成的欠款。李某在得到本案票据贴现款后如约购买了18支共计800万元的小额承兑票据，并通过原某返还给了B公司。B公司丧失1000万元汇票后又收回了800万元，其实际损失为200万元。

3. 在2006年由原某挪用资金向李某出借一张800万元的汇票未能归还的情况下，B公司已经发生了800万元的损失。尽管B公司称以本案收回的800万元弥补了2006年的损失，但因B公司2006年损失的800万元与A银行长治分行没有关系，故本案1000万元汇票项下的损失金额不包括此前800万元的损失。

4. B公司因原某犯挪用资金罪至案发有1000万元资金未追回，其中包括本案中B公司的实际损失200万元。现检察机关追回赃款151.2万元已发还B公司，即收回赃款部分占全案损失的15.12%。鉴于该赃款具体属于哪一笔被挪用资金的事实已无法核实，本院依照公平原则，按上述比例计算，得出本案B公司200万元损失应分摊的已追回赃款数额为30.24万元。故应认定本案中B公司所受的实际损失是169.76万元。

（三）关于双方当事人责任分担的问题

本案中B公司和A银行长治分行均存在一定过错，应公平地各半承担本案所涉票据损害赔偿责任。理由如下：

A银行长治分行在办理本案票据贴现业务中具有一定过错。李某将该汇票交给A银行长治分行英雄路分理处职员黄某后，黄某在无相关交易合同、增值税发票的情况下，为编造票据贴现业务所需资料提供帮助，并通过了该行相关业务部门的审核，致使该票据最终顺利贴现。本院认为，A银行长治分行办理贴现业务时，在贴现申请表上载明黄某为经办人，黄某的犯罪行为虽属个人行为，但因其作为A银行长治分行下属部门的工作人员，违反规定办理本案票据贴现业务，亦因A银行长治分行未能尽到严格审查义务，在业务办理及管理上存在一定过错，故依据最高人民法院《关于审理票据纠纷案件若干问题的规定》第七十五条关于“依照票据法第一百零五条的规定，由于金融机构工作人员在票据业务中玩忽职守，对违反票据法规定的票据予以承兑、付款、贴现或者保证，给当事人造成损失的，由该金融机构与直接责任人员依法承担连带责任”的规定，A银行长治分行应就其在本案中的过错行为对B公司的损失承担相应的民事赔偿责任。A银行长治分行关于“黄某的行为属个人行为，其所在A银行长治分行英雄路分理处无贴现业务；A银行长治分行办理本案汇票贴现合法合规，不存在过错，不应对B公司的损失承担责任”的诉讼请求及理由不能成立。

关于B公司的过错责任问题。山西省长治市城区人民法院（2007）城刑初字第235号刑事判决已查明，原某作为B公司财务部长，与李某共同、长期、多次挪用B公司大量资金。B公司对此失察、失控。在原某将本案汇票交予李某时，B公司发生资金损失的风险即已产生。B公司在失票后长达数月的时间内，未能排查发现工作中的漏洞并及时办理挂失止付或提起公示催告程序，致使失票风险转化为实际损失。根据《中华人民共和国侵权责任法》第二十六条关于“被侵权人对损害的发生也有过错的，可以减轻侵权人的责任。”的规定，因B公司对其损失的发生存在过错，故其应自行承担相应的损失。据此，基于本案的实际情况及过错认定，本院依据过错相抵原则，确认B公司和A银行长治分行对本案169.76万元损失应各承担50%的责任。

关联案例1

▶ **善意取得票据权利是否需承担前手票据流转过程产生的票据损害赔偿责任**

关 键 词：善意取得　票据权利　票据无因性　侵权责任

案件名称：济宁市E商贸有限责任公司与F银行合肥分行、G公司、H公司等侵权责任纠纷案

审理法院：

一审：山东省济宁市中级人民法院（2012）济商初字第61号

二审：山东省高级人民法院（2013）鲁商终字第139号

法院观点：票据属于无因证券，票据关系与基础关系相互分离，基础关系是否成立及其是否有效，并不影响票据关系的效力状态。G公司、H公司取得涉案票据时分别向前手支付了相应对价，依法善意取得票据权利，并有权向F银行合肥分行办理贴现，G公司、H公司的持票不存在恶意或重大过失情形。E公司的票据损失是因为在票据流转过程中王某未支付对价导致的，E公司应向王某主张票据损害赔偿责任，G公司、H公司不构成侵权。

关联案例 2

▶ **善意取得票据权利是否要求审查前手基础关系合法有效**

关 键 词：善意取得　票据权利　基础关系　审查义务

案件名称：泰州市 I 沥青储运有限公司与江阴市 J 橡胶化工贸易有限公司、江阴市 K 贸易有限公司票据返还请求权纠纷案

审理法院：

一审：江苏省无锡市中级人民法院（2011）锡商初字第 0109 号

二审：江苏省高级人民法院（2012）苏商终字第 0185 号

法院观点：《中华人民共和国票据法》第十二条第二款规定："持票人因重大过失取得不符合本法规定的票据的，不得享有票据权利。"而 K 公司在已经举证证实其取得汇票的票据关系合法成立的情形下，没有义务审查其前手 J 公司取得票据的基础关系是否合法有效。故应认定 K 公司是善意取得案涉票据权利。因案涉票据经流转之后最终由 K 公司持有，I 公司现作为 J 公司的前手，在未举证证实 K 公司是基于恶意或者重大过失取得票据的情形下，仅以 I 公司、J 公司之间无票据基础关系而否定 K 公司的票据权利缺乏法律依据。

关联案例 3

▶ **"明知前手票据转让没有支付对价"是否构成"重大过失"**

关 键 词：票据权利　重大过失　对价　明知

案件名称：肥城 L 开发有限公司与山东 M 轮胎有限公司票据纠纷案

审理法院：

一审：青岛市市南区人民法院（2013）南商初字第 20967 号

二审：青岛市中级人民法院（2014）青金商终字第 145 号

法院观点：《中华人民共和国票据法》第十条规定："票据的签发、取得和转让，应当遵循诚实信用的原则，具有真实的交易关系和债权债务关系。票据的取得，必须给付对价，即应当给付票据双方当事人认可的相对应的代价。"N 公司虽在本案汇票被背书人处签章，但其与前手 M 轮胎公司之间并不存在交易关系和债权债务关系，也未给付对价，本案汇票是由上诉人从 M 轮胎公司处取得后交付给 N 公司，L 公司对 N 公司没有给付 M 轮胎公司汇票的对价也是明知的。

《中华人民共和国票据法》第十二条规定："以欺诈、偷盗或者胁迫等手段取得票据的，或者明知有前列情形，出于恶意取得票据的，不得享有票据权利。持票人因重大过失取得不符合本法规定的票据的，也不得享有票据权利。"L 公司虽然为本案汇票的最后持票人，但其对于本案汇票合法持有人 M 轮胎公司与 L 公司的前手 N 公司之间并不存在汇票转让关系，也未支付对价的情况是明知的。L 公司取得本案汇票存在重大过失，依法不应享有票据权利。

律师点评

通说认为，票据具有无因性特征。所谓无因性，即法律仅要求票据权利人对其持有的票据符合法定形式，对票据发生的原因在所不问。票据行为只要具备法定形式要件，即产生法定效力，即便票据的原因不存在，内容发生变更、无效或被撤销，因票据行为产生的债权债务关系也不受到影响，合法持票人仍有权行使票据权利。我国《票据法》第十三条即规定“票据债务人不得以自己与出票人或者与持票人的前手之间的抗辩事由，对抗持票人”。

但必须指出的是，“无因性”原则是基于促进票据流转，保护票据关系的稳定、安全角度确立的，但过度强调票据无因性对票据债务人有失公平，也容易导致票据权利的滥用，并最终破坏票据制度的安全性。因此，票据无因性并不是绝对的，在一定情况下，仍需考察票据的基础关系，以实现各方当事人利益的平衡，通说认为，我国现行票据法采取“票据相对无因性”原则，或言之“票据无因性的相对性”。

票据的相对无因性主要表现在如下方面：

1. 在票据的直接当事人之间，既不牵涉票据转让的第三人的问题，又无关票据的流通，此时应更为突出公平和诚实信用的法律价值，并减少当事人之间讼争，节约诉讼成本，故在直接当事人之间，票据原因关系直接影响他们之间票据关系的效力。我国《票据法》第十三条第二款即规定，票据债务人可以对不履行约定义务的与自己有直接债权债务关系的持票人，进行抗辩。

2. 持票人要享有票据权利，其持有必须具有“正当性”。在票据持票人被证明并非善意持票人的情况下，其不受票据无因性的保护，不享有票据权利。我国《票据法》第十条规定“票据的签发、取得和转让，应当遵循诚实信用的原则，具有真实的交易关系和债权债务关系。票据的取得，必须给付对价，即应当给付票据双方当事人认可的相对应的代价”；《票据法》第十二条进一步规定“以欺诈、偷盗或者胁迫等手段取得票据的，或者明知有前列情形，出于恶意取得票据的，不得享有票据权利。持票人因重大过失取得不符合本法规定的票据的，也不得享有票据权利”。

一般而言，持票人之重大过失主要存在以下两种情况：一是合法持票人因重大过失导致失票；二是持票人取得票据的行为存在重大过失。

在原合法持票人因重大过失导致失票的情况下，一方面，原持票人无权对之后合法取得票据的持票人主张票据损害赔偿责任，另一方面，原持票人应就其重大过失行为自行承担部分票据损失。如在“A银行股份有限公司长治市分行与长治B经销有限公司票据纠纷”案中，B公司自身管理不善，其前员工原某取得票据并转让给他人是B公司最终损失产生的重要原因之一，因此法院判决B公司自行承担部分损失。

在持票人取得票据的行为存在重大过失的情况下，如在“肥城L开发有限公司与山东M轮胎有限公司”一案中，法院认定，L公司虽记载为最终持票人，但从真实票据流转情况来看，汇票是由L公司从M轮胎公司处取得后交付给N公司，最终再由N公司背书转让给L公司的，L公司对N公司与M轮胎公司之间并无真实交易关系，亦为支付对价的情况是明知的，其作为恶意持票人，根据票据法规定，不应享有票据权利。

二、基础关系欠缺并不当然导致票据行为无效

关 键 词： 最高额保证　真实交易　票据无因性

问题提出： 保证人以银行未对汇票项下真实交易背景进行审核为由，拒绝履行担保责任，法院如何认定？

案件名称： A公司轮胎股份有限公司与B银行股份有限公司天津分行、河北C公司有限公司借款担保合同纠纷案〔1〕

裁判规则： 即使汇票项下没有真实交易背景，也不能认定票据行为无效。根据票据无因性理论，票据的基础关系独立于票据关系，票据基础关系（包括票据原因关系）的效力不影响票据关系的效力。

案情简介

上诉人（原审被告）：A公司轮胎股份有限公司

被上诉人（原审原告）：B银行股份有限公司天津分行

原审被告：河北C公司有限公司

---

〔1〕 最高人民法院（2007）民二终字第36号。

2005年5月至10月，B银行股份有限公司天津分行（以下简称B银行天津分行）与河北C公司有限公司（以下简称C公司）之间发生4笔融资业务。每笔业务具体的情况如下：（1）2005年5月16日，B银行天津分行与C公司签署了（2005）银贷字第HD0062号《人民币借款合同》，借款金额为人民币2000万元，期限自2005年5月16日至2006年5月15日。合同签订后，B银行天津分行依照合同的约定，足额发放了贷款，但合同到期后，B银行天津分行多次催要，C公司未履行还款义务。（2）2005年6月7日，B银行天津分行与C公司签署了（2005）银贷字第HD0063号《人民币借款合同》，贷款金额为人民币730万元，期限自2005年6月7日至2006年6月6日。合同签订后，B银行天津分行依照合同的约定，足额发放了贷款，但合同到期后，B银行天津分行多次催要，C公司未履行还款义务。（3）2005年10月21日，B银行天津分行与C公司签署了（2005）银贷字第HD0071号《人民币借款合同》，借款金额为人民币2170万元，期限自2005年10月21日至2006年10月20日。合同签订后，B银行天津分行依照合同的约定，足额发放了借款。C公司未能履行偿付利息之义务。（4）2005年10月25日，B银行天津分行与C公司签署了（2005）银承字第HC0413号《银行承兑汇票承兑协议》，根据协议的约定，B银行天津分行在收取C公司30%计人民币900万元的保证金后，B银行天津分行即对票号为01053169、01053170、01053171共计金额为3000万元的银行承兑汇款予以承兑，票据期限均为2005年10月25日至2006年4月25日。但在票据到期后，C公司未按照协议的约定向B银行天津分行支付剩余70%的票款计人民币2100万元。根据《银行承兑汇票承兑协议》的约定，已形成本金为人民币2100万元的逾期贷款。

2004年6月18日，A公司轮胎股份有限公司（以下简称A公司）与C公司签订《互保合同》，约定互相为对方的银行贷款提供信用担保，担保数额为单笔本金不超过人民币7000万元整，利息不得超过国家规定的利息标准，滞纳金、罚金不得高于本金的千分之五。担保总额不得高于人民币2亿元整。基于上述的互保合同，B银行天津分行与A公司于2005年5月签署了银保字第HD0062号《最高额保证合同》。A公司向B银行天津分行承诺，为C公司自2005年5月16日至2006年5月16日期间发生的最高额度为人民币7000万元的授信提供担保。保证方式为连带责任担保。由于C公司和A公司未能履行还款及担保责任，B银行天津分行于2006年7月11日向A公司邮寄承担连带责任保证通知函，要求 A 公司对上述债务承担连带保证责任。C 公司仍拒不偿还欠款，A 公司亦未履行保证责任，B 银行天津分行遂诉至天津市高级人民法院，请求判令 C 公司和 A 公司偿付所欠贷款本金 7000 万元及相应利息。

判决结果

一审判决：(1) C 公司在该判决生效后十日给付 B 银行天津分行天津分行本案四份合同项下的本金人民币 7000 万元及到判决给付之日止的相应利息及罚息（利率按合同及中国人民银行的相关规定执行），逾期按照《中华人民共和国民事诉讼法》第二百三十二条的规定执行；(2) A 公司对上述给付事项在 7000 万元的范围内承担连带给付责任。

二审判决：驳回上诉，维持原判。

各方观点

上诉人（原审被告）A 公司的观点：B 银行天津分行与 C 公司恶意串通，严重违规发放本案贷款，具体情形如下：(1) 本案所涉 3100 万元银行承兑汇票无真实交易背景、3000 万元银行承兑汇票及 2170 万元贷款严重违规。2005 年 5 月 19 日，B 银行天津分行为 C 公司开立了 3100 万元的银行承兑汇票，收款人为 D 科技有限公司。但据工商调查材料显示，D 科技有限公司系河北 C 集团有限公司出资 5100 万元，持股 51% 的子公司，公司的法定代表人即 C 公司当时的法定代表人周某，系 C 公司的关联企业，2004 年 10 月 14 日，公司因未在规定期限内申报 2003 年度企业年检，被北京市工商局吊销公司营业执照。因此，在 2004 年被吊销后，D 科技有限公司已不具有生产经营资格，但是，C 公司在明知 D 科技有限公司无经营资质的情况下恶意申请开立银行承兑汇票，而 B 银行天津分行在 C 公司没有任何真实交易背景的情况下，为其开立了总额为 3100 万元的银行承兑汇票，现该笔资金去向不明。该笔银行承兑汇票资金流失后，当银行承兑汇票即将于 2005 年 11 月 19 日到期而 C 公司又根本无力支付承兑款项的情况下，B 银行天津分行又对 C 公司贷款 2170 万元，以补足 3100 万元银行承兑款不足部分。对于该笔贷款的实际用途，双方完全知悉，而以贷还贷方式纯系双方恶意操作，严重违规。而据此要求A公司承担本不应发生的债务，直接损害了A公司的合法权益。在明知C公司无力还贷的情况下，没隔几天，即2005年10月25日，B银行天津分行又为C公司开立了3000万元银行承兑汇票，而根据我国票据法的规定，开立银行承兑汇票，申请人必须具有可靠资金来源且必须具有真实交易背景。因此，B银行天津分行在已知C公司财务状况恶化，无力还款的情形下仍为其开立高额银行承兑汇票，严重违反法律规定。另，经调查本笔银行承兑汇票的收款人保定市德利得物流有限公司的工商档案材料后得知，保定市德利得物流有限公司注册资金仅为50万元，由C公司的办公室主任和证券部部长作为股东成立的，现任的法定代表人仍为C公司当时的法定代表人周某。因此，对于注册资本仅为50万元、经营范围主要为普通货物仓储，且与C公司互为关联的公司，在没有任何真实交易背景情况下，C公司又一次向其开具高达3000万元的银行承兑汇票，加重了A公司的保证责任。（2）本案所涉2000万元和730万元贷款的实际用款人均非C公司。根据A公司一审提交的证据证实，（2005）银贷字第HD0062号《人民币借款合同》所涉2000万元实际的借款人和使用人均非债务人C公司而是其下属的浙江C公司，而（2005）银贷字第HD0063号《人民币借款合同》所涉730万元实际借款人及使用人也不是C公司而是C公司的子公司保定C新型建筑材料有限公司，上述2730万元实际借款人不是本案的C公司。B银行天津分行与C公司之间擅自改变贷款的借款人，而A公司担保的债务主体是C公司，因此，对于该两笔贷款，实质脱离了A公司《最高额保证合同》中明确的担保主体，恶意加重了上诉人的保证责任。（3）基于B银行天津分行明知C公司恶意骗保，双方恶意串通违规发放贷款的事实，A公司的保证责任依法应予免除。如前所述，B银行天津分行对于C公司的骗保事实是完全知悉的，并在明知C公司财务状况严重恶化的情况下，与C公司恶意串通，违法违规发放本案所涉贷款，导致巨额贷款无法收回。对此，被上诉人B银行天津分行与C公司应负完全责任。

被上诉人（原审原告）B银行天津分行的观点：（1）就A公司多次提出的互保合同，依法应属债务人与保证人的委托合同，与本案无关。B银行天津分行既非互保合同的当事人，对于互保合同的履行情况不知，至于互保合同，债务人是否对保证人进行欺诈，以及过程中的纠纷应当是他们双方另外解决的问题，不属于本案涉诉范围。B银行天津分行作为商业银行已经尽了法定的审慎义务，C公司作为上市公司，B银行天津分行已经依法从公开渠道得知了相关信息，且从A公司一审中提交的2005年的财务报表来看，所有状况都非常良好，公开的报表也是经过审计向社会公开的结果，对良好的财务状况B银行天津分行是知道的，而对于财务状况恶化只是证监会2006年10月才向外界披露的，2005年5月贷款时，对此情况A公司不知晓，B银行天津分行也不知晓，否则B银行天津分行不会对他放贷，B银行天津分行没有过错。A公司不能据互保合同的约定而免除保证责任。（2）A公司作为上市公司，也将这每一笔的担保经过公司董事会的法定程序，决定后每一笔都向社会作了公告，是A公司的真实意思表示，不是在任何人的欺诈胁迫下做出的，是具有相应法律效力的。就对方上诉过程中提出的2170万元贷款是为了偿还3100万元贷款的事实，B银行天津分行已经向一审法院及上诉人提供了相应的票据原件、转账事实等予以证明；2170万元的用途，当时并不是用于归还HC0333号银行承兑汇票下的保证金，在2005年10月25日，C公司用自己的本票交付了HC0333号银行承兑汇票下的保证金，这张汇票应当是在2005年11月19日到期，C公司是提供用一张本票支付的保证金，随后银行才发生了当天的贷款行为，所以这2170万元并不是用于A公司所讲的HC0333号银行承兑汇票下的保证金。同时，也说明，在银行汇票到期时，C公司的资金状况是相对良好的。至于说实际借款人不是C公司的问题，B银行天津分行在一审中已经提供了相应确凿的证据，B银行天津分行已经与C公司建立了关系，钱也是划给了C公司。所有的债务均形成于约定的担保期限内，所以对方的主张不能成立。

法院观点

一审法院观点：本案双方争议的焦点是A公司的保证责任问题，A公司主张B银行天津分行明知C公司财务状况恶化仍向其发放巨额贷款，并从中骗取A公司担保，A公司不应承担担保责任。从本案的实际情形分析，现有证据确实能够证明，C公司的财务状况已经严重恶化，但A公司并无证据证明B银行天津分行明知的事实，现有证据亦不能证明，B银行天津分行与C公司恶意串通骗取A公司担保的事实成立。本案A公司的担保行为是基于其与C公司之间的互保协议而为，其意思表示是真实有效的。在保证人不能够证明债权人与债务人恶意串通骗取保证人担保的前提下，保证人理应按照保证合同的约定履行保证责任。综上，A公司此项主张缺乏证据予以证明，其主张的事实依据不足，不能成立，法院不予采信。A公司另外主张的本案部分债务超过最高额担保合同的决算期的问题，从事实上看，本案所有债务形成于最高额担保合同约定的期间之内，并未超出担保合同约定的期间，A公司的主张属于对最高额保证合同决算期的误解，其主张不能成立。就A公司主张的本案部分债务是C公司为其下属公司贷款，实际借款人及使用人不是C公司，A公司不应承担保证责任的问题，经核实，本案的贷款均已转入C公司账户，在转入C公司账户后，C公司有权就相关款项进行支配使用，就A公司主张的二笔款项转入了C公司下属的两个企业的事实，虽然C公司对此予以证明，但C公司和A公司并不能举证证明，B银行天津分行明知C公司为他人贷款。本案的事实是B银行天津分行与C公司签订了借款合同，且款项直接转入了C公司的账户，故此，A公司认为C公司不是此两笔贷款的借款人的主张不是事实，该院不予采信。综上，从本案基础事实上分析，本案所涉借款合同、银行承兑汇票协议及最高额担保合同均系当事人之间真实意思之表示且并不违反法律的相关规定，合法有效。合同签订后，B银行天津分行依约履行了合同义务，C公司和A公司理应履行还款及担保责任，其迟迟不履行的行为已经构成违约，理应向B银行天津分行承担违约责任。

二审法院观点：对于HC0413号《银行承兑汇票承兑协议》项下3000万元贷款所形成的2100万元逾期贷款，上诉人是否可以无真实交易背景为由免于承担保证责任？A公司上诉称：2005年10月25日，被上诉人B银行天津分行又为C公司开立了3000万元银行承兑汇票，本笔银行承兑汇票的收款人保定市德利得物流有限公司，注册资金仅为50万元、经营范围主要为普通货物仓储、且为C公司关联公司，该汇票并无真实交易背景，B银行天津分行开立该笔银行承兑汇票加重了A公司的保证责任。

最高人民法院认为，从目前有效的证据来看，虽然该汇票的收款人德利得公司注册资金仅为50万元且为C公司关联公司，但并不意味着其不能从事3000万的商业交易。即使汇票项下没有真实交易背景，也不能认定票据行为无效。根据票据无因性理论，票据的基础关系独立于票据关系，票据基础关系（包括票据原因关系）的效力不影响票据关系的效力。根据《票据法》第十条规定“票据的签发、取得和转让，应当遵循诚实信用的原则，具有真实的交易关系和债权债务关系”，票据行为应有真实的票据原因关系，即真实的交易关系。但该条规定应属管理性法条，基础关系欠缺并不当然导致票据行为无效。根据《票据法》第十三条规定“票据债务人不得以自己与出票人或者与持票人的前手之间的抗辩事由，对抗持票人”，票据基础关系（包括票据原因关系）的效力不影响票据关系本身。本案中3000万元银行承兑汇票项下即便不存在真实交易背景、票据基础关系无效，该汇票仍因符合《票据法》相关规定应为有效。即便B银行天津分行与C公司之间的汇票承兑协议因不具有真实交易背景，违反HC0413号《银行承兑汇票承兑协议》第四条约定“……其申请的承兑汇票是以真实交易为基础，所签订的相关交易合同合法有效”，汇票承兑协议无效，B银行天津分行仍有权对其因有效票据关系而进行的承兑所产生的债务，对C公司主张损害赔偿，即对C公司仍享有债权。而《最高额保证合同》中A公司向B银行天津分行承诺，对2005年5月16日至2006年5月16日B银行天津分行向C公司授信而形成的一系列债权提供最高7000万元的最高额保证。该合同并未排除因B银行天津分行与C公司合同无效而形成的债权提供保证。上诉人A公司关于B银行天津分行违反审查真实交易背景的法定义务、该笔承兑协议无效，A公司就相应的债务应免于承担保证责任的主张不能成立。

关联案例1

▶ **如何认定取得票据时已尽到审查义务**

关 键 词：票据无因性 背书连续 审查义务

案件名称：莱州E盐业有限公司与F银行赣榆区支行、江苏G生物科技集团有限公司票据损害责任纠纷案

审理法院：江苏省高级人民法院（2015）苏审二商申字第00221号

法院观点：票据的无因性及文义性决定票据一经产生即与票据基础关系相分离，并以票面记载内容为权利行使依据。案涉汇票背书连续，且F银行赣榆区支行取得票据的时间发生在公示催告及除权判决之前，证明案涉汇票处于正常的流转之中。F银行赣榆区支行在对案涉汇票进行贴现的过程中，不仅对票据真伪进行了鉴别，审查了票据背书的连续性，而且要求G生物公司提供了取得票据的相关手续，这足以证明F银行赣榆区支行已尽到适当的审查义务，其取得案涉汇票时善意无重大过失且支付相应对价，故应认定F银行赣榆区支行取得票据合法有效。

关联案例 2

▶ **没有真实的基础交易关系不能当然作为票据行为无效之理由**

关 键 词： 管理性规范　票据无因性　基础关系

案件名称： 浙江 H 科技有限公司与许某、吴某等票据损害责任纠纷案

审理法院： 衢州市中级人民法院（2014）浙衢民申字第 63 号

法院观点：《票据法》第十条之规定属管理性规范，票据基础关系欠缺并不当然导致票据行为无效。根据票据无因性理论，票据的基础关系独立于票据关系，票据基础关系的效力不影响票据关系的效力。H 公司以没有真实的商品交易关系为由主张涉案汇票贴现违反票据法和票据贴现的有关规定，属侵权行为，依据不足。本案中 H 公司将背书人已签章、但未记载被背书人名称的承兑汇票交由许某，以普通民事委托的方式委托许某办理汇票贴现，是 H 公司的真实意思表示。《最高人民法院关于审理票据纠纷案件若干问题的规定》第四十七条规定，背书人未记载被背书人名称即将票据交付他人的，持票人在票据被背书人栏内记载自己的名称与背书人记载具有同等法律效力。根据该规定，许某按普通民事代理的法律规定，即可完成 H 公司委托的事项。

律师点评

《票据法》第十条规定“票据的签发、取得和转让，应当遵循诚实信用的原则，具有真实的交易关系和债权债务关系”，因此，票据行为应有真实的票据基础关系。但需要注意的是，该条规定仅为管制性规范而非效力性强制性规范，因此即使票据基础关系欠缺，也并不当然导致票据行为无效。

票据基础关系欠缺的后果典型体现于《票据法》第十三条，该条规定“票据债务人不得以自己与出票人或者与持票人的前手之间的抗辩事由，对抗持票人。但是，持票人明知存在抗辩事由而取得票据的除外。票据债务人可以对不履行约定义务的与自己有直接债权债务关系的持票人，进行抗辩。本法所称抗辩，是指票据债务人根据本法规定对票据债权人拒绝履行义务的行为”。

据此，对于票据基础关系欠缺的后果可从以下几个方面进行总结：

第一，根据票据无因性原则，除非持票人与票据债务人存在直接债权债务关系，否则票据的基础关系独立于票据关系，票据基础关系（包括票据原因关系）的效力问题不影响票据关系的效力，票据债务人仍应向持票人履行

票据义务。

第二，票据无因性并不是绝对的，即通常所言“票据相对无因性”。在票据债务人与持票人具有直接债权债务关系，或者持票人明知票据债务人对于持票人前手存在抗辩事由即持票人并非“善意持票人”的情况下，票据债务人可以以基础关系的瑕疵或欠缺来对抗持票人主张的票据权利。

第三，即使在票据债务人可以根据基础关系欠缺对抗持票人的情况下，如《票据法》第十三条的规定，该对抗的方式仅限于票据债务人可依法拒绝向持票人履行付款义务，而并不代表票据行为本身无效。例如，即使票据债务人以与其具有直接债权债务关系的持票人未履行买卖合同（基础关系）项下的交货义务为由拒绝向持票人支付票据金额，该票据本身及票据在各前手之间的流转过程仍合法有效。

在“A 公司轮胎股份有限公司与 B 银行股份有限公司天津分行、河北 C 公司有限公司借款担保合同”一案中，对于案涉 3000 万元银行承兑汇票，A 公司主张该汇票项下并不存在真实交易关系，即使该主张属实，如最高院判决所言，该情况并不会影响票据关系本身的效力，B 银行天津分行仍有权对其因有效票据关系而进行的承兑所产生的债务，对 C 公司主张损害赔偿，即对 C 公司仍享有债权，并进而有权要求 A 公司承担担保责任。

三、金融机构工作人员违规贴现，金融机构承担连带责任

关 键 词： 贴现　审查义务　过错　连带责任

问题提出： 金融机构在办理票据贴现过程中，未尽审查义务，应当如何承担责任？

案件名称： 杨某与 A 银行股份有限公司澧县支行、B 银行股份有限公司长沙分行等财产损害赔偿纠纷案〔1〕

裁判规则： 金融机构办理汇票贴现过程中，其职员伪造贴现资料，擅自虚列被背书人，虚构贴现申请人、申请事由和商品交易关系，违反了《中国人民银行商业汇票承兑、贴现与再贴现管理暂行办法》第三条、第十八条之规定，具有过错，金融机构应当承担连带责任。

〔1〕 最高人民法院（2014）民提字第159号。

案情简介

再审申请人（一审原告、二审被上诉人）：杨某

被申请人（一审被告、二审上诉人）：A银行股份有限公司澧县支行

被申请人（一审被告、二审上诉人）：B银行股份有限公司长沙分行

被申请人（一审被告）：澧县C文物园林开发有限公司

2004年10月29日，代某、熊某等人注册成立澧县C文物园林开发有限公司（以下简称C公司），代某任法定代表人。2006年年底至2007年年初，由代某引资，熊某等人配合，采用借新债还部分旧债的方法来达到占有投资方资金的目的。2007年春节期间，代某经人介绍认识莫某，莫某又介绍易某与代某合作引资。代某与莫某、易某经商议，决定采用银行承兑汇票的方式将融资变现。2007年6月中旬，易某以C公司要增加3000万元注册资本为名通过中介人联系到杨某。

2007年6月20日，代某作为承借方与杨某个人签定一份《借用资金协议书》，约定代某向杨某借款3000万元用于C公司增资扩股，借款时间为7天，此款不得作为其他商业用途，由陈某签名担保，C公司在担保单位处由法定代表人代某签字并加盖公司印章。

上述合同签订后，杨某将2895万元（其中5万元为之前收取的定金）转入代某个人账户，代某又将之转入C公司在A银行股份有限公司澧县支行（以下简称A银行澧县支行）的账户。转账完毕后，C公司将一套先前刻制的未在银行预留的印鉴交给杨某，让杨某相信C公司在借款期限内不可能动用资金。此后，杨某委托他人跟踪关注借款的安全。

2007年6月21日，代某与莫某、易某商议如何办理银行承兑汇票将骗得杨某的资金贴现。此后，按莫某、易某的指点，C公司与长沙D电动车有限公司（以下简称D公司）签订虚假钢材购销合同，编造相关资料，向A银行澧县支行申请开立银行承兑汇票。

2007年6月25日，A银行澧县支行收取1.25万元手续费后，开出一张金额为2500万元的银行承兑汇票，记载出票人为C公司、收款人为D公司、付款行是A银行澧县支行，到期日为2007年12月21日。当天晚上，A银行澧县支行派其副行长周某、信贷部经理罗某、副经理叶某等与C公司有关人员一道连夜赶赴湖南省长沙市办理贴现。

2007年6月26日，A银行澧县支行工作人员先到株洲农业银行申请贴现上述银行承兑汇票未果。此后，A银行澧县支行工作人员又来到B银行长沙分行，申请贴现。同日上午，杨某发现C公司账户上的资金已被动用，遂与代某联系，并向湖南省常德市公安局报案。同日下午，C公司向A银行澧县支行提出不得贴现的报告，并要求A银行澧县支行在答复贴现行查询时应注明“出票单位要求收款单位不得在银行贴现”的内容。对此，A银行澧县支行予以受理。因此，B银行长沙分行当时即停止办理贴现，并将上述银行承兑汇票退给收款人D公司的法定代表人易某。

2007年6月27日，C公司向A银行澧县支行提出冻结C公司上述账户中资金的请求。对此，A银行澧县支行予以受理，并于同日通知株洲农业银行及B银行长沙分行上述银行承兑汇票目前涉案，不能再贴现。

2007年6月27日至29日，易某持票向多家银行联系贴现，因查询时A银行澧县支行回复“出票单位要求收款单位不得在银行贴现”而未能办理。此后，莫某找到B银行长沙分行业务拓展部工作人员毛某，毛某授意刘某在上述银行承兑汇票上虚列被背书人长沙E保健用品有限公司、湖南F医药有限公司，并加盖该些公司公章。同时，毛某授意刘某伪造长沙E保健用品有限公司与湖南F医药有限公司之间的购销合同、增值税发票等资料。

2007年7月2日，易某持票再次来到B银行长沙分行，以湖南F医药有限公司的名义申请贴现。B银行长沙分行向A银行澧县支行发出查询书，询问该张银行承兑汇票是否为A银行澧县支行签发、有无挂止冻结及经济纠纷等。次日，A银行澧县支行答复B银行长沙分行该张银行承兑汇票暂无挂止冻结，公安局已介入调查等内容。B银行长沙分行见A银行澧县支行的答复中没有不得贴现的内容，遂向易某办理了贴现，在扣除贴现利息514750元后，将余款转入湖南F医药有限公司账户。随后，该些贴现款又被转入其他账户并流失。

2007年12月14日，杨某委托律师向A银行澧县支行发出一份《律师函》，要求A银行澧县支行在上述银行承兑汇票到期后，暂不向B银行长沙分行支付2500万元，待司法机关将相关纠纷裁决后，再根据裁决结果决定是否支付2500万元。但该银行承兑汇票到期后，A银行澧县支行将2500万元支付给B银行长沙分行。

2009年3月24日，湖南省高级人民法院作出（2009）湘高法刑终字第

66号刑事裁定书，认定代某、莫某和易某犯合同诈骗罪。对代某、莫某和易某开具银行承兑汇票并贴现的款项，经公安部门追赃，先后发还杨某15248029.98元、2977582.83元、44226.84元，剩余6730160.35元未能追回。该6730160.35元从2007年7月4日至2010年6月4日的利息，按年利率6.72%（杨某诉请年利率为6.72%，中国人民银行同期贷款年利率为6.75%）计算为1319111.43元。

杨某认为A银行澧县支行、B银行长沙分行、C公司的行为是造成其财产损失的重要原因，故其提起诉讼，请求判令A银行澧县支行、B银行长沙分行、C公司赔偿杨某直接财产损失6730160.35元，并承担该款自2007年7月4日至今的银行利息。

判决结果

一审判决：（1）A银行澧县支行、B银行长沙分行、C公司于判决生效之日起十日内向杨某支付赔偿款5634490.25元，逾期则按《中华人民共和国民事诉讼法》相关规定处理；（2）驳回杨某的其他诉讼请求。

二审判决：（1）维持湖南省长沙市中级人民法院（2010）长中民一初字第0378号民事判决书第二项；（2）变更湖南省长沙市中级人民法院（2010）长中民一初字第0378号民事判决第一项为：C公司于本判决书送达之日起十日内向杨某支付赔偿款3615442.25元，B银行长沙分行于本判决书送达之日起十日内向杨某支付赔偿款1346032元，A银行澧县支行于本判决书送达之日起十日内向杨某支付赔偿款673016元。

最高人民法院再审判决：（1）撤销湖南省高级人民法院（2012）湘高法民一终字第92号民事判决；（2）维持湖南省长沙市中级人民法院（2010）长中民一字初第0378号民事判决。

各方观点

再审申请人（一审原告、二审被上诉人）杨某的观点：2007年6月20日，代某代表C公司与杨某签订一份《借用资金协议书》，约定向杨某借款3000万元，借款期限7天。同日，杨某将2890万元转入代某账户，代某接着转入C公司账户。此后，C公司采取虚构债权债务的方法，向A银行澧县支行申请签发银行承兑汇票。A银行澧县支行在未尽审查义务，也知道其行为损害杨某利益的情况下，于2007年6月25日签发一张收款人为D公司，金额为2500万元的银行承兑汇票。2007年6月26日上午，在A银行澧县支行将银行承兑汇票交给B银行长沙分行贴现过程中，A银行澧县支行得知杨某已报案，遂通知其工作人员停止办理贴现。但2007年7月2日，易某再次通过B银行长沙分行贴现。B银行长沙分行工作人员毛某授意刘某伪造贴现资料，并向A银行澧县支行发出查询书。由于A银行澧县支行未冻结C公司资金，加之A银行澧县支行在回复B银行长沙分行查询时，未按照C公司要求明确答复“出票单位要求收款单位不得在银行贴现”，B银行长沙分行见答复中没有不得贴现的内容，遂将银行承兑汇票贴现。A银行澧县支行、B银行长沙分行、C公司的行为是造成杨某财产损失的重要原因，应共同承担赔偿责任。

被申请人（一审被告、二审上诉人）A银行澧县支行的观点：根据合同的相对性，杨某对代某享有2890万元债权，只能向代某主张债权，无权向A银行澧县支行主张权利。杨某主张A银行澧县支行未尽谨慎的审查义务没有事实根据，主张未按C公司的要求回复贴现银行缺乏法律依据，A银行澧县支行在签发银行承兑汇票以及回复贴现银行查询的过程中，已经尽到了法律法规规定的谨慎义务，回复内容客观、准确，全部票据行为没有任何过错，因此A银行澧县支行不应当承担任何责任。

被申请人（一审被告、二审上诉人）B银行长沙分行的观点：杨某不是本案票据业务的当事人，不享有任何票据权利，主体不适格，无权向B银行长沙分行主张权利。由于杨某违法从事高利贷，因此其损失应自行承担。杨某的损失是由代某等人合同骗罪引起的，B银行长沙分行对杨某没有实施任何侵权行为，因此不应承担赔偿责任。

被申请人（一审被告）C公司的观点：A银行澧县支行在B银行长沙分行向其查询贴现事宜时，未按C公司的要求进行回复，导致B银行长沙分行进行贴现，造成严重后果，应承担赔偿责任。莫某等人能够顺利贴现的原因之一是B银行长沙分行的员工毛某出谋划策，伪造各类相关资料，B银行长沙分行应承担相应的赔偿责任。在银行承兑汇票贴现过程中，代某用积极的行动阻止贴现，虽未能成功，但不存在过错，C公司不应承担赔偿责任。

法院观点

一审法院观点：本案争议焦点有：如何认定本案案由及诉讼主体资格；A银行澧县支行、B银行长沙分行、C公司对杨某的财产损失是否存在过错；如何认定杨某的财产损失。

1. 关于本案案由及诉讼主体资格的问题

本案案由为财产损害赔偿纠纷，而不是一般意义上的票据纠纷。本案是合同诈骗犯代某、莫某、易某等人以非法占有为目的，以C公司增资扩股为名义，以签订借款合同的形式，通过银行承兑汇票贴现行为，骗取杨某的财产，从而引发本案纠纷。在此纠纷中，票据的流转、兑付过程已经结束，杨某请求解决的不是持票人与代理付款人之间兑付汇票的票据纠纷，而是A银行澧县支行、B银行长沙分行和C公司将财产所有人杨某的款项付给了合同诈骗犯的民事赔偿责任问题。根据《中华人民共和国票据法》第十二条规定，出票人C公司及收款人D公司系以欺诈手段取得汇票，依法不享有票据权利。杨某虽然不是所涉汇票中的出票人，但是从财产所有权的角度看，本案中财产所有权真正受到损害的是杨某。因此，杨某是本案适格原告。A银行澧县支行和B银行长沙分行关于杨某不是本案适格原告的辩称理由不能成立，依法不予采信。

2. 关于A银行澧县支行、B银行长沙分行、C公司是否存在过错的问题

A银行澧县支行在签发承兑汇票时未对购销合同进行严格审查，违反了《中华人民共和国票据法》第十条规定，A银行澧县支行具有过错。从A银行澧县支行工作人员陪同C公司将承兑汇票贴现的一系列行为来看，A银行澧县支行应当知道出票人C公司和收款人D公司均不享有票据权利。A银行澧县支行受理了C公司不得办理贴现以及冻结资金的要求，但在B银行长沙分行向其查询贴现事宜时，未按C公司的要求明确回复“出票单位要求收款单位不得在银行贴现”，以致汇票贴现得逞，A银行澧县支行具有过错。

B银行长沙分行分别于2007年6月27日和2007年7月3日从A银行澧县支行查询回复中得知“出票单位要求收款单位不得在银行贴现”、“公安局已介入调查”，但仍对非法汇票予以贴现，B银行长沙分行具有过错。B银行长沙分行在办理汇票贴现过程中，其职员毛某伪造贴现资料，擅自虚列被背书人，虚构贴现申请人、申请事由和商品交易关系，违反了《中国人民银行

商业汇票承兑、贴现与再贴现管理暂行办法》第三条、第十八条之规定，B银行长沙分行具有过错。

C公司以欺骗手段从杨某处取得借款，在取得借款后违背杨某的意愿及双方的约定，将借款挪作他用，申请开具银行承兑汇票，在汇票落入他人之手后，未采取有效措施阻止贴现，导致汇票贴现得逞，C公司具有过错。

A银行澧县支行、B银行长沙分行和C公司的上述过错行为，与杨某的财产损害后果之间，有着必然的、直接的因果关系。杨某的财产未能全部追回，虽是合同诈骗犯易某等人在汇票贴现后将资金转移并最终流失的结果，但易某等人贴现行为之所以能够得逞，一是C公司违反约定，擅自申请开具银行承兑汇票；二是A银行澧县支行不顾杨某利益，违规开出银行承兑汇票，且未能阻止汇票贴现；三是B银行长沙分行的职员伪造贴现资料，将汇票违规贴现。三方的过错行为相继促成并最终导致杨某的财产损害后果实际发生，因此，三方的过错行为与杨某的财产损失之间存在因果关系，应当对杨某的财产损失共同承担民事赔偿责任。A银行澧县支行、B银行长沙分行和C公司关于其不存在过错的辩称理由均不能成立，依法不予采信。

3. 关于杨某财产损失认定的问题

杨某转入C公司账户2890万元中开具汇票并贴现的2500万元，经公安部门追赃，先后发还杨某15248029.98元、2977582.83元、44226.84元，剩余6730160.35元不能追回，该6730160.35元从2007年7月4日至2010年6月4日的利息损失，经计算为1319111.43元，故应认定杨某的财产损失共计8049271.78元。对此，合同诈骗犯代某、莫某、易某等其他责任人的过错行为亦是导致杨某发生财产损失的原因，应承担相应的民事赔偿责任。经释明，杨某明确表示不另行追加被告。因杨某自愿放弃向未追加被告主张的部分权利，故本案不再另行追加被告，并酌定案外相关责任人对杨某财产损失承担30%的民事赔偿责任，该部分赔偿数额应从杨某的财产损失中相应予以剔除。A银行澧县支行、B银行长沙分行和C公司共同承担杨某财产损失70%的民事赔偿责任，即应向杨某赔偿5634490.25元（8049271.78×70%）。

二审法院观点：本案争议的焦点问题是，A银行澧县支行、B银行长沙分行对杨某的财产损失是否存在过错，应否以及如何承担赔偿责任；杨某的利息应否认定为财产损失。

1. 关于A银行澧县支行、B银行长沙分行应否对杨某的财产损失承担责

任的问题

A银行澧县支行作为C公司开户行，在杨某将2895万元汇至C公司账户后，在签发承兑汇票时未对C公司与D公司之间的购销合同的真实性进行严格审查，违反了《中华人民共和国票据法》的相关规定。从A银行澧县支行工作人员陪同C公司将承兑汇票贴现的一系列行为来看，A银行澧县支行应当知道出票人C公司和收款人D公司均不享有票据权利。本案借款关系虽产生于杨某与代某、C公司之间，但该借款合同履行过程中，代某未按约定履行义务，杨某在违约行为造成严重后果出现之前已向公安机关报案，并向A银行澧县支行出具书面报告请求配合制止。A银行澧县支行受理了C公司不得办理贴现以及冻结资金的要求，但在B银行长沙分行向其查询贴现事宜时，未按C公司的要求明确回复"出票单位要求收款单位不得在银行贴现"等内容，以致汇票贴现得逞，A银行澧县支行具有过错，应当承担相应的责任。

B银行长沙分行在办理汇票贴现时，于2007年6月27日和2007年7月3日从A银行澧县支行查询回复中得知"出票单位要求收款单位不得在银行贴现"、"此银承企业之间可能存在经济纠纷"、"公安局已介入调查"等信息，且B银行长沙分行的职员毛某伪造贴现资料，擅自虚列被背书人，虚构贴现申请人、申请事由和商品交易关系，违反了《中国人民银行商业汇票承兑、贴现与再贴现管理暂行办法》的有关规定。B银行长沙分行在将承兑汇票贴现时没有严格审查，使C公司及其股东、员工和易某、莫某等以欺骗手段从杨某处取得借款得以贴现，对杨某损失的最终形成具有一定的过错，应承担相应的责任。

2. 关于杨某的利息应否认定为财产损失以及损失如何承担的问题

因杨某与C公司之间存在借款担保关系，一审判决依据杨某的请求以低于中国人民银行同期同类贷款利率计算利息作为其损失，认定C公司应承担赔偿责任，并无不当。但A银行澧县支行、B银行长沙分行与杨某之间并无借款或存款关系，不应对利息承担赔偿责任。

代某、莫某、易某等人的诈骗行为是导致杨某发生财产损失的直接原因，理应承担相应的民事赔偿责任。经释明，杨某明确表示对其不予追加。因杨某自愿放弃向未追加被告主张部分权利，一审判决酌定该些相关责任人对杨某财产损失承担30%的民事赔偿责任，并将该部分赔偿数额从杨某的财产损失中予以剔除正确。

至于A银行澧县支行、B银行长沙分行和C公司对损害赔偿责任的承担问题，应从平衡当事人的利益，根据本案的具体情况和过错责任大小酌定。一审判决认定A银行澧县支行、B银行长沙分行承担连带赔偿责任，事实和法律依据不足。依据《中华人民共和国侵权责任法》第十二条的规定，A银行澧县支行、B银行长沙分行应分别承担与各自过错相适应的赔偿责任。本案纠纷造成与杨某追求高额利息回报有关，杨某未仔细审查代某以及C公司的资信情况，轻易将巨额资金转入代某账户且未掌控资金安全，自身有一定过错，故可以适当减轻A银行澧县支行、B银行长沙分行的民事赔偿责任，可酌定由B银行长沙分行承担杨某本金损失20%的赔偿责任，即1346032元；A银行澧县支行承担杨某本金损失10%的赔偿责任，即673016元。C公司以欺骗手段从杨某处取得借款，在取得借款后违背杨某的意愿及双方的约定，申请开具银行承兑汇票，将借款挪作他用，直接导致杨某的财产损失，C公司具有明显过错。C公司应对杨某所遭受损失的70%在减去A银行澧县支行、B银行长沙分行承担的赔偿责任后剩余部分，即3615442.25元承担赔偿责任。因此，A银行澧县支行、B银行长沙分行的上诉请求及理由部分成立。

最高人民法院的观点：本案为财产损害赔偿纠纷。归纳各方当事人的意见，争议焦点主要为C公司、A银行澧县支行、B银行长沙分行对杨某应如何承担赔偿责任的问题。

1. 赔偿责任方式

从查明的案件事实来看，代某与杨某于2007年6月20日签订一份《借用资金协议书》，约定代某向杨某借款3000万元用于C公司增资扩股。履行中，杨某将2890万元借款转入代某个人账户后，代某又将之转入C公司在A银行澧县支行的资金账户。对此，根据湖南省高级人民法院（2009）湘高法刑终字第66号刑事裁定书，代某等人构成合同诈骗罪。可见，上述2890万元借款实系代某等人诈骗杨某而非法获得的赃款。因此，应确认杨某对该2890万元具有财产权益。

（1）代某系C公司法定代表人，C公司应当知道代某等人诈骗的2890万元系杨某的财产。这种情况下，C公司仍将其中的2500万元转存定期后，作为质押向A银行澧县支行申请开立银行承兑汇票，造成杨某该2500万元财产通过银行承兑汇票流失后未能全部追赃而遭受损失，故应确认C公司具有过错，对杨某实施了侵权行为，损害了杨某的财产权益。

（2）杨某发现其2890万元财产被代某等人诈骗后即向公安机关报警，C公司作为出票人向A银行澧县支行明确提出上述银行承兑汇票涉及的2500万元不得办理贴现，而公安机关亦向A银行澧县支行进行了调查。至此，A银行澧县支行已经知道其开出的银行承兑汇票所涉C公司提供的2500万元质押存单可能系赃款，作为当事的付款银行，与其他普通单位比较，更应断然采取积极措施，以防杨某的2500万元财产通过该张银行承兑汇票流失。但A银行澧县支行不仅没有主动挂止冻结该张银行承兑汇票，反而在B银行长沙分行第二次查询时，似是而非、模棱两可地回复该张银行承兑汇票暂无挂止冻结，公安局已介入调查等内容，促成代某等人非法贴现，造成杨某的2500万元财产通过该张银行承兑汇票流失后未能全部追赃而遭受损失。因此，应确认A银行澧县支行具有过错，对杨某实施了侵权行为，损害了杨某的财产权益。

（3）B银行长沙分行对上述银行承兑汇票进行第一次贴现查询时，A银行澧县支行明确告知出票单位要求收款单位不得在银行贴现。可见，B银行长沙分行已经明知该张银行承兑汇票不能贴现。这种情况下，B银行长沙分行又进行第二次查询。对此，A银行澧县支行虽然回复该张银行承兑汇票暂无挂止冻结，但亦回复公安局已介入调查等内容。至此，B银行长沙分行应当知道该张银行承兑汇票可能涉及他人财产权益，作为当事的贴现银行，理应守护好最后防线，以免该张银行承兑汇票的2500万元款项流失。但B银行长沙分行不仅没有主动停止办理该张银行承兑汇票贴现，其工作人员毛某反而授意代某等人伪造贴现资料、虚列被背书人、虚构商品交易关系，恶意促成代某等人贴现，造成杨某的2500万元财产通过该张银行承兑汇票流失后未能全部追赃而遭受损失。因此，应确认B银行长沙分行具有过错，对杨某实施了侵权行为，损害了杨某的财产权益。

由上可见，C公司、A银行澧县支行、B银行长沙分行对杨某分别实施侵权行为，造成杨某的2500万元财产通过银行承兑汇票流失后未能全部追赃而遭受损失。对此，依照《中华人民共和国侵权责任法》第十一条关于“二人以上分别实施侵权行为造成同一损害，每个人的侵权行为都足以造成全部损害的，行为人承担连带责任”之规定，一审判决认定C公司、A银行澧县支行、B银行长沙分行对杨某应承担连带赔偿责任正确，二审判决认定C公司、

A银行澧县支行、B银行长沙分行对杨某应承担与其过错相适应的赔偿责任，属适用法律错误。

2. 赔偿责任数额

首先，从查明的案件事实来看，杨某被代某等人诈骗的2500万元财产通过上述银行承兑汇票流失后，经公安机关追赃，仍剩余6730160.35元财产未能追回。至此，杨某的财产损失为6730160.35元。按照杨某诉请的年利率6.72%（中国人民银行同期贷款年利率为6.75%）计算，该6730160.35元自2007年7月4日至2010年6月4日的利息为1319111.43元。对此，亦系杨某的财产损失。因此，一审判决认定杨某的财产损失共计8049271.78元（6730160.35元+1319111.43元）正确，二审判决认定杨某的财产损失为6730160.35元错误。

其次，从查明的案件事实来看，杨某的财产损失8049271.78元不仅系C公司、A银行澧县支行、B银行长沙分行实施的侵权行为造成，还系代某等人诈骗犯罪而实施的侵权行为造成。但在一审中，杨某明确表示放弃对代某等人主张权利。虽然C公司、A银行澧县支行、B银行长沙分行与代某等人对杨某承担连带赔偿责任，但C公司、A银行澧县支行、B银行长沙分行与代某等人相互之间还应根据各自的过错程度分担赔偿份额，而杨某放弃对代某等人主张权利，势必导致C公司、A银行澧县支行、B银行长沙分行向杨某承担全部赔偿责任后无法向代某等人追偿。据此，一审法院酌定代某等人承担30%的民事赔偿责任后，将该部分赔偿责任从杨某的财产损失中予以剔除，判决C公司、A银行澧县支行、B银行长沙分行共同承担杨某财产损失70%的民事赔偿责任，即赔偿5634490.25元（8049271.78×70%），并无不当。一审判决后，杨某并未提出上诉，现其在再审请求中提出要求改判C公司、A银行澧县支行、B银行长沙分行连带赔偿损失8049271.78元，缺乏事实和法律依据，本院不予支持。二审改判C公司向杨某支付赔偿款3615442.25元，B银行长沙分行向杨某支付赔偿款1346032元，A银行澧县支行向杨某支付赔偿款673016元，显属不当，应予纠正。

关联案例 1

► **银行员工的个人犯罪行为不影响银行承担因员工违规贴现产生的责任**

关 键 词：违规贴现　内部关系　职务行为　侵权损害赔偿

案件名称：河北 G 矿材有限公司与 H 银行股份有限公司石家庄和平西路支行的票据损害赔偿纠纷案

审理法院：最高人民法院（2014）民提字第 00002 号

法院观点：河北 G 矿材有限公司将汇票交予 H 银行工作人员渠某办理贴现，随后渠某利用 H 银行内部的管理漏洞，违规操作，将汇票转出并在其他行办理了贴现，虽然案件涉及 H 银行与其工作人员之间的内部关系以及渠某个人涉嫌犯罪的问题，但并不能改变渠某代表 H 银行收受汇票的行为属于职务行为的性质，H 银行未将贴现款返回委托人，其行为构成侵权，应承担侵权损害赔偿责任。河北 G 矿材有限公司未注意到空白背书可能出现的风险而应自担损失的 10%。

关联案例 2

► **金融机构工作人员履行了审查义务而对票据予以承兑，金融机构无过错不承担责任。**

关 键 词：提示付款　审查义务

案件名称：中国工商银行东莞市虎门支行与河北省汽车工业贸易总公司汇明公司汇票解付侵权纠纷申诉案

审理法院：最高人民法院（2002）民二提字第 1 号

法院观点：确定虎门支行应否承担责任，主要看虎门支行在办理汇票兑付的过程中有无过错，是否履行了审查义务，根据《中国人民银行支付结算会计核算手续》第二项之规定，兑付行兑付汇票时应认真审查：1. 汇票和解讫通知是否同时提交；2. 汇票上的收款人或被背书人名称是否为该收款人，与进账单上的户名是否相符；3. 汇票上盖的印章是否真实，并符合规定；4. 压数机压印的金额是否有统一制作的压数机压印，与大写的汇款金额是否一致；5. 汇票是否真实，填写是否符合要求，内容有无涂改，付款期是否超过，收款人或被背书人是否在汇票背面盖章；6. 汇票实际结算金额是否在汇款金额以内，与进账单所填金额是否一致，多余金额结算是否准确。虎门支行对汇明公司所持汇票进行了审查，认为所持汇票符合上述各项规定，具备兑付条件，予以兑付。虎门支行兑付票款的行为符合《中国人民银行支付结算会计核算手续》的规定，并无过错。虎门支行在审查汇明公司提交的汇票时只负有形式审查义务。即只需审查持票人所持汇票是否真实，汇票背面是否有背书人和被背书人签章等，手续完备即应付款，邢森林将汇票及解讫通知一并交于虎港公司，证明邢森林是将票据权利转让于虎港公司，邢森林未在虎门支行预留印章、本人签名或身份证件。虎门支行无法对邢森林的身份证件的真伪进行判断。邢森林的印章盖在发证机关处，属于填写不规范的问题，不能因此否定背书转让的效力，汇明公司将汇票及解讫通知一并交给虎港公司造成失票，同时又未采取通知虎门支行对汇票挂失止付或公示催告等失票救济手段，造成票款流失，其后果应自负。虎门支行在审查汇票背书及兑付票款的行为上没有过错，不应对票款流失承担法律责任。

律师点评

中国人民银行《贷款通则》第九条规定，票据贴现，系指贷款人以购买借款人未到期商业票据的方式发放的贷款。中国人民银行《商业汇票承兑、贴现与再贴现管理暂行办法》第二条规定，本办法所称贴现系指商业汇票的持票人在汇票到期日前，为了取得资金贴付一定利息将票据权利转让给金融机构的票据行为，是金融机构向持票人融通资金的一种方式。票据贴现是银行的常规业务，在实践中，常常发生由于银行工作人员疏于职守，未能发现票据存在的问题或是伙同他人采用非法手段进行贴现，进而给票据权利人造成损失的情况。

票据权利人遭受损失后，金融机构需要承担何种责任？最高人民法院《关于审理票据纠纷案件若干问题的规定》第七十五条："由于金融机构工作人员在票据业务中玩忽职守，对违反票据法规定的票据予以承兑、付款、贴现或者保证，给当事人造成损失的，由该金融机构与直接责任人员依法承担连带责任。"一般认为，金融机构工作人员的过错与金融机构自身的内部管理不当有直接关系，金融机构应与其直接责任人员承担连带责任，因此在司法实践中，金融机构以违法违规行为是员工自身行为与单位无关的抗辩一般不能得到法院支持。

需要注意的是，金融机构违规贴现不仅会侵害票据权利人的权利，在一定情况下亦可能侵害第三人的合法权益，如在最高人民法院（2014）民提字第 159 号案件中，杨某并非票据关系中的当事人，对于票据本身并不直接享有权利，但由于该票据实际系易某等人通过合同诈骗的方式骗取杨某资金并申请开具的，若 A 银行澧县支行、B 银行长沙分行不当办理票据贴现，将导致易某犯罪行为得逞，侵害了杨某的财产权益。因此，在该案中，各级法院均认为虽然杨某不能直接基于票据法向C公司、A银行澧县支行、B银行长沙分行主张责任，但其可以基于《侵权责任法》向三者主张侵权损害赔偿责任。

此外，对票据权利人的损失金融机构承担何种责任，还是需要结合个案进行分析，如在最高院（2014）民提字第159号判决中，合同诈骗犯代某、莫某、易某等其他责任人的过错行为亦是导致杨某发生财产损失的原因，应承担相应的民事赔偿责任。由于杨某明确表示不另行追加被告，可视为其自愿放弃向未追加被告主张的部分权利，法院酌定案外相关责任人对杨某财产损失承担30%的民事赔偿责任；对于剩余70%的赔偿责任，无论是C公司、A银行澧县支行、B银行长沙分行在票据的贴现过程中均存在较大过错，且任何一方的过错严重程度均足以造成权利人的损失，因此最后法院判决C公司、A银行澧县支行、B银行长沙分行三方就该部分损失承担连带责任。而在最高院（2014）民提字第00002号案件中，法院认为虽然H银行应对于河北G矿材有限公司无法收到票据款的损失承担赔偿责任，但河北G矿材有限公司自身未注意到空白背书可能出现的风险，亦有过错，故认定其应自担损失的10%。

四、票据除权判决后的权利救济

关 键 词： 除权判决　追索权　诉讼时效

问题提出： 票据被除权判决后，相当于推定申请人为票据权利人，至此，可能导致持票人的利益受到损害，持票人在票据除权判决后如何进行权利救济，是否有权向除权判决的申请人主张损害赔偿？

案件名称： A洗煤有限公司、程某与B煤矿有限公司、C洗煤厂、苏某票据损害责任纠纷案〔1〕

裁判规则： 持票人因票据除权判决，导致票据权利无法实现，在司法实践中可以考虑如下救济方式：第一种是在除权判决作出一年内，申请撤销除权判

〔1〕一审吕梁市中级人民法院（以下简称原审法院）（2012）吕民二初字第2号；二审山西省高级人民法院（2014）晋民终字第13号；再审最高人民法院（2014）民申字第1800号。

决，使票据复权，进而主张票据权利。第二种是根据侵权责任法向恶意公示催告的当事人主张侵权赔偿责任。持票人未在除斥期间内主张撤销除权判决的，不影响其基于侵权责任法主张侵权赔偿责任的权利。第三种是根据票据的基础关系，依据合同法向其直接的前手主张款项。

案情简介

再审申请人（上诉人、原审被告）：A 洗煤有限公司

再审申请人（上诉人、原审被告）：程某

再审被申请人（被上诉人、原审原告）：B 煤矿有限公司

原审第三人：C 洗煤厂

原审第三人：苏某

2011 年 8 月 27 日，鄂尔多斯市德盛鑫商贸有限责任公司向收款人鄂尔多斯大盛轩商贸有限责任公司出具编号为 31400051 - 20192402、票面金额为 5000000 元、到期日为 2012 年 2 月 27 日的银行承兑汇票。此承兑汇票又经鄂尔多斯大盛轩商贸有限责任公司、天津汇唐商贸有限公司、重庆市农业生产资料（集团）有限公司连续背书转让至山西华宝焦化集团有限公司处。后山西华宝焦化集团有限公司为履行与 A 洗煤有限公司（以下简称 A 公司）的买卖合同，山西华宝焦化集团有限公司将编号为 31400051 - 20192402 的银行承兑汇票交付给 A 公司，但未背书。2011 年 9 月 8 日，A 公司的法定代表人程某将涉诉汇票通过牛某、李某转交给秦某给予贴现。同年 9 月 10 日，此汇票曾被秦某转交武某、贾某又被退回，期间太原鼎新洗煤有限公司、郑州煤电物资供销有限公司进行了背书。直至 9 月 18 日，此汇票经秦某转交贾某，当天贾某又转交给第三人苏某，委托苏某代为支付 B 煤矿有限公司（以下简称 B 公司）的买煤款。当时贾某为第三人 C 洗煤厂（以下简称 C 厂）的租赁经营负责人。此后 B 公司持有此汇票等待到期提示银行付款。2012 年 2 月 22 日，B 公司委托中国农业银行岚县支行向付款行 D 银行营业部提示汇票付款，同年 2 月 28 日，B 公司得知此汇票已向 A 公司支付。同日，B 公司以涉嫌经济诈骗为由，向吕梁市公安局经侦支队进行实名举报，2012 年 3 月 27 日，吕梁市公安局经侦支队作出了不予立案通知书。同年 12 月 19 日 B 公司以票据损害赔偿为由向 A 公司及程某主张权利，引起本诉，B 公司要求 A 公司及程

某赔偿5000000元，支付汇票金额5000000元自2012年2月28日起同期银行贷款利息，并承担追索费用84272元。

另查明，2011年9月29日，A公司以涉诉汇票被盗遗失为由向内蒙古自治区鄂尔多斯市东胜区人民法院（以下简称东胜区法院）申请公示催告，同年12月20日公告期满后，A公司又向东胜区法院申请除权判决。2011年12月27日，东胜区人民法院以（2011）东法民催字第2号民事判决书判决编号为31400051－20192402的银行承兑汇票无效。据此，涉诉汇票的付款人D银行向A公司付款5000000元。

判决结果

一审判决：（1）A公司于本判决生效后十日内赔偿B公司有限公司汇票款损失人民币5000000元及自2012年2月28日起至付款之日止按中国人民银行同期贷款利率计算的利息。对以上损失程某共同承担赔偿责任。（2）驳回B公司的其他诉讼请求。

二审判决：驳回上诉，维持原判。

最高人民法院再审裁定：驳回A公司、程某的再审申请。

各方观点

再审申请人（上诉人、原审被告）A公司、程某的观点：A公司、程某在本案中不存在恶意，B公司未在公示催告期申报权利，也未在除权判决作出后一年内申请撤销。其损失应该依据其与C厂的买卖合同，向C厂追偿。

再审被申请人（被上诉人、原审原告）B公司的观点：A公司、程某编造被盗申请公示催告，属于恶意伪造行为。A公司、程某不是合法持票人。东胜区法院在对票据作出除权判决后是不可逆转的。

法院观点

一审法院观点：本案第三人C厂为履行给付B公司购煤款的合同义务，自2011年9月18日起将编号为31400051－20192402的银行承兑汇票转让给B公司。虽未经背书转让，但据双方共同认可的事实及供煤、付款往来票证一致证明，B 公司持有涉诉汇票原因行为合法、取得票据行为合法，应享有票据权利，对 B 公司持有的本案涉诉汇票的票据权利应予保护。

A 公司以票据丢失为由，致使东胜区法院对此涉诉汇票作出除权判决，损害了 B 公司作为票据持有人的合法权利。2011 年 9 月 8 日程某为将涉诉汇票贴现而转让给案外人秦某，秦某即成为涉诉汇票的合法持票人，根据《最高人民法院关于适用〈中华人民共和国民事诉讼法〉若干问题的意见》第二百二十六条[1]之规定，有权向人民法院申请公示催告的票据持有人为票据被盗、遗失或者灭失前的最后持有人，故 2011 年 9 月 29 日 A 公司以票据最后持有人的身份向东胜区法院申请公示催告并最终导致票据除权，其行为侵犯了 2011 年 9 月 18 日以合法方式取得涉诉汇票的 B 公司的汇票权利。A 公司主张程某将涉诉汇票交付案外人秦某的真实意思表示系委托秦某办理贴现，而非转让给秦某贴现，根据吕梁市公安局向牛某、李某、秦某所作询问笔录，此具体办理涉诉汇票贴现业务的三人一致陈述程某系委托牛某办理贴现，牛某又委托李某向长期以公民身份办理汇票贴现业务的秦某办理贴现，故 A 公司向秦某转让汇票的真实意思应为办理贴现，提前承兑现金。A 公司以其委托秦某办理贴现，至 2011 年 9 月 29 日其仍为合法最后持票人，有权对受托人秦某“遗失票据”的行为申请公示催告的抗辩，法院不予采纳。

B 公司作为编号为 31400051 – 20192402 的银行承兑汇票合法的持票人，既享有票据法上的付款请求权、追索权等票据权利，亦可向票据债务人主张票据损害赔偿请求权、利益返还请求权等票据法上的非票据权利。B 公司自 2011 年 12 月 27 日东胜区法院作出涉诉汇票除权判决，2012 年 2 月 28 日知晓票据权利被侵害之日起一年内未申请撤销除权判决，系放弃相关的票据请求权，此行为并不排斥 B 公司选择其他救济手段维护自身权益。B 公司以票据损害赔偿请求权为基础，请求 A 公司承担因违反票据法上不具有最后持票人身份而申请除权判决的规定之责任，赔偿 B 公司汇票损失 5000000 元，予以支持。A 公司关于 B 公司应向实际获益的第三人 C 厂追偿之抗辩，其属合同法规范内的票据之原因行为，B 公司有权利选择依票据法上的非票据权利或依票据原因行为之买卖合同履行得到救济，对 B 公司选择前种救济方式，法

---

〔1〕 该司法解释现已失效，此条内容对应《最高人民法院关于适用〈中华人民共和国民事诉讼法〉的理解》第 444 条。

院予以尊重。A 公司同时以 B 公司之诉请已超过时效为由抗辩，因票据损害赔偿请求权属票据法上的非票据权利，故不适用法定一年的票据诉讼时效规定，而据民法一般债权两年时效期间规定，B 公司于 2012 年 12 月 19 日起诉并未超过诉讼时效期间，故 A 公司此项抗辩，法院亦不予采纳。B 公司以票据损害赔偿之诉要求 A 公司赔偿损失的请求应予支持。B 公司同时请求 A 公司支付汇票金额 5000000 元自 2012 年 2 月 28 日起同期银行贷款利息，此属于 B 公司实际可预见利益的损失，应予支持。B 公司关于追索费用 84272 元的主张，因未提供证据证明实际发生，法院不予支持。程某作为 A 公司的法定代表人，明知并非丢失票据，而以丢失为由申请公示催告，最终导致票据除权，其行为存在恶意，故程某应对 B 公司的票据损失共同承担赔偿责任。

二审法院观点：本案存在以下两个争议焦点。第一，公示催告程序前 A 公司是否是涉案汇票的最后合法持票人？第二，B 公司是否有权向 A 公司主张损害赔偿？

关于第一个争议焦点，公示催告程序前 A 公司是否是涉案汇票的最后合法持票人？A 公司通过与其前手山西华宝焦化集团有限公司的真实贸易关系，合法受让了汇票，A 公司曾经是本案所涉汇票的合法持票人。流通性和无因性是票据的生命，票据的权利与票据同在。当票据持票人自愿将票据转让他人之后，原持票人也就丧失了票据权利。根据吕梁市公安局向牛某、李某、秦某所作询问笔录可以证实，A 公司系出于自身意愿将汇票流转于他人之手进行贴现，其不再持有汇票的同时，也丧失了最后合法持票人之身份。之后该票据继续流转，被上诉人 B 公司 2011 年 9 月 18 日取得该票据时，背书连续，且 B 公司与其前手存在真实的贸易关系，并支付了对价，B 公司成为该票据的最后合法持票人。根据吕梁市公安局向吴某所作询问笔录可以证实，A 公司法定代表人程某是在知道汇票贴现被骗之后，恶意伪报被盗，申请公示催告和申请法院作出除权判决，转嫁自身被骗的损失，无视合法取得票据的后手的利益，违背了票据法、民事诉讼法的规定，侵犯了票据合法持有人 B 公司的合法权益。

关于第二个争议焦点，B 公司是否有权向 A 公司及程某主张侵权赔偿？B 公司因所持票据被非法除权后，享有三种救济方式：第一种是在除权判决作出一年内，申请撤销除权判决，使票据复权，进而主张票据权利；第二种是根据票据的基础关系，依据合同法向其直接的前手主张煤款；第三种是根据侵权法向恶意公示催告的当事人主张侵权赔偿责任。B 公司可以选择任意一种方式主张其权利，法院都应予以尊重。B 公司在公示催告期间未申告权利，在除权判决作出后一年内未提起撤销除权判决之诉，其只是丧失了基于票据救济之权利，但未丧失向侵权人 A 公司主张侵权损害赔偿的权利。本案中，A 公司未能收到票据贴现款，遭受损失，其原因是秦某的欺骗行为。其损失应向秦某追偿。公示催告前的最后合法持票人 B 公司在取得票据合法、所持有的票据无瑕疵的情况下遭拒付，遭受损失的原因是 A 公司的恶意主张公示催告及除权判决，此损害赔偿应向 A 公司主张。此损害赔偿并非基于票据权利行使票据追索权，而是基于侵权责任提起诉求，应适用民法通则规定的诉讼时效，B 公司 2012 年 2 月向银行提示付款被拒付，知道其权利受损，至 B 公司 2012 年 12 月 19 日起诉，未超出诉讼时效。

程某作为 A 公司的法定代表人，在明知票据贴现被骗的情况下，恶意申请公示催告，转嫁被骗的损失。程某恶意进行公示催告，且转移公司资产到其妻子名下，对此行为，应承担连带责任。

最高人民法院观点：A 公司通过与其前手山西华宝焦化集团有限公司的真实贸易关系，合法受让了汇票，曾经是本案所涉汇票的合法持票人。吕梁市公安局向牛某、李某、秦某所作询问笔录可以证实，A 公司是委托牛某办理贴现，牛某又委托李某向长期以公民身份办理汇票贴现业务的秦某办理贴现。A 公司向秦某转让汇票的真实意思应为办理贴现以提前承兑现金，其关于与秦某之间系委托关系，至 2011 年 9 月 29 日其仍为合法持票人的主张没有事实依据。有关票据粘单、B 公司收款收据、付款单、日报表和吕梁市公安局对苏某、周某、贾某所作询问笔录等可以证实，B 公司于 2011 年 9 月 18 日取得该票据时，背书连续，且与其前手存在真实的交易关系，并支付了对价。B 公司系该票据的最后合法持票人，其与 C 厂未签订书面买卖合同并不违反法律规定。本案中，A 公司未能收到票据贴现款而遭受损失，系因秦某的欺骗行为所致，其损失应向秦某追偿。吕梁市公安局向吴某所作询问笔录可以证实，A 公司法定代表人程某是在知道汇票贴现被骗之后，恶意伪报被盗，通过申请公示催告和申请法院作出除权判决，转嫁自身被骗的损失，侵犯了票据持有人 B 公司的合法权益。一、二审判决认定 A 公司自愿将涉案汇票流转于他人贴现，丧失了最后合法持票人身份，B 公司成为该票据的最后合法持票人并无不当。

B 公司在公示催告期间未申告权利，在除权判决作出后一年内未提起撤销除权判决之诉，只是丧失了基于票据公示催告程序获得救济的权利，但其并未丧失向侵权人A公司主张侵权损害赔偿的权利。本案中，A公司未能收到票据贴现款，遭受损失，其原因是秦某的欺骗行为，其损失应向秦某追偿。最后持票人B公司在取得票据合法、所持有的票据无瑕疵的情况下遭到拒付进而受到损失，原因是A公司恶意申请公示催告及除权判决，A公司应当承担相应的损害赔偿责任。A公司有关B公司没有尽到注意义务，自身具有重大过错，丧失了向其索赔权利的主张没有法律依据。此损害赔偿诉求系基于侵权责任提起，应适用《中华人民共和国民法通则》规定的诉讼时效。B公司于2012年2月向银行提示付款被拒付始知道其权利受损，至其于2012年12月19日起诉，未超出诉讼时效期间。A公司以金额为500万元、票号为10301420－00225010的银行转账支票转账，将500万元存入账户为袁某、账号为6218的个人账户。经二审法院查明，程某与袁某为夫妻关系。程某作为A公司的法定代表人，恶意运用公示催告程序损害他人利益，转移公司资产到其妻子名下，理应承担相应的连带责任。一、二审法院据此判令A公司、程某共同赔偿B公司汇票款损失及利息于法有据。

关联案例1

▶ **不能证明自己为“最后合法持票人”而申请公示催告、除权需承担赔偿责任**

关 键 词：公示催告　最后合法持票人　票据权利

案件名称：E自动化公司与兖州市F销售中心票据损害责任纠纷案

审理法院：山东省高级人民法院（2014）鲁民提字第294号

法院观点：票据权利自身特征决定了持票人行使票据权利，应当依照法定程序在票据上签章，并出示票据。涉案票据上未有F销售中心的背书签章；F销售中心从其所谓前手兖州市永祥贸易有限公司取得票据权利，而兖州市永祥贸易有限公司也未在票据上签章，且其所谓前手齐鲁特钢有限公司亦未在涉案票据上签章，均不属《中华人民共和国票据法》规定的票据权益人，更不能证明F售中心因此而取得票据权利。

根据《最高人民法院关于审理票据纠纷案件若干问题的规定》第二十六条的规定：“票据法第十五条第三款规定的可以申请公示催告的失票人，是指按照规定可以背书转让的票据在丧失票据占有以前的最后合法持票人。”F销售中心提供的证据不能证明其为票据最后合法持票人，而其向人民法院申请公示催告、除权，并依此提取票据载明数额的款项，损害了合法持票人E自动化公司的合法权益，故F销售中心应偿还E自动化公司票据金额款项及该款利息。

关联案例2

▶ **不当清算损害票据合法占有人因公示催告程序而享有的救济权利，应承担赔偿责任**

关 键 词：合法占有人 公示催告 除权判决 不当清算

案件名称：张某与施某、董某票据损害责任纠纷案

审理法院：

一审：浙江省慈溪市人民法院（2013）甬慈商初字第1782号

二审：浙江省宁波市中级人民法院（2014）浙甬商终字第286号

法院观点：G公司作为票据上载明的收款人，其从出票人处取得票据后，因被罗某骗取而将票据交付给罗某，张某在支付罗某391.20万元后从罗某处受让了涉案票据。张某虽非经背书转让的票据当事人，不享有票据上的权利，但其系支付票据对价后的合法占有人，享有转让该票据并获取相应对价的权利。由于G公司申请公示催告、除权判决，并从承兑人处领取了相应票款的行为使张某上述权利无法实现，导致张某权利受到损害，故张某有权请求公示催告申请人返还其从承兑人处取得的票据款项及相应孳息。施某、董某作为G公司股东，明知张某已起诉G公司，在未向法院披露公司注销情况、未通知张某的情况下，仍旧作为清算组成员将公司清算后注销，显属不当清算，致使张某的损失无法获得清偿，其应对由此造成的损失向张某承担赔偿责任。

关联案例3

▶ **持票人在票据除权判决后行使救济权利时的管辖法院如何确定**

关 键 词：持票人 除权判决 救济权利 管辖

案件名称：H首饰公司与I贸易公司、J物资公司票据损害责任纠纷案

审理法院：

一审：江苏省苏州市中级人民法院（2014）苏中商辖初字第0004号

二审：江苏省高级人民法院（2014）苏商辖终字第0120号

法院观点：本案是关于持票人在票据被除权判决后，行使救济权利时，管辖的问题。票据损害责任纠纷属于侵权纠纷，依照《民事诉讼法》第二十八条即因侵权行为提起的诉讼，由侵权行为地或者被告住所地人民法院管辖。《最高人民法院关于审理票据纠纷案件若干问题的规定》第七条规定：因非票据权利纠纷提起的诉讼，依法由被告住所地人民法院管辖。本案中，J物资公司是针对I贸易公司、H首饰公司提起的共同侵权之诉，I贸易公司住所地在苏州辖区，故原审法院作为被告之一住所地法院对本案具有管辖权。被告主张本案应由作出票据除权判决的法院进行管辖的主张并未得到法院支持。

律师点评

票据除权判决是指在公示催告程序中，公示催告期间届满后，无利害关系人申报权利时，人民法院根据申请人的申请所作出的宣告被推定已丧失的票据无效的判决。《民事诉讼法》第二百二十二条规定：没有人申报的，人民法院应当根据申请人的申请，作出判决，宣告票据无效。判决应当公告，并通知支付人。自判决公告之日起，申请人有权向支付人请求支付。可见，票据除权是票据持有人因票据被盗、遗失或灭失通过法定程序以恢复其票据权利的行为，法院根据在公示催告期间没有其他利害关系人申报权利的事实，推定申请人为票据权利人，这一推定在一定程度上打破了票据权利和票据本身不可分离的原则。

但票据除权判决并非设立新的权利，与原票据所附着的票据权利相竞合，因此倘若申请人恶意通过除权判决获取票据权利，将导致实际依法取得票据的持票人的利益受到损害。因此，法律也赋予了持票人以救济权利。从司法实践情况来看，持票人一般可以考虑以下三种救济方式：

第一，《民事诉讼法》第二百二十三条规定利害关系人因正当理由不能在判决前向人民法院申报的，自知道或者应当知道判决公告之日起一年内，可以向作出判决的人民法院起诉。此规定即所谓持票人的除权判决撤销之诉。由于民事诉讼法该条规定较为抽象，该等除权判决撤销之诉具体如何提起以及如何认定是否应撤销除权判决在司法实践中曾产生较大争议。2015 年民事诉讼法司法解释对于该除权判决撤销诉讼制度做出了进一步细化，规定利害关系人向人民法院提起除权判决撤销诉讼的，人民法院可按票据纠纷适用普通程序审理，列除权判决申请人为被告，并在该司法解释第四百六十条列明了利害关系人要求撤销除权判决的正当理由。

第二，除提起除权判决撤销诉讼之外，实际持票人也可主张申请人恶意公示催告侵害其合法票据权利为由主张其构成侵权责任。如“A 洗煤有限公司、程某与 B 煤矿有限公司票据损害责任纠纷”一案中法院的认定，该侵权责任的主张与持票人是否提起撤销除权判决之诉没有关系，是分别基于侵权法和票据法下各自独立的维权方式。持票人在除权判决作出后一年内未提起撤销除权判决之诉，只是丧失了基于票据公示催告程序获得救济的权利，但其并未丧失向侵权人主张侵权损害赔偿的权利，该诉讼时效应适用一般诉讼时效。

第三，持票人无法实现票据权利的，不影响其根据票据基础关系向合同关系的债务人主张债权的权利。

五、支票收款人名称记载错误，自始不能取得相应的票据权利

关 键 词： 记载事项欠缺 票据无效 追偿 票据文义性

问题提出： 支票收款人名称记载错误，持票人是否可以行使票据权利?

案件名称： 上海A投资咨询有限公司与上海B不锈钢材料有限公司票据纠纷案[1]

裁判规则： 支票收款人名称栏尽管为非必要记载事项，允许持票人补记，但是若收款人名称记载错误，则基于收款人名称不能更改，持票人自始不能取得相应的票据权利，且不属于持票人因票据记载事项欠缺而丧失票据权利之情形。持票人不能基于《中华人民共和国票据法》第十八条之规定享有票据利益返还请求权，即不能请求出票人返还其与未支付的票据金额相当的利益。

案情简介

上诉人（原审被告）：上海B不锈钢材料有限公司

被上诉人（原审原告）：上海A投资咨询有限公司

上海B不锈钢材料有限公司（以下简称B不锈钢公司）公司曾向案外人孙某出具一张出票日期记载为2011年2月25日、金额为人民币200000元的中国建设银行上海市分行支票。B不锈钢公司自述出票原因系孙某向其公司主管张某（系B不锈钢公司法定代表人之妻）借款。

2010年9月20日，陈某、谢某作为股东召开股东会议形成决议，决定组建上海A投资咨询有限公司（以下简称A投资咨询公司），并向公司登记机关申请设立登记。上海市工商行政管理局金山分局于同年11月19日批准登记。

---

[1] 一审上海市黄浦区人民法院（2011）黄民五（商）初字第4181号；二审上海市第二中级人民法院（2012）沪二中民六（商）终字第130号。

2010年11月7日，案外人姜某自其个人账户中取款人民币100000元给孙某。庭审中，姜某到庭作证称：其系上海A投资咨询有限公司工作人员，当时孙某持系争支票向A投资咨询公司借款，为了便于操作，故其根据公司要求从其个人账户取款交给孙某。此外公司还交付孙某现金人民币100000元。孙某将系争支票交付A投资咨询公司，系争支票记载收款人名称为“上海A投咨询公司”。

2011年3月4日，A投资咨询公司将系争支票交与浙江泰隆商业银行上海分行。同月7日，中国建设银行出具退票通知书，退票理由为账户存款不足。A投资咨询公司遂起诉要求B不锈钢公司支付票据款项。

判决结果

一审判决：（1）B不锈钢公司应于判决生效之日起十日内支付A投资咨询公司人民币200000元。（2）案件受理费人民币4300元，鉴定费人民币2000元，由B不锈钢公司负担。

二审判决：（1）撤销（2011）黄民五（商）初字第4181号民事判决；（2）驳回上海A投资咨询有限公司原审诉讼请求。

各方观点

上诉人（原审被告）B不锈钢公司的观点：（1）A投资咨询公司在取得票据时未支付相应对价，案外人姜某提交的取款凭证只能证明向案外人孙某交付了10万元，且不能证明该行为系被上诉人的公司行为。（2）A投资咨询公司未按照诚实信用原则取得票据。A投资咨询公司与B不锈钢公司不存在债权债务关系，且A投资咨询公司从案外人孙某处通过非背书形式取得票据，该行为违反了《票据法》第十条中“票据的签发、取得和转让，应当遵循诚实信用的原则，具有真实的交易关系和债权债务关系”的规定。

被上诉人（原审原告）A投资咨询公司的观点：被上诉人取得票据合法、有效，有权行使票据权利。

法院观点

一审法院观点：票据的取得，必须给付对价，即应当给付票据双方当事人认可的相对应的代价。现A投资咨询公司提供的证据可以证明其支付对价取得并持有票据。根据法律规定，出票人必须按照签发的支票金额承担保证向持票人付款的责任。故对于B不锈钢公司关于A投资咨询公司取得票据未支付对价，故不享有票据权利的主张不予支持。虽然系争票据中收款人的记载为“上海A投咨询有限公司”，与A投资咨询公司名称不符，导致A投资咨询公司作为持票人因票据记载事项欠缺而丧失票据权利。但A投资咨询公司仍享有民事权利，可以请求出票人即B不锈钢公司返还其与未支付的票据金额相当的利益。故A投资咨询公司的诉讼请求符合法律规定，应予支持。

二审法院观点：尽管本案中A投资咨询公司二审补充提交证据以证明其从案外人孙某处取得票据已经支付了相应的对价，但是，系争支票收款人名称为“上海A投咨询有限公司”，而非本案A投资咨询公司，故根据票据的文义性，A投资咨询公司不享有票据权利。同时，支票收款人名称栏尽管为非必要记载事项，允许持票人补记，但是若收款人名称记载错误，则基于收款人名称不能更改，持票人自始不能取得相应的票据权利，并不属于持票人因票据记载事项欠缺而丧失票据权利之情形。故A投资咨询公司不享有票据权利，亦不能基于《中华人民共和国票据法》第十八条之规定享有票据利益返还请求权，即不能请求出票人返还其与未支付的票据金额相当的利益。至于A投资咨询公司就取得系争票据已经支付的对价，可以基于其与孙某之间的民事权利义务关系向交付票据的案外人孙某追偿。

关联案例1

▶ **制作不符合法律规定的汇票无效，但不影响当事人因基础关系而享有的债权**

关 键 词：票据　要式证券　无效票据

案件名称：赛格进出口公司诉中国农业银行无锡市郊区支行票据承兑纠纷案

案例来源：《最高人民法院公报》1999 年第 6 期

法院观点：江苏省高级人民法院经审理认为，原审认定的事实清楚，证据确实、充分。票据是要式证券，票据的制作必须严格符合法律的规定。上诉人赛格公司从案外人恒昌公司得到的银行承兑汇票第一联复印件，不符合票据法对汇票的规定，不是有效票据，赛格公司不能据此主张行使票据权利。原审判决驳回赛格公司的诉讼请求，是正确的，应当维持。票据法第十八条规定："持票人因超过票据权利时效或者因票据记载事项欠缺而丧失票据权利的，仍享有民事权利，可以请求出票人或者承兑人返还其与未支付的票据金额相当的利益。"恒昌公司是因赛格公司为其代理进口了摩托车发动机总成，才给赛格公司出具汇票。赛格公司虽因票据无效而丧失了票据权利，但是其因代理行为而对恒昌公司享有的债权并未丧失，原审也没有否定赛格公司的这一民事权利。赛格公司起诉时，只是主张对被上诉人郊区农行行使票据权利，本案据此以票据纠纷立案。赛格公司与恒昌公司之间的债权债务系原因关系，属民法调整，与本案的票据关系无关，不应一并审理，赛格公司可另行起诉。赛格公司的上诉理由不能成立，应予驳回。

关联案例2

▶ **票据形式要件不符合中国人民银行规定的统一格式的，持票人不享有票据权利**

关 键 词：票据的形式要件　统一格式　无效票据

案件名称：上海 C 纺织品有限公司与上海 D 建筑装潢有限公司票据追索权纠纷案

审理法院：

一审：上海市浦东新区人民法院（2009）汇民二（商）初字第 773 号

二审：上海市第一中级人民法院（2009）沪一中民三（商）终字第 854 号

法院观点：票据的形式要件如不符合中国人民银行规定的统一格式的，为无效票据，持票人不享有票据权利。本案系票据纠纷，在系争支票确定为无效票据后，法院无须对当事人之间是否存在真实的债权债务关系进行审查。如 D 公司取得系争无效票据没有过错，因票据无效而导致其无法行使票据权利，其仍可以基于票据原因债权向与其存在真实债权债务关系的相对人主张权利，亦可依据侵权关系向侵权人主张损害赔偿责任。

律师点评

我国《票据法》第一百零八条规定“汇票、本票、支票的格式应当统一。票据凭证的格式和印制管理办法，由中国人民银行规定”。《票据管理实施办法》第五条规定“票据当事人应当使用中国人民银行规定的统一格式的票据”；第三十五条第一款规定“票据的格式、联次、颜色、规格及防伪技术要求和印制，由中国人民银行规定”。此条属于授权性规范，即关于票据的具体格式，由中国人民银行规定。中国人民银行《支付结算办法》第九条规定，票据和结算凭证是办理支付结算的工具。单位、个人和银行办理支付结算，必须使用按中国人民银行统一规定印制的票据凭证和统一规定的结算凭证。

未使用按中国人民银行统一规定印制的票据，票据无效；未使用中国人民银行统一规定格式的结算凭证，银行不予受理。最高人民法院《关于审理票据纠纷案件若干问题的规定》第四十条规定，依照票据法第一百零九条以及经国务院批准的《票据管理实施办法》的规定，票据当事人使用的不是中国人民银行规定的统一格式票据的，按照《票据管理实施办法》的规定认定，但在中国境外签发的票据除外。

可见，支票作为要式证券，其记载的事项必须严格按照《票据法》及中国人民银行的规定的形式记载。《票据法》第八十四条规定，支票必须记载下列事项：(1) 表明“支票”的字样；(2) 无条件支付的委托；(3) 确定的金额；(4) 付款人名称；(5) 出票日期；(6) 出票人签章。支票上未记载前款规定事项之一的，支票无效。虽然收款人名称并非支票必要记载事项，并可根据《票据法》第八十六条的规定，根据出票人授权进行补记，但一旦记载了收款人，该收款人名称即不得更改。《票据法》第九条规定，“票据金额、日期、收款人名称不得更改，更改的票据无效”。同时，支票还具有文义性，其权利义务必须以支票上的文字记载为准，即使记载的内容和实际情况不符，也不允许当事人以票据外的方法加以变更或者补充。对于票据要式性和文义性的强调，是增强票据流通性的必然要求。

在“上海A投资咨询有限公司与上海B不锈钢材料有限公司”一案中，系争支票收款人名称为“上海A投咨询有限公司”，与上海A投资咨询有限公司名称不符，故上海A投资咨询有限公司无权主张票据权利。需说明的是，在该案中上海A投资咨询有限公司并非通过背书取得票据权利，在支票收款人与其名称不符的情况下，应视为上海A投资咨询有限公司并非合法持票人，因此也无权根据《票据法》第十八条的规定向出票人主张票据利益返还请求权，故一审法院认为A投资咨询公司仍享有民事权利，可以请求出票人即B不锈钢公司返还其与未支付的票据金额相当的利益是缺乏法律依据的；如二审法院所言，上海A投资咨询有限公司只能基于其与孙某之间的民事权利义务关系向交付票据的案外人孙某要求赔偿。

六、票据债务人以持票人瑕疵履行约定义务为由拒绝付款时的法律适用

关 键 词：票据　无因性　瑕疵履行　基础关系

问题提出：票据债务人能否拒绝向未完全履行约定义务的与自己有直接债权债务关系的持票人支付票据金额？

案件名称：南京A软件有限公司与B信息技术研究院有限公司票据纠纷案[1]

裁判规则：虽然票据基础关系与票据关系相互独立是票据法的基本原则，但这种独立并不是绝对的。在票据债务人与持票人存在直接债权债务关系的情况下，票据债务人可以持票人不履行约定义务为由提出抗辩，且“不履行约定义务”也包括“不完全履行义务”。对于持票人是否存在不完全履行义务的情况应结合当事人之间的约定和案件具体情况综合判断，在持票人已提交其履行义务的基础证据的情况下，票据债务人对其抗辩应提交相应证据支持，否则其抗辩不成立。

案情简介

上诉人（原审被告）：南京A软件有限公司

被上诉人（原审原告）：B信息技术研究院有限公司

B信息技术研究院有限公司（以下简称B公司）与南京A软件有限公司（以下简称A公司）于2014年3月至5月间先后签订三份《设备销售合同书》并附设备清单，双方在合同中约定，由B公司向A公司提供服务器及服

---

〔1〕 一审南京市建邺区人民法院（2014）建商初字第649号；二审南京市中级人民法院（2015）宁商终字第812号。

务，三份合同实际结算总价款为641532元。合同第四条约定交货方式、时间、地点为："乙方（B公司）须在本合同签订后于10日内送货至甲方（A公司）指定地点，并负责安装调试成功。运送产生的费用由乙方负责。乙方在交付时应向甲方提供产品的使用说明、操作手册、维修说明、图纸、保修单等相关资料。"双方在第五条验收第2款约定："产品到达并由乙方完成对产品的安装调试后，由甲方（A公司）对产品的质量、规格、数量、软件安装和运行状况及其他进行检验。如发现产品的质量、规格、数量与合同规定不符，应在货到后10个工作日内以书面方式向乙方提出，否则视为所交货物符合合同约定。如确实存在上述问题甲方有权拒绝接受。"第六条付款方式第一款约定："产品验收合格乙方提供相应增值税发票后60日内，甲方付清全额货款。"双方在合同第八条违约责任第二款中约定："如果甲方无故逾期付款，每延迟一周应偿付欠款总额千分之三的滞纳金，不足一周按一周算。"

2014年7月31日，B公司、A公司及案外人南京C计算机有限公司（以下简称C公司）三方签订《逾期货款还款计划》，其中C公司是B公司售予A公司案涉设备供货商。《逾期货款还款计划》约定："A公司承诺拖欠B公司的641532元设备款将在2014年8月27日前汇款至B公司的公司账户，同时由于货款延期产生的滞纳金19245.96元（641532×3%＝19245.96）一并在8月27日前汇款至B公司账户。B公司在27日收到A公司支付的总货款660777.96元后将按相应合同支付货款给B公司的该批设备供货商C公司。"该协议另约定："为了确保以上约定按计划执行，A公司向B公司开具票号为02736040的中国银行转账支票，支票金额为660777.96元。"

2014年8月27日，A公司向B公司出具票号为02736040的中国银行转账支票，出票日期为2014年8月27日，收款人为B公司，出票人为A公司，用途是货款，金额为660777.96元。2014年9月3日，B公司持A公司出具的02736040号中国银行转账支票到中国银行承兑，但银行告知B公司，A公司在中国银行处存款不足以支付02736040号中国银行转账支票项下金额，系空头支票，故B公司未能承兑该支票。

B公司遂起诉要求：A公司立即向B公司支付票据款人民币660777.96元，并支付从2014年9月3日起至实际给付之日止的利息（按照中国人民银行同期同类贷款基准利率计算）；A公司向B公司支付票据金额2%的赔偿金13215.56元；由A公司负担诉讼费用。

判决结果

一审判决：(1) A公司于判决生效之日起十日内，向B公司支付票据款660777.96元，并承担该票据款从2014年9月3日至实际给付日止的利息（按照中国人民银行同期同类贷款基准利率计算）。(2) A公司于判决生效之日起十日内向B公司支付票据金额660777.96元2%的赔偿金13215.56元。如果未按判决指定的期间履行给付金钱义务，应当依照《中华人民共和国民事诉讼法》第二百五十三条之规定，加倍支付迟延履行期间的债务利息。

二审判决：驳回上诉，维持原判。

各方观点

上诉人（原审被告）A公司观点：(1) 双方在合同中约定了所需货物的质量标准，但B公司没有DELL公司官方授权经销资质，无法证明所供货物为全新产品。A公司实际并未签收货物，且根据合同约定，B公司应当向A公司提供产品使用说明、操作手册、维修说明、图纸、保修单等材料，但A公司一直未收到。B公司未履行合同约定义务，A公司有权拒绝支付票据款项。(2)《逾期货款还款计划》系在胁迫下所签，并非其真实意思表示。(3) 要求解除双方销售合同，B公司自行取回服务器设备。

被上诉人（原审原告）B公司观点：(1) 本案是票据纠纷，A公司将买卖合同纠纷内容纳入本案，不应予以审理。且B公司交付的产品符合合同约定，不存在质量问题，双方签订的设备销售合同中第五条验收第二款约定"如发现产品质量、规格、数量与合同规定不符，应当在货到后10个工作日内以书面的形式向乙方提出，否则视为所交货物符合合同约定"，如果A公司认为B公司提供的设备存在质量问题，应当在规定的期限内提出异议，但B公司不仅接受了设备，也没有在约定的时间内以书面的方式向B公司就货物质量提出异议或催告B公司履行附随义务，且A公司已经使用设备很长时间，应当视为A公司已经认可了B公司的合同义务。(2)《逾期货款还款计划》系各方真实意思表示，不存在胁迫。(3) A公司存在开具空头支票的行为，根据相关法律法规规定，B公司可主张支票金额2%的赔偿金。

法院观点

一审法院观点：本案争议焦点是，关于A公司是否负有就其出具的银行转账支票向B公司付清全部款项的义务，A公司能否以与B公司间的票据原因关系行使票据抗辩的权利，即A公司能否以B公司货物质量及附随义务的履行有瑕疵为由拒绝承担票据付款的义务。票据法律关系是指因票据行为而产生的法律上的债权债务关系，即票据权利与票据义务的法律关系，它产生于票据当事人所为的票据行为。因A公司2014年8月27日向B公司出具的银行转账支票符合法定的形式要件，因此B公司、A公司间形成票据法律关系。依据该票据法律关系，B公司作为债权人享有付款请求权，A公司作为债务人应承担付款义务。票据无因性是票据的基本特征。虽然票据的设立是基于一定的原因，如买卖、担保、借贷等，但票据权利的成立与有效，不以债权人与债务人的原因关系的成立和有效为前提，票据关系与原因关系互相独立。持票人只要持有的票据要式齐备，就可以行使票据权利，持票人不必证明自己取得票据的原因就有权请求付款人履行付款义务；而且付款人也没有义务过问持票人取得票据的原因，只要票据要式具备、背书连续就必须无条件付款。即使原因关系无效或者被撤销，对票据权利的行使也不会发生影响。虽然票据原因关系与票据关系相互独立是票据法的基本原则，但这种独立并不是绝对的。在票据未经背书转让给第三人以前，在直接授受票据的当事人之间，既存在票据债权债务关系，也存在票据原因关系。票据关系因票据原因关系而产生并在一定程度上从属于票据原因关系。依照双务合同的履行原则，持票人向票据债务人请求付款时，票据债务人也应该有权请求持票人履行原因关系中的债务。虽然前者属票据关系，后者属于原因关系，但是既然同时存在于相同的当事人之间，如不许票据债务人行使抗辩权，显然是不公平的，而且会使当事人之间的法律关系更加复杂。所以，《票据法》第十三条第二款规定："票据债务人可以对不履行约定义务的与自己有直接债权债务关系的持票人，进行抗辩。"即票据关系的直接前手可以以原因关系对抗其票据关系。当然这仅仅限于与票据债务人有直接债权债务关系的持票人不履行约定义务情况，所谓"不履行约定义务"，应该做广义理解，应该涵盖所有的不履行约定义务的行为，包括不履行和不完全履行（包括不适当履行、迟延履行、部分履行）。本案虽属票据纠纷，但B公司与A公司间存在直接的债权债务关系，依据《票据法》的规定，若持票人B公司在原因关系中所供货物有质量问题，出票人A公司依法可行使抗辩权。

关于A公司在本案中的抗辩是否成立。B公司、A公司间订立的三份《设备销售合同》中第五条验收第二款约定："产品到达并由乙方完成对产品的安装调试后，由甲方（A）对产品的质量、规格、数量、软件安装工程和运行状况及其他进行检验。如发现产品的质量、规格、数量与合同规定不符，应在货到后10个工作日内以书面方式向乙方提出，否则视为所交货物符合合同约定。如确实存在上述问题甲方有权拒绝接受。"A公司认为B公司提供的设备质量存在问题，且B公司没有按约定提供产品使用说明、操作手册、维修说明、图纸、保修单等相关资料，但A公司不仅认可接收了B公司提供的设备，而且也没有按照合同约定的时间以书面方式向B公司就货物质量提出异议或催告B公司履行附随义务。A公司还在与B公司及C公司三方签订的《逾期货款还款计划》中确认了B公司、A公司双方三份买卖合同项下总价款为641532元，并承诺支付全部货款和滞纳金，且A公司也未提交相应的证据证明B公司的货物确实存在质量问题，因此可以视为A公司已经认可B公司依约履行了合同义务。A公司虽然有权以与B公司间的票据原因关系行使票据抗辩的权利，但B公司所提的抗辩缺乏相应证据支持，应不予采信。

关于A公司是否开具了空头支票以及是否应当向B公司承担相应的赔偿责任之争议。《票据法》第八十七条规定："支票的出票人所签发的支票金额不得超过其付款时在付款人处实有的存款金额。出票人签发的支票金额超过其付款时在付款人处实有的存款金额的，为空头支票。禁止签发空头支票。"而A公司在诉讼中也承认支票到期日之前，A公司账户上并没有钱，因此A公司向B公司出具的承兑支票系空头支票。最高人民法院《关于审理票据纠纷若干问题的规定》第七十三条规定："因出票人签发空头支票、与其预留本名的签名式样或者印鉴不符的支票给他人造成损失的，支票的出票人和背书人应当依法承担民事责任。"依据《票据管理实施办法》第31条之规定："签发空头支票或者签发与其预留的签章不符的支票，不以骗取财物为目的的，由中国人民银行处以票面金额5%但不低于1000元的罚款；持票人有权要求出票人赔偿支票金额2%的赔偿金。"因此，B公司有权因A公司开具空头支票的行为，请求A公司支付票据金额2%的赔偿金。

最后，A公司2014年7月31日向B公司出具的还款计划应为双方真实之意思表示，A公司主张签订该计划时受到B公司胁迫的抗辩缺乏证据支持，故对该还款计划真实性予以确认。

综上，A公司向B公司出具票号为02736040的中国银行转账支票，因此A公司负有就该银行转账支票向B公司付清全部款项的义务。虽然A公司有权以与B公司间的票据原因关系行使票据抗辩，但A公司以B公司货物质量及附随义务的履行有瑕疵为由拒绝承担票据付款义务缺乏相应证据支持，应不予支持。因A公司作为出票人在付款人即银行处实有的存款不足以支付票据金额的支票，构成开具空头支票，依据相关法律规定，B公司向A公司要求支付票据金额2%的赔偿金有事实和法律依据，应予以支持。

二审法院观点：关于A公司能否以B公司货物质量及附随义务的履行存在瑕疵为由拒绝承担票据付款义务。首先，《票据法》第十条第一款规定："票据的签发、取得和转让，应当遵循诚实信用的原则，具有真实的交易关系和债权债务关系。"第十三条第二款、第三款规定："票据债务人可以对不履行约定义务的与自己有直接债权债务关系的持票人，进行抗辩。本法所称抗辩，是指票据债务人根据本法规定对票据债权人拒绝履行义务的行为。"由前所述，B公司与A公司之间存在真实的买卖合同关系，B公司依约履行了供货义务，故不存在"票据债权人拒绝履行义务的行为"。A公司主张B公司所供货物存在质量问题，且未提供安装调试图纸、验收单说明、验收单等材料，依据双方约定，"产品到达并由乙方（B公司）完成对产品的安装调试后，由甲方（A公司）对产品的质量、规格、数量、软件安装和运行状况及其他进行检验。如发现产品的质量、规格、数量与合同规定不符，应在货到后10个工作日内以书面方式向乙方提出，否则视为所交货物符合合同约定。如确实存在上述问题甲方有权拒绝接受"。A公司没有证据证明其在约定的时间内就货物质量问题及附随义务的履行问题向B公司提出书面意见，也没有证据证明货物本身存在质量问题，故A公司不能以B公司货物质量及附随义务的履行存在瑕疵为由拒绝承担票据付款义务。其次，《合同法》第八条规定："依法成立的合同，对当事人具有法律约束力。当事人应当按照约定履行自己的义务，不得擅自变更或者解除合同。

依法成立的合同，受法律保护。”A公司与B公司作为买卖合同的双方当事人，均应依照合同约定及法律规定履行各自的义务，B公司依约履行了供货义务，A公司理应依约履行付款义务，故A公司负有就出具支票向B公司付清全部款项的义务。

关于A公司是否开具了空头支票的争议。2014年8月27日，A公司向B公司开具了票号为02736040的中国银行转账支票，支票金额为总货款660777.96元，然而其在付款人处即中国银行的存款账户余额不足以支付该款项，且A公司亦称其出具支票时即明知其在中国银行的存款账户余额不足以支付该款项，显然，A公司开具了空头支票，应当向B公司承担相应的赔偿责任。

关联案例1

► **有直接债权债务关系的持票人未完全履行合同义务时，票据债务人可以拒绝履行票据义务**

关 键 词：对价原则　合同义务　票据义务

案件名称：上海C广告有限公司与上海D工贸发展有限公司票据付款请求权纠纷案

审理法院：

一审：上海市黄浦区人民法院（2009）黄民二（商）初字第1588号

二审：上海市第二中级人民法院（2010）沪二中民六（商）终字第45号

法院观点：尽管票据存在流通性的属性，但这并不妨碍票据义务人对与自己有直接债权债务关系的持票人进行抗辩。按照票据取得的对价原则，D公司取得票据，必须给付C公司相当票据记载面额价值的货物。D公司未依约交付全部货物，且双方供货合同中明确要求货物应达到行业标准，但D公司的货物经鉴定无法达到行业标准，且D公司也曾确认系争礼品毛巾存在质量问题。而C公司在交与支票时，不仅未告知D公司其所设置的密码，并要求D公司在未交全25000条毛巾前不得将支票擅自入账。因此，基于D公司尚未完全履行合同义务，C公司因此提出的拒绝对D公司履行票据义务的抗辩意见成立，D公司票据付款的诉讼请求，依法难以支持。至于已交付货物的货款及质量问题的相关纠纷，双方均可另行提起诉讼予以解决。

关联案例 2

▶ **持票人的票据权利仅在直接前手享有基础原因关系抗辩权的情况下受限制**

关 键 词： 票据权利　前手　基础原因关系抗辩权

案件名称： 宜昌市 E 工贸有限公司与宁波保税区 F 塑料有限公司票据纠纷案

审理法院：

一审：湖北省宜昌市中级人民法院（2012）鄂宜昌中民二初字第 00001 号

二审：湖北省高级人民法院（2013）鄂民二终字第 00006 号

法院观点： 持票人的票据权利仅在直接前手享有基础原因关系抗辩权的情况下方受限制，否则仅根据票据的文义性即可认定最后被背书人即持票人为票据权利人。本案所发生的基础原因关系存续于 E 工贸公司与佳华进出口公司、佳华进出口公司与 F 塑料公司之间，E 工贸公司与 F 塑料公司并非基础原因关系的相对方，基于合同的相对性，E 工贸公司即便享有基础原因关系的抗辩权，也仅对佳华进出口公司产生效力，并不及于 F 塑料公司。从诉讼程序的角度看，票据法律关系与基础原因关系系两个独立的法律关系，程序法上属于非必要的共同诉讼，E 工贸公司关于将有佳华进出口公司参与的基础法律关系与本案票据法律关系合并审理的主张，因另一方当事人 F 塑料公司不同意而不能成立，E 工贸公司可另行诉讼。

关联案例 3

▶ **基础法律关系抗辩可能导致法院将票据关系和基础关系合并审理**

关 键 词： 基础法律关系抗辩　合并审理　票据关系　基础关系

案件名称： 罗某与新疆 G 房地产开发有限公司等票据追索权纠纷案

审理法院：

一审：新疆生产建设兵团农六师中级人民法院（2010）农六法民二初字第 001 号

二审：新疆高级法院生产建设兵团分院（2011）新兵民二终字第 00005 号

法院观点： 由于 G 公司在本案中提出了罗某未支付相应票据对价，该票据载明的金额不是罗某实际享有的债权额，根据双方的基础关系交易，其只应向罗某支付实际欠款 1489540.70 元的基础法律关系抗辩，故本案应合并审理票据关系和基础关系，审查持票人罗某与出票人 G 公司之间的钢材买卖的基础交易并以此确定罗某实际享有的债权额。经审查确认罗某实际享有的受转让债权额即 G 公司还应支付的钢材款数额为 1737656.91 元，罗某享有的债权数额小于其主张的票面金额，且 G 公司亦同意按基础合同金额支付钢材款，故法院为避免增加当事人诉累，节约诉讼资源，判决 G 公司按实际债权额向罗某偿付钢材款。

关联案例4

▶ **票据债务人可以对不履行约定义务的与自己有直接债权债务关系的持票人抗辩**

关 键 词：票据权利 抗辩事由

案件名称：青岛澳柯玛集团销售公司与中国银行利津支行票据兑付纠纷上诉案

审理法院：最高人民法院（2000）经终字第72号

法院观点：澳柯玛销售公司和澳柯玛电器公司为利津物资公司的该融资向利津中行提供担保，并承诺利津中行有权直接扣收该两保证人的财产，从而将自己置于与出票人承担相同债务的一种连带债务人的地位上。利津中行正是以与澳柯玛销售公司之间存在的这一基础关系作为抗辩事由拒绝付款。根据《中华人民共和国票据法》第十三条第二款规定："票据债务人可以对不履行约定义务的与自己有直接债权债务关系的持票人进行抗辩。"在上述法律规定的情形出现时，票据当事人得以票据基础关系对抗票据关系。故在出票人利津物资公司未在到期日之前依照约定将相关资金划入付款人利津中行的账户上，而持票人澳柯玛销售公司仍然持汇票向付款人（承兑人）提示付款时，付款人利津中行可以以资金关系来行使抗辩权，拒绝承担相应的付款责任。按照《中华人民共和国合同法》第九十九条关于"当事人互负到期债务，该债务的标的物种类、品质相同的，任何一方可以将自己的债务与对方的债务相抵销"的规定，利津中行行使上述抵销权有法律依据。

律师点评

一、票据无因性原则及其相对性

现代票据法律制度是建立在票据流通的基础之上的。为了保障票据的流通与安全，适应商品经济发展的需要，票据法确立了票据无因性原则。票据无因性原则并非指票据行为的发生本身不存在任何原因关系，而是指票据行为的基础关系（包括原因关系、资金关系和预约关系等）与票据行为的效力相分离。

这种票据关系与票据基础关系的分离具体体现为：首先，票据行为的效力是独立存在的。票据行为一旦完成，即与其基础关系相分离，不再受基础关系的影响，只要出票、背书等票据行为依法成立，即使基础关系不存在或者无效、被撤销，票据行为仍然有效，出票人、背书人仍须承担票据责任，持票人仍然享有票据权利。其次，持票人不负证明给付原因的责任。持票人在为票据上请求时，无须举证证明其原因关系的成立与存续，只需以票据行为本身为请求的基础，证明背书符合法律规定的连续性，即可按照票据上记载的内容向票据债务人主张相应的票据权利，票据债务人也无需对持票人取得票据的原因进行实质上的审查。最后，票据债务人不得以基础关系对抗善意持票人。票据基础关系与票据法律关系的分离，使得票据的债务人的抗辩受到了一定的限制，即票据债务人只能对有基础关系的直接持票人依基础关系上的事由提出抗辩，而不得以自己与出票人或者持票人的前手之间所存在的基础关系上的事由来对抗持票人。

事实上，票据关系之所以与其基础关系是相互分离的，这并不是逻辑上或基础法理的问题，而是经济发展背景下的法律政策问题，是法律上技术性的处理。其目的在于：一方面可以使票据行为脱离票据的基础关系，独立发挥作用，从而使更多的人易于接受；另一方面可以在转让票据时大大减少合法持票人的风险和审查责任，保护合法持票人的权利，增强票据的信用功能，从而促进票据的流通。

但也必须认识到，票据关系与构成其基础的民事关系相分离乃是一柄“双刃剑”：一方面，它推动了票据的流通，并使票据持票人的利益得到充分保护；另一方面，单纯强调票据无因性对票据债务人有失公平，既为某些持票人滥用权利提供了机会，又可能使票据成为套现或骗取资金的工具，从而带来了不可忽视的票据安全性及金融风险问题。

因此，经过在理论和实践中的长期探索和论证，我国《票据法》采取了所谓“相对无因性原则”。即坚持票据关系与票据基础关系分离为原则，但不能因追求票据的流通性而舍弃法律的公正、不能违背诚实信用原则，而应当要求票据权利正当行使，确保权利不被滥用，兼顾票据债务人的合法权益，将票据限定在公正、诚实信用的范围内。票据相对无因性的典型体现为《票据法》第十三条：“票据债务人不得以自己与出票人或者与持票人的前手之间的抗辩事由，对抗持票人。但是，持票人明知存在抗辩事由而取得票据的除外。票据债务人可以对不履行约定义务的与自己有直接债权债务关系的持票人，进行抗辩。”据此，在票据债务人与持票人存在直接债权债务关系的情况下，作为票据无因性的例外，票据债务人可以持票人不履行约定义务为由进行抗辩。

二、票据债务人以持票人瑕疵履行约定义务为由拒绝付款时的法律适用

如前所述，根据《票据法》第十三条的规定，票据债务人可以持票人不

履行约定义务为由进行抗辩。但值得讨论的是如何理解“不履行约定义务”的问题，实践中有部分法院认为只有持票人完全没有履行约定义务才属于“不履行约定义务”，笔者认为这种观点将义务的不履行理解的过于狭隘，在票据债务人与持票人存在直接债权债务关系的情况下，票据的流通性价值应更多的让位于双方实体民事法律关系中的公平性，否则持票人只需对其基础关系义务作出一定履行行为即可导致票据债务人的抗辩权落空，将无疑极大地限制票据债务人行使抗辩权的可能性，有悖于票据相对无因性的原则。

因此，以“南京A软件有限公司与B信息技术研究院有限公司”、“上海C广告有限公司与上海D工贸发展有限公司”、“罗某与新疆G房地产开发有限公司”案为代表，目前实践中人民法院越来越多地倾向于认为“不履行约定义务”既包括不履行可也包括不完全履行，而在不完全履行的情况下票据债务人是否有权拒绝付款，则应结合当事人之间的约定和案件具体情况进行综合判断。例如在“上海C广告有限公司与上海D工贸发展有限公司”中，双方当事人在合同中已经明确约定了D公司供应毛巾的数量和质量要求，C公司在向D公司交付支票时并未告知其密码，且要求D公司在未交全25000条毛巾前不得擅自入账。而实际D公司不仅交付毛巾的数量不符合约定，且毛巾质量不符合合同约定，因此D公司在基础关系中对于主合同义务的履行存在明显的瑕疵，如果仍允许D公司行使票据付款请求权，将对票据债务人明显不公平，因此法院支持了C公司的抗辩理由。

需说明的是，在票据债务人以基础关系对于具有直接债权债务关系的持票人进行抗辩时，根据最高人民法院《关于审理票据纠纷案件若干问题的规定》第十条的规定，法院可以合并审理票据关系和基础关系。而在法院进行了合并审理的情况下，将更多地侧重于对当事人之间基础关系项下权利义务关系的认定，如在“罗某与新疆G房地产开发有限公司”案中，法院经对基础关系审查确认罗某实际享有的债权额小于其主张的票面金额，且G公司亦同意按基础合同金额支付钢材款，因此法院最终直接判决G公司按实际债权额向罗某偿付钢材款。

最后，关于认定持票人是否履行了约定义务的举证责任问题，根据最高人民法院《关于审理票据纠纷案件若干问题的规定》第十条的规定，持票人应当提供相应的证据证明已经履行了约定义务。因此，在票据债务人主张持票人履行义务瑕疵的情况下，应由持票人对于其履行行为符合合同约定尽到首要的举证责任。但持票人并非不承担任何举证责任，在现有证据已经可以基本证明持票人履行了约定义务的情况下，持票人需对其抗辩主张承担相应的举证责任，否则将承担举证不能的后果。例如在“南京A软件有限公司与B信息技术研究院有限公司票据纠纷”案中，法院虽然认可A公司有权以与B公司间的票据基础关系行使票据抗辩，但A公司不仅认可接收了B公司提供的设备，而且也没有按照合同约定的时间以书面方式向B公司就货物质量提出异议或催告B公司履行附随义务。且其还在《逾期货款还款计划》中承诺支付全部货款和滞纳金，A公司未对B公司的履行瑕疵提供相应证据支持，故其抗辩没有得到法院支持。

另外，部分地方法院还对最高人民法院《关于审理票据纠纷案件若干问题的规定》第十条规定的举证规则进行了进一步细化，如上海市高级人民法院《关于票据和保险纠纷案件中若干问题的意见》规定：“在票据纠纷中，法院合并审理基础关系和票据关系的，直接前手向有直接债权债务关系的持票人提起基础关系抗辩的，举证责任可作如下处理：（1）若直接前手提出持票人未履行基础关系中的约定义务，应当根据票据法司法解释第十条，由持票人提供相应的证据证明已经履行了约定义务。如果直接前手提出其与持票人不存在基础关系，根据票据法第十条第一款‘票据的签发、取得和转让，应当遵循诚实信用的原则，具有真实的交易关系和债权债务关系’的规定，直接前手票据行为的行使，应当基于真实的基础关系，因此应由直接前手对双方之间存在基础关系承担初步的举证责任。（2）如果直接前手提出，持票人未完全履行基础关系中约定义务，实际上直接前手对于持票人履行约定义务并无异议，只是认为其履行有瑕疵，所以仍应当依据谁主张，谁举证的原则，由直接前手对自己的主张承担举证责任。”该规定具有一定参照和借鉴意义。

第二章 期 货

一、变相期货交易的认定

关 键 词：变相期货交易 远期商品购销 合同性质

问题提出：实践中如何区分变相期货交易和远期商品购销合同？

案件名称：上海A国际贸易有限公司与B电缆有限公司买卖合同纠纷案〔1〕

裁判规则：双方当事人签订的交易合同表现为一对一的货物买卖合同，交易双方明确，合同所涉及的货物价款、数量、质量标准、取货时间和方式、违约责任等均由双方协商确定而非“标准化合约”。合同履行过程中，双方还就合同的数量、履行方式等主要条款进行多次修改和补充约定。没有证据证明“集中交易”，也不存在为交易双方提供履约担保的情形，交易中没有实行期货保证金制度以及当日无负债的结算制度，不符合变相期货的特征。本案合同的性质并非变相期货、非法期货，应认定为远期商品购销合同的性质。

案情简介

上诉人（原审原告）：上海A国际贸易有限公司

被上诉人（原审被告）：B电缆有限公司

2007年12月25日，B电缆有限公司（以下简称B公司）与上海A国际贸易有限公司（以下简称A公司）订立合同编号为TZ-08-08的《远期商品购销合同书》一份，主要内容为：充分发挥A公司的经营特点，更好地为

〔1〕 最高人民法院（2011）民二终字第55号。

B公司提供生产经营所需的原料及相关服务，双方本着自愿、平等、互利的原则签订本合同。1. 操作方式：B公司采用远期点价的方式向A公司定购货物。2. 购销品种：阴极铜板。3. 质量标准：符合国内GB/T 467—1997标准阴极铜规定，铜加银含量不小于99.95%的标准。4. 包装：裸件钢带打捆（不回收）。5. 购销数量：B公司至2008年2月1日到2008年4月30日。每个月向A公司采购（阴极铜板）1000吨，共为3000吨，超过的部分可与A公司协商以其他的方式补充；具体点价数量，以双方书面确认为准。6. 定价方式：双方主要参照上海期货交易所（阴极铜）期货合约卖盘报价进行定价。结算价格构成分别如下：结算价格 = 基准价格（点定价）+ 综合费用。(1) 基准价格：双方以上海期货交易所（阴极铜）期货合约卖盘报价为依据，经双方书面确认后确定远期产品基准价格（点定价）；(2) 综合费用：200元/吨。7. 点价的执行及人员：(1) 点价人员：双方指定的点价人员分别为：B公司人员：（空白）。A公司人员：黄某，身份证3624××××××××××××××，胡某，身份证4401××××××××××××××。签名式样（黄某、胡某姓名手签体），联系电话020－8559××××，8559××××，传真021－6257××××，020－8559××××。(2) 点价方式：双方通过录音电话、传真等方式进行询价、报价，双方一旦口头或书面确认即生效，不可更改。双方应在口头点价当日，以书面方式进行进一步确认。经录音的口头指令或书面确认书均具有同等法律效力。(3) 双方如需要更换点价人员，须书面通知对方，书面通知送达之前所点的价格均具有法律效力。(4) 双方各自承担己方点价人员在操作失误等方面所造成的损失。8. 点价操作：B公司可依据上海期货交易所（阴极铜）期货合约卖盘报价在工作日（上午为9：00至11：30，下午为1：30至3：00）内进行点价，在每个计划月度前将本合同按第五条所规定的定购数量分批次或一次性点完。9. 定金及结算：(1) 定金：为确保点价交易顺利进行，维护双方的正当权益，B公司必须在点价时向A公司支付货款9%的定金，定金可以电汇、本票、银行汇票，定金需在点价前或点价当天汇入A公司指定账户。每月定金在货款结算时充当相应货款，也可用作提货后的下笔点价时的相应定金。(2) 结算：款到提货；B公司须在订货到期月份，每次提货前将所提货物的全部货款支付给A公司。10. 交货方式：A公司根据B公司的生产分批或者整批向B公司交货。B公司也可以用点价的方式委托A公司将锁定的货物卖出。（双方以实物交接为主）。11. 点价卖出：（1）须在点价买进的第二个工作日后进行。（2）点价买进后又卖出，因价格变化产生的收益和亏损由B公司承担。（3）对于B公司平仓的合约，需要向A公司支付60元/吨的服务费用。12. 点价卖出（平仓）收益处理：（1）亏损由A公司直接减少B公司的保证金。（2）收益转出处理：B公司可选择将收益额继续作为追加保证金处理，也可要求转出，转出处理采用B公司向A公司采购现货（价格参考长江现货报价的平均价）；A公司将B公司转出的收益额折算为价格差转给B公司。13. 追加定金：如点价后价格上下浮动，B公司不提取和追加保证金。14. 交货日期：交货期为双方约定的订货到期月份5日以后的30个工作日内分批交货，例：0809合约的交货期为2008年9月5日至2008年10月5日之内分批提货；A公司根据B公司的通知分批交货。15. 交货地：上海各大仓库自提。16. 验货方式：货物重量以提货仓库的磅码单为主，货物重量允许合理磅差为：1‰。超出部分由A公司协同B公司于仓库验证处理。17. 违约处理：（1）B公司因违约造成A公司的损失，A公司有权从B公司定金中取得赔偿，并具有追索权。（2）A公司因违约造成B公司损失的，A公司应负责赔偿B公司相关损失。（3）若发生纠纷，由双方协商解决，协商未果，可向提起诉讼方人民法院申请诉讼。（4）未尽事宜双方协商解决。18. 本合同自2008年1月1日起生效至2009年2月1日本合同所有条款全部执行完毕时止。19. 本合同壹式肆份，双方各执两份，法律效力相同，本合同原件及传真件具有同等法律效力。

2007年12月25日，C公司向B公司出具证明一份，内容为：现有A公司，为C公司的全资子公司。现C公司委托A公司与B公司签订阴极铜的点价远期合同，并担保A公司对此业务的相关经济责任。

2008年2月27日，B公司与A公司订立《关于远期商品购销合同书（合同编号TZ. 08. 08）的补充协议》一份，约定：经双方协商一致，对原合同（合同编号TZ－08－08）的第五条款，购销数量做数量增加的变更，具体如下：购销数量：B公司至2008年3月1日到2008年8月10日。每个月向A公司采购（阴极铜板）3月4000吨，4～7月各7000吨，共为32000吨，超过的部分可与A公司协商以其他的方式补充；具体点价数量，以双方书面确认为准。备注：原合同其他条款不变。

2007年12月25日、2008年2月27日的协议签订后，B公司与A公司按约进行了交易，并于2008年1～2月，先后签订8份价格确认书，对B公司点价购买阴极铜的点价日期、交货期、期货点定价、数量及属于开仓予以确认，并注明交货所需的综合费，以合同确定。8 份价格确认书确认，B 公司自 2008 年 1 月 24 日至 2008 年 2 月 27 日，共点价买入阴极铜 32000 吨，点价金额合计 205261. 7400 万元，应付定金 18473. 5566 万元，A 公司实际收取定金 14500 万元。

B 公司与 A 公司按约进行点价购销后，B 公司先后多次提货，双方并就提货数量、价格等签订了多份贸易确认单，累计确认 B 公司提货 9267. 232 吨，含税金额为 59216. 932126 万元，A 公司已收货款 52421. 513656 万元，B 公司尚欠款 6795. 418470 万元。

B 公司与 A 公司按约进行点价购销后，B 公司于 2008 年 3 月 20 日至 2008 年 9 月 12 日，曾多次点价卖出之前点价购入的阴极铜 14500 吨，合计卖出亏损为 1500. 8115 万元。双方就点价卖出阴极铜事宜亦签订多份价格确认书，对点价日期、交货期、期货点定价、数量、原买入价予以确认，并注明交货所需的综合费用，以合同确定。

2008 年 3 月 10 日，A 公司提供下列单据给 B 公司：1. 8 份上海期货交易所会员标准合约结算表，其中结算会员均为 C 公司，交易时间为 2008 年 1 月至 2 月期间；2. A 公司在 D 期货有限公司 2008 年 2 月 1 日、2 月 4 日、2 月 5 日、2 月 14 日、2 月 15 日、2 月 20 日、2 月 27 日的成交明细查询和客户持仓汇总表；3. 杭州 E 贸易有限公司在 F 期货经纪有限公司 2008 年 2 月 20 日、2 月 27 日的交易结算单和持仓汇总。

2008 年 8 月 15 日，B 公司与 A 公司订立《远期商品购销合同书》的补充协议一份，约定：根据双方原签订远期商品购销合同书（合同编号：TZ－08－08），B 公司向 A 公司采购阴极电解铜（以下简称货物），现就 A 公司未向 B 公司交完的合同货物数量约 16800 吨，经双方充分协商，达成以下补充协议：1. 交货方式。(1) 自 2008 年 8 月 14 日起 A 公司向 B 公司暂定每个工作日交合同货物数量为 150～200 吨，B 公司按双方协定价格（剩余月份平均价格）对应货值的 91% 向 A 公司支付货款，货值的 9% 由相应交货数量原点价时 B 公司向 A 公司支付的定金转为货款支付，每月月底前 A 公司向 B 公司及时开具当月交货的增值税发票。(2) 在 A 公司向 B 公司交付合同剩余货物的同时，B 公司有权在期货交易期间以期货点价的方式委托 A 公司将锁定的合同剩余货物数量作卖出处理，卖出数量按分批进行，具体：按 2008 年 8 月期货合同合约价格最多卖出2000吨，按2008年9月期货合约价格最多卖出4000吨（若8月期货合约未平仓，则9月期货合约平仓总量可为5000吨）；按2008年10月期货合约价格可将剩余合同货物数量全部卖出；若B公司未在相应期货合约月份内委托A公司将合同剩余货物点价卖出，则由A公司向B公司按第一条交货方式约定的数量交付现货，或双方协商以其他期货合约月价格委托A公司作卖出处理。点价卖出处理由B公司向A公司分批下达卖出命令，A公司必须及时严格按照B公司指令执行。2. 合同剩余货物委托点价卖出的相关结算。（1）合同剩余货物委托点价卖出，则由B公司向A公司支付60元/吨的服务费用。（2）合同剩余货物点价卖出的平仓对象为所剩余货物的加权平均价（见附件）。（3）合同剩余货物委托点价卖出处理时，相应月份卖出的货物，原点价时B公司向A公司支付的定金转为B公司向A公司支付的货款或按B公司要求退还，若相应月份卖出的货物出现月均价亏损，则该定金应先作为B公司亏损进行冲抵，不足金额部分由B公司在两个工作日内向A公司支付补足；若相应卖出的货物月均价盈利，则该盈利可转为B公司向A公司支付的货款或按B公司要求退还。3. 以上条款针对签订《远期商品购销合同书》中的相关条款而补充，若有冲突部分，以本补充协议为准，其他条款不变。4. 本补充协议有效期：自2008年8月14日开始执行，直至原合同货物全部交付，业务结算结束为止。5. 本协议一式两份，双方各执一份。

2008年10月6日，A公司发函给B公司称："因近期国际金融市场大幅动荡，引发铜的市场价格大幅下跌。为此，我司承担了巨大的资金压力和价格风险。为了有效地保证合同顺利执行及降低我司风险，希望贵公司按照购销合同及补充协议中的约定，务必保障提交现货的时间和数量，并请贵方财务能将支付货款的时间提前到当日下午三点以前。"

2008年10月10日，B公司发函给A公司称："贵公司来函收讫，贵公司如此于事实和诚信不顾，把接受我方指令（包括在何时买进、何月、数量、价格等）下单交易，且都经过双方及时确认的我方保值行为，说成是贵方的自主经营行为，并把履行双方购销合同及其补充协议说成与我方保值行为没有必然联系，简直就是睁着眼睛说瞎话。同时贵方还违反双方合同约定，不把我方平仓释放的保证金和赢利金抵作提货款，我方无数次交涉至今无果，造成我方生产经营等重大损失。如贵方拒绝提供由我方指令贵方买卖期货进行保值并经双方确认的交易记录清单，或不予交货，我方有理由怀疑贵方在采用欺诈手段骗取我方信任，从而达到不可告人的目的。为此，我方再次严正要求，请贵方遵守商业道德和信用，立即履行义务和责任。”

2008年10月10日，A公司发函给B公司称：“贵公司来函收讫。贵方要求查看我方保值记录，对这一要求，本公司进行了认真研究，现答复如下：保值是我方自主经营的商业行为，非贵我双方签订的远期商品购销合同书（编号TZ-08-08）及其补充协议中约定条款，与履行购销合同及补充协议没有必然联系，所以我们没有义务向贵公司提供该记录。自贵我双方签订购销合同和补充协议以来，我方的保值运作一直满足了购销合同及补充协议中有关锁定价格、交货数量以及平仓的要求，我方按约定履行了应尽义务。自2008年8月14日补充协议签订以来，贵公司按补充协议中约定的‘剩余月份平均价格（6月65910元/吨，7月66145元/吨）+综合费用（200元/吨）’已履约提货3754.7565吨，平仓5000吨，现还剩余8232.768吨。按照购销合同和补充协议，向我方支付货款和提货是贵方应尽义务。按约定，贵公司需每日向我方提取数量为150~200吨的货物，但贵公司自2008年9月28日以来由于价格大幅下跌而一直未继续提货，这给我方造成巨大损失，如果贵方继续不履约，还将引发一系列不可预知的风险和后果，由此带来我方的一切损失将全由贵方承担。为此，我方严正要求贵公司在收到此催告函后，立即履行支付货款及提货的义务，否则我方将采取进一步行动，以维护我公司的合法权益。”

2008年10月15日，A公司发函给B公司称：“贵公司来函收讫。我方再次重申：按照购销合同和补充协议的实质精神，保值运作是我司通过规避市场风险、确保我司按合同约定履行义务的自主商业行为。如同贵方通过原材料远期定价，锁定订单价格规避市场风险一样，属于贵司自主商业行为，不容干涉。现再次强调我司主张，我司没有义务向贵方提供交易记录。远期商品购销合同是贵我双方这几年的主要合作模式，长期以来，价格无论上涨或下跌，双方都能恪守诚信和履行义务，如9月现货铜升水2000多元时，我方如期履行了合同。事实证明远期商品购销合同是一种成熟并得到双方认可的模式。贵方自10月6日以来提出种种借口混淆是非，逃避履约，这不能解除贵方履行购销合同和补充协议的义务。10月6日价格大跌后，贵方悍然停止履约，这是严重的违约行为。自10月6日价格大跌以来，贵方已连续7个工作日未履约付款提货。为此，我方再次严正要求贵公司在收到此催告函后，立即履行支付货款及提货义务。”

2009年2月18日，B公司委托代理人费某给A公司法定代表人谭某发手机短信称：“远期现货和期货交易的区别在于交易的标的，是合约还是现货。B有权平仓现货难以解释；贵司若受托入市，违约开展经纪业务？若不入市，之前给B的持仓记录何解？交易标的如此巨大，即便铜价不涨，贵司如何保障履行？对赌乎？合同诈骗乎？望谭总慎重考虑，务使事态覆水难收也，期待您的回复，也欢迎讨论。”

就案涉合同履行纠纷，2008年10月，B公司以A公司、C公司为被告，诉至江苏省无锡市中级人民法院，A公司以B公司为被告，诉至上海市高级人民法院。诉讼中，B公司、A公司于2009年4月19日签订《谅解补充协议》一份，约定：双方于2007年12月25日签订一份《远期商品购销合同书》（合同编号：TZ－08－08），并分别于2008年2月27日及2008年8月15日各签订一份该合同的补充协议（以下简称合同及补充协议）。由于双方履行合同发生争议，造成诉讼纠纷。经双方友好协商，本着互让互谅的原则，达成如下谅解补充协议：1. 双方确认：上述合同及补充协议项下尚未履约部分的阴极铜为8232.768吨，平均单价为66109.80元/吨。铜质量须符合原合同标准。2. 双方确认截至2009年4月19日，B公司在A公司剩余定金和点价平仓卖出释放定金合计为61167703.3元。3. B公司同意向A公司继续履行4232.768吨铜的提货或点价平仓卖出，若提货另附加综合费200元/吨，若点价平仓卖出另附加手续费60元/吨。其余4000吨阴极铜取消，不再履行。4. 双方同意B公司将剩余定金和点价平仓卖出释放的定金合计61167703.3元全部转为4232.768吨铜的定金。5. 本协议签订生效后，B公司自2009年5月1日起至2009年8月31日前完成4232.768吨阴极铜的付款提货或点价平仓卖出，每月提货或点价平仓卖出数量为1000吨（8月为1232.768吨），其中每次提货数量为100吨，但每月应提货或点价平仓卖出的1000吨，必须于当月最后一个工作日前全部提完或点价平仓卖出。提货时须提前一天通知A公司，货款须于提货当日16时前到达A公司账户，否则A公司有权当日不发货。点价平仓卖出执行：（1）点价人员：双方指定的点价人员分别为：B公司人员陈某，身份证3205××××××××××××××，签名式样（空白）联系电话，传真。A公司人员黄某，身份证3624××××××××××

××××，联系电话020－8559××××，传真020－8559××××。（2）点价方式：双方参照卖出当日上海期货交易所对应月份合约买方报价通过录音电话议定卖出价格，并即时书面确认。6. 双方同意的结算方式为：（1）B公司提货的结算方式。B公司按每吨51858.80元（66309.8元/吨－61167703.3元/4232.768吨）乘以当天提货数量支付当天所提货物的部分货款，剩余部分货款按14451元/吨（61167703.3元/4232.768吨）乘以当天提货数量在剩余定金中转出支付（定金转为货款支付）。（2）B公司点价平仓卖出的结算方式。双方同意参照点价平仓卖出当日上海期货交易所对应月份合约的买方报价确定B公司卖出价格。以原单价66169.8元/吨（66109.8元＋60元/吨）扣减定金14451元/吨后的单价51718.8元/吨，与卖出价格之间的差额作为结算单价，结算单价乘以点价平仓卖出铜的数量为结算金额。卖出价格高于51718.8元/吨，表明B公司盈利，盈利额即结算金额由B公司享有，A公司须于点价平仓卖出之次工作日11时30分前将盈利额划入B公司账户；卖出价格低于51718.8元/吨，表明B公司亏损，亏损额即结算金额由B公司承担，B公司须于点价平仓卖出之次工作日11时30分前将亏损额划入A公司的账户。A公司须将每月25日前（含25日）B公司已提货部分向B公司开具当月的增值税发票，25日后B公司提货部分计入下月开票，发票单价为66309.8元/吨。7. 在双方履行完全部4232.768吨阴极铜付款提货或点价平仓卖出后，即完成本协议所有权利义务。8. 本协议签订后两个工作日内，双方均各自向起诉法院撤回起诉，B公司还需向无锡市中级人民法院申请解除对A公司及A公司母公司C公司银行账号的所有冻结，双方不再追究原合同及补充协议履行纠纷上的责任。双方因提起诉讼而发生的各项诉讼费用由各自承担。9. 本协议经双方签字盖章后生效，任何一方应严格遵守上述约定。如有任何一方违约的，违约方应赔偿守约方违约金，具体为：（1）B公司违约责任。①B公司未按本谅解补充协议的约定履行义务，包括但不限于存在以下任何一种情形，视为B公司违约：a. 未按约定时间、方式支付货款；b. 未按约定时间、数量提取货物；c. 未按约定时间、数量点价平仓卖出货物；d. 未按约定时间、方式结算并支付点价平仓卖出货物的款项。②违约金标准：a. 未按约定付款提货或未按约定点价平仓卖出的，除没收违约部分相应定金外，另按每吨16000元支付未履行部分的违约金给A公司，例如，未提货或未点价平仓卖出数量为200吨，则违约金数额为3200000元。b. 点价平仓卖出后未按约定结算并支付款项给A公司的，每延迟一天，按未付款项的千分之五向A公司支付迟延付款违约金。(2) A公司违约责任。①A公司未按本谅解补充协议的约定履行义务，包括但不限于存在以下任何一种情形，视为A公司违约：a. 未按约定时间、数量提供货物；b. 未按约定时间、数量点价平仓卖出货物；c. 未按约定时间、方式结算并支付点价平仓卖出货物的款项。②违约金标准：a. 未按约定供货或未按约定点价平仓卖出的，除双倍返还违约部分相应定金外，并按16000元/吨支付未履行部分的违约金给B公司，例如，未供货或未点价平仓卖出数量为200吨，则违约金数额为3200000元；b. 点价平仓卖出后未按约定结算并支付款项给B公司的，每延迟一天，按未付款项的千分之五向B公司支付迟延付款违约金。10. 本协议执行中如任何一方违约，应协商处理，协商不成，由提起诉讼方所在地人民法院管辖。11. 本谅解补充协议与原合同具有同等法律效力，不一致的地方以本协议为准，协议一式四份，双方各执两份。

后B公司、A公司按2009年4月19日《谅解补充协议》约定各自撤回了起诉，江苏省无锡市中级人民法院、上海市高级人民法院分别作出（2008）锡民二初字第160号－3和（2008）沪高民二（商）初字第8号民事裁定，准许撤回起诉。

2009年11月11日，A公司以邮政特快专递方式向B公司寄送告知函一份，上海市G公证处出具（2009）沪东证经字第12893号公证书，对A公司寄送告知函行为进行了证据保全公证。告知函内容为：2007年12月25日，我司与贵司签订一份《远期商品购销合同书》（合同编号：TZ－08－08的一份）。2008年2月27日，双方又签订一份《补充协议》。2008年8月15日双方再次签订《远期商品购销合同书的补充协议》。按照上述合同的约定，截至2008年9月28日，贵司尚有8232.768吨阴极铜未按合同约定付款提货。2008年10月10日、10月15日，我司分别致函贵司，催告贵司履行合同，贵司不但不履行合同，相反于2008年10月8日以期货经纪纠纷为由向无锡市中级人民法院提起诉讼，请求法院确认双方签订的上述合同为无效合同。鉴于贵司的上述行为，我司有理由认为贵司自2008年10月8日就已经解除了与我司签订的上述所有合同。贵司的行为已经构成根本违约，应当承担违约责任，赔偿给我司造成的全部经济损失。

此外，A公司既非上海期货交易所会员，也无期货经纪资格，C公司是上海期货交易所会员，无期货经纪资格。

A 公司于 2009 年 10 月向原审法院提起诉讼，认为其应获得的可得利益为 252396846. 08 元，扣除 B 公司结余定金 61167703. 3 元后，A 公司的损失为 191229142. 78 元。请求判令：撤销双方于 2009 年 4 月 19 日签订的谅解补充协议，B 公司承担违约责任，赔偿 A 公司损失 191229142. 78 元并承担本案全部诉讼费用。

判决结果

一审判决：判决驳回 A 公司的诉讼请求。

二审判决：（1）撤销江苏省高级人民法院（2009）苏民二初字第 0002 号民事判决。（2）确认 A 国际贸易有限公司与 B 电缆有限公司订立的 2007 年 12 月 25 日《远期商品购销合同书》、2008 年 2 月 27 日《关于远期商品购销合同书（合同编号 TZ. 08. 08）的补充协议》、2008 年 8 月 15 日的《〈远期商品购销合同书〉的补充协议》、2009 年 4 月 19 日的《谅解补充协议》为有效合同。（3）B 电缆有限公司向上海 A 国际贸易有限公司支付违约金 1. 28 亿元。（4）驳回上海 A 国际贸易有限公司的其他诉讼请求。

各方观点

上诉人（原审原告）上海 A 国际贸易有限公司的观点：1. 关于《远期商品购销合同书》及其补充协议的性质。（1）依据《合同法》第一百三十条、第一百三十一条之规定，本案双方当事人签订的《远期商品购销合同书》及其补充协议是货物买卖合同性质。（2）《远期商品购销合同》及补充协议并非“变相期货交易”合同。参照国务院颁布的《期货交易管理条例》第八十九条之规定，本案中，第一，没有任何证据证明案涉合同“采用集中交易方式”。第二，双方交易的对象是阴极铜“货物”，并非“标准化合约”。第三，没有任何人为交易的双方“提供履约担保”。第四，交易的双方并没有实行“当日无负债结算制度和保证金制度”，而采用的是典型的“定金”制度。2. 《远期商品购销合同书》是有效合同，应当得到法律的保护。3. B 公司与 A 公司签订《谅解补充协议》后又以同样的理由再次起诉，证明 B 公司根本就没有履行《谅解补充协议》的打算。B公司完全是以欺诈的手段，致使A公司违反真实意思表示，依据《合同法》第五十四条之规定，《谅解补充协议》应当撤销。4. A公司曾三次书面催促B公司履行合同，B公司不仅未能履行，还两次向法院起诉，请求确认合同无效，表明B公司已不履行合同。依据《合同法》第九十四条之规定，B公司已构成根本违约。5. 依据《中华人民共和国合同法》第一百一十三条、《中华人民共和国民法通则》第一百一十二条之规定，B公司应当承担违约责任，赔偿给A公司造成的全部经济损失。

被上诉人（原审被告）B电缆有限公司的观点：1. 本案争议合同履行过程中存在大量的"点价卖出"这一对冲平仓的履约方式，而"对冲平仓"为期货交易特有的履约方式之一，故争议合同显然并非是远期商品买卖合同，而是一份期货合同。2. B公司付出高于正常成本的代价，谋求的是A公司为B公司在期货市场上购入期货合约后对该些持仓进行"锁仓"——即无论市场价格如何波动，B公司不再追加"保证金"（协议第十三条），这是双方合作的基础，B公司无意也绝不可能在支付巨资承担高成本的情形下与A公司的"商业判断"展开对赌，故B公司认为争议合同为非法期货经纪合同。3. 由于A公司坚持其无义务在接受B公司指令后在期货市场上为B公司买入期货合约，且其从事该业务并不仅限于B公司一家，其公司利润主要来源于交货时现货市场价格与客户点价时价格的差异，这是毫无疑问的缺乏履行保障的对赌行为，且该种对赌并非B公司自愿参与。鉴于A公司无义务为B公司在合法期货市场购入期货的态度，原审将争议合同认定为非法期货交易合同并无不妥。4. A公司在上诉状中质疑原审的观点不成立。（1）双方价格的确定直接按照上海期货交易所即时行情价格，该价格的形成就是集中交易竞价的结果。（2）A公司称由其负责最终向B公司供货，这种承诺供货态度本身正是国务院《期货交易管理条例》第八十九条中的"为交易双方提供履约担保"的真正含义。（3）双方合同第十三条有关"无论市场价格波动，B公司均不提取和追加保证金"内容的约定，恰恰表明双方实行了保证金制度，只不过对是否提取和追加保证金制度作了特别约定而已，如非期货合同，无约定此条款的必要性。如未实行保证金制度，也不存在就是否追加或提取进行约定的必要。5. 从A公司诉请"损失"构成角度看，A公司在本案中不存在真正意义上的损失，其"损失"的仅仅是对赌行情后的"赌博利润"，而该等赌博亦非B公司自愿参与，同时其通过现货市场采购价与B公司当时点定价的价格差异所形成的“可得利益损失”与其所谓的备货损失存在尖锐矛盾，如有备货就不存在日后全部在现货市场采购；如拟日后全部在现货市场采购交货就无所谓之前的备货。综上，表面看似乎是B公司不守“信用”，但实际上是A公司真正的操作方式违背了双方合作的基础，背离了B公司的初衷，B公司无须为不存在的交易后果承担责任，也无义务为A公司隐瞒真相情况下与B公司对赌所产生的赌博利润负责。

法院观点

一审法院观点：A公司与B公司就案涉合同发生交易的性质是期货交易，A公司进行案涉交易的行为未经依法审批，属于变相期货交易，案涉合同依法应当认定为无效。因案涉合同无效，A公司主张受欺诈而要求撤销2009年4月19日谅解补充协议的诉讼请求不能成立，其依据无效合同主张B公司承担违约责任、赔偿其可得利益损失191229142.78元的诉讼请求亦不能成立。理由如下：

一、A公司与B公司之间进行的交易符合期货交易的基本特征，属于变相期货交易

期货交易是指在期货交易所内集中买卖某种期货合约的交易活动。远期商品买卖交易一般是指交易双方签订远期合同，约定在未来某一时间进行实物和资金的交收的一种交易方式。两者最大的共同点在于交易内容中均涉及在未来特定的时间以特定价格买卖一定数量商品，但两者仍存在本质的区别。首先，两者交易的对象不同。期货交易的对象是期货合约，而期货合约对交易商品的品种、数量和交割时间都有明确的限制，交易双方不能自行约定；远期商品买卖交易的对象是商品本身，远期商品买卖对交易的商品品种、数量、交收时间均没有特定的限制，可以由交易双方自行约定。其次，交易的目的与履约方式不同。期货交易的目的不以实物交收为主，而是以锁定价格风险或获取投机利润为主，故期货交易的履约方式包括实物交割和对冲平仓两种；远期商品买卖交易的目的一般在于实物交收，其履约方式多为实物交收。最后，保证金制度不同。期货交易中有特定的保证金制度，必须每日结算盈亏，交易者必须交纳并维持一定比例的保证金水平；远期商品买卖中是否交纳保证金、交纳多少保证金或者是否采取其他方式担保合同的履行，均

由交易双方自行协商确定。

未经依法审批进行期货交易属于违法行为，因此从事非法期货交易者在进行相关交易时，多以远期现货买卖等名义行变相期货交易之实，为此有关法律法规予以了规制。《期货交易管理条例》第八十九条第一款规定：任何机构或市场，未经国务院期货监督管理机构批准，采用集中交易方式进行标准化合约交易，同时采用以下交易机制或者具备以下交易机制特征之一的，为变相期货交易：（一）为参与集中交易的所有买方和卖方提供履约担保的；（二）实行当日无负债结算制度和保证金制度，同时保证金收取比例低于合约（或者合同）标的额 20% 的。就本案而言，交易双方订立的合同名称虽然为远期商品购销合同，但从双方订立合同的内容、合同履行的实际情况来看，双方之间进行的交易符合《期货交易管理条例》第八十九条规定的变相期货交易特征，实际是变相期货交易，而非远期商品买卖。

第一，双方交易的对象实际为期货合约。根据双方合同约定，双方交易的定价是参照上海期货交易所（阴极铜）期货合约卖盘报价，而上海期货交易所该卖盘报价针对的是期货合约作出的，故双方交易的对象名为阴极铜货物，实质是期货合约。虽然双方在合同中对于购销品种、质量标准等条款作出了约定，但该约定与上海期货交易所阴极铜标准合约的内容是一致的，双方在合同交货日期的条款中，更是直接使用了“0809 合约的交货期”字样，也可以印证双方交易的对象实质是期货合约。

第二，双方交易的目的与履约方式符合期货交易的特征。本案中，双方合同虽然名为远期商品购销，但从合同履行的实际情况来看，B 公司在点价后并未对全部货物或是大部分货物进行实际交收，即未按照一般远期商品购销合同的履行方式支付价款以取得货物所有权，而是将点价买入的大部分标的物直接点价卖出。由此可见，本案中双方约定的履约方式以及实际履约的方式包括对冲平仓和实物交割两种，且对冲平仓为双方合同实际履行中的主要履约方式，双方的这一约定和履行情况，符合期货交易的特征，也印证双方交易的标的是期货合约，交易的方式是集中交易。理由是：（1）期货合约是标准化的，所以才便于买方在价格低时先买入，待价格上涨后卖出对冲平仓；（2）本案中虽然无直接证据证明 A 公司以集中交易方式组织期货合约的交易，但从 B 公司点价后即能买入卖出相关合约，且成交量较大的实际看，实现该交易只能通过组织集中交易方式或在上海期货交易所买入、卖出相关合约。对此，A 公司在诉讼中明确否认其与 B 公司进行的交易属于期货经纪交易，主张其与 B 公司进行的交易并非是其在上海期货交易所代理 B 公司买入或卖出期货合约，故案涉交易的方式应予认定为以 A 公司组织集中交易的方式进行。

第三，双方关于 B 公司点价时支付货款 9% 的定金及结算的约定符合期货交易的特征。期货交易的特征之一就是实行保证金制度，即在买入期货合约时不需要支付全部款项，而仅是交纳一定比例的保证金作为履约保证。本案中双方约定 B 公司在点价时交纳一定比例的款项，虽然约定的名称为定金，但从其交款时间和款项用途看，其性质与期货交易中的保证金是一致的，约定交纳比例为货款的 9%，略高于双方交易当时上海期货交易所阴极铜合约的交纳保证金比例，符合《期货交易管理条例》第八十九条中规定的低于标的额 20% 的标准。双方在合同第十三条中，对于是否追加定金条款做约定时，使用了保证金的字样，也可以佐证双方约定的定金实质就是期货交易中的保证金。

二、A 公司与 B 公司之间进行的期货交易违反我国法律有关期货交易的强制性规定，双方因该交易而订立的合同应认定为无效合同

期货交易的特性决定其可能获得高收益，但该市场也存在巨大的风险，为了规范期货交易行为，防范风险，保护期货交易各方的合法权益和社会公共利益，我国对期货交易的开展实行严格的监管。《期货交易管理条例》第四条规定："期货交易应当在依法设立的期货交易所或者国务院期货监督管理机构批准的其他交易场所进行。禁止在国务院期货监督管理机构批准的期货交易场所之外进行期货交易，禁止变相期货交易。"第六条规定："设立期货交易所，由国务院期货监督管理机构审批。未经国务院期货监督管理机构批准，任何单位或者个人不得设立期货交易所或者以任何形式组织期货交易及其相关活动。"本案中，A 公司组织的与 B 公司进行的交易实质是期货交易，A 公司从事案涉交易并未经过有关监管机构的审批，其行为违反了国家行政法规的强制性规定，故 A 公司与 B 公司签订的案涉合同应属无效合同。

最高人民法院观点：关于诉争合同的性质及效力

A 公司与 B 公司分别于 2007 年 12 月 25 日、2008 年 2 月 27 日、2008 年 8 月 15 日签订一份《远期商品购销合同》及两份补充协议，2009 年 4 月 19 日签订一份《谅解补充协议》。原审法院以该四份合同属于变相期货交易性质为由认定前述合同均为无效。为此，A 公司上诉主张，本案四份合同应当认

定为有效，《谅解补充协议》应予撤销。

关于诉争合同的性质属于变相期货交易还是远期买卖的问题。《期货交易管理条例》第八十九条第一款对“变相期货交易”行为作了明确的规定：“任何机构或市场，未经国务院期货监督管理机构批准，采用集中交易方式进行标准化合约交易，同时采用以下交易机制或者具备以下交易机制特征之一的，为变相期货交易：（一）为参与集中交易的所有买方和卖方提供履约担保的；（二）实行当日无负债结算制度和保证金制度，同时保证金收取比例低于合约（或者合同）标的额 20% 的。”根据上述规定，以集中交易方式进行标准化合约交易是变相期货的基本特征。标准化合约是市场组织者为保障集中交易的效率，事先统一制定的，与期货交易机制密切相关的一类特殊合同。标准化合约明确了将来交付商品的特定时间、地点及其特定的质量标准和数量，合约要素中仅有价格一项是事先未确定，需要通过交易形成的。集中交易方式则与非集中交易方式相对，具体表现为市场或者机构集中不特定多数的买方、卖方，以标准化合约为交易对象进行交易。本案中，A 公司与 B 公司的交易合同表现为一对一的货物买卖合同，交易双方明确，合同所涉及的货物价款、数量、质量标准、取货时间和方式、违约责任等均由双方协商确定而非“标准化合约”。合同履行过程中，双方还就合同的数量、履行方式等主要条款进行多次修改和补充约定。没有证据证明 A 公司组织两个以上的单位通过竞价进行“集中交易”，也不存在为交易双方提供履约担保的情形，交易中没有实行期货保证金制度以及当日无负债的结算制度，不符合变相期货的特征。B 公司是全国知名的电缆生产企业，铜是主要的生产原材料，其购买铜原料用于生产符合客观事实。因此，本案合同的性质不属于变相期货、非法期货的性质，应认定为远期商品购销合同的性质。依据《最高人民法院关于印发修改后的〈民事案件案由规定〉的通知》的相关规定，本案案由应相应变更为买卖合同纠纷。本案四份合同系双方当事人真实的意思表示，且不违反国家的法律、行政法规的规定，应当认定为有效。上诉人 A 公司关于本案合同有效的上诉理由成立，本院予以支持。原审判决以本案合同属于变相期货性质为由认定合同无效不当，本院予以纠正。

关于《谅解补充协议》是否应予撤销的问题。因本案合同履行纠纷，A 公司和 B 公司分别诉至上海市高级人民法院和江苏省无锡市中级人民法院。诉讼过程中双方经多次协商，自行签订了《谅解补充协议》。在本案诉讼中，

A 公司主张《谅解补充协议》是 B 公司以欺诈的方式骗取 A 公司做出大幅让步之后签订的，应当予以撤销。经审查，《谅解补充协议》签订后，B 公司确以再次起诉的方式表明其拒不履行合同。然而，该协议与前三份购销合同不同之处在于，双方是为平息本案纠纷经反复协商后签订的，意思表示真实，结算方式、违约责任等主要条款规定明确具体，双方权利义务对等，并未违反现行法律、行政法规及公平原则，签约后双方即各自撤回起诉。现无证据证明 B 公司在签约时就有欺骗 A 公司的故意，否则违约责任条款也不会约定得那么详尽，无论哪一方放弃履约、选择违约，都应当能够预见到违约发生后的严重后果——支付相应的违约金。故 A 公司关于撤销《谅解补充协议》的上诉请求不能成立。《谅解补充协议》为双方当事人之间签订的最后一份协议，应当依据该份协议认定违约方责任范围。

关联案例

▶ 采用当日无负债结算制度的标准化“延时交易”属于变相期货交易

关 键 词： 延时交易　当日无负债结算制度　变相期货交易

案件名称： 上海 H 投资管理有限公司（以下简称 H 公司）因期货经纪合同纠纷案

审理法院：

一审：上海市第一中级人民法院（2011）沪一中民六（商）初字第 25 号

二审：上海市高级人民法院（2012）沪高民五（商）终字第 5 号

法院观点： 本案中系争《延时交易合同》所附《仟家信标准金条交易规则》规定：交易的最小单位为 100 盎司，单一客户单次交易的数量上限为 5000 盎司；金条交易以延迟交收方式进行，客户可以选择现价买卖金条，延迟至第二个工作日后任意工作日进行实物交收；每 100 盎司当天买卖的预付款为 10000 元。依照上述规定，客户每交易 100 盎司金条仅需支付当日 1 万元的预付款，且金条交易系延期交付，鉴于《延时交易合同》签订于 2006 年 7 月 29 日，当时品种为 Au99.99 的黄金价格每 100 盎司达到数十万元，而所谓“预付款”实质就是前述条例所指向的保证金，其金额远低于合约标的额的 20%。同时，上述规则还规定，当客户的浮动余额少于 1 万元时，应于当日补足规定金额保证金，逾期未补足的，所差部分必须在第二天中午 12 时之前补足，否则被告有权按当日任何价格予以平仓。当客户的浮动余额少于 1000 元时，被告的交易系统将自动对客户未完成交收的持仓金条进行平仓等。上述规定内容实质即为实行当日无负债结算制度，故依照《期货交易管理条例》第八十九条的规定，被告基于《延时交易合同》所开展的业务属于变相期货交易。

律师点评

期货业务属于金融特许经营范围，期货交易应当在依法设立的期货交易所、国务院批准的或者国务院期货监督管理机构批准的其他期货交易场所进行。《期货交易管理条例》第四条规定："期货交易应当在依照本条例第六条第一款规定设立的期货交易所、国务院批准的或者国务院期货监督管理机构批准的其他期货交易场所进行。禁止在前款规定的期货交易场所之外进行期货交易。"故系争合同一旦被法院认定为变相期货交易，则合同将被认定为无效，将对双方当事人产生不同的法律后果。

需特别说明的是，对于变相期货交易的认定，在本节引用的案例中法院援引原《期货交易管理条例》第八十九条对"变相期货交易"的规定进行认定，但在2012年《期货交易管理条例》进行修改，原法第八十九条关于"变相期货交易"的规定已被删除，这是由于2012年《期货交易管理条例》在第二条已经明确规定了期货交易的概念，已无必要从反面描述"变相期货交易"，相反原法对于"变相期货交易"的列举式规定容易出现"挂一漏万"的问题，易被规避。因此，"变相期货交易"法律概念的删除并不意味着对于变相期货交易"已放开管制"，而是在立法技术上的进步。

因此，目前对于是否存在变相期货交易行为的认定应结合《期货交易管理条例》第二条对期货交易的定义加以判断，根据该条规定期货交易有两个主要特征：一是期货交易的方式是公开的集中交易方式或者国务院期货监管机构批准的其他方式；二是期货交易的标的是标准化合约，包括期货合约和期权合约。司法实践中如何把握变相期货交易还是远期购销合同，法院一般会根据《期货交易管理条例》从是否存在公开集中交易、双方是否存在保证金制度、是否采用标准化合约、是否实际交收货物等方面予以综合考量。

二、法院对混码交易的责任认定

关 键 词： 期货 混码交易 举证责任 入市交易

问题提出： 期货公司实行混码交易，是否应对交易损失承担责任？

案件名称： 杨某与A期货经纪有限公司期货经纪合同纠纷再审案[1]

裁判规则：《最高人民法院关于审理期货纠纷案件若干问题的规定》（以下简称《期货纠纷问题规定》）第三十条规定，期货公司进行混码交易的，客户不承担责任，但期货公司能够举证证明其已按照客户交易指令入市交易的，客户应当承担相应的交易结果。也就是说，在混码交易状态下，期货公司必须提供客户指令入市的证据，才能免责。

案情简介

再审申请人（一审原告、二审上诉人）：杨某

被申请人（一审被告、二审被上诉人）：A期货经纪有限公司（以下简称A公司）

1996年4月26日，杨某与A公司签订了《国内期货业务委托代理合同》，约定杨某可通过书面、传真或电话的方式向A公司业务员下达交易指令，交易指令包括商品名称、价格、数量等内容。A公司业务员按照杨某下达的交易指令代理其进行期货交易，每一交易日结束后，A公司对杨某的成交记录、盈亏、持仓情况、资金状况等进行结算，并制作客户结算通知单。根据双方签订的《国内期货业务委托代理合同》第六条的规定，如果A公司在向杨某寄出交易记录和账户情况的报告后5日内未收到杨某的书面异议，即视为该报告已获杨某认可。双方同时也约定了杨某的客户码为781。

事后，经杨某查询，781客户代码仅存在55天，没有任何交易记录；而大连商品交易所的查询单中明确666交易代码席位（编码）、姓名、身份证号均为杨某，但666交易代码项下大量的交易不全是杨某的，也有别人的交易。

---

[1] 最高人民法院（2013）民申字第230号。

杨某与A公司均确认双方最后一笔交易时间为2000年1月21日，杨某未在该客户结算通知单上签字确认，该客户结算通知单显示杨某最后一单期货交易后亏损1500元。

判决结果

最高人民法院驳回杨某的再审申请。

各方观点

申请人杨某观点：1. 781客户码没有交易记录，应视为没有入市交易，A公司应举证其入市。合同约定杨某的客户码为781，而781客户码根本没有交易记录，但结算单显示的却是781。A公司明显将杨某资金用于其他交易，以假结算达到侵占杨某资金的目的。《最高人民法院关于审理期货纠纷案件座谈会纪要》第九条规定："人民法院审理期货纠纷案件，一般应当贯彻民事诉讼法第六十四条规定的'谁主张、谁举证'的原则，但是如果客户主张经纪公司未入市交易，经纪公司否认的，应由经纪公司负举证责任。如果经纪公司提供不出相应的证据，就应当推定没有入市交易。"本案中，尽管781客户码有无数张杨某签字确认的结算通知单，但这些通知单都是A公司侵吞杨某资金的证据，从781客户码结算通知单中可以看出，该交易码的结算都是亏损，委托交易方向正确、体现盈利的指令单，A公司都没有交易成，已构成欺骗。《期货纠纷问题规定》第三十条规定："期货公司进行混码交易的，客户不承担责任，但期货公司能够举证证明其已按照客户交易指令入市交易的，客户应当承担相应的交易结果。"第五十六条第一款规定："期货公司应当对客户的交易指令是否入市交易承担举证责任。"2. 666交易代码为杨某所投入资金，A公司应举证证明不是杨某的资金。杨某在大连商品交易所查询到666交易代码后，才知资金的真正流向。大连商品交易所的查询单中明确666交易代码席位（编码）、姓名、身份证号均为杨某，客户码666实际上为杨某所有。二审判决认定666交易代码中的交易不全是杨某的，但A公司又举证不了还有谁的，A公司造成这种交易的行为及产生的后果就应该对666交易代码所有盈利及亏损承担责任。

被申请人A公司观点：杨某未举证证明A公司未将其交易指令入市。同时，A公司承担是否入市举证责任的前提是杨某应举证证明哪些指令未入市交易。杨某所谓“666交易代码的盈利应为杨某所有”的主张不能成立。杨某在期货交易过程主张的交易结果应由其自己负责，A公司对其交易指令无不予以入市交易，杨某对其交易盈亏应负责。

法院观点

（一）关于杨某下达的交易指令是否已入市交易的问题。《期货纠纷问题规定》第二十七条规定：“客户对当日交易结算结果的确认，应当视为对该日之前所持仓和交易结算结果的确认，所有产生的交易后果由客户自行承担。”即使杨某并不知道涉案666交易代码的存在，但因每一笔期货交易均是由杨某本人指令下单，对于下单的价格及数量其应当是明知的，且期货交易采取日清日结的方式，对于商品的价格也是予以公示公开的，故杨某在收到A公司发出的客户结算通知单时，对于当日A公司业务人员是否按照其下达的指令代理其进行了交易以及按照其指令操作后的交易结果与当时的商品价格是否相符应当是明知的。《期货纠纷问题规定》第五十六条规定：“期货公司应当对客户的交易指令是否入市交易承担举证责任。确认期货公司是否将客户下达的交易指令入市交易，应当以期货交易所的交易记录、期货公司通知的交易结算结果与客户交易指令记录中的品种、买卖方向是否一致，价格、交易时间是否相符为标准，指令交易数量可以作为参考。但客户有相反证据证明其交易指令未入市交易的除外。”本案中，A公司提交了大连商品交易所的交易记录、客户结算通知单等证据，证明杨某下达的交易指令均已入市交易。杨某也无相反证据指明其哪笔交易A公司未予入市交易。因此，杨某主张其下达的交易指令A公司没有入市交易，缺乏证据支持。

（二）关于666交易代码下的盈利是否归杨某所有的问题。首先，混码交易不必然产生期货公司承担民事责任的法律后果。《期货纠纷问题规定》第三十条规定：“期货公司进行混码交易的，客户不承担责任，但期货公司能够举证证明其已按照客户交易指令入市交易的，客户应当承担相应的交易结果。”因此，混码交易并不必然造成客户损失，也不必然产生期货公司承担民事责任的法律后果，如果期货公司对客户的指令均入市交易的，仍应当由客户承担交易结果。本案中，杨某没有相反证据证明其交易指令未入市交易，即其不能证明A公司混码交易行为与其损失之间存在因果关系，其交易损失应由杨某自行承担。其次，杨某对其交易指令下达后的交易结果是认可的。《期货纠纷问题规定》第二十七条规定："客户对当日交易结算结果的确认，应当视为对该日之前所有持仓和交易结算结果的确认，所产生的交易后果由客户自行承担。"本案中，A公司给杨某的客户结算通知单，有杨某签字的，应认定为其认可；没有其签字的，依据双方合同约定，A公司在向杨某寄出交易记录和账户情况的报告后5日内未收到杨某的书面异议，即视为该报告已获杨某认可。杨某与A公司均确认双方最后一笔交易时间为2000年1月21日，虽然杨某未在该客户结算通知单上签字确认，依据合同约定亦能确定杨某对该日及该日之前所交易结果均认可。该客户结算通知单显示杨某最后一单期货交易后亏损1500元。杨某的账户爆仓后，其未再委托A公司进行期货交易，也未再联系A公司对于因其账户爆仓给A公司造成的损失予以处理。因此，杨某主张666交易代码下的盈利应归其所有，缺乏事实和法律依据。

关联案例1

▶ **混码交易中如何证明客户期货交易已经入市**

关 键 词： 指令单　历史成交记录　期货交易结算单　入市交易

案件名称： 刘某诉广东省B期货经纪有限公司期货交易纠纷案

审理法院： 广东省广州市中级人民法院（2004）穗中法民二初字第37号

法院观点： 依照《期货纠纷问题规定》第三十条的规定，被告已举证的指令单与大连商品交易所的历史成交记录已足以证实4笔交易已入市，法院认定上述4份指令单载明的交易已入市交易，原告应承担交易结果。对于另外几笔交易，虽无原告的交易指令单予以证实，但本案交易有大连商品交易所的历史成交记录及期货交易结算单，且原告必须对与两份指令单相反方向的交易进行平仓，认定被告已依原告指令进行入市交易（平仓），对三笔交易予以确认，其交易结果由原告承担。原告亏损、佣金均应由原告承担。上述交易已有指令单、交易所成交记录确认已入市，原告主张其2003年4月22日签署的上述交易的结算单是在违背其真实意思表示的情况下作出的，从而否定上述交易已入市理由不成立，法院不予支持。

关联案例 2

► **在混码交易的前提下，不能以编码内交易记录与成交回报不完全一致而认定交易未入市**

关 键 词： 混码交易 编码内交易记录 成交回报

案件名称： 李某诉吉林 C 期货经纪有限责任公司期货交易纠纷案

审理法院： 上海市第一中级人民法院（2002）沪一中民三（商）初字第 297 号

法院观点： 在被告进行混码交易的前提下，不能以原告编码内交易记录与成交回报不完全一致而简单认定原告交易均未入市。众所周知，期货交易以价格不断波动为特征之一，针对原告随机抽取的客户结账单上所载记录，被告在同一成交价位上均能指认出与原告客户结账单上记载品种相同、数量相等、合约交割期相同、买卖方向相同的交易记录，对原告关于 2001 年 8 月 30 日交易价格不符的问题，被告进行了说明，且被告在期交所的当日成交数据能对被告的说明加以佐证。最后，本案最为关键之处在于，双方提交的客户结账单上有原告的签字，表明原告对当日交易的认可，包括对入市交易的认可，相反，原告并没有证据证明曾按照合同约定的"下一交易日开市前 30 分钟"这一时间段内就每日交易结算单记载事项向被告提出过书面异议，该异议当然应包括对交易是否入市的异议，同时原告在自 2001 年 5 月 16 日至 2002 年 6 月 12 日一直在确认成交回报，只是至起诉之时方提出交易没有入市，且原告在 2002 年 6 月 12 日提取资金账户中余额时亦未提出关于交易未入市的异议。综上所述，原告认为被告将未入市交易与其结算、恶意欺诈保证金的诉称，证据不足，法院不予采信，原告要求被告返还保证金的诉请于法无据，不予支持。

关联案例 3

► **利用关联公司编码进行混码交易时期货交易真实性的判断问题**

关 键 词： 期货交易 混码交易 交易真实性

案件名称： 周某与 A 期货经纪有限公司期货交易纠纷案

审理法院： 最高人民法院（2006）民二终字第 238 号再审民事判决书

法院观点：本案争议主要是事实和证据问题，焦点为：1. A 期货公司是否将周某的交易指令入市交易；2. A 期货公司利用其关联公司的编码进行混码交易是否应承担民事责任；3. 周某与 A 期货公司之间是否系全权委托。

（一）交易指令入市交易真实性如何认定

1. 混码交易对交易真实性的影响

上海高院认定，周某主张 A 期货公司通过混码交易的方式入市交易。对此，证明是否存在混码交易，根据谁主张谁举证的原则，A 期货公司至少应提供证据证明这些交易不是被混码的客户自己的交易。从现有证据看，周某的大部分交易指令没有在周某自己的交易编码内下达，而是在其他客户的交易编码内进行交易的，同时，在周某的编码内的部分历史成交记录也非周某自己的交易，而是其他客户的交易。从全部交易过程看，周某在交易当天就对交易结果进行了确认。针对客户结账单上记载的记录，A 期货公司均能够在不同的客户编码内指认出品种、价格、数量、买卖方向都相同的成交记录。而且，从举证能力的角度看，要求 A 期货公司提供所有被混码客户的证明既不现实，也无必要。A 期货公司所提供的证据已经具有高度的盖然性，能够证明 A 期货公司存在混码交易，且交易指令已经下达到交易所场内。

上述认定符合司法解释规定精神，且不能以混码交易为由一概认定由期货公司承担民事责任，而应当允许期货公司有抗辩的机会，只要能够指认出交易确实发生的，特别是交易量与期货交易所成交回报相吻合的，客户交易量小于期货交易所成交回报的，那么，客户交易真实性就基本可以认定，而非要期货公司指明每一笔客户和其他客户的成交数量。故在认定交易真实性问题上，不能仅仅从举证责任上搞“一刀切”，应当从多方面综合判断交易的发生、结果，根据交易规则和交易惯例，联系起来认定。

2. 买卖方向对交易真实性的影响

《期货司法解释》第 56 条规定，买卖方向是指客户对期货合约要求买进还是卖出。如果客户指令的买卖方向与期货公司的交易所记录的买卖方向不对应，交易后果就完全不同，因此，买卖方向是判断期货公司是否入市交易的标准之一，但不是唯一标准。在当时混码交易的情况下，期货市场上普遍存在着，受托人期货公司为了节省保证金，将不同客户的买卖方向相反的建仓头寸在期货交易所对冲或为争取客户指令尽快成交，混码集中敲单，并利用交易所规则中“平仓优先”的规定，将客户指令一律敲入平仓，之后再作调整。这种情况可能会造成客户成交记录与交易所成交记录中开平仓方向不完全一致，但总的数量应当一致，正是基于此，法院查明的情况为，绝大多数交易是有对应关系的，只有少量的交易存在虚假或者不能对应的情况，应当予以剔除。开平仓方向与是否入市交易，及交易真实与否之间不存在必然因果关系，开平仓方向不一致也不会影响客户交易盈亏的真实性。所以，《期货司法解释》未将开平仓方向作为判断期货公司是否入市交易的基本标准。周某认为开平仓方向是判断期货公司是否入市交易的主要标准没有依据，也不能以此认定交易是否已经完成。

交易完成在于交易的过程，以及指令下达后，受托方是否按指令进行了操作，期货公司的交易编码下是否发生了一定数量和金额的交易品种合约，其对客户交易保证金是否产生了实质性影响。

在期货市场管理不甚完善的情况下，会发生混码交易，以及开平仓方向不一致的情形。但当市场管理逐步规范化，将保证金交由金融机构单独存管后，客户只能在自己账户中交易，期货公司也只能按约从事交易，不会发生资金混同、编码混同、交易结果混同等情形，客户交易结果由客户自行承担便不会出现分歧与争议，人民法院司法判断便一目了然。

3. 客户交易指令单对交易真实性的影响

在审核交易指令是否入市时，需提供客户指令单、交易所历史成交记录、期货公司客户结账单（对账单）进行比对。A 期货公司虽未能提供客户指令单，但其提供的客户结账单上，每笔交易的结果均是由周某在交易当天确认的，表明周某确认其曾经发出过与客户结账单内容相一致的交易指令。由于交易结账单中包含了交易指令单的全部内容，故即使没有指令单也能根据交易结账单和历史成交记录进行比对，以确定是否入市交易，更何况手续上出现差错时，允许事后加以补正，不论是交易指令，还是交易过程中的数量、价位等的差错，均可书面补正。不能因为没有交易指令单，就否定交易的全过程，更不能简单的以此一项指标作为认定事实的依据。关键之处在于，客户首先是发出指令，尔后期货公司才会将成交结果发给客户，否则，客户会一律予以否决。当客户不予否决，而顺利签收交易结果单时，应当从客户签收的事实证明交易指令发出的真实性，不能推论出发生交易亏损就意味着客户未曾发出交易指令。

4. 举证责任分配对交易真实性的影响

周某申请再审时，只是认为：关于期货交易是否入市，适用举证责任倒置原则，如果期货公司不提出相应证据，就应当推定没有入市。其次，确认期货公司是否将客户下达的交易指令入市交易，应当以期货交易所的交易记录、期货公司的成交回报单与客户指令等三项内容相符为标准，三项缺一不可。最后，如果成交回报单在开平仓方向等要素方面，与期货交易所原始记录有一项不符，即认定该成交回报单也是虚假的。

根据《期货司法解释》的规定，客户有相反证据证明其交易指令未入市交易的除外。周某的观点表面看似乎有理，但其看法是片面的。在举证责任转移后，至今未提供任何相反证据证明未入市交易。且将三个指标对比，忽视了其每日及时签收交易客户账单的事实。除上海高院查明的没有入市交易的成交记录外，A 期货公司提供的证据足以证明其已将周某的交易指令入市交易，周某关于 A 期货公司未入市交易的抗辩理由不能成立。

在签收交易成交回报单的认定上，实践中还存在客户未逐日签收，却一段时间统一签收的情况。根据交易规则规定，客户应当逐日、当日签收成交回报单。如此看来，是否每一天签收成交回报单，对客户意义重大，特别是行情变化剧烈时，对客户保证金影响极大，必须由客户及时作出应变反应，到底是平仓还是保仓，是追加保证金还是平仓出局？故如果由于客户未能及时签收客户成交回报单，吃亏的是客户。与此同时，司法解释也规定，尽管客户不对交易结果提出异议，也不追加保证金，那么，到第二天开市时，期货公司有权对透支部分持仓进行强行平仓。只要客户有持仓，其风险随时可能发生，要求客户关心自己的持仓和交易情况，是在控制客户的交易风险，如果客户忽视了风险存在，盲目交易，必将导致本案的结果，客户将所有保证金亏损殆尽。

（二）利用关联公司编码进行混码交易如何认识

案外人利源公司系A期货公司的关联公司，但A期货公司与其系两个独立的法人，现有法律法规没有禁止期货公司代理关联公司进行期货交易的明文规定，即使修订的《期货交易管理条例》也未对此类问题作出明确规定。而且，周某没有提供证据证明利源公司的业务与期货公司的业务发生混同，利源公司的编码内的交易就是A期货公司的自营业务，或者A期货公司有意以混码交易掩盖其非法目的，何况这些交易在当天收盘时已出现相应的盈利或亏损，周某对每日的交易结果都予以确认，表明其对于客户对账单上所显示的持仓数量、当日交易结算结果的确认，所产生的交易后果应由客户承担其属于明知，不存在误解或者受到A期货公司的欺诈。所以，即使A期货公司利用利源公司编码进行了相关交易，也未对周某造成实际损失。A期货公司利用利源公司的编码进行混码交易，与其使用其他客户的编码进行混码交易没有本质的区别。对于混码交易的结果，只要能够证明这些交易是客户委托的，即应由客户自行承担。周某认为利源公司编码内的交易不是其指令交易的结果，不应由其承担的理由无事实和法律依据。A期货公司的交易行为不存在隐瞒事实和欺诈客户的事实与结果的存在。

根据当前的立法、司法裁判情况，首先应当避免借用其他关联公司编码进行交易的行为发生；其次，应当在期货委托合约中明确约定，如果期货公司借用其他公司编码进行交易，客户有权予以否决，即自始不承认期货公司的交易结果。当然，这要求期货公司对于交易的部位要标明，还要求客户具有敏锐的识别能力，尽管在实践中难以把握，但作为一个要求应当是可以约定的，就是对期货公司较为严格的要求，避免其交易中的偷梁换柱，损害客户权益的行为发生。如果出现期货公司借用其他公司编码进行交易，是否可以免除客户亏损责任，或者免除期货公司民事责任，主要应当由双方约定，除此之外，应当参照《期货司法解释》规定，按照一般混码交易的认定方式加以认识。

律师点评

我国期货市场采用“一户一码”交易制度，即期货公司根据期货交易所的规定，为某一个客户设立一个专用的交易编码，用这个编码为其进行交易。而混码交易是“一户一码”相对应的一种交易方式。即期货公司利用一个交易编码为两个以上的客户进行期货交易，或允许若干客户同时使用若干编码，随机选择编码成交，导致交易记载中反映交易结果混乱。《期货交易管理条例》第三十条规定：“期货公司应当为每一个客户单独开立专门账户、设置交易编码，不得混码交易。”混码交易是期货公司违反行政法规、规章和交易所制度的行为，期货公司应当承担相应的行政法律后果，客户有权否认期货公司入市成交的交易结果。

混码交易本身并不会必然引起交易亏损，然而当产生交易损失后，客户在起诉期货公司时往往抓住期货公司混码交易这一行为，不承认混码交易中的亏损结果，指控期货公司没有将自己的指令入市交易。在此种情况下，期货公司必须提供客户指令入市的证据，才能免责。

《期货纠纷问题规定》第三十条规定：“期货公司进行混码交易的，客户不承担责任，但期货公司能够举证证明其已按照客户交易指令入市交易的，客户应当承担相应的交易结果。”该条说明，如果期货公司只是单纯混码交易，真实地将客户指令入场交易，没有与客户对赌、私下对冲行为，对客户的交易盈亏没有直接因果关系，期货公司就不必对客户的交易亏损承担赔偿责任。

那么在混码交易的状态下，期货公司如何举证证明已按客户指令入市成交呢?《期货纠纷问题规定》第五十六条规定：“期货公司应当对客户的交易指令是否入市交易承担举证责任。确认期货公司是否将客户下达的交易指令入市交易，应当以期货交易所的交易记录、期货公司通知的交易结算结果与客户交易指令记录中的品种、买卖方向是否一致，价格、交易时间是否相符为标准，指令交易数量可以作为参考。但客户有相反证据证明其交易指令未入市交易的除外。”客户编码并不是一个资金结算单位，混码交易并不影响期货公司对客户的结算结果。按照该条解释，期货公司要证明入市成交，只要证明在交易记录中存在与之相对应的交易即可。即期货公司针对客户交易指令记录和结算单中确定的交易结果，只要能证明在交易所对期货公司的结算单中存在与之品种、买卖方向、价格、交易时间完全对应，数量大于或等于的交易记录即可。当客户有相反证据证明其交易指令未入市时，举证责任由客户一方承担。

混码交易与交易的盈亏之间没有因果关系，导致盈亏的原因是客户对行情判断的正确与否。不能仅以期货公司混码交易为理由判决期货公司承担赔偿客户交易亏损的责任。

此外，在混码交易状态下，期货公司除了可能承担赔偿亏损的责任，还应承担两种责任：一是行政责任，即接受期货监管部门对其混码交易行为进行的行政处罚；二是违约责任，客户与期货公司是行纪合同关系，“一户一码”交易是期货公司对客户的合同义务，如果期货公司的混码交易行为还给客户造成了除亏损之外的损失，应承担《合同法》规定的相关违约责任。

三、期货公司强行平仓的适用条件

关 键 词： 期货交易　强行平仓　保证金　通知义务

问题提出： 在期货交易纠纷中，期货公司在何种情况下可以强行平仓？

案件名称： 范某与A期货经纪有限责任公司天津营业部期货交易合同纠纷再审案〔1〕

裁判规则： 根据《期货交易管理条例》第三十八条第二款规定，客户保证金不足时，应当及时追加保证金或者自行平仓。客户未在期货公司规定的时间内及时追加保证金或者自行平仓的，期货公司应当将该客户的合约强行平仓，强行平仓的有关费用和发生的损失由该客户承担。最高人民法院《关于审理期货纠纷案件若干问题的规定》第三十六条第二款亦规定，客户的交易保证金不足，又未能按期货经纪合同约定的时间追加保证金的，按期货经纪合同的约定处理；约定不明确的，期货公司有权就其未平仓的期货合约强行平仓，强行平仓造成的损失，由客户承担。由该两条规定可知，期货公司强行平仓时应符合以下三个法定条件：一是客户保证金不足，二是期货公司履行了追加保证金的通知义务，三是客户没有按照要求及时追加保证金或没有及时自行平仓。此外，结合交易规则和合约的约定，还需符合：合理的追加保证金或自行平仓时间、合理的保证金比例。只有满足了上述条件，期货公司才有权强行平仓。

案情简介

申请再审人（一审被告，二审上诉人）：A期货经纪有限责任公司天津营业部

被申请人（一审原告，二审上诉人）：范某

2007年3月5日，范某与A期货经纪有限责任公司天津营业部（以下简称天津营业部）签订期货经纪合同及其补充1、2配套协议，委托天津营业部进行期货交易。该合同第六条约定："天津营业部有权根据期货交易所的规定

---

〔1〕 最高人民法院（2010）民提字第111号。

或者按照市场情况随时自行通知保证金比例。天津营业部调整保证金，以天津营业部发出的调整保证金公告或者调整为准。”第七条约定：“天津营业部有权根据自己的判断，随时对范某单独提高保证金比例。在此种情形下，提高保证金通知单独对范某发出。”第八条约定：“范某在下达新的交易指令前或者在其持仓过程中，应随时关注自己的持仓，保证金和权益变化。”第十条约定：“范某因交易亏损或者其他原因，其风险率小于100%时，天津营业部停止接受范某下达的开仓指令，并按照本合同约定的方式向范某发出追加保证金的通知，范某应当在下一交易日开市前及时追加保证金或者立即采取减仓措施，否则，天津营业部有权在事先不通知范某的情况下，对范某的部分或者全部未平仓合约强行平仓，最高可至范某的风险率大于100%。范某应承担强行平仓的手续费及由此发生的损失。”第十一条约定：“范某在不能及时追加保证金情况下应自行采取减仓措施以符合天津营业部的保证金要求，尽量避免由天津营业部执行强行平仓措施。范某不得以天津营业部强行平仓的时机、价位和数量不佳为由向天津营业部主张权益。”第十四条约定：“天津营业部在每一交易日闭市后向范某发出每日交易结算单、调整保证金通知、追加保证金通知等通知事项……”

合同签订后，2007 年 12 月 24 日前，范某持有 Cu0802 合约 33 手、Cu0803 合约 369 手、Cu0804 合约 10 手。2007 年 12 月 24 日，范某根据天津营业部的通知，自行平仓大豆 270 手，达到天津营业部要求的保证金水平。天津营业部在 15 时收市后，于 18 时 50 分通知范某追加保证金。范某于 2007 年 12 月 25 日 13 时 48 分存入保证金 150 万元。2007 年 12 月 25 日 8 时 59 分，天津营业部在集合竞价时对范某所持空仓合约 412 手强行平仓，按照强行平仓价格与当日收盘价格的差价计算，范某共计损失为 6663000 元。

法院另查明：2007 年 12 月 25 日，天津营业部将保证金比例提高到 16.5%。天津营业部向范某出具的 2007 年 12 月 25 日范某《交易结算单》成交记录显示，平仓盈亏为：-13066500 元。

判决结果

一审判决：（1）天津营业部于该判决生效后十日内赔偿范某经济损失 6663000 元的 60%，计 3997800 元。（2）驳回范某其他诉讼请求。

二审判决：（1）撤销天津市第一中级人民法院（2008）一中民二初字第61号民事判决；（2）天津营业部于该判决生效后十日内赔偿范某经济损失9027085.66元。

再审判决：（1）撤销天津市高级人民法院（2009）津高民二终字第0028号民事判决；（2）撤销天津市第一中级人民法院（2008）一中民二初字第61号民事判决；（3）A期货经纪有限责任公司天津营业部于本判决生效后十日内赔偿范某损失5333400元。

各方观点

天津营业部申请再审观点：（1）二审法院认为天津营业部应当在强行平仓前给予客户合理追加保证金的时间，该认定没有法律依据，属于法律适用错误。根据双方《期货经纪合同》第十条约定，只要天津营业部按照约定向范某发出追加保证金通知，而范某没有在第二日开市前及时追加保证金或者立即采取减仓措施，天津营业部就有权对范某的持仓合约强行平仓。（2）前一日收盘后，天津营业部向范某发出通知，要求范某在第二日开盘前追加保证金1300余万元；第二日开盘时，范某没有追加保证金，也没有自行平仓的指令，天津营业部在开盘后强行平仓部分合约412手；下午13时38分，范某追加150万元到账户。无论从到账时间还是到账金额都是“不合理”的。（3）损失计算有误。2007年12月25日，范某《交易结算单》上显示范某平仓盈亏为－1300余万元，这是由于范某选择买卖方向错误造成的投资亏损。天津营业部8时59分强行平仓，如果范某的资金在9时30分前到账，范某可以要求天津营业部立即为其恢复持仓或自己下单恢复持仓。这时强行平仓与重新恢复建仓之间产生的差价，就是天津营业部“过错”给范某造成的实际损失；由于范某没有在“合理”时间内追加保证金，其账户就不存在恢复持仓合约的问题，天津营业部的过错也就没有相应的后果。

被申请人范某答辩观点：天津营业部的申诉不符合事实、证据和法律，天津营业部擅自大幅度提高保证金的比例缺乏依据，且其通知范某追加保证金的时间不合理。其次，天津营业部的强平时间不合理且违规，剥夺了答辩人自行减仓的权利，其平仓行为不仅超量，平仓顺序也不符合惯例和规定。

法院观点

一审法院观点：范某作为期货交易客户，应随时关注自己的持仓保证金及权益的变化，预见风险加大有可能造成强行平仓的后果时，应主动追加保证金或主动减仓，以避免损失的发生，因此范某应承担相应的责任。天津营业部作为交易场所，应就交易中的风险，对客户进行提示并应在合理的时间内通知客户追加保证金。本案中，天津营业部虽向范某发送了追加保证金的通知，但因其未能提供给范某追加保证金的合理时间，以致造成范某强行平仓的损失，对此天津营业部应承担相应赔偿责任。

二审法院观点：期货交易所或期货公司应当给予客户合理追加保证金的时间。本案天津营业部在2007年12月24日15时收盘后，于18时50分通知范某追加保证金1336万元。2007年12月25日8时59分，天津营业部在集合竞价时即强行平仓范某持有铜合约412手，该期间范某根本无法将追加的保证金交到天津营业部账户上。特别是2007年12月24日范某根据天津营业部的通知自行平仓，已达到天津营业部要求的保证金水平，其已尽到注意义务。当日收盘后的18时50分，期货公司又大幅度提高了保证金比例达到16.5%，对此突变情形，天津营业部也未向范某特别告知，从而使范某失去对追加保证金数额的合理预期。为了保护客户的利益，由此造成的损失应由天津营业部承担。双方签订的合同并未就追加保证金的合理时间进行约定，天津营业部挂单强平时银行尚未营业，显属未给予范某追加保证金的合理时间。对此，范某并无过错，天津营业部的强平行为与范某损失具有直接的因果关系，其应承担相应的赔偿责任。关于天津营业部以范某并未在2007年12月25日9点30分前后将资金追加到位，到下午13时48分才到账150万元，其到账时间及金额与天津营业部追加保证金通知的要求相差甚远，因此，范某的账户损失与天津营业部是否提供合理的追加保证金时间无关的主张，因天津营业部于2007年12月25日期货市场开盘前已挂单强平范某412手铜合约，相应的损失已经发生，故此后范某是否追加保证金与该损失并无法律上的因果关系，二审法院对天津营业部的主张不予支持。

最高人民法院再审观点：关于天津营业部强行平仓是否存在过错及应否承担民事责任。

《期货交易管理条例》第三十八条第二款为期货公司采取强行平仓措施设

定了以下三个条件：一是客户保证金不足，二是客户没有按照要求及时追加保证金，三是客户没有及时自行平仓。只有满足了上述三个法定条件，期货公司才有权强行平仓。如果期货公司不严格按照法律规定和合同约定执行强行平仓，这将使得客户不仅要承担市场交易风险可能造成的损害，而且还要承担市场运行机制中人为风险对其造成的损害。天津营业部强行平仓是否存在过错，是否损害了范某的权益，应当根据上述三个条件进行分析。

第一，范某保证金是否不足。因为上海期货交易所和天津营业部是在24日收市后调高25日的保证金比例，所以24日当日结算仍应执行21日（星期五）的保证金比例。天津营业部诉讼提交的24日范某交易结算单，执行的却是25日大幅度提高后的16.5%和14.5%保证金比例。如果该交易结算单的数据是真实的，天津营业部就不该在25日才采取强行平仓措施，24日交易期间就应强行平仓。因为根据该交易结算单上数据，保证金占用/客户权益计算得出的风险率，不会是该交易结算单上的36.29%，而是275.54%。风险率为275.54%，意味着范某保证金不仅全部被持仓合约占用，而且令天津营业部还为其支付了合约占用资金的175.54%。所以，天津营业部提交的按照25日保证金比例计算的交易结算单，不能证明范某24日结算保证金不足。这种以下一交易日保证金比例作为当日结算依据的结算方式与上海期货交易所的交易规则相悖。

第二，范某是否按照要求及时追加保证金。格式期货经纪合同一般约定风险率大于100%，即客户账户可用资金小于0时，期货公司在交易期间或者结算时向客户发出限制开仓、追加保证金或者自行平仓的通知，客户应当及时追加或者在交易期间及时平仓，否则，期货公司有权对客户的部分或全部持仓合约强行平仓。本案双方期货经纪合同第十条约定的却是风险率小于100%，与风险率参数设置内涵、保证金风险控制目的和方法相左。将“大于100%”条件更换为“小于100%”，这意味着天津营业部任何时候都可以采取限制开仓、通知追加保证金和自行平仓、如不满足要求直至强行平仓等措施。其次，法律规定和合同约定客户保证金不足时应当及时追加，但及时是建立在有追加的可能前提下。24日收市后，根据大幅度提高后的保证金比例，范某账户25日面临保证金不足需要追加，天津营业部却迟至晚18时50分才通知范某提高保证金比例并要求在25日开盘前追加保证金1336万元，否则强行平仓。而当晚18时50分至次日9时，银行等金融机构处于休息状态并不营业，这期间范某没有追加保证金的可能。所以，应认定天津营业部没有给范某追加保证金的机会，而不应认定范某没有按照要求或者没有能力追加保证金。

第三，天津营业部25日保证金比例是否合理。法律规定期货公司向客户收取的保证金，不得低于期货交易所规定的标准，但高于多少却没有确定。12月21日，天津营业部的保证金比例相对上海期货交易所的没有高过3%。但24日收市后，天津营业部大幅度提高标准。25日收市，上海期货交易所没有调整保证金比例，而天津营业部自行将三张合约的保证金比例又分别回调到9.5%和9%，故天津营业部25日保证金比例变动具有随意性和突发性。在风险很高的期货市场，这种随意单日远超过期货交易所标准的对客户大幅度提高保证金比例的行为，客观上使得客户在承受期货市场交易风险的同时还承受了来自市场交易风险之外的运行机制中人为导致的风险。所以，仅就25日一个交易日单独对范某实施远超过上海期货交易所标准的提高保证金比例行为，是不公平和不合理的。

第四，范某是否有及时自行平仓的机会。法律没有规定强行平仓前多长期间内自行平仓属于及时平仓，但现实要求自行平仓必须发生在期货交易时间之内，如果当日没有开市，即要求客户平仓或者挂出平仓单，是对法律规定的及时自行平仓操作的曲意理解，是对客户的苛刻要求。25日尚未开市的集合竞价期间，范某的412手合约即被强行平仓，天津营业部不仅没有给予范某追加保证金的机会，甚至连自行平仓的机会也没有给予。

根据本案强行平仓的时间、报价和数量，结合大幅度单日提高保证金比例，可以认定天津营业部不是出于善意的目的，其没有满足法律规定和合同约定条件实施的强行平仓行为存在过错。根据双方合同第二十八条“如期货公司强行平仓不符合约定条件，天津营业部应当恢复被强行平仓的头寸，并赔偿由此造成的直接损失”的约定，本院《关于审理期货纠纷案件若干问题的规定》第四十条“期货交易所对期货公司、期货公司对客户未按期货交易所交易规则规定或者期货经纪合同约定的强行平仓条件、时间、方式进行强行平仓，造成期货公司或者客户损失的，期货交易所或者期货公司应当承担赔偿责任”之规定，天津营业部应对其强行平仓给范某造成的损失承担民事责任。

关联案例 1

▶ **盘后结算并非实施强行平仓的必要条件**

关 键 词：盘后结算　强行平仓　通知义务

案件名称：邱某与 B 期货有限公司期货强行平仓纠纷上诉案

审理法院：

一审：上海市第一中级人民法院（2010）沪一中民六（商）初字第 33 号

二审：上海市高级人民法院（2011）沪高民五（商）终字第 4 号

法院观点：盘后结算并非实施强行平仓的必要条件。国务院颁布的《期货交易管理条例》和最高人民法院《关于审理期货纠纷案件若干问题的规定》中，关于期货公司强行平仓的规定均未禁止盘中强行平仓，本案所涉《期货经纪合同》亦未明确约定期货公司不得盘中强行平仓。本案争议的强行平仓发生于上诉人交易所风险率超标的情况下，上诉人账户约定的客户风险率和交易所风险率均超过 100%，被上诉人四次通知上诉人追加保证金，并给予上诉人合理的时间追加保证金，但上诉人未能及时予以追加，故被上诉人在临近收盘时对上诉人部分持仓实施强行平仓并无不当，且上诉人对当日结算结果亦未及时提出异议。

强行平仓前的通知义务应为期货公司的法定义务，期货公司无权通过约定予以排除。合同第 50 条约定准许 B 公司在客户交易保证金不足情况下，可以不履行通知义务而直接对客户持仓予以强行平仓。该条款系格式条款，实质上剥夺了客户对其持仓及保证金情况应当享有的知情权以及客户自行平仓或追加保证金的权利，根据我国合同法的相关规定，应为无效条款。

关联案例 2

▶ **“最优时间点”并非强行平仓的必要条件**

关 键 词：强行平仓　明确的时间点　追加保证金时间

案件名称：彭某与 C 期货有限公司强行平仓纠纷上诉案

审理法院：

一审：长沙市中级人民法院（2014）长中民四初字第 00483 号

二审：湖南省高级人民法院（2014）湘高法民二终字第 121 号

法院观点：上诉人称期货公司强行平仓时间点不对，损害其利益。然而合同并没有约定期货公司必须在哪个时间点强行平仓。况且，期货市场具有很大的不确定性，无法准确界定哪个时间段最有利于客户。故明确的时间点无法成为强行平仓的必要条件，而应该是满足合理的追加保证金时间。

律师点评

强行平仓（强制平仓）是指期货交易所或期货经纪公司强行了结仓位持有者的仓位，又称被斩仓或被砍仓。在期货交易中发生强行平仓的原因较多，譬如客户未及时追加交易保证金、违反交易头寸限制等违规行为、政策或交易规则临时发生变化等。而在规范的期货市场上，最为常见的当属因客户交易保证金不足而发生的强行平仓。具体而言，是指在客户持仓合约所需的交易保证金不足，而其又未能按照期货公司的通知及时追加相应保证金或者主动减仓，且市场行情仍朝持仓不利的方向发展时，期货公司为避免损失扩大而强行平掉客户部分或者全部仓位，将所得资金填补保证金缺口的行为。

司法实践中，对期货公司强行平仓的条件未有统一规定，但是分析期货相关法律法规、司法解释，其中对强行平仓的适用条件有多处规定，同时结合交易规则和合约的约定，可以归纳出以下五个适用条件：

1. 客户交易保证金不足。这是期货公司为保护自身利益、防止损失扩大而实施强行平仓的基本前提。《期货交易管理条例》第三十五条第二款规定："客户保证金不足时，应当及时追加保证金或者自行平仓。"同时根据期货交易规则，期货经纪合同中经常会约定：当客户的风险率大≥100%时，期货公司应当及时按照合同约定方式向客户发出追加保证金通知，客户应当在下一交易日开市前追加保证金或自行减仓直至客户风险率＜100%；否则，甲方有权对乙方的部分或全部未平仓合约强行平仓，直至乙方可用资金≥0，乙方承担强行平仓所发生的全部损失及相应手续费。保证金制度是期货交易风险控制的重要组成部分，是期货市场稳定和健康发展的前提。

2. 期货公司履行了追加保证金的通知义务。这是期货公司实施强行平仓的关键程序。通知的内容应当包括客户持仓的盈亏状况、保证金不足数额以及追加保证金的方式和时间等。最高人民法院《关于审理期货纠纷案件座谈会纪要》第五条第（六）项规定："交易所或经纪公司未履行通知义务而强行平仓，给经纪公司或客户造成损失的，应承担赔偿责任。"最高人民法院《关于审理期货纠纷案件若干问题的规定》第三十三条第二款规定："客户的交易保证金不足，期货公司履行了通知义务而客户未及时追加保证金，客户要求保留持仓并经书面协商一致的，对保留持仓期间造成的损失，由客户承担；穿仓造成的损失，由期货公司承担。”据此，期货公司通知客户保证金不足是其法定义务，只有履行了通知义务，强行平仓才是合法的、符合约定的。期货公司与客户应在期货经纪合约对通知方式进行约定。依据《最高人民法院关于审理期货纠纷案件若干问题的规定》第五十七条，客户否认收到追加保证金通知的，期货公司承担举证责任。

3. 客户没有按照要求及时追加保证金或没有及时自行平仓。《期货交易管理条例》第三十五条、《最高人民法院关于审理期货纠纷案件若干问题的规定》第三十六条均规定了客户未在期货公司规定的时间追加保证金的，期货公司合约强行平仓的，强行平仓的有关费用和发生的损失由该客户承担。

4. 期货公司给予了合理的追加保证金或自行平仓时间。由于期货市场具有很大的不确定性，无法准确界定哪一个时间点强行平仓，但期货公司仍应提供客户合理的追加时间段。法律规定客户保证金不足时应当及时追加，但及时是建立在有追加的可能前提下。例如，本案中天津营业部迟至晚18时50分才通知范某提高保证金比例，而当晚18时50分至次日9时，银行等金融机构处于休息状态并不营业，这期间范某没有追加保证金的可能。此外，法律也没有规定强行平仓前多长期间内自行平仓属于及时平仓，但现实要求自行平仓必须发生在期货交易时间之内，如果当日没有开市，即要求客户平仓或者挂出平仓单，是对法律规定的及时自行平仓操作的曲意理解，是对客户的苛刻要求。

5. 期货公司所要求的保证金比例是合理的。保证金比例高低直接关系到期货交易和结算占用资金的多少，关系客户期货交易结算风险的高低。法律规定期货公司向客户收取的保证金，不得低于期货交易所规定的标准，但高于多少却没有确定。但期货公司不能因此而随意提高或变更保证金比例。

最高人民法院民二庭倾向性意见认为，强行平仓应当具备以下条件：(1) 客户保证金不足；(2) 客户未按照要求及时追加保证金；(3) 客户未及时自行平仓。具体而言，保证金比例应控制在合理的范围之内，不宜过高超过期货交易所公布的保证金比例。追加保证金的时间应限定在有效工作时间内，同时还要给予客户自行平仓的选择机会。只有同时满足以上三个法定条件，期货公司才有权强行平仓。否则，应当认定期货公司强行平仓存在过错，其应承担相应的过错责任。

在损失计算标准方面，应当根据因果关系原则，将损失范围界定在期货经纪公司不当强行平仓导致的损失后果范围之内，而客户投资方向失误所造成的损失属于投资风险范畴，应当自行承担。本案中强行平仓损失的计算标准为，以强行平仓前一交易日收市后的客户持仓结算数据为计算基准点，以强行平仓后的账户亏损与前一交易日收市后的浮动亏损之差为损失赔偿的范围。[1]

---

〔1〕 最高人民法院民事审判第二庭编：《最高人民法院商事裁判观点》（总第1辑），法律出版社2015年版，第245页。

第三章　融资租赁

一、法院对出卖人履行回购、垫付义务后权利的认定

关 键 词： 回购　垫付　担保　所有权转移　追偿

问题提出： 在融资租赁合同履行过程中，出卖人为承租人垫付了融资租金后取得了何种权利？如何向承租人追偿？

案件名称： 安徽A工机械销售服务有限公司诉李某融资租赁合同纠纷案[1]

裁判规则： 在融资租赁交易中，核心企业（厂商）为承租人向出租人提供担保的，当承租人违约时，由核心企业（厂商）依约向出租人履行担保义务。核心企业（厂商）承担保证责任后，有权向承租人追偿。

案情简介

原告：安徽A工机械销售服务有限公司（以下简称A公司）

被告：李某

原告系广西B机械股份有限公司“柳工”品牌系列工程机械产品在安徽的经销商。为开展长期合作，原告与C国际租赁有限公司（以下简称“C公司”）签订《融资租赁业务合作协议书》，约定由原告向C公司推荐用户开展融资租赁业务，C公司与该用户签订《融资租赁合同》及《设备买卖合同》购买A公司经销的“柳工”产品。同时约定当承租人出现违约时，A公司不可撤销地承诺承担履行相关回购或担保义务。履行回购担保义务之后，C公司将其在《融资租赁合同》项下的全部权利包括对承租人的索赔权利全部转

[1] 一审安徽省亳州市谯城区人民法院（2014）谯民二初字第00424号民事判决。

让给A公司。

2012年6月18日，A公司推荐被告李某与C公司签订了一份《融资租赁合同》，约定由C公司为被告购买装载机开展为期24个月的融资租赁业务，被告每月支付租金7，573.69元。该《融资租赁合同》第二十一条约定：在本合同期限内，C公司有权利将本合同赋予甲方的全部或部分权利和义务转让给第三者。

2012年6月18日，A公司、被告李某与C公司三方共同签订了一份《设备买卖合同》，约定由C公司为被告李某购买装载机，由买受人C公司根据承租人被告李某对出卖人A公司和设备的选择购买了一辆CLG836装载机(机号为CL315819)，总价210，000元整。合同签订后，A公司和C公司即提供给被告李某该辆装载机。

自2013年2月15日始，被告李某即未按期通过银行按约定的固定账户向C公司支付租金。2013年5月，C公司依据《融资租赁业务合作协议书》的约定，要求A公司履行回购担保义务。2013年6月，C公司向A公司开具所有权转移证明，从C公司缴纳的保证金中扣除回购款，开具租金发票，并将其在《融资租赁合同》项下的权利转让给A公司。C公司转让债权之后，即通知了被告，但被告仍不履行《融资租赁合同》的约定，其行为已经严重违约。在《融资租赁合同》到期后，被告仍继续占用该租赁物出租收益，为维护合法权益，A公司向安徽省亳州市谯城区人民法院提起诉讼，请求法院依法判令李某将租赁物（机号为CL315819装载机）返还给A公司并向A公司支付欠付租金159260.51元。

判决结果

一审判决如下：（1）被告李某于本判决生效之日起十日内返还原告安徽A工机械销售服务有限公司“柳工”牌装载机（机型CLG836，机号CL315819）一台。（2）被告李某于本判决生效之日起十日内支付原告安徽A工机械销售服务有限公司为其垫付的租金127，155.68元。

各方观点

原告观点：原告与C公司签订《融资租赁业务合作协议书》，明确约定由原告向C公司推荐用户开展融资租赁业务，并且当承租人出现违约时，原告不可撤销地承诺承担履行相关回购或担保义务。履行回购担保义务之后，C公司将其在《融资租赁合同》项下的全部权利包括对承租人的索赔权利全部转让给原告。

因被告违约，原告依C公司要求履行了回购担保义务，C公司也向原告开具所有权转移证明，将其在《融资租赁合同》项下的权利转让给原告。C公司转让债权之后，即通知了被告，但被告仍不履行《融资租赁合同》的约定，其行为已经严重违约，被告应将物返还给原告，且向原告支付欠付租金。

被告观点：C公司与原告之间的《融资租赁业务合作协议书》与被告无关，也未经被告方认可，被告不承担该协议书所约定的权利和义务，被告在不明真相的情况下在融资租赁合同上签字，但融资租赁合同上手写的内容系他人后添加，而非共同约定，且融资租赁合同并未实际履行。因此原告对被告并不拥有合法债权，原告对被告没有诉权。

法院观点

根据本案三方当事人签订的《融资租赁业务合作协议书》《设备买卖合同》《融资租赁合同》等合同相关内容，均系各方当事人的真实意思表示，合同内容不违反法律规定，均合法有效。可以认定在C公司、李某及原告A公司三方之间形成了融资租赁及担保法律关系，三方均应按照各合同的约定自觉履行各自义务。

依照《合同法》第七十九条规定，债权人可以将合同的权利全部或者部分转让给第三人，且《融资租赁合同》中约定有：承租方在租赁期满未支付在本合同下所有债务，出租方有权指定第三人即原告A公司收回租赁物，由原告A公司代为行使出租人的权利。现原告A公司按照合同约定，为履行担保义务，已向C公司支付了融资租金，C公司因此向原告A公司出具了《所有权转移证明》，证明原告A公司已取得《融资租赁合同》中出租方的全部权利。原告A公司亦根据C公司委托，向李某送达了《债权转让通知书》。因此，原告A公司要求被告李某立即返还租赁物装载机的主张符合法律规定和合同的约定，法院予以支持。

根据《担保法》第三十一条规定：保证人承担保证责任后，有权向债务人追偿。在被告李某违反《融资租赁合同》约定，迟迟未付租金的情况下，原告A公司为自觉履行担保义务，主动代李某垫付租金，至今李某尚欠原告A公司为其垫付的租金以及违约金（罚息）未予偿还。因此，对于A公司要求被告李某偿还其垫付资金的主张，法院予以支持。

关联案例1

▶ **垫付租金和违约金等款项的约定可构成担保合同关系**

关 键 词：垫付　担保合同　债权转让　追偿

案件名称：陕西明志山重工程机械有限公司诉李新虎融资租赁合同纠纷案

审理法院：

一审：陕西省山阳县人民法院（2013）山民初字第00655号

二审：陕西省商洛市中级人民法院（2014）商中民二终字第00105号

法院观点：本案中当事人签订的《租赁物买卖合同》《融资租赁合同》及其附件、《测算表》《协议书》均系当事人真实意思表示，合法有效，亦受法律保护，当事人应按约定履行。原告与被告签订的《协议书》中明确约定被告同意如未按期足额向出租人支付租金，则原告可以为被告垫付租金和违约金等款项，形成担保合同关系。被告不及时足额履行支付租金义务，属违约行为。原告按照合同约定为被告向出租人垫付租金和融资租赁合同违约金，有合同依据。原告追索垫付租金及违约金的行为并非依据债权转让关系，原告有权向被告追偿，被告应当偿还。

关联案例2

▶ **融资租赁的连带担保人对垫付的租金有权按合同约定主张**

关 键 词：连带保证人　垫付义务　回购担保

案件名称：重庆桂溪聚杰机械设备有限公司诉陈某融资租赁合同纠纷案

审理法院：重庆市云阳县人民法院（2014）云法民初字第02477号

法院观点：根据原告与出租人签订的《融资租赁合作协议的从属协议》《融资租赁申请及不可撤销回购担保承诺书》等约定了原告向出租人承担回购担保的义务，原告系保证人，并承担垫付义务。承租人违约后原告向出租人垫付租金，原告作为融资租赁的连带担保人对垫付的租金有权按合同约定主张。

律师点评

“垫付”与“回购”被广泛应用于各类融资租赁交易中，通常作为核心企业（厂商）对其客户向融资租赁公司申请办理融资租赁业务的一种支持，当客户即承租人违约时，由核心企业（厂商）依约向出租人履行垫付或回购义务，以此保证出租人的利益与交易安全。

一、垫付的法律性质

“垫付”简言之即暂时替别人付款，一般为垫付人向出租人承诺，当承租人未按约定履行合同义务时，由垫付人替承租人向出租人履行付款义务。关于垫付的法律性质，一般可认定为保证担保或债权转让两种，具体需要由相关条款进行详细约定。

1. 保证担保

如垫付人与出租人约定，当承租人欠付融资租金时，垫付人按照约定替承租人偿还融资租金，代偿后以担保人的身份向承租人追偿，则垫付可视为一种垫付人对承租人提供的保证担保。根据《担保法》相关规定，保证担保应以书面形式订立，所以关于垫付可签订专门的垫付协议，也可以体现为基础交易合同中的垫付条款。

但与一般保证担保所不同的是，垫付人经常会与出租人约定，如债务人在垫付人履行了垫付义务后又向出租人还款的，则出租人应将垫付人垫付的款项及时归还给垫付人，因此垫付人在垫付后不一定要向承租人进行追偿，还可以从出租人处直接取回垫付款项，如此垫付行为可以更频繁的发生，对出租人、承租人、垫付人来说应用起来都更为便利。

2. 债权转让

现实交易中还有一种情况，垫付人有可能与出租人约定，当承租人欠付融资租金时，垫付人替承租人偿还欠付融资租金，然后出租人将相应的租金债权转让给垫付人，同时向承租人发出债权转让通知，通知送达承租人后垫付人成为承租人新的债权人，再向承租人主张偿还债务。此种垫付虽仍起到了担保的作用，但已不是一种担保行为，而成为债权转让行为，应符合《合同法》中关于债权转让的相关规定。

二、回购的法律性质

“回购”指当承租人未按约定履行合同义务时，回购人根据约定向出租人购买与承租人相关的融资租赁合同中的租金债权或租赁物所有权的行为。

回购分为对租金债权的回购及对租赁物所有权的回购两种。对债权的回购，基本与垫付的应用相同；对所有权的回购实际可认定为是一种买卖行为，而回购的条件、回购租赁物的定价、移交、质量要求等均由回购方与出租方提前书面约定。对所有权的回购行为还应符合法律对所回购产品买卖的相关要求，如过户手续、发票开具、税费交纳等，回购方履行完回购义务后取得租赁物所有权。

在现实交易中，垫付与回购很多时候也被一并使用，即当承租人欠付融资租金时出租人可先要求担保方进行垫付，当承租人欠付租金达到一定程度时，再要求担保方一次性回购全部债权或所有权。

三、“垫付”与“回购”后的追偿

担保方在履行完毕相关垫付与回购义务后均面临如何向承租人追偿这一问题，一般来说，出租人在担保方履行完毕垫付或回购义务后损失已得到全部补偿，随即会完全退出相关融资租赁交易，担保方需要独立向承租人追偿。因融资租赁合同兼具融资与融物两重特性，所以很多情况下，担保方垫付或回购融资租赁合同全部已到期、未到期租金，取得相关融资租赁合同全部租金债权，同时根据垫付、回购协议约定或融资租赁合同中关于相关权利转让条款，自出租人处取得租赁物所有权。

如担保方只是垫付或回购了承租人拖欠的部分融资租赁租金，则可依据《担保法》第三十一条规定的担保追偿权利向承租人追偿，但应注意的是，此种担保追偿应限定在承租人根据融资租赁合同应该承担的给付义务之内，如担保方垫付或回购的金额已超出承租人违约后根据融资租赁合同应该承担的给付义务，则超出部分将得不到法院的支持。

如担保方垫付或回购了融资租赁合同全部租金债权且取得了租赁物所有权，则担保方取得了类似于出租人的法律地位，因承租人对融资租赁合同已进行了一定程度的履行，担保方与承租人的利益分配也应遵循融资租赁合同纠纷处理的一般规则，这样无论对担保方还是承租人都更为公平。根据《合同法》第二百四十八条：“承租人应当按照约定支付租金。承租人经催告后在合理期限内仍不支付租金的，出租人可以要求支付全部租金也可以解除合同，收回租赁物。”因此，担保方可向承租人提出的诉讼请求与融资租赁出租人一致，即可要求承租人返还设备并支付已到期欠付租金；也可要求承租人支付全部欠付已到期租金及未到期租金，再将租赁物所有权转让给承租人，对此人民法院均会给予支持。

二、法院对出租人未经催告程序解除合同、收回设备等行为的认定

关 键 词： 解除合同 回收设备 催告

问题提出： 承租人逾期支付租金已达到融资租赁合同约定的解约条件，出租人是否有权直接解除合同、收回设备？

案件名称： 刘某诉A国际租赁有限公司、湖南B机械设备有限公司融资租赁合同纠纷案[1]

裁判规则： 承租人不按照约定支付租金，即使符合约定的合同解除条件，出租人都有催告义务，出租人需要规定一定的合理期限要求承租人支付。经出租人催告，承租人在规定的期限内仍不支付租金的，出租人方可在以下两种救济措施中选择适用一种：请求承租人支付到期和未到期的全部租金；或者解除合同，收回租赁物，而且解除合同应当通知对方。

案情简介

原告：刘某

被告一：A国际租赁有限公司

被告二：湖南B机械设备有限公司

2011年8月下旬，刘某经人介绍向湖南B机械设备有限公司（以下简称B公司）业务人员邱月透露购买挖掘机从事经营的意向。2011年8月29日，B公司与A国际租赁有限公司（以下简称A公司）根据刘某的融资租赁挖掘机的申请，A公司作为买受人、B公司作为出卖人、刘某作为承租人三方签订了《设备买卖合同》一份，合同主要内容为：B公司出售给A公司挖掘机1台，用于A公司融资租赁给刘某承租经营，买卖成交价为870000元等。

当日，A公司作为出租人与刘某作为承租人签订了《融资租赁合同》一

---

[1] 一审湖南省澧县人民法院（2013）澧民一初字第745号民事判决；二审湖南省常德市人民法院（2014）常民二终字第101号民事判决。

份，合同主要内容为：A公司将B公司出卖的挖掘机1台融资租赁给承租人刘某使用、经营，刘某支付首付融资租赁款43500元、按月支付月租金26006.40元、租赁期限36个月。《融资租赁合同》第十九条第二款第二项及第三款约定：如承租人未按期支付租金，出租人有权解除合同、取回租赁物直接处理，并要求支付全部到期和未到期租金、逾期利息等。A公司指定B公司为《融资租赁合同》履行代理人，行使本合同项下租金的催收、将租赁物停止使用与收回等。上述二份合同签订后，B公司将挖掘机1台于当日交付给了刘某。刘某于2011年8月27日、28日及2012年3月13日分别支付了首付融资租赁款，并在2011年11月17日至2012年3月20日分7次支付了月融资租赁款145580元。

后由于刘某自2011年9月开始使用挖掘机时即发现该机工作时抖动，且该不正常工作现象逐渐严重，遂将该情况反映给B公司，刘某因挖掘机不能正常使用于2012年3月中旬停止了对挖掘机的使用。B公司自2012年3月28日至2012年6月15日多次派维修工人到澧县维修挖掘机，因挖掘机仍不能正常使用，刘某将挖掘机停放在其租住房屋门前。2012年8月12日凌晨4时左右，A公司、B公司在均未通知刘某的情况下，秘密将挖掘机拖走；刘某于当日以挖掘机被盗为由向湖南省澧县公安局龙潭寺派出所报案；公安机关调查后告知刘某，挖掘机系B公司拖走。之后，刘某与其父亲多次到长沙市、北京市找B公司、A公司协商处理未果，遂向湖南省澧县人民法院提起诉讼。

判决结果

一审判决：（1）刘某与A公司签订的《融资租赁合同》中的第十九条第二款第二项与第三款无效；（2）A公司返还刘某交付的《融资租赁合同》首付款110000元，由B公司承担连带责任；（3）A公司赔偿刘某经营收益损失人民币146072.45元和鉴定费损失人民币5000元，由B公司承担连带责任；（4）驳回刘某的其他诉讼请求。

二审判决：（1）撤销湖南省澧县人民法院（2013）澧民一初字第745号民事判决；（2）湖南B机械设备有限公司于本判决生效后十日内赔偿刘某损失230790元；（3）驳回刘某的其他诉讼请求。

各方观点

原告观点：湖南B机械设备有限公司利用合同骗取刘某信任，向刘某提供瑕疵机械产品，刘某与被告多次协商未果，因A国际租赁有限公司与湖南B机械设备有限公司侵权造成巨额经济损失。原告对挖掘机具有合法占有和使用权，A公司在未通知原告的情况下擅自偷走挖掘机属单方非法解除合同，依法应承担赔偿责任。

A国际租赁有限公司观点：《融资租赁合同》系合同当事人自愿签订，合同签订后，双方履行了合同的主要义务，刘某支付了一定的首付款并交了租金，《融资租赁合同》应为有效合同。刘某违约在先，没有按期交付租金，A公司收回本案租赁物挖掘机符合法律规定。刘某没有证据证实其损失。本案中，刘某在签订《融资租赁合同》时，对于还款期限和还款金额知悉、了解，其恶意拖欠租金达半年之久，早已超过合理期限，属严重违约。

湖南B机械设备有限公司观点：同意A国际租赁有限公司答辩意见，本案中的《融资租赁合同》和《设备买卖合同》均系合法有效的合同。

法院观点

一审法院观点：《融资租赁合同》和《设备买卖合同》系出自合同当事人自愿签订且《融资赁合同》主要条款的内容合法，应属有效合同。但《融资租赁合同》中约定的A公司有权自行解除合同、取回租赁物直接处理，并要求支付全部到期未付和未到期租金的条款内容，明显有悖于《中华人民共和国合同法》第九十六条、第二百四十八条的规定，系无效合同条款，但该无效条款的内容不影响《融资租赁合同》其他条款的法律效力。由于A公司及其指定的《融资租赁合同》履行代理人B公司在2012年8月12日前未催告刘某在合理期限履行支付月融资租赁款的义务，即擅自由B公司于2012年8月12日凌晨秘密地将刘某合法占有使用和经营的挖掘机拖走收回，属于A公司非法单方解除了《融资租赁合同》，其行为损害了刘某的合法权益，应由A公司、B公司承担相应的民事责任。A公司于2012年8月12日非法单方解除了与刘某签订的《融资租赁合同》，刘某依法可以要求恢复原状，并有权要求赔偿损失。刘某有权依法取得2012年3月中旬至2012年8月12日间5个月因挖掘机质量争议停止经营的经济收益损失。该5个月的报失数额可以依照《鉴定结论书》确定的刘某在2012年8月12日至2014年8月29日间的经营收益损失717800元进行折算，认定为146072.45元，及鉴定费5000元。

二审法院观点：本案中《设备买卖合同》及《融资租赁合同》的签订系签订合同当事人真实意思的表示，其内容不违反国家法律、行政法规的强制性规定，应认定合同有效。出租人A公司、出卖人B公司于2012年8月12日解除合同、收回租赁物的行为均不合法，也不符合合同约定。《中华人民共和国合同法》第二百四十八条规定：承租人应当按照约定支付租金。承租人经催告后在合理期限内仍不支付租金，出租人可以要求支付全部租金；也可以解除合同，收回租赁物。第九十六条第一款规定：当事人一方依照本法第九十三条第二款、第九十四条的规定主张解除合同的，应当通知对方。合同自通知到达对方时解除。对方有异议的，可以请求人民法院或者仲裁机构确认解除合同的效力。《最高人民法院关于审理融资租赁合同纠纷案件适用法律问题的解释》第十二条第（二）项、第（三）项规定，有下列情形之一，出租人请求解除融资租赁合同的，人民法院应予支持：承租人未按照合同约定的期限和数额支付租金，符合合同约定的解除条件，经出租人催告后在合理期限内仍不支付的；合同对于欠付租金解除合同的情形没有明确约定，但承租人欠付租金达到两期以上，或者数额达到全部租金百分之十五以上，经出租人催告后在合理期限内仍不支付的。根据上述规定，承租人不按照约定支付租金，即使符合约定的合同解除条件，出租人都有催告义务，出租人得定相当的合理期限要求承租人支付。经出租人催告，承租人在规定的期限内仍不支付租金的，出租人方可在以下两种救济措施中选择适用一种：①请求承租人支付到期和未到期的全部租金；②解除合同，收回租赁物。而且解除合同应当通知对方。本案中，刘某因租赁物经湖南B机械设备有限公司多次维修后仍不能正常使用，便于2012年3月20日起拒绝支付下次的首付款和月租金，出租人A国际租赁有限公司及湖南B机械设备有限公司并未催告承租人刘某，未给予其支付租金其他款项的合理期限，也未按照《融资租赁合同》之一般条款第二十条（中止）的规定，采取中止措施，给予刘某10日的宽限期，相反，出租人未履行催告义务，即径行采取不适当的方式收回租赁物，用行动表明不再履行合同，违反上述法律规定和合同约定。应赔偿因解除合同、收回设备给承租人造成的损失。

关联案例1

▶ **未经催告程序采取“扣押财产”的行为构成违约**

关 键 词：催告　扣押　违约行为

案件名称：新疆C租赁服务有限公司诉刘某融资租赁合同纠纷案

审理法院：

一审：安徽省宿州市埇桥区人民法院（2013）宿埇民一初字第03418号

二审：安徽省宿州市中级人民法院（2014）宿中民二终字第00114号

法院观点：虽被告刘某的违约行为已符合融资租赁合同中约定的“出租人提前解除合同的条件”，但原告不能提供证据证明已要求被告刘某支付余下全部租金及通知刘某解除合同，故法院对原告认为其采取“控制车辆”措施系行使合同权利的意见不予采纳。因此，原告对车辆进行扣押的行为亦构成违约行为。

关联案例2

▶ **符合合同约定的解除条件但未经催告仍不得解除合同**

关 键 词：解除条件　解除情形　催告

案件名称：D国际租赁有限公司诉曾某1、曾某2、曾某3融资租赁合同纠纷案

审理法院：湖南省长沙市开福区人民法院（2013）开民二初字第01884号

法院观点：被告曾某1未能依约按时支付原告D国际租赁有限公司到期租金和首次应付款欠款，违反了合同约定，侵害了原告合法权益，应承担全部违约责任。被告曾某2、曾某3作为曾某1的保证人，应按照其与原告在各自的担保书中所约定的条款承担连带保证责任。被告未按照合同约定的期限和数额支付租金，符合合同约定的解除条件，但原告未向被告催告，不符合法律规定的解除情形，为此，原告要求解除双方签订的《融资租赁合同》的诉求，本院不予支持。

律师点评

关于合同的解除问题，《合同法》第九十三条对合同约定解除作出了相关规定：“当事人协商一致，可以解除合同。当事人可以约定一方解除合同的条

件。解除合同的条件成就时，解除权人可以解除合同。”

在融资租赁交易中，出租方通常会在融资租赁合同中详细约定承租人的违约情形，当承租人发生违约行为时，出租人也通常会根据合同约定向承租人主张解除合同、回收租赁物，这看似符合了《合同法》第九十三条合同约定解除的条件，但在融资租赁法律关系中还有一个特殊的规定，即如果承租人的违约行为是欠付租金的行为，则出租人不能仅根据《合同法》第九十三条的规定直接行使解除合同的权利，还必须经过一个特殊的催告程序，经催告后承租人在合理期限仍未履行支付义务的，出租人方可解除合同，而这一点经常被很多出租人所忽略，从而导致原本的维权行为最后变成违约行为。

《合同法》融资租赁合同专章第二百三十八条规定：“承租人应当按照约定支付租金。承租人经催告后在合理期限内仍不支付租金的，出租人可以要求支付全部租金；也可以解除合同，收回租赁物。”《最高人民法院关于审理融资租赁合同纠纷案件适用法律问题的解释》第十二条更进一步规定：“有下列情形之一，出租人请求解除融资租赁合同的，人民法院应予支持：

（一）承租人未经出租人同意，将租赁物转让、转租、抵押、质押、投资入股或者以其他方式处分租赁物的；（二）承租人未按照合同约定的期限和数额支付租金，符合合同约定的解除条件，经出租人催告后在合同期限内仍不支付的；（三）合同对于欠付租金解除合同的情形没有明确约定，但承租人欠付租金达到两期以上，或者数额达到全部租金百分之十五以上，经出租人催告后在合理期限内仍不支付的；（四）承租人违反合同约定，致使合同目的不能实现的其他情形。”

该条款第（二）项规定了在合同约定解除的条件下，出租人需经催告程序后方可做出解约行为；第（三）项则更为严格，规定了在关于欠付租金的合同法定解除的条件下，出租人解约前仍要履行催告程序。

与此相类似的规定还出现在《合同法》第九十四条：“有下列情形之一的，当事人可以解除合同：……（三）当事人一方迟延履行主要债务，经催告后在合理期限内仍未履行”，而该条款是针对合同法定解除情形的相关规定。

为什么融资租赁合同的解除要执行如此严格的标准呢？其理由在于融资

租赁合同的不可解约性。[1]融资租赁合同不可解约性，又称“中途解约禁止”。由于融资租赁交易具有融资性、周期长、利益重大、交易复杂等特点，融资租赁合同的解除与一般合同的解除相比有着更为严格的条件。融资租赁合同中一般都有类似“除合同约定条款外（或特殊情况外），未经对方书面同意，任何一方不得中途变更合同内容或解除合同”的约定，即所谓的“中途禁止解约条款”。因为对出租人而言，出租人为了购买租赁设备，需要大量资金，这些资金除了租赁公司的自有资金外，绝大部分来自第三者的融资，甚至包括国外机构的融资，出租人除了要支付融资本息外，还承担着汇率的风险，如果允许承租人中途解约，出租人则很难收回投入的资金及融资本息。在融资租赁合同中，租赁物是承租人根据自己的具体生产经营条件选定的，一般不具备通用性，如果允许承租人中途解约，即使将租赁物返还给出租人，在一定时期内，租赁公司也很难将退回的租赁物租给新的承租人或者予以变现，租赁公司不仅要丧失租费收入，还将承担租赁设备无形损耗的损失；而对承租人而言，承租人在租赁过程中也已经投入了相当的资金，若允许出租人单方任意解除合同，将使承租人已投入的资金无法收回而蒙受损失。为了使用租赁物，承租人往往需要进行一定的配套设备的投入，出租人如中途解约，会增加承租人的损失。有时由于租赁物的特定性，出租人单方中途解约收回租赁物后，承租人如果要再购进同种物件，不仅相当困难，短期内也难以实现，这样势必给承租人造成极大的损失。

因此，不论国内、外立法还是融资租赁实践均对中途解约进行了严格的限制。《国际融资租赁公约》第十三条第五款也作出了相关的规定：“在违约可以补救的情况下，除非出租人已经通知承租人给予承租人一个对违约做出补救的合理机会，否则出租人不得行使其加速收取租金或终止租赁协议的权利。”在合同解除前给违约方一个补救的机会已成为立法与司法惯例。

关于“经催告后在合理期限内仍未履行”中的合理期限，法律并未给出明确解释，一般需要法院根据客观情况具体判定。这里的催告应为不要式，书面通知和口头形式均可，但出租人应注意保留相关证据。在司法实践中，如出租人无证据证明其对承租人做出了催告行为并且给承租人保留了履行支

---

〔1〕 最高人民法院民事审判第二庭编著、奚晓明主编：《最高人民法院关于融资租赁合同司法解释理解与适用》第三编第十二条。

付义务的合理期限，则承租人做出的解除合同、回收设备等行为均将得不到法院的支持，甚至会被视为出租人违约，需要承担相应的违约责任。

三、法院对出租人限制承租人使用租赁物后是否有权要求承租人继续支付租金的认定

关 键 词： 控制设备　租金计算截点　承租人平静占有和使用权利

问题提出： 在融资租赁合同履行过程中，出租人限制承租人对租赁物的占有和使用权后是否还有权利要求承租人继续支付租金？

案件名称： A汽车金融（中国）有限公司诉吴某融资租赁合同纠纷案〔1〕

裁判规则：《中华人民共和国合同法》第二百四十五条规定：出租人应当保证承租人对租赁物的占用和使用。如承租人丧失了对租赁物的占有与使用，也即丧失了对租赁物的收益权，如再要求承租人继续支付租金则显然有失公平，因此承租人应当支付给出租人的租金只能计算至租赁物被限制使用起始日为止。

案情简介

原告：A汽车金融（中国）有限公司

被告：吴某

2011年9月27日，A汽车金融（中国）有限公司（以下简称A公司）与吴某签订融资租赁协议一份，该协议约定："协议编号：F106563……1. 租赁设备。1.1 本协议中所提及的租赁设备是指由本协议附件一A项所确定的车辆或工程机械设备。2. 租赁期间。2.1 本协议项下的租赁期间由附件一B项规定……4. 租金。4.1 承租人在本协议项下应当支付的首付款及租金由附件一C项及本协议第4.5条下的《租金变更通知书》（如涉及）规定。其中首付款应于租赁设备交付日之前向出租人支付；出租人特别要求的，承租人应根据出租人的要求，向供货商或出租人指定的其他人交付首付款。承租人

〔1〕 一审彭水苗族土家族自治县人民法院（2013）彭法民初字第03415号民事判决；二审重庆市第四中级人民法院（2014）渝四中法民终字第00472号。

的首期租金将根据该笔租金支付日前实际租赁天数单独计算，金额可能与以后各期租金金额不同，具体由附件一C项规定……4.4 承租人对于任何未能按时支付的租金，应自该等租金到期日起按日向出租人支付逾期利息，逾期利息计算方法为未能按时支付的租金以月利率2%按实际逾期天数计算，且最低金额为人民币10元。4.5 本协议签订后，如果中国人民银行调整同期人民币贷款基准利率或出租人的融资成本发生变化，出租人有权相应调整租金，为此出租人将以《租金变更通知书》的方式通知承租人。承租人承认这种变更，并同意按照《租金变更通知书》之规定支付租金。17. 违约责任。17.1 在本协议有效期内，承租人有下述情形之一的，均属于违约行为，应当承担违约责任：……（5）承租人未能按时支付任何一期租金或任何到期应付款项……17.2 在发生上述任一违约行为时，出租人可以采取下述一项或几项救济措施：（1）停止承租人使用和操作租赁设备，包括但不限于根据本协议第7.8条款的约定利用GPS系统终止租赁设备的运行；（2）立即收回租赁设备并决定具体处置措施而无须事先通知承租人；（3）宣布本协议提前到期，并要求承租人支付本协议项下到期应付租金及第2条规定之租赁期间内尚未到期的全部租金及其他应付款项；（4）要求承租人提供其他有效担保；（5）按照尚未支付租金的20%的比例向承租人收取违约金；（6）要求承租人赔偿出租人因行使救济措施而产生的一切合理费用；（7）任何法律允许的其他救济措施……”该协议附件一约定：“……A. 租赁设备。生产厂家为A建筑设备（中国）有限公司，供应商为重庆C建筑设备技术服务有限公司，名称及编号为EC240B，序列号为35466，出厂年份为2011年1月18日。B. 租赁期间。《融资租赁协议》项下的租赁期间以《设备交付、接收凭证》所记载的租赁设备交付日期为起租日，租赁期间共计36个月（由于承租人收起租金的付款日距离起租日可能超过一个月，因此实际租赁期间可能略有差异）。C. 首付款及租金。首付款：348000元，首期租金28326.22元，每期租金为25745.87元，还款方式为月付、后付，付款日为每月10日……F.（“留购价款”，由附件-F项规定）留购价款：人民币壹佰元整……”

A公司与吴某订立合同后，A公司即与重庆C建筑设备技术服务有限公司订立供货合同，向重庆C建筑设备技术服务有限公司购买挖掘机一台融资租赁给吴某使用，单价为1160000元。吴某向A公司交纳首付款348000元，并于2011年11月10日给A公司支付了首期租金。在租赁期间，吴某仅向A

公司支付了十四期租金，从第十五期即2013年1月10日开始，吴某停止向A公司支付租金，剩余租金一直未支付。2013年3月18日，A公司以吴某未支付租金为由，卸下该租赁设备电脑主板，之后该租赁设备完全无法使用。

因吴某一直未履行还款义务，A公司向彭水苗族土家族自治县人民法院提起一审诉讼，诉讼请求为：1. 解除《融资租赁协议》；2. 吴某立即停止使用和操作租赁物，并立即返还租赁物；3. 吴某立即支付逾期未付租金308084.88元及逾期利息35534.91元（计算至2013年12月10日止，2013年12月11日起至支付之日的租金及利息按照《融资租赁协 议》的约定另计）；4. 律师费用50000元由吴某承担；5. 本案诉讼费用由吴某承担。

判决结果

一审判决：（1）解除A汽车金融（中国）有限公司与吴某于2011年9月27日签订的编号为F106563的《融资租赁协议》；（2）吴某立即停止使用和操作产品型号为VOLVOEC240B，序列号为35466的挖掘机，并于本判决生效后十日内将挖掘机返还给A汽车金融（中国）有限公司；（3）吴某于本判决生效后十日内支付A汽车金融（中国）有限公司已付租金的逾期利息1135.06元；（4）吴某于本判决生效后十日内支付A汽车金融（中国）有限公司租金84103.17元及该部分租金的逾期利息（逾期利息由以下四部分组成：一是以25745.87元为基数，按月利率2%为计算标准，自2013年1月11日起计算至实际付清之日为止；二是以25745.87元为基数，按月利率2%为计算标准，自2013年2月11日起计算至实际付清之日为止；三是以25745.87元为基数，按月利率2%为计算标准，自2013年3月11日起计算至实际付清之日为止；四是以6865.56元为基数，按月利率2%为计算标准，自2013年4月11日起计算至实际付清之日为止）；（5）驳回A汽车金融（中国）有限公司的其余诉讼请求。

二审判决：驳回上诉，维持原判。

各方观点

原告观点：一审法院认定吴某从卸下租赁设备电脑主板起就不需支付租

金是违反合同法的规定的，同时也违反了双方签订的《融资租赁协议》4.1承租人在本协议项下应当支付的首付款及租金的相关约定。

被告观点：原告A公司已经单方面终止了融资租赁合同，电脑主板也没经过被告吴某允许被卸下，所以后续租金不应支付。

法院观点

一审法院观点：对于A公司请求吴某支付逾期未付租金308084.88元及逾期利息的问题。A公司请求吴某支付逾期未付租金及利息，符合法律及合同约定，理应支持，但A公司在合同履行期间内，于2013年3月18日将融资租赁给被告的挖掘机上的电脑主板取走，导致该挖掘机无法正常使用，因此，吴某应当支付给A公司的租金只能计算至2013年3月18日。即2012年12月11日至2013年3月18日的租金，因此，根据合同约定，吴某尚欠A公司的租金应为25745.87元/每月×3月+8天×25745.87元/每月÷30天=84103.17元。对于逾期利息如何计算的问题。本案中，双方约定的逾期利息实为双方对于逾期支付租金的违约金的约定。吴某已经支付给A公司的租金中因逾期支付所产生的逾期利息应当予以主张，对于吴某应当支付给A公司的未付租金也应当按照合同约定支付逾期利息。根据双方所签订的融资租赁协议第4.4条的约定，吴某对于任何未能按时支付的租金，应自该租金到期日起按日向出租人支付逾期利息，逾期利息计算方法为未能按时支付的租金以月利率2%按实际逾期天数计算，且最低金额为人民币10元。被告吴某已付租金中共计逾期113天，根据上述约定，该部分的逾期利息应为1939.52元，吴某已经支付逾期利息804.46元，故吴某还应当支付A公司该部分逾期利息1135.06元。对于吴某应当支付给A公司的未付租金的逾期利息，则应当按照上述协议约定的标准，自每期应付款之次日起开始计算直至租金支付完毕为止。

二审法院观点：关于吴某支付给A公司的租金应计算至何时的问题。吴某向A公司已支付了十四期租金，从第十五期即2013年1月10日开始，吴某停止向A公司支付租金，在这种情况下，A公司于2013年3月18日将融资租赁给被告的挖掘机上的电脑主板取走，导致该挖掘机无法正常使用，据此，吴某能正常使用所租赁的挖掘机的时间为A公司交付挖掘机起至A公司于2013年3月18日将该挖掘机上的电脑主板取走时止，一审判决认定吴某应当支付给A公司的租金只能计算至2013年3月18日并无不妥，A公司认为吴某应支付租金308084.88元的上诉理由不能成立，法院院对此不予支持。

关联案例1

► **出租人收回租赁物后不得要求承租人支付相当于未到期租金数额的损失赔偿**

关 键 词： 融资租赁　继续履行　可得利益损失　双重受偿

案件名称： D融资租赁有限公司诉陕西E实业有限公司融资租赁合同纠纷案

审理法院：

一审：上海市浦东新区人民法院（2013）浦民六（商）初字第7880号

二审：上海市第一中级人民法院（2014）沪一中民六（商）终字第248号

法院观点： 融资租赁法律关系中，出租人要求承租人支付未到期租金，实际上系主张合同继续履行，仅是要求承租人承担合同加速到期的违约责任。作为支付租金的对价，承租人在租赁期届满前仍享有占有使用租赁物的权利。本案中，双方之间的融资租赁合同既已解除，且出租人已收回租赁物，在租赁物不由承租人继续占有和使用时，合同已不具备继续履行之基础。根据合同法所规定的可得利益损失赔偿原则，在承租人违约的情况下，出租人可以获得的损失赔偿总额不应超过合同正常履行后可能获得的全部利益。如在出租人未收回租赁物的情况下，出租人解除合同后可以要求承租人承担相当于未到期租金数额的损失赔偿，但出租人已收回租赁物时，若再要求承租人支付相当于于未到期租金数额的损失赔偿，则会导致承租人就租赁物的价值双重受偿，超出出租人的可得利益范围。

关联案例2

► **出租人申请扣押租赁设备可视作要求解除合同的意思表示**

关 键 词： 解除合同　收回租赁物　诉讼保全

案件名称： F租赁（中国）有限公司诉广州市G快印有限公司融资租赁合同纠纷案

审理法院：

一审：上海市黄浦区人民法院（2013）黄浦民五（商）初字第5013号

二审：上海市第二中级人民法院（2014）沪二中民六（商）终字第5号

法院观点： F租赁公司与G快印有限公司签订的《租赁合同》系双方真实意思表示，且符合国家有关融资租赁法律规定，合法有效，双方应当按照合约履行各自义务。F租赁公司按约购买并交付了租赁设备，G快印公司接受并使用，但G快印公司未按约如期支付租金，存在违约事实，应对其违约后果承担相应的法律责任。出租人在承租人出现违约情况后有权选择解除合同、收回租赁物或者主张全部租金，如出租人在租赁期间其享有设备所有权的情况下，为了诉讼保全，向法院主动申请扣押租赁设备并予以实际占有，虽然不能排除出租人保护资产的目的，但对于承租人来说，该行为明确表达了出租人要求解除合同、收回租赁物的意思表示。一方面承租人无法再继续经营获取收益，另一方面要求承租人支付全部租金已经失去履行条件，出租人再主张要求承租人支付设备被扣押之后的租金显然有失公平，故承租人应支付至租赁设备扣押之日前的租金。

关联案例3

▶ 出租人申请诉讼保全后只能向承租人主张诉讼保全前产生的租金、违约金

关 键 词：诉讼保全　权利丧失　违约金

案件名称：H（中国）融资租赁有限公司诉青海I机械化施工有限公司融资租赁合同纠纷案

审理法院：

一审：西宁市中级人民法院（2009）宁民二初字第32号

二审：青海省高级人民法院（2013）青民三终字第7号

法院观点：H（中国）融资租赁有限公司诉青海I机械化施工有限公司签订的租赁协议系双方真实意思表示，合法有效，且双方对融资协议不持异议，根据该协议，青海I机械化施工有限公司理应按照协议约定的还款计划履行支付租金的义务，但其未按期履行，其行为已构成违约。双方融资租赁协议中，承租人支付的租金实质是分期对出租人购买租赁物价金的本息和其应获取的利润等费用的偿还，且依据法律规定，应当是对欠付租金、违约金的全部偿还，但出租人享有此项权利的同时，亦负有相应义务，依照《中华人民共和国合同法》第二百四十五条“出租人应当保证承租人对租赁物的占用和使用”之规定，出租人在主张承租人对欠付租金、违约金全部偿还的同时，还应当保证I公司对租赁物的占用和使用。本案中，出租人通过一审法院诉讼财产保全，将案涉挖掘机就地封存，存放于承租人的生活区厂房旁，并明确由出租人看管，表明承租人依法已丧失对租赁物的占用和使用。出租人通过自己申请诉讼保全的行为，不再保证承租人对租赁物的占用和使用，在此前提下，出租人依法丧失要求承租人返还全部租金、违约金的权利，只能支持诉讼保全之前，租赁物处于I公司的实际占有和使用中产生的租金、违约金。

律师点评

融资租赁同时具有商业特征和金融特征，金融特征包括租赁物的购买、租金的计算、所有权的归属与转让等内容，商业特征则体现在融资租赁仍属于租赁的一种，是出租人出借租赁物给承租人使用的一种商业行为，所以融资租赁合同也符合租赁合同的一般特征，如租赁合同确定出租人和承租人之间的法律地位，租赁物所有权的保留、在合同有效期内转移租赁物的占有、使用和收益权以及承租人支付租金的义务等。根据融资租赁合同的定义，即《合同法》第二百三十四条："融资租赁合同是出租人根据承租人对出卖人、租赁物的选择，向出卖人购买租赁物，提供给承租人使用，承租人支付租金的合同。"在融资租赁合同中出租人的主要义务为两项：一是提供融资，出资购买并交付约定的租赁物；二是保证承租人能够平静地占有和使用租赁物；承租人的主要义务为支付租金。而在融资租赁合同履行阶段，出租人的融资义务已完成，其保证承租人能够平静地占有和使用租赁物的义务与承租人的租金支付义务息息相关。

《合同法》第二百四十五条规定："出租人应当保证承租人对租赁物的占有和使用。"根据这一规定，出租人自身不得妨碍和影响承租人对租赁物的占有和使用，同时也应确保第三人不对承租人占有使用的租赁物主张任何权利，否则即构成出租人的重大违约行为。但承租人的这种平静占有权利也有一定限制，国际统一私法协会《国际融资租赁公约》第八条规定："出租人担保承租人的平静占有将不受享有优先所有权或权利，或者请求享有优先所有权或权利并根据法院授权行为的人的侵扰，除非这一所有权、权利或者请求是由于承租人的行为或者不行为所致。"即，如承租人出现违约，则其享有的对租赁物的占有和使用权利也将不被保护，出租人限制承租人对租赁物的占有与使用行为可以得到法律的支持。

同时，在融资租赁交易中，承租人订立合同的主要目的在于能够实际对占有租赁物享有充分、完全的使用权，以及获得因使用而产生的利益的权利，如承租人无法实现对租赁物的占有和使用，其订立融资租赁合同的目的则难以实现，融资租赁合同也将丧失继续履行的基础，因此，出租人在一定条件下虽有权打破承租人的平静占有和使用租赁物的权利，但也意味着出租人做出了一个选择，即不再继续履行融资租赁合同，继而丧失要求承租人继续支付租金的权利。

出租人的这一选择权体现在《合同法》第二百四十八条："承租人应当按照约定支付租金。承租人经催告后在合理期内仍不支付租金的，出租人可以要求支付全部租金；也可以解除合同，收回租赁物。"根据这一规定，当承租人违约时，出租人有权选择合同继续履行并加速到期，也有权选择解除合同，解除的后果可以自行收回或要求承租人返还租赁物，并要求承租人赔偿损失。如出租人选择合同继续履行并加速到期，就必须要继续履行其在融资租赁合同中的主要义务，保证承租人对租赁物的占有和使用权利，无论出租人采用何种方式停止履行这一主要义务，包括直接回收租赁物、拆卸租赁物关键零部件致使租赁物不能正常使用、将租赁物置于第三方管理、通过法院财产保全方式使租赁物脱离承租人控制范围等，都起到了限制承租人占有和使用租赁物的作用，也都表明出租人不选择继续履行融资租赁合同的事实，所以在这些情形下，出租人也无权要求承租人继续履行融资租赁合同向出租人支付租金。

从以上案例可以看出，法院对出租人收取租金的权利均限定在承租人可以正常占有和使用租赁物的期间内，一旦超过此期间，出租人将无权要求承租人继续支付租金，提出的相关请求也将无法得到支持，因此，承租人支付租金的截点即在于其可以正常占有和使用租赁物的最后一天。

四、法院对融资租赁保证金如何适用的认定

关 键 词： 履约保证金　残值保证金　优先抵充租金

问题提出： 融资租赁交易中出租人收取的保证金性质如何？在承租人违约后应如何适用？

案件名称： A国际租赁有限公司诉广东B科技集团有限公司融资租赁合同纠纷案〔1〕

裁判规则： 履约保证金的主要作用在于保障债权人的债权能够得以顺利实现，

〔1〕 一审深圳市罗湖区人民法院（2011）深罗法民二初字第35号民事判决；二审广东省深圳市人民法院（2012）中法商终字第828号民事判决。

其核心价值在于保证而非惩罚，在承租人违约的情况下，负有减损义务的出租人应当优先将保证金用于冲抵欠付租金，否则无权主张扩大部分的损失。

案情简介

原告：A国际租赁有限公司（以下简称A公司）

被告：广东B科技集团有限公司（以下简称B公司）

被告：张某

被告：吕某

2007年6月21日，A公司（买方）、B公司（卖方）与张某签订一份合同号为07B0366B－1的《买卖合同》，约定：A公司应张某请求，向B公司购买数控铣床二台并出租给张某，价款为人民币（以下均为人民币）104万元。

2007年6月15日，A公司（出租人）与张某（承租人）签订了一份合同号为0×××6B的《租赁合同》，约定：由A公司向张某出租数控铣床二台；租赁期限自2007年6月26日起至2010年6月26日止，保证金为290000元，租金分36期支付，每期租金为26400元，首期租金给付日为2007年7月26日，其余租金自首期租金给付日起每隔1个月之同一日支付；《租赁合同》还约定，按时支付各期租金及本合同之其他费用，系本合同必要之点，如任何一期租金，或其他规定之费用或各该租金或费用之任何部分到期后仍未支付者，承租人即应负违约之责，并应自违约之日起至清偿日止，按年利率20%加计迟延利息；承租人为保证履行本合同，应于合同签订同时将保证金290000元交付出租人，此项保证金于承租人依约履行后，无息返还；承租人若违反本合同任何条款或有违约情形时，承租人丧失保证金返还请求权；承租人如未依约清偿、发生票据退票情事或财务状况实质上发生恶化或对本合同约定之任何约定，未遵守或履行时，出租人得终止《租赁合同》、请求返还租赁物，承租人并应无条件立即付清全部租金（包括未届期）、损害赔偿及其他费用；承租人未依本合同之约定缴纳租金时，按租金总余额自应偿还日起至清偿日止，按照年利率20%加付违约金；本合同期满或终止或出租人根据本合同收回租赁物时，承租人应承担一切风险及费用；等等。

2007年6月15日，吕某向A公司出具了一份《保证书》，主要内容有：根据张某的申请，保证人同意就A公司与张某在2006年1月1日至2010年6月26日内订立的所有《租赁合同》及所有附件项下张某对A公司所负债务提供以A公司为受益人的不可撤销的连带责任保证，最高限额951000元。

因张某不按期履行支付租金的义务，A公司于2010年11月22日向深圳市罗湖区提起诉讼，A公司认为吕某、B公司对此负有连带保证责任，因此A公司请求原审法院判令：1. 解除A公司与张某签订的合同号为07B0366B的《租赁合同》；2. 张某立即返还合同号为07B0366B的《租赁合同》项下已到期租金（暂截至起诉日）290400元；3. 张某立即返还合同号为07B0366B的《租赁合同》项下所有A公司之租赁标的物数控铣床二台，如不能返还，则折价赔偿290400元；4. 张某立即支付已到期租金延滞利息（暂截至起诉日）共计54962元；5. 张某立即支付A公司违约金（暂截至起诉日）71446元；6. 吕某、B公司承担连带保证责任；7. 本案诉讼费用及其他费用由张某、吕某、B公司共同承担。

判决结果

一审判决：（1）张某应于判决生效之日起十日内向A公司赔偿租金290400元；（2）张某应于判决生效之日起十日内向A公司支付迟延利息（暂计至2010年11月22日的迟延利息为54962元，之后的迟延利息按《租赁合同》约定计至相关款项实际清偿之日止）；（3）吕某和B公司共同对张某所负的前述两项债务承担连带清偿责任；其承担清偿责任后，有权向张某追偿，或者要求其他保证人清偿其应承担的份额；（4）驳回A公司的其他诉讼请求。

二审判决：（1）撤销深圳市罗湖区人民法院（2011）深罗法民二初字第35号民事判决；（2）张某应于本判决生效之日起五日内向A公司支付欠付租金人民币400元及违约金（违约金以人民币400元为本金，以中国人民银行同期同类贷款利率四倍的标准、从2010年6月26日起计至本判决所确定的给付之日止）；（3）张某应于本判决生效之日起五日内返还A公司合同号为0XXX6B的《租赁合同》项下的租赁标的物数控铣床二台。如不能返还，则折价赔偿人民币290000元；（4）吕某和B公司共同对张某所负的前述债务承担连带清偿责任；吕某和广东 B 科技集团有限公司对张某所负的连带清偿责任均以人民币 951000 元为限。吕某或 B 公司承担清偿责任后，有权就各自清偿的部分向张某追偿，或者要求其他保证人清偿其应承担的份额；（5）驳回 A 公司的其他诉讼请求。

各方观点

原告观点：原告收取的 290000 元名为保证金，实为残值保证金，其目的是合同履行完毕后，用来折算设备残值、冲抵账目的。即使该 290000 元是履约保证金，《租赁合同》中也明确约定，一旦发生根本违约，保证金将予以没收。

被告观点：张某未依合同约定向 A 公司支付各期租金，鉴于张某已向 A 公司支付了保证金 290000 元，拖欠的租金应首先从保证金当中予以抵扣，不足部分再得以向张某主张。A 公司并未提出要求确认张某丧失保证金的返还请求权，张某本人也未明确确认放弃对于其已交纳的保证金的返还请求权。因此，在与保证金相关的双方当事人均未对保证金的实体处理提出请求或要求的情况下，原审法院主动认定张某丧失了保证金的返还请求权缺乏依据，显失公平，违背了“不告不理”的原则，损害了保证人的权益。况且，保证金的主要作用在于保障债权人的债权能够得以顺利实现，其核心价值在于保证而非惩罚。张某与 A 公司约定，在张某违约的情形下丧失保证金的返还请求权，其本意正是在张某无法履行合同的情况下，以保证金来扣减张某无法履行合同而给 A 公司造成的损失，以确保 A 公司的债权能够得以实现。因此，既然原审法院认定张某拖欠 A 公司租金，则张某的保证金就应当用以抵扣张某所拖欠的债务。290000 元的保证金，基本上可以弥补 A 公司主张的损失，原审法院以张某丧失了保证金的返还请求权为由，而拒不支持 B 公司关于张某所负债务应扣减保证金的抗辩主张是错误的。

法院观点

原审法院观点：A 公司与张某于 2007 年 6 月 15 日签订的合同号为 0×××

6B的《租赁合同》系当事人真实的意思表示，且不违反法律、行政法规的强制性规定，为有效合同。因合同约定租赁期间于2010年6月26日届满，此时合同的权利义务事实上已经终止，A公司于2010年11月22日起诉要求解除前述合同缺乏事实依据，法院不予支持。但是，张某未依合同约定支付各期租金已构成违约，应按合同约定和法律规定承担赔偿损失的违约责任；此外，因合同事实上已经终止，A公司有权根据合同约定收回租赁物。本案中，张某违约对A公司造成的损失包括未付的到期租金290400元及逾期支付各期租金产生的损失；因合同对逾期支付租金既约定了迟延利息，又约定了违约金，且两者计算标准相同，明显加重了张某的民事责任，有违违约赔偿以补偿性为主的合同法原则，因此，法院仅支持迟延利息的诉讼请求，而对违约金的诉讼请求不予支持；因截至2010年6月26日已产生迟延利息54962元，A公司仅请求截至起诉日2010年11月22日的部分迟延利息54962元，该行为是其对自身权利的自主处分，原审法院予以允许。此外，合同虽约定租赁期满A公司有权收回租赁物，但因张某下落不明已无法返还租赁物，且租赁物残值无法确定，故A公司诉请张某返还租赁物或以未付的到期租金290400元为标准进行折价赔偿缺乏依据，法院不予支持。至于本案张某拖欠的租金中应否扣减保证金290000元的问题，原审法院认为，张某预先向B公司支付了设备货款290000元，从而抵扣了A公司应支付的部分设备货款，张某也同意将前述款项作为《租赁合同》的保证金，对此应视为张某已向A公司交纳了保证金290000元，但因张某违约，根据合同约定其丧失了保证金的返还请求权，因此，B公司抗辩认为张某所负的债务中应扣减该保证金290000元理由不足，原审法院不予采纳。综上，张某仅应向A公司赔偿租金290400元和逾期支付租金产生的迟延利息；吕某及B公司为张某于前述《租赁合同》项下的债务提供了连带责任保证担保，故应对张某的前述债务承担连带清偿责任。

二审法院观点：从A公司与张某关于290000元的约定和过程来看，双方并没有明确或以双方行为确定该290000元保证金是否具有专一的用途。《中华人民共和国合同法》第六十一条规定，合同约定不明时，应当按照合同有关条款或者交易习惯确定。依双方在合同中的表述，法院认为本案的保证金应当首先视为履约保证金，在顺利履约或提前终止的情况下，该保证金才又具有残值保证金的功能。原审法院未支持B公司关于保证金应当优先抵充租金，属于适用法律错误，二审法院予以纠正。故在张某不按期履行支付租金义务时，该期租金应当从保证金中抵充。

故该290000元保证金抵充欠租290400元后，尚欠400元。即到2010年6月26日合同期满之日止，张某拖欠的租金金额为400元。其次，《租赁合同》对逾期支付租金既约定了迟延利息，又约定了违约金，两者均系违约金性质，合计达到了40%/年，明显过高。法院酌情将违约金标准调整为中国人民银行同期同类贷款利率的四倍，从张某违约欠租之日即2010年6月26日起计。再次，关于租赁物的返还。A公司还要求张某立即返还租赁标的物数控铣床二台，如不能返还，则折价赔偿290400元。对此，法院认为，因张某下落不明，A公司和B公司均未能提供租赁物去向的证据和线索，故法院只能视为租赁物已经灭失。按A公司与张某的约定，张某应当折价返还。虽然租赁物灭失、无法通过协商或第三方评估等形式确定残值，但鉴于租赁双方在合同中约定了合同如期履行情况下租赁物回复费用以及合同期满后承租人选择购买租赁物的购买价格，故法院认为涉案设备的残值可以参照双方合同的约定，认定租赁物在合同期满后的残值为290000元。故如张某或B公司、吕某不能将涉案设备返还A公司，应当按上述金额赔偿A公司租赁物的价值。

关联案例1

► **租赁保证金及续保保证金之性质为租金支付的履约担保**

关 键 词：保证金　履约担保　违约责任　公平原则

案件名称：C融资租赁（中国）有限公司诉D机械有限公司融资租赁合同纠纷案

审理法院：天津市滨海新区人民法院（2014）滨民初字第1591号

法院观点：关于租赁保证金及续保保证金，依双方约定，保证金之性质即为租金支付的履约担保，被告作为违约方，应承担相应的违约责任，但原告作为守约方，也负有积极减损的义务，将租赁保证金及续保保证金从欠付的租金中予以抵扣，更能体现公平原则和诚实信用原则。

关联案例 2

▶ **减损义务人应当优先将履约保证金用于充抵拖欠租金**

关 键 词：质押担保　减损义务　履约保证金

案件名称：杭州 F 融资租赁有限公司诉杭州 E 实业有限公司融资租赁合同纠纷案

审理法院：（2014）杭萧商初字第 3749 号

法院观点：本案中被告 E 公司向原告提供了 585 万元的履约保证金，根据《担保法司法解释》第八十五条之规定，此即为被告 E 公司按约履行债务提供的质押担保，在拖欠租金情况下，负有减损义务的原告应当优先将履约保证金用于充抵拖欠租金，否则无权主张扩大部分的损失。

律师点评

保证金，一些合同中称为风险金，是指买方或卖方按照市场惯例标准交纳的资金，专门用于订单交易的结算和履行约定的保证。相对于我国《担保法》明确规定的保证、抵押、质押、留置、定金这五种担保方式，保证金则是典型的“非典型性”担保方式，在各类实务交易中被广泛应用。

保证金的种类比较多，如备用金类型的保证金、预付款类型的保证金、定金类型的保证金、保有返还请求权的保证金、租赁保证金等，无论何种类型的保证金，其本质均可视为债务人对债权人提供的现金质押担保，属于《担保法》规定的动产质押范畴。根据《担保法司法解释》第八十五条规定：“债务人或者第三人将其金钱以特户、封金、保证金等形式特定化后，移交债权人占有作为债权的担保，债务人不履行债务时，债权人可以该金钱优先受偿。”

保证金条款也可算作融资租赁合同的一大特色，基本上所有融资租赁合同都包含保证金条款，或在融资租赁交易中另行签订关于保证金的协议，因在实际交易中保证金的使用灵活多变，一般根据实际交易架构要求，融资租赁合同双方会对保证金的交纳、受偿条件、返还、补充、是否计息等作出详细的约定。一般融资租赁合同中约定的保证金均为履约保证金，即作为承租人按时足额支付融资租金的保证，在承租人欠付租金时冲抵租金，在承租人完全履行融资租赁还款义务后，由出租人无息退还承租人。这也符合《担保法司法解释》第八十五条当债务人不履行债务时，债权人以保证金优先受偿的相关规定。

由此可见履约保证金的主要作用在于保障债权人的债权能够得以顺利实现，其核心价值在于保证而非惩罚，在承租人违约时，出租人以履约保证金来扣减承租人无法履行合同而给出租人造成的损失，一定程度上确保出租人的债权能够得以实现。从另一方面说，当承租人违约，出租人作为守约方也负有积极减损的义务，将履约保证金从欠付的租金中予以抵扣，能够减轻承租人的违约程度及违约成本，更能体现合同公平原则和诚实信用原则。

所以在司法实践中，人民法院均认定在承租人拖欠租金的情况下，负有减损义务的出租人应当优先将保证金用于充抵欠付租金，否则无权主张扩大部分的损失，当出租人并未主动将保证金冲抵承租人欠付租金时，法院也会依职权主动在判决中将出租人主张承租人支付的租金扣减承租人已经交纳的保证金。即使相关融资租赁合同中明确约定当承租人违约时保证金不予退还，也将不会得到法院的支持。

五、法院对融资租赁首付款的性质如何认定

关 键 词： 首付款　首期租金　租金总额　冲抵　返还

问题提出： 融资租赁合同解除后，承租人支付的首期租金是否应冲抵承租人欠付的租金或返还承租人？

案件名称： A租赁（中国）有限公司诉广州市B图文快印有限公司、邹某融资租赁合同纠纷案[1]

裁判规则： 融资租赁合同中，明确约定款项性质为首付款，租金总额是由首付款和合同签订后每月支付租金合计组成，首付款在合同正常开始履行以后已经作为首期租金支付给出租人。因此，承租人提出的以首期租金平摊入起租日后月租金中或直接冲抵欠付起租日后月租金的要求均不合理。

---

〔1〕 一审上海市黄浦区人民法院（2013）黄浦民五（商）初字第5013号民事判决；二审上海市第二中级人民法院（2014）沪二中民六（商）终字第5号。

案情简介

原告：A租赁（中国）有限公司

被告一：广州市B图文快印有限公司

被告二：邹某

2011年10月27日，A租赁（中国）有限公司（以下简称A公司）与广州市B图文快印有限公司（以下简称B公司）签订编号为LCL××××××××××租赁合同一份，约定由A公司向B公司出租型号为C800P/EFI（4color）打印设备一台，租赁期限为60个月，租赁金额为人民币2494320元（以下币种均为人民币），首付款为690000元，每月支付租金额为30072元，租金在每个周期期末支付。2011年11月29日，B公司在租赁物件接收确认书上盖章确认收到合同约定的租赁物品并投入使用。起租日即为交付设备之日的次月十五日即2011年12月15日起算。

至A公司起诉日，B公司已支付给A公司首付租金额690000元，8期租金240576元，未付租金额为1563744元，其中截止到起诉日的租金额为210504元，未到期租金为1353240元。根据A公司诉讼保全申请，原审法院于2013年5月16日依据生效的民事裁定书依法将涉案租赁设备C800P/EFI（4color）打印机扣压至A公司指定的仓库中，并指定由A公司负责保管。截至2013年5月15日，B公司应付租金总额为300720元，逾期利息为21772.13元。

A公司因向B公司催讨租金未果，故起诉请求判令：（1）B公司退还A公司施乐牌型号为C800P/EFI（4color）打印设备一台；（2）B公司支付A公司设备租金1563744元；（3）B公司支付A公司迟延利息14995.90元（暂计至2013年4月2日）及从2013年4月3日起至判决生效日止的逾期利息（以到期租金和逾期利息之和210504元为基数，按月息2%计算）；（4）B公司承担A公司律师 代理费109462元；（5）邹某对B公司上述三项还款义务承担连带清偿责任；（6）诉讼费用均由B公司、邹某负担。后A公司变更诉讼请求，撤销要求B公司归还设备的请求，其余诉请不变。

判决结果

一审判决：（1）B公司应于判决生效之日起十日内偿付A公司租300720元；（2）B公司应于判决生效之日起十日内偿付A公司逾期利息21772.13元（截至2013年5月16日），自2013年5月17日起至判决生效之日止以拖欠租金300720元的月息2%计付逾期利息；（3）B公司应于判决生效之日起十日内偿付A公司律师代理费29462元；（4）邹某对B公司上述三项还款义务承担连带清偿责任；（5）对A公司其余诉讼请求不予支持。

二审判决：驳回上诉，维持原判。

各方观点

上诉人（原审原告）观点：其向原审法院申请诉讼保全扣押了租赁设备，但并不说明其有收回租赁物的意思表示，其目的在于保证资产不予流失，其有权选择要求B公司支付全部未到期租金或者收回租赁物，原判剥夺其法定权利，适用法律错误；此外，依据合同约定，作为违约方的B公司应当承担律师费用，而其支付的律师费符合收费标准，原判对此扣减缺乏相应的依据。

被上诉人（原审被告B）公司观点：A公司申请扣押租赁设备的行为已说明其目的在于收回租赁物，导致其无法继续经营收益，故A公司与B公司之间签订的租赁合同已经解除。其支付给A公司的首付款690000元的性质是预付租金，应当冲减B公司拖欠A公司租金，根据合同约定的应付全部租金总金额和租期，以及B公司截至2013年5月15日未付租金的金额，A公司应退还B公司200294.53元。另，租赁设备是A公司指定购买的，该设备存在质量问题，A公司未尽到协助和瑕疵担保责任，B公司亦有先履行抗辩权，不存在违约责任。

被上诉人（原审被告）邹某观点：A公司指定购买的租赁设备自使用后一直存在质量问题，多次沟通维修也未果，A公司负有担保责任，B公司未付租金是由于设备无法使用，A公司违约在先，B公司不存在违约事实，不应承担支付租金责任，故其也不应承担相应的保证责任。

法院观点

一审法院观点：A公司与B公司订立的租赁合同，从合同性质来看应属于融资租赁合同法律关系，是双方当时人真实意思表示，合同有效，当事人间应恪守履行。A公司按约交付租赁物品，B公司接收租赁物品并投入经营使用后，未按约如期如数支付租金，构成违约，依法应承担违约责任，但由于A公司申请财产保全，上述租赁设备已被依法扣押并交由A公司代为保管，A公司再主张要求B公司支付设备被扣押之后的租金显然有失公平，B公司已丧失以此设备收益的条件，而A公司实际也以此行为表明解除融资租赁合同的意思，双方合同实际上也不可能继续得以履行，故B公司应支付至租赁设备扣押之日前的租金，A公司要求B公司支付全部租金的请求不予支持。B公司和邹某辩称的租赁设备质量问题和律师代理费问题，由于当事人双方在租赁合同中都对此作了明确约定，且由于B公司违约以致A公司提起诉讼产生费用，该费用并不违反规定，但因裁判结果少于A公司诉讼请求标的额，故A公司的律师代理费应酌情扣除，辩解不予采信。邹某作为B公司的履约担保人，亦应按约为B公司承担连带清偿责任，当然其在承担了保证责任后有权向被告B公司追偿。

二审法院观点：上诉人A公司与上诉人B公司之间签订的《租赁合同》系双方真实意思表示，且符合国家有关融资租赁法律规定，合法有效，双方均应当按照合约履行各自义务。A公司按约购买并交付了租赁设备，B公司接受并已使用，应当按约支付租金。A公司与B公司以及实业公司三方签订的《租赁合同三方确认书》中确认了租赁设备系由承租人即B公司自主选择了租赁物，没有依赖出租人即A公司的技能、建议或者保证，未受出租人任何程度或者方式的影响，如发生质量问题，由B公司与实业公司协商解决或者提起诉讼，依据相关法律规定，即使租赁设备存在质量问题，A公司不承担责任，没有违约；而B公司未按约如期支付租金，存在违约事实，应对其违约后果承担相应的法律责任。依据法律规定，A公司在B公司出现违约情况后有权选择解除合同、收回租赁物或者主张全部租金，但A公司在租赁期间其享有设备所有权情况下，为了诉讼保全，向原审法院主动申请扣押了租赁设备并予以实际占有，虽然不能排除其保护资产目的，但对于合同相对方来说，该行为明确表达了A公司解除合同、收回租赁物的意思表示，一方面导致B公司无法再继续经营获取收益，另一方面要求B公司支付全部租金已经失去履行条件，且A公司提起诉讼时曾经要求解除合同、收回租赁物，故原审法院认为A公司的行为说明其主张解除合同、收回租赁物符合事实现状，并无不当，B公司应当支付截止设备被扣押之时未按约支付的租金及相应的逾期利息。被上诉人邹某为B公司的付款义务提供连带保证，依法应当承担连带保证责任。根据《租赁合同》，690000元的性质明确约定为首付款，租金总额是由首付款和合同签订后每月支付租金合计组成，首付款在合同正常开始履行以后已经作为首期租金支付给了A公司，至下一支付周期最后一天再每期支付3万余元租金，且A公司起诉时要求B公司支付未付租金中也扣除了该690000元，故不存在可以抵扣的问题。B公司认为该笔款项可以平均分摊至每期租金中计算予以扣减后得出A公司应退还B公司20万余元租金没有任何事实依据，且其在原审中并未提出相应的反诉意见。此外，根据合约，B公司应当支付A公司因提起诉讼产生的律师费用，原审法院认为根据判决结果酌情扣除符合当事人预期利益和客观现状，有一定合理性。

律师点评

在融资租赁合同中，经常可以看到“首付款”、“首期租金”这两个名词，这两个词看起来近似，但含义不同。一般情况下，首付款用于分期买卖法律关系，或者分期信贷，目的是获得标的物的所有权，但是，融资租赁法律关系当中，承租人支付的首付款并非如此，目前业内普遍使用“首付款”这个概念来定义承租人支付的首笔款项，包括首期租金、保证金、手续费等费用的总和，根据融资租赁合同的性质，首付款与取得所有权无关。而首期租金，一般包含在首付款内，是指租赁期限起租日前出租人已收取的租金。

融资租赁合同为有偿合同，承租人应当按照约定向出租人支付租金，但是，该租金不同于一般租赁合同中的租金。在一般租赁合同中，承租人所支付的租金是其使用租赁物的对价；在融资租赁合同中，承租人支付的租金是出租人向承租人提供融资的对价。根据《合同法》第二百四十三条规定：“融资租赁合同的租金，除当事人另有约定的以外，应当根据购买租赁物的大部分或者全部成本以及出租人的合理利润确定。”在实务中，究竟应当确定为购买租赁物的大部分成本还是全部成本，通常应当考虑融资租赁合同的租赁期限以及当事人对于租赁期间届满后租赁物归属的约定等因素。如果当事人约定租赁期间届满时，租赁物归承租人所有，那么出租人所收取的租金应当包括购买租赁物的全部成本；如果当事人约定，在租赁期间届满时，出租人收回租赁物或者承租人在租赁期间届满时再支付一部分价金即可取得租赁物的所有权时，则出租人应当收取的租金的构成只应当包括购买租赁物的部分价金。

由此可以看出，出租人在确定租金总额时，要确保租金总额可以覆盖出租人购买租赁物的成本与融资利润，首期租金与其他月租金应一并计算，其总额方可达到覆盖成本与利润的要求，所以首期租金与其他月租金的性质与地位均是相同的，两者一起构成融资租赁合同总租金，彼此不可替代，也不可冲抵。

那么为什么要有首期租金，首期租金与其他月租金又有何不同呢？首期租金本质上来说就是租金，是起租日前出租人已收取的租金。在融资租赁交易中，起租日的确定一般与出租人支付融资款相关，即出租人向出卖人购买租赁物，支付租赁物价款，此价款相当于向承租人提供了等额的融资款，起租日后承租人应按融资租赁合同的约定向出租人还本付息。因首期租金是在出租人支付租赁物价款前收取的租金，此时出租人并未产生融资成本，所以首期租金均为零利息，在出租人支付了融资成本后，再将首期租金直接冲抵融资款，因此首期租金也可理解为承租人预付的租金，其构成全部为融资款的本金部分；起租日后，出租人已支付了融资款，相应产生了融资成本，开始按融资款金额与融资时间向承租人收取利息，此时收取的月租金由融资款本金与利息两部分组成，计算月租金的融资款本金基数是出租人支付的融资款总额扣除首期租金后的余额。

向承租人收取首期租金为行业惯例，一方面可以确保承租人履行融资租赁合同，减少承租人签订融资租赁合同后又毁约的风险；另一方面也是基于租赁物折旧考虑。融资租赁期间内，租赁物的所有权归出租人所有，是对承租人支付租金的一种担保，出租人要确保租赁物折旧后的剩余价值大于承租人应付租金余额，因租赁物出厂时一般都会有一个大幅度的折旧产生，收取首期租金可以较好地保障租赁物折旧后剩余价值与剩余租金之间的平衡关系。当然，首期租金并没有绝对的比例，一般由出租人与承租人在具体融资租赁交易中视实际情况协商确定，而在某些交易中，也会有零首付的情况出现。

在实务中，当融资租赁合同因各种原因无法继续履行时，承租人对于欠付的起租日后月租金一般较少有争议，但往往会对首期租金提出各类要求，比如退还、平摊、冲抵欠付的起租日期后租金等，这是因为承租人并没有理解首期租金的实际性质，而与买卖或分期信贷关系中的首付款相混淆。从以上分析可以看出，首期租金实际上就是租金，与起租日后的月租金从本质上来讲是一样的，两者相加构成了租金总额，所以首期租金的使用规则也应与其他月租金相同。根据《合同法》第二百四十八条规定："承租人应当按照约定支付租金。承租人经催告后在合理期限内仍不支付租金的，出租人可以要求支付全部租金；也可以解除合同，收回租赁物。"因此，承租人提出的以首期租金平摊入起租日后月租金中或直接冲抵欠付起租日后月租金的要求均不合理；而至于是否退还，根据《合同法》第二百四十九条规定："当事人约定租赁期间届满租赁物归承租人所有，承租人已经支付大部分租金，但无力支付剩余租金，出租人因此解除合同收回租赁物的，收回的租赁物的价值超过承租人欠付的租金以及其他费用的，承租人可以要求部分返还。"所以是否退还租金应按具体案件的具体情况，将首期租金与起租日后月租金相加后一起综合评定，如法院审理后认为出租人需要退还承租人部分租金，则退还的也应为融资租赁合同总的租金，而不应将首期租金与总租金割裂开来，只针对首期租金退还。

第四章　私募投资

一、对赌协议效力因对赌主体不同而不同

关 键 词： 对赌　估值调整　名为联营实为借贷

问题提出： 因为公司业绩未完成要求，股东是否能够要求公司、其他股东进行补偿？对赌协议是否属于明为联营、实为借贷？对赌协议是否损害了公司股东、债权人的利益？

案件名称： A有色资源再利用有限公司、B有限公司与C投资有限公司、陆某增资纠纷案[1]

裁判规则： 公司股东脱离公司经营情况而从公司处获得固定投资收益，损害了公司利益和公司债权人利益，该类股东与公司的对赌协议应为无效。但公司股东之间对于业绩的承诺并不损害公司及公司债权人的利益，不违反法律法规的禁止性规定，是当事人的真实意思表示，应为有效。

案情简介

申请再审人（一审被告、二审被上诉人）：A有色资源再利用有限公司

申请再审人（一审被告、二审被上诉人）：B有限公司

被申请人（一审原告、二审上诉人）：C投资有限公司

一审被告、二审被上诉人：陆某

2007年11月1日前，A有色资源再利用有限公司（以下简称A公司）、B有限公司（以下简称B公司）、C投资有限公司（以下简称C公司）、陆某

---

[1] 最高人民法院（2012）民提字第11号。

共同签订一份《增资协议书》，约定：A公司注册资本为384万美元，B公司占投资的100%。各方同意C公司以现金2000万元人民币对A公司进行增资，占A公司增资后注册资本的3.85%，B公司占96.15%。

依据协议内容，B公司与C公司签订合营企业合同及修订公司章程，并于合营企业合同及修订后的章程批准之日起10日内一次性将认缴的增资款汇入A公司指定的账户。合营企业合同及修订后的章程，在报经政府主管部门批准后生效。C公司在履行出资义务时，陆某承诺于2007年12月31日之前将四川省峨边县五渡牛岗铅锌矿过户至A公司名下。募集的资金主要用于以下项目：1. 收购甘肃省境内的一个年产能大于1.5万吨的锌冶炼厂；2. 开发四川省峨边县牛岗矿山；3. 投入500万元用于循环冶炼技术研究。第七条特别约定第一项：本协议签订后，A公司应尽快成立"公司改制上市工作小组"，着手筹备安排公司改制上市的前期准备工作，工作小组成员由股东代表和主要经营管理人员组成。协议各方应在条件具备时将公司改组成规范的股份有限公司，并争取在境内证券交易所发行上市。第二项业绩目标约定：A公司2008年净利润不低于3000万元人民币。如果A公司2008年实际净利润完不成3000万元，C公司有权要求A公司予以补偿，如果A公司未能履行补偿义务，C公司有权要求B公司履行补偿义务。补偿金额＝（1－2008年实际净利润/3000万元）×本次投资金额。第四项股权回购约定：如果至2010年10月20日，由于A公司的原因造成无法完成上市，则C公司有权在任一时刻要求B公司回购届时C公司持有之A公司的全部股权，B公司应自收到C公司书面通知之日起180日内按以下约定回购金额向C公司一次性支付全部价款。若自2008年1月1日起，A公司的净资产年化收益率超过10%，则B公司回购金额为C公司所持A公司股份对应的所有者权益账面价值；若自2008年1月1日起，A公司的净资产年化收益率低于10%，则B公司回购金额为（C公司的原始投资金额－补偿金额）×（1＋10%×投资天数/360）。此外，还规定了信息披露约定、违约责任等，还约定该协议自各方授权代表签字并加盖了公章，于协议文首注明之签署日期生效。协议未作规定或约定不详之事宜，应参照经修改后的A公司章程及股东间的投资合同（若有）办理。

2007年11月1日，C公司、B公司签订《合资经营合同》，有关约定为：A公司增资扩股将注册资本增加至399.38万美元，C公司决定受让部分股权，将A公司由外资企业变更为中外合资经营企业。在合资公司的设立部分约定，合资各方以其各自认缴的合资公司注册资本出资额或者提供的合资条件为限对合资公司承担责任。C公司出资15.38万美元，占注册资本的3.85%；B公司出资384万美元，占注册资本的96.15%。C公司应于本合同生效后十日内一次性向合资公司缴付人民币2000万元，超过其认缴的合资公司注册资本的部分，计入合资公司资本公积金。在第六十八条、第六十九条关于合资公司利润分配部分约定：合资公司依法缴纳所得税和提取各项基金后的利润，按合资各方持股比例进行分配。合资公司上一个会计年度亏损未弥补前不得分配利润。上一个会计年度未分配的利润，可并入本会计年度利润分配。协议规定了合资公司合资期限、解散和清算事宜，还特别约定：合资公司完成变更后，应尽快成立"公司改制上市工作小组"，着手筹备安排公司改制上市的前期准备工作，工作小组成员由股东代表和主要经营管理人员组成。合资公司应在条件具备时改组成立为股份有限公司，并争取在境内证券交易所发行上市。如果至2010年10月20日，由于合资公司自身的原因造成无法完成上市，则C公司有权在任一时刻要求B公司回购届时C公司持有的合资公司的全部股权。合同于审批机关批准之日起生效。《中外合资经营甘肃众星锌业有限公司章程》（以下简称《公司章程》）第六十二条、第六十三条与《合资经营合同》第六十八条、第六十九条内容相同。

之后，C公司依约于2007年11月2日缴存A公司银行账户人民币2000万元，其中新增注册资本114.7717万元，资本公积金1885.2283万元。2008年2月29日，甘肃省商务厅甘商外资字〔2008〕79号文件《关于甘肃众星锌业有限公司增资及股权变更的批复》同意增资及股权变更，并批准"投资双方于2007年11月1日签订的增资协议、合资企业合营合同和章程从即日起生效"。随后，A公司依据该批复办理了相应的工商变更登记。2009年6月，A公司依据该批复办理了相应的工商变更登记。2009年6月，A公司经甘肃省商务厅批准，到工商部门办理了名称及经营范围变更登记手续，名称变更为A有色资源再利用有限公司。另据工商年检报告登记记载，A公司2008年度生产经营利润总额26858.13元，净利润26858.13元。2009年12月，C公司向法院提起诉讼，请求判令：A公司、B公司、陆某向其支付协议补偿款1998.2095万元并承担诉讼费及其他费用。

判决结果

一审法院：驳回C公司的全部诉讼请求。

二审法院：（1）撤销兰州市中级人民法院（2010）兰法民三初字第71号民事判决；（2）A公司、B公司于判决生效后30日内共同返还C公司1885.2283万元及利息。

最高人民法院：（1）撤销甘肃省高级人民法院（2011）甘民二终字第96号民事判决；（2）本判决生效后三十日内，B公司向C公司支付协议补偿款1998.2095万元。如未按本判决指定的期间履行给付义务，则按《中华人民共和国民事诉讼法》第二百二十九条的规定，加倍支付延迟履行期间的债务利息；（3）驳回C公司的其他诉讼请求。

各方观点

A公司、B公司观点：《增资协议书》订立后，C公司与B公司订立了《合资经营合同》与《公司章程》，并经甘肃省商务厅批准，A公司由B公司独资公司变更为双方合资的有限公司。双方依照《中外合资经营企业法》以及《中外合资经营企业法实施条例》的规定，在《合资经营合同》及《公司章程》中，明确约定合资企业的利润按出资比例分配，上一年度亏损未得到弥补前不得分配利润。C公司与B公司形成了合资经营法律关系，《增资协议书》第七条第（二）项的约定已变更，被《合资经营合同》及《公司章程》相关约定所取代，双方应按上述法律规定分担经营风险，C公司再以《增资协议书》第七条第（二）项要求利润补偿款没有依据。《增资协议书》第七条第（二）项的内容，违反《公司法》第20条第1款的强制性规范，属C公司滥用股东地位，为公司设定债务，损害A公司合法权益的条款，并且违反《中外合资经营企业法》及《实施条例》关于合资企业利润分配的强制性规定，实为不分担公司任何经营风险，固定地获取巨额收益，明显属于“保底条款”，以合法形式掩盖非法目的，因此，应依法确认无效。

C公司观点：《增资协议书》与《公司章程》、《合资经营合同》不是针对同一种法律关系而前后形成的文件。《增资协议书》仅是名义上的“增资协议”，其内容实际上是关于A公司募集资金进行公司股份制改造上市的“一揽子”协议书。并非《中外合资经营企业法实施条例》所指合营企业协议，从主体上而言，《合资经营合同》是C公司与B公司签署的，《增资协议书》却是四方签署的，不能将《增资协议书》等同为法律规定的合营企业协议，不能进而认为《增资协议书》与《合资经营合同》有抵触。《增资协议书》第七条第（二）项的约定是四方当事人的真实意思表示。其实质为四方当事人关于募集资金进行股份制改造并进而上市的文件，不是为了增资一种法律关系而设立，其包含了一系列的法律关系，但都是指向公司最终上市的目标，是除对增资外，C公司的投资行为的约定和保障条款，未损害A公司、B公司的权益。所谓保底条款，一般是指投资方无论融资方经营的结果亏盈，都有权收回出资和收取固定利润的条款。结合本案及《增资协议书》第七条第（二）项并对照保底条款的法律概念，《增资协议书》第七条的特别约定并非司法实践中的“保底条款”。

法院观点

一审法院观点：本案争议焦点，一是《增资协议书》第七条第（二）项内容是否具有法律效力；二是如果有效，A公司、B公司、陆某应否承担补偿责任。

《增资协议书》系双方真实意思表示，但第七条第（二）项内容即A公司2008年实际净利润完不成3000万元，C公司有权要求A公司补偿的约定，不符合《中华人民共和国中外合资经营企业法》第八条关于企业利润根据合营各方注册资本的比例进行分配的规定，同时，该条规定与《公司章程》的有关条款不一致，也损害公司利益及公司债权人的利益，不符合《中华人民共和国公司法》第二十条第一款的规定。因此，根据《中华人民共和国合同法》第五十二条第（五）项的规定，该条由A公司对C公司承担补偿责任的约定违反了法律、行政法规的强制性规定，该约定无效，故C公司依据该条款要求A公司承担补偿责任的诉请，依法不能支持。由于C公司要求A公司承担补偿责任的约定无效，因此，C公司要求A公司承担补偿责任失去了前提依据。

同时，《增资协议书》第七条第（二）项内容与《合资经营合同》中相关约定内容不一致，依据《中华人民共和国中外合资经营企业法实施条例》第十条第二款的规定，应以《合资经营合同》内容为准，故C公司要求B公司承担补偿责任的依据不足，依法不予支持。陆某虽是A公司的法定代表人，但其在A公司的行为代表的是公司行为利益，并且《增资协议书》第七条第（二）项内容中，并没有关于由陆某个人承担补偿义务的约定，故C公司要求陆某个人承担补偿责任的诉请无合同及法律依据，依法应予驳回。至于陆某未按照承诺在2007年12月31日之前将四川省峨边县五渡牛岗铅锌矿过户至A公司名下，涉及对A公司及其股东的违约问题，不能成为本案陆某承担补偿责任的理由。

二审法院观点：当事人争议的焦点为《增资协议书》第七条第（二）项是否具有法律效力。本案中，C公司与A公司、B公司、陆某四方签订的协议书虽名为《增资协议书》，但纵观该协议书全部内容，C公司支付2000万元的目的并非仅享有A公司3.85070%的股权（计15，38万美元，折合人民币114.771万元），期望A公司经股份制改造并成功上市后，获取增值的股权价值才是其缔结协议书并出资的核心目的。

基于上述投资目的，C公司等四方当事人在《增资协议书》第七条第（二）项就业绩目标进行了约定，即“A公司2008年净利润不低于3000万元，C公司有权要求A公司予以补偿，如果A公司未能履行补偿义务，C公司有权要求B公司履行补偿义务。补偿金额=（1－2008年实际净利润/3000万元）×本次投资金额”。四方当事人就A公司2008年净利润不低于3000万元人民币的约定，仅是对目标企业盈利能力提出要求，并未涉及具体分配事宜；且约定利润如实现，A公司及其股东均能依据《中华人民共和国公司法》《合资经营合同》《公司章程》等相关规定获得各自相应的收益，也有助于债权人利益的实现，故并不违反法律规定。

而四方当事人就A公司2008年实际净利润完不成3000万元，C公司有权要求A公司及B公司以一定方式予以补偿的约定，则违反了投资领域风险共担的原则，使得C公司作为投资者不论A公司经营业绩如何，均能取得约定收益而不承担任何风险。参照《最高人民法院〈关于审理联营合同纠纷案件若干问题的解答〉》第四条第（二）项关于“企业法人、事业法人作为联营一方向联营体投资，但不参加共同经营，也不承担联营的风险责任，不论盈亏均按期收回本息，或者按期收取固定利润的，是明为联营，实为借贷，违反了有关金融法规，应当确认合同无效”之规定，《增资协议书》第七条第（二）项部分该约定内容，因违反《中华人民共和国合同法》第五十二条第

（五）项之规定应认定无效。C公司除已计入A公司注册资本的114.771万元外，其余1885.2283万元资金性质应属名为投资，实为借贷。

虽然A公司与B公司的补偿承诺亦归于无效，但C公司基于对其承诺的合理依赖而缔约，故A公司、B公司对无效的法律后果应负主要过错责任。根据《中华人民共和国合同法》第五十八条之规定，A公司与B公司应共同返还C公司1885.2283万元及占用期间的利息，因C公司对于无效的法律后果亦有一定过错，如按同期银行贷款利率支付利息不能体现其应承担的过错责任，故A公司与B公司应按同期银行定期存款利率计付利息。

因陆某个人并未就《增资协议书》第七条第（二）项所涉补偿问题向C公司作出过承诺，且其是否于2007年12月31日之前将四川省峨边县五渡牛岗铅锌矿过户至A公司名下与本案不属同一法律关系，故C公司要求陆某承担补偿责任的诉请无事实及法律依据，依法不予支持。

关于A公司、B公司、陆某在答辩中称《增资协议书》已被之后由C公司与B公司签订的《合资经营合同》取代，《增资协议书》第七条第（二）项对各方已不具有法律约束力的主张。因《增资协议书》与《合资经营合同》缔约主体不同，各自约定的权利义务也不一致，且2008年2月29日，在甘肃省商务厅甘商外资字［2008］79号《关于甘肃众星锌业有限公司增资及股权变更的批复》中第二条中明确载明“投资双方2001年11月1日签订的增资协议、合资企业合营合同和章程从即日起生效”。故其抗辩主张不予支持。

再审法院认为：C公司作为企业法人，向A公司投资后与B公司合资经营，故A公司为合资企业。A公司、C公司、B公司、陆某在《增资协议书》中约定，如果A公司实际净利润低于3000万元，则C公司有权从A公司处获得补偿，并约定了计算公式。这一约定使得C公司的投资可以取得相对固定的收益，该收益脱离了A公司的经营业绩，损害了公司利益和公司债权人利益，一审法院、二审法院根据《中华人民共和国公司法》第20条和《中华人民共和国中外合资经营企业法》第8条的规定，认定《增资协议书》中的这部分条款无效是正确的。但二审法院认定C公司18852283元的投资名为联营实为借贷，并判决A公司和B公司向C公司返还该笔投资款，没有法律依据，应予以纠正。

《增资协议书》中并无陆某对C公司进行补偿的约定，C公司请求陆某进行补偿没有合同依据，不予支持。

在《增资协议书》中，B 公司对于 C 公司的补偿承诺并不损害公司及公司债权人的利益，不违反法律法规的禁止性规定，是当事人的真实意思表示，是有效的。B 公司对 C 公司承诺了 A 公司 2008 年的净利润目标并约定了补偿金额的计算方法。在 A 公司 2008 年的利润未达到约定目标的情况下，B 公司应当依约应 C 公司的请求对其进行补偿。

关联案例 1

▶ **对赌协议约定公司回购股份条款无效**

关 键 词： 公司法　回购股份　强制性规定

案件名称： D 股权投资基金合伙企业与曹某、E 生物技术有限公司合伙协议纠纷案

审理法院： 山东省高级人民法院（2014）鲁商初字第 25 号

法院观点： 依照《中华人民共和国公司法》第三十六条和第三十八条第一款第（七）项之规定，有限责任公司注册资本确定后，未经法定程序，不得随意减少和抽回。《中华人民共和国公司法》第七十五条规定：“有下列情形之一的，对股东会该决议投反对票的股东可以请求公司按照合理的价格收购其股权：（一）公司连续五年不向股东分配利润，而公司该五年连续盈利，并且符合本法规定的分配利润条件的；（二）公司合并、分立、转让主要财产的；（三）公司章程规定的营业期限届满或者章程规定的其他解散事由出现，股东会通过决议修改章程使公司存续的。”因此，涉案的《增资协议》是合同当事人真实意思表示，但协议中原告作为股东可要求公司回购股份的条款约定因违反公司法强制性规定无效。协议其他条款并不违反公司法规定，应为有效。原告诉 E 公司回购其 1.41% 股权违反公司法规定，不予支持。

关联案例 2

▶ **对赌协议约定实际控制人回购股份条款有效**

关 键 词： 实际控制人　回购股份　禁止性规定

案件名称： F 创业投资有限公司与任某、武某等合同纠纷案

审理法院： 江苏省高级人民法院（2014）苏商初字第 00029 号

法院观点： 各方约定了投资方有权要求实际控制人回购股份的情形，此种约定属于投资方行使估值调整权利的约定，目的在于弥补投资方高估企业价值的损失，也是融资方，即实际控制人对投资方投资收益的一种担保，这不仅有利于促成融资，也有利于促使融资方、实际控制人积极经营、提升公司业绩，是各方当事人的真实意思表示，不损害被投资企业以及企业其他股东、债权人的利益，不违反法律、行政法规的禁止性规定，合法有效。

关联案例 3

► **对赌协议约定投资企业股东受让投资人股权条款有效**

关 键 词：受让股权　公司法

案件名称：滕某等与 G 投资中心（有限合伙）公司增资纠纷案

审理法院：

一审：北京市第二中级人民法院（2014）二中民（商）初字第 07170 号

二审：北京市高级人民法院（2015）高民（商）终字第 1135 号

法院观点：投资人依约要求被投资企业股东受让其持有的被投资企业股权，系被投资企业内部股东之间相互转让股权，未实际减少被投资企业注册资本；被投资企业对于投资人向公司投资等事项形成了股东会决议，修改了公司章程并进行了相应的工商变更登记。因此，被投资企业原股东在《投资协议书》中对于受让投资人持有的被投资企业股权的承诺不存在抽逃出资、公司减资等损害公司及公司债权人利益、损害公司其他股东权益等违反《中华人民共和国公司法》规定的情形。各方当事人在订立《投资协议书》时已对履约成本、风险、盈利进行了充分估算与预期，系签约各方作出的自主的商业判断。

律师点评

"对赌协议"（Valuation Adjustment Mechanism）其直译意思是"估值调整机制"，实际上是由于投资人在溢价投资承担较大风险后，为保护其利益通过条款设计，在特定情况下对企业估值重新进行调整的投资条款。

本案即为在私募股权投资界具有里程碑意义的案件。该案经过一审、二审，并由最高院再审后作出终审判决，最终确认了"投资者与股东之间的对赌协议合法有效，而投资人与目标公司之间的对赌协议因损害公司及债权人利益而无效"的裁判规则。

一、投资人与目标公司之间的对赌协议效力无效

本案中，二审法院曾以《最高人民法院〈关于审理联营合同纠纷案件若干问题的解答〉》认定 C 公司的投资行为名为联营，实为借贷，判决 A 公司和 B 公司共同返还 C 公司投资款及利息。最高人民法院最终支持了二审法院判决"A 公司对 C 公司承担补偿责任有关条款无效"的结论，但将判决理由从二审法院认定的"C 公司的投资名为联营实为借贷违反《最高人民法院关

于审理联营合同纠纷案件若干问题的解答》因而无效”变更为了“C公司的投资收益脱离了A公司的经营业绩，损害公司利益和公司债权人利益”。

从关联案例可以看出，出于公司资本维持和法人财产独立的原则，公司法明确目标公司注册资本确定后，未经法定程序，不得随意减少和抽回；对于公司回购自身股权的情形亦有明确的条件规定。而C公司案件中各方达成的协议，使得C公司可以直接从A公司收回自己的投资，变相减少了公司资产，与《公司法》第二十条“公司股东不得滥用股东权利损害公司或者其他股东的利益；不得滥用公司法人独立地位和股东有限责任损害公司债权人的利益”的规定相违背。

二、尊重股东之间的意思自治

最高人民法院在判决中以当事人真实意思表示、不违反法律法规禁止性规定为由认定B公司对于C公司的补偿承诺有效，从一定程度上体现了司法实践对于对赌条款合理性、合法性的认可。对赌条款体现的交易各方对商业经营中的风险判断，对于条款效力的认定当以合同法第五十二条效力性规定为审查的基本依据，只要协议内容不违反该效力性规定即为有效。本案中，B公司当初能够取得C公司的溢价增资的前提之一是，A公司对约定经营利润的完成情况承担补偿责任。B公司为此自愿签订对赌协议理应承担由此产生的责任。在本案之前，对赌协议虽然已经是私募股权投资领域的常见投资条款，但由于其引自国外较为成熟的资本市场，简单照搬并不能与我国公司法完全匹配。司法实践中对于其的态度始终是悬在对赌条款之上的达摩克斯利之剑。通过最高人民法院的再审判决，我们可以明确司法实践并不否认“对赌”这一交易模式，但在实践操作中应当遵守公司法、合同法等法律法规，区分对赌对象，不损害目标公司、目标公司债权人等各方的利益。最高人民法院的这个态度体现其维护交易制度和法律原则，又尊重目标公司股东形成的商业意愿的立场。

三、对于“对赌协议”的进一步思考

本案被称为“对赌第一案”，正是由于本案经过地方中院一审、高院二审、最高人民法院再审，经历了充分的诉讼程序，完整体现了审判机关对对赌协议效力的充分思考与认定：（1）对赌的义务方应设定为目标公司股东、公司实际控制人，甚至是经营团队、其他第三方，而不应选择目标公司，避免产生可能出现损害公司财产独立性与损害债权人利益的局面。（2）作为被投资方的企业或其股东，要慎重签署对赌条款，合理评估对赌条款的触发条件、计算方式、潜在风险等。

值得关注的是，针对对赌协议的裁判观点仍在进一步的调整之中，越来越多地关注到具体个案的差异。各大仲裁机构针对对赌协议这一类涉及私募投资约定的态度亦较之法院存在相当程度的差异。总体而言，越来越尊重投资人与原股东、目标公司实际控制人的约定，允许投资行为的保障、回报措施，慎用无效认定的导向，在同类案件中日益显著。

二、公司股权结构调整是否影响在先的股权回购条款

关 键 词：股权结构调整　股权瑕疵

问题提出：投资人与被投资公司原股东之间对股权回购的约定，是否适用于之后进入公司的新股东？

案件名称：严某1等与A实业有限公司与公司有关的纠纷案[1]

裁判规则：被投资公司的股权变动不能得出投资人放弃投资合作框架协议中的包括要求回购在内的一切权利的结论，否则对投资人而言显失公平。被投资公司的股权变动后唯一可能有所变化的是：投资人得要求哪些人按照何种比例回购股权。被投资企业原股东对外转让股权时，理应由其履行与转让股权事宜相关的如实告知义务，即使新股东存在其所谓的权益受损，亦应向其合同相对方即原股东主张，与投资人无关。

案情简介

上诉人（原审被告）：严某1

上诉人（原审被告）：严某2

上诉人（原审被告）：黄某1

被上诉人（原审原告）：A实业有限公司

原审被告：李某

---

[1] 一审上海市浦东新区人民法院（2013）浦民二（商）初字第3183号；二审上海市第一中级人民法院（2014）沪一中民四（商）终字第2181号。

原审被告：黄某2

原审被告：姜某

原审被告：邓某

原审被告：郑某

原审被告：刘某

2010年5月8日，A实业有限公司（以下简称A公司）与严某1、严某2、邓某、黄某1、李某、黄某2、姜某、郑某（以下简称严某1等八名股东）以及B科技有限公司（以下简称B公司）签订《投资合作框架协议》一份，约定严某1等八名股东新设C实业有限公司（后实际登记名为C软件技术有限公司，以下简称C公司）。其中，严某1等八名股东以其在B公司经评估的全部股权价值的70%的股权和以等于其在B公司经评估的全部股权价值之30%的现金出资；A公司以人民币30万元出资，另一投资人D投资管理有限公司（以下简称D公司）以2970万元现金出资，共同对C公司增资，增资完成后，严某1等八名股东合并持有C公司股权的80%，A公司与D公司合并持有C公司股权的20%。协议还约定：在A公司与严某1等八名股东签署本框架协议并投入资金后，如遇有C公司在2012年年底以前经财务审计后扣除非经常性损益后的净利润低于1500万元等情形的，A公司可要求严某1等八名股东回购A公司持有的C公司股权，被告承诺，以A公司初始投资额再加上10%的年收益率进行回购，其中，严某1、严某2以其个人资产对前述回购款的足额支付向A公司承担无限连带保证责任。双方还在投资合作框架协议中对投资方案步骤、优先购买权、董事会和财务人员、表决权、财务报告、管辖权等做了约定。

2010年6月18日，A公司与严某1等八名股东以及B公司签订《投资合作框架协议之补充协议》，该协议根据投资合作框架协议的执行进度，进行了微调，并就增资款的支付进行了约定等。

两份协议签订后，A公司于2010年10月11日将投资款30万元汇至C公司，经登记成为C公司股东，变更后股东的持股情况为：被告严某1持股42.328%，被告严某2持股10.24%，被告邓某4.168%，被告郑某2%，被告李某8.184%，被告黄某2持股8.184%，被告姜某4.096%，被告黄某1持股0.80%，D公司19.80%，A公司0.20%。2011年2月，C公司以资本溢价的方式将注册资本增至1500万元，但各方的持股比例未变。2011年11

月被告严某2将其股权中的2%以1元转让给被告刘某，变更后其他股东的持股比例不变，严某2持股8.24%，刘某持股2%。

C公司经营过程中，截至2012年12月31日，C公司并未完成投资合作框架协议约定完成全国范围的有效推广，净利润也未达到1500万元。后A公司多次告知严某1等八名股东及刘某，要求其按照投资合作框架协议约定对A公司股权进行回购，但严某1等八名股东及刘某一直以希望与A公司继续合作等理由推诿，至今未能回购。A公司认为，严某1等八名股东及刘某在A公司要求回购股权后，不按约定对A公司的股权进行回购的行为已构成违约，且被告严某1、严某2应对其他几人的回购承担连带保证责任，严某1等八名股东及刘某拒绝回购的行为已严重损害了A公司的利益。在审理中，A公司表示，投资合作框架协议中明确约定，严某1等八名股东以A公司出资投资额再加上10%的年收益率进行回购，而A公司系于2010年10月11日给付投资款30万元的，至今已三年有余，现仅要求以36万元为基数折算回购价款。故A公司请求判令严某1等以其股权比例折算后以36万元为基数回购其0.2%的股权；具体为：严某1以190，476元回购0.10582%股权；严某2以37080元回购0.0206%股权；邓某以18756元回购0.01042%股权；黄某1以3600元回购0.002%股权；李某以36828元回购0.02046%股权；黄某2以36828元回购0.02046%股权；姜某以18432元回购0.01024%股权；郑某以9000元回购0.005%股权；刘某以9000元回购0.005%股权。

判决结果

一审判决：（1）被告严某1、严某2、邓某、黄某1、李某、黄某2、姜某、郑某在本判决生效之日起十日内回购原告A公司持有的C公司的0.2%股权（被告严某1以190476元回购0.10582%股权；被告严某2以46080元回购0.0256%股权；被告邓某以18756元回购0.01042%股权；被告黄某1以3600元回购0.002%；被告李某以36828元回购0.02046%股权；被告黄某2以36828元回购0.02046%股权；被告姜某以18432元回购0.01024%股权；被告郑某以9000元回购0.005%股权）；（2）被告严某1对第一项判决内容中被告邓某、黄某1、李某、黄某2、姜某、郑某回购股权应支付的回购款承担连带保证责任；被告严某1在承担保证责任后，有权向被告邓某、黄某1、李某、黄某2、姜某、郑某追偿；（3）被告严某2对第一项判决内容中被告邓某、黄某1、李某、黄某2、姜某、郑某回购股权应支付的回购款承担连带保证责任；被告严某1在承担保证责任后，有权向被告邓某、黄某1、李某、黄某2、姜某、郑某追偿；（4）驳回原告A公司对被告刘某的诉讼请求。

二审判决：原审法院认定事实清楚，适用法律正确，所作判决并无不当，严某1、严某2、黄某1的上诉请求及理由均不能成立，应予驳回。鉴于A公司与李某、黄某2、姜某在二审期间已达成和解，A公司也明确不再向李某、黄某2、姜某主张涉案权利，故本院对原审判决做相应变更。判决如下：(1）维持上海市浦东新区人民法院（2013）浦民二（商）初字第3183号民事判决第四项及诉讼费负担部分；(2）变更上海市浦东新区人民法院（2013）浦民二（商）初字第3183号民事判决第一项为：严某1、严某2、邓某、黄某1、郑某在判决生效之日起十日内回购A公司持有的C公司的0.20%股权（严某1以人民币190476元回购0.10582%股权；严某2以人民币46080元回购0.0256%股权；邓某以人民币18756元回购0.01042%股权；黄某1以人民币3600元回购0.002%；郑某以人民币9000元回购0.005%股权）；（3）变更上海市浦东新区人民法院（2013）浦民二（商）初字第3183号民事判决第二项为：严某1对上述第二项判决内容中邓某、黄某1、郑某回购股权应支付的回购款承担连带保证责任；严某1在承担保证责任后，有权向邓某、黄某1、郑某追偿；(4）变更上海市浦东新区人民法院（2013）浦民二（商）初字第3183号民事判决第三项为：严某2对上述第二项判决内容中邓某、黄某1、郑某回购股权应支付的回购款承担连带保证责任；严某2在承担保证责任后，有权向邓某、黄某1、郑某追偿。

各方观点

原审被告严某1等八名股东观点：刘某成为C公司股东后，形成新的法律关系，最新公司章程是各股东权利义务的最高、最终的协议，各股东的签字表明，所有股东均已认可公司股权转让按最新公司章程执行。2011年11月25日，C公司全体股东召开股东会，一致同意股东即被告严某2将其持有股权中的2%转让给被告刘某。同时所有股东均表示一切以股东最终确认的公司章程为准，与公司章程约定相矛盾的所有合同或协议均无效。据此，被告刘某才同意受让被告严某2的股权，签订了股权转让协议。被告刘某成为股东后，C公司股权结构发生变化，股东之间形成新的法律关系，这种新的法律关系是对原法律关系的变更。C公司股权结构变化后，回购比例也发生了客观变化，原来约定的“回购”模式客观上已无法履行。A公司与严某1等八人及刘某之间的股权转让并未召开股东会，不符合公司章程的约定，故股权转让不发生法律效力，如回购将损害新股东即刘某的利益。

原审被告刘某观点：对于A公司提交的投资合作框架协议、投资合作框架协议之补充协议、股权转让协议，刘某本人并未签字确认，对其内容更不知情，所谓的股权回购对被告刘某没有约束力。因此，A公司起诉刘某回购股权没有任何合同依据和法律依据。

被上诉人、原审原告A公司观点：刘某受让严某2持有的C公司2%股权的价格为1元，而C公司的注册资本为1500万元，关于其与严某2之间的股权价格是否合理本身就值得怀疑，刘某所谓的对C公司的状况及股权的权利义务毫不知情不符合常理。A公司是要求C公司的其他股东回购股权，并非要求C公司回购股权，并未损害C公司的权益。而章程主要是明确公司的住所、经营范围、内部规章制度等的公司文件，两者的指向并非具有一致性，没有冲突，也没有任何关系。即使刘某不承担回购责任，也应当由严某2承担相应的回购义务。

法院观点

一审法院观点：刘某成为C公司股东并不影响回购条款效力。A公司同严某1等八名股东签订投资合作框架协议，进而成为C公司股东的目标是明确的，其本质上仅仅是投资方，其最终将退出C公司应属签约各方明知的结果。虽然刘某通过股权转让的方式自被告严某2处受让了C公司2%的股权，转让事宜通过了C公司的股东会决议，且股权变动在公司章程和工商登记均作相应体现，但这显然不能得出A公司放弃投资合作框架协议中的包括要求回购在内的一切权利，否则对A公司而言显失公平。唯一可能有所变化的是，A公司得要求哪些被告按照何种比例回购股权，因协议约定的回购主体系C公司的相应股东，并非C公司，并未损害C公司合法权益。根据刘某与严某2签订的股权转让协议，理应由转让方严某2对其履行与转让股权事宜相关的如实告知义务，即使刘某存在其所谓的权益受损，亦应向其合同相对方即严某2主张，与A公司无关。

二审法院观点：刘某根据其与严某2签订的《股权转让协议》，以1元从严某2处受让C公司2%的股权，该协议同时约定，如严某2在签约时未告知刘某有关公司在股权转让前所负债务致使刘某的股东利益受损的，刘某有权向严某2追偿。因此，即使刘某的利益受损，其可依约向严某2主张，而不能归咎于A公司回购权的行使。

律师点评

主审法院在本案中的判决意见实际体现了两个原则：合同相对性以及股权转让中的瑕疵担保责任。

作为新加入的股东，由于其并非在先的投资协议的签约主体，根据合同相对性原理，合同只对签约当事人具有法律约束力，对合同关系以外的第三人不产生法律约束力，在履行回购义务时也应以新股东进入公司前的股东为准。新股东本身不应受到在先的投资协议的约束，而被迫履行该协议义务。如果因投资人同意新股东的加入并协助完成了全部股权转让手续（包括章程变更等），就认为投资人放弃了要求原股东履行回购义务的权利或是认为股权结构调整后原股东无法再履行回购责任，显然是将公司、股东之间的投资关系与股东之间的股权转让关系进行了混淆，也有违投资协议的初衷，明显对投资人不公平。

在合同相对性原则的支持下，无论被投资公司的股权发生了何种变化，投资人仍然能够得以投资协议的约定要求原承诺人进行回购，而新股东诸如优先认购权等的权利会因此受到一定影响。如何救济新投资人的权利？"严某1等与上海A实业有限公司与公司有关的纠纷"案的主审法院在此提出了原股东应对转让股权进行瑕疵担保的观点。在交易活动中当事人一方移转财产（或权利）给另一方时，应担保该财产（或权利）无瑕疵，若移转的财产（或权利）有瑕疵，则应向对方当事人承担相当的责任。《合同法》第一百五十条规定："出卖人就交付的标的物，负有保证第三人不得向买受人主张任何权利的义务，但法律另有规定的除外。"此即瑕疵担保责任的法律依据，因此本案中即使刘某的利益受损，其可依股权转让协议向严某2主张责任，而不能归咎于A公司回购权的行使。

三、股权回购触发条件的实质判断

关 键 词： 触发条件 股权回购

问题提出： 尚未到约定的回购时间，但已可预见投资条件无法实现，投资人是否有权要求提前回购?

案件名称： 蓝某、A渔业有限公司、B鲟业有限公司与C投资中心（有限合伙）的其他合同纠纷案〔1〕

裁判规则： 结合我国相关涉及企业公开发行股票并上市的法律法规的限制规定，可以确定目前被投资公司无法按照预期由证券监督管理机构获准合格审批已呈事实状态，协议所约定的股份回购条件已成就。

案情简介

上诉人（原审被告）：蓝某

上诉人（原审被告）：B鲟业有限公司

被上诉人（原审原告）：C投资中心（有限合伙）

原审被告：A渔业有限公司

2008年12月1日，B鲟业有限公司（以下简称B公司）在湖北省宜都市工商行政管理局登记注册A渔业有限公司（以下简称A公司），注册资本200万元，B公司作为独资法人股东持有A公司100%的股份。

2010年10月19日，C投资中心（以下简称C中心）作为甲方、蓝某作为乙方、A公司作为丙方、B公司作为丁方，共同签署了《C投资中心（有限合伙）对A公司之投资协议书》，协议明确各方合作宗旨与目的为：资源共享，优势互补，规范管理，加快发展，产品经营与资本经营相结合，做强做大丙方主营业务，提升综合竞争力，致力于实现丙方在中国境内资本市场公开发行并上市。协议约定：乙方和丁方承诺将对丙方进行增资，本次增资

〔1〕 一审湖北省高级人民法院（2013）鄂民二初字第00012号；二审最高人民法院（2014）民二终字第111号。

后丁方占丙方增资后股份总数的51%；甲方向丙方投资7000万元取得丙方本次增资后股份总数34.3%的股份；第三方投资者向丙方投资3000万元取得丙方本次增资后股份总数14.7%的股份。在协议规定的前提条件全部满足后五个工作日内，甲方应以现金形式支付投资款7000万元至专用账户。丙方收到甲方投资款7000万元之日，为本次投资完成之日。投资完成后，甲方按照丙方章程的规定享有股东权利并承担股东义务。协议对投资完成后的其他事项作出了具体约定。其中第七条关于业绩承诺和股权奖励条款项下载明：乙方、丙方、丁方共同进行丙方的经营业绩承诺，保证丙方2010年度实现净利润不低于1500万元，2011年实现净利润不低于3000万元，2012年度实现净利润不低于5000万元。

甲方在该协议中承诺并保证：按照协议要求按时完成投资入股的相应流程，足额到位投资资金；采取具体行动积极协助丙方实现在国内A股市场公开上市；投资后通过董事会、股东会参与丙方管理；协助丙方拓展客户领域，选择投资项目，物色并购对象，推进丙方做大做强。积极协助丙方获取1亿元的贷款融资额度。

同日，《投资协议书》四方主体即甲方C中心、乙方蓝某、丙方A公司、丁方B公司又共同签署一份《补充协议》，约定：除非甲方另以书面形式同意延长，如果丙方自本次投资完成之日起至2014年12月31日的期间内丙方未完成公开发行股票和上市，则甲方可于2014年12月31日后随时要求丙方、乙方及丁方受让甲方持有的全部或部分丙方股份，乙方和丁方承诺予以受让。乙方及丁方受让价款计算公式如下：受让价款＝甲方总投资额×（1+8%）n－甲方入股期间从丙方获得的业绩补偿－甲方届时因已转让部分丙方股份所取得的收入（含已分红的收入）。上述公式中，n代表甲方持有股份的时间，时间从甲方投资款汇到丙方验资账户之日起开始计算，到甲方收到所有受让价款之日结束（n精确到月，如两年三个月，则$n=2.25$）；如果乙方、丁方对丙方发行上市申报不予以正常配合，或者丙方提交甲方的尽职调查材料以及本次投资后的材料中相关数据有重大虚假（差额10%以上），或者乙方实际控制的其他投资、经营任何与丙方主营业务相关的其他业务或企业且其资产规模超过丙方资产规模的5%；则甲方有权选择在上述任何一种情况出现后一个月内要求乙方受让甲方持有的全部或部分丙方股份，乙方承诺予以受让，受让价格具体按照以下公式确定：受让价款＝甲方总投资额×（1+8%）n－

甲方入股期间从丙方获得的业绩补偿－甲方届时因已转让部分丙方股份所取得的收入（含已分红的收入）。上述公式中，n 代表甲方持有股份的时间，时间从甲方投资款汇到丙方验资账户之日起开始计算，到甲方收到所有受让价款之日结束（n 精确到月，如两年三个月，则 $n=2.25$）。

2010 年 10 月 21 日，C 中心通过中信银行总行营业部向 A 公司汇入 7000 万元。同年 12 月 29 日，湖北省宜都市工商行政管理局核准 A 公司工商变更登记，A 公司投资人及股权比例由 B 公司出资 200 万元占 100% 的股份变更为 B 公司出资 3570 万元占 51%，C 中心出资 3430 万元占 49%。企业类型由法人独资有限责任公司变更为有限责任公司；注册资本由 200 万元变更为 7000 万元。

变更后的 A 公司章程载明：B 公司和 C 中心为公司股东，B 公司出资占公司注册资本 51%，C 中心出资占公司注册资本 49%。

2012 年 10 月 25 日，亚太（集团）会计师事务所有限公司向 A 公司出具的亚会审字（2012）148 号《A 公司审计报告》中所附企业利润表显示，A 公司 2012 年 1 月至 6 月营业总收入为 3233.683467 万元。2012 年 12 月 31 日 A 公司编制的《利润表》显示本年度该公司营业总收入为 2332.313769 万元，《利润表（合并）》显示本年度该公司营业总收入为 2324.469105 万元。《利润表》记载本年度净利润为 －485.491382 万元，《利润表（合并）》记载本年度净利润为 －485.175892 万元。

2013 年 10 月 28 日，C 中心向湖北省高级人民法院提起本案诉讼，认为蓝某、A 公司、B 公司分别或共同违反了《投资协议书》和《补充协议》约定的义务，侵犯了 C 中心的合法权益。请求法院判令：（1）判令蓝某、B 公司向 C 中心支付 9023 万元受让 C 中心所持有的 A 公司 49% 的股份；（2）判令蓝某和 B 公司连带承担违约责任，赔偿 C 中心损失 4655 万元；（3）判令蓝某、A 公司、B 公司承担本案诉讼费用。

2014 年 3 月，C 中心发现本单位印章被他人伪造用于为 A 公司的商业银行贷款提供担保，于是向宜都市公安局报案。2014 年 3 月 18 日，该局作出都公（经）刑立字（2014）第 86 号《立案决定书》，决定对 A 公司蓝某涉嫌伪造企业印章案立案侦查。

蓝某、A 公司和 B 公司自认如下事实：《投资协议书》签订后的 A 公司工商变更登记由其主导完成，该协议中其作出的相关业绩承诺没有达到目标，且2014年12月31日前A公司上市已无可能。

判决结果

一审判决：(1) 蓝某、B公司于本判决生效之日起十五日内向C中心支付人民币8989.2869万元，用于受让C中心持有的A公司49%的股份；(2) 驳回C中心的其他诉讼请求。

二审判决：驳回上诉，维持原判。

各方观点

上诉人（原审被告）蓝某、B公司观点：(1)《补充协议》应当认定无效，其中的退出条款属于格式条款，且本案属于投资（联营）纠纷，该协议中的对赌条款违反公平原则。(2) 2014年12月31日完成上市是附期限条件的约定，现在期限尚未到。按照《投资协议书》的约定，C中心亦负有采取具体行动积极协助A公司实现在国内A股市场公开上市的义务，但C中心没有履行自己的承诺，导致不能上市。《补充协议》中预设的两种退出情形未实现，不应承担回购股权的民事责任。(3) C中心所指派高管人员的离职与A公司未公开发行和上市、损失以及财务数据虚假存在因果联系，C中心未协助A公司获取贷款融资额度构成违约。

被上诉人（原审原告）C中心观点：《投资协议书》及《补充协议》合法有效，并不违反法律法规的强制性规定，应得到各方的遵守。A公司2012年至今连续亏损，已经完全不可能在2014年12月31日内完成公开发行股票和上市，其虚假的财务数据远远超过10%，蓝某、B公司应根据协议约定回购49%的股份。C中心已完全根据协议约定履行了积极协助A公司获得融资额度的义务，无违约行为。本案属于股权投资合同关系，并非联营关系，蓝某、A公司、B公司的行为构成预期重大违约，应依据《中华人民共和国合同法》承担责任。

法院观点

一审法院观点：从本案诉讼的成因分析，其性质属于股权投资过程中投资方与融资方签订协议进行溢价增资，当投资方预期投资利益无法达到时，触发投资方行使退出权利条款所引发的案件。该类纠纷中，股权投资方与被投资方出于对未来不确定因素的考量，通常根据协议设定预期目的实现与否来约定由投资方或者融资方实现一定的权利或义务。所设条件的内容包括对所投资公司的财务绩效、利润实现和公司能否实现上市等方面。由于投资方最初以溢价方式对被投资方进行增资而成为新股东，则原股东在此种情况下首先将获得该溢价部分的相对股东权益。一旦企业运营的实际绩效达到预期，原股东还可能实现再次获利。故投资方为化解自身商业风险，通常会与原股东协商签订相应条款，约定在预期盈利目标无法实现时，重新确定双方的股权比例。该条款本身因商事交易的利益平衡而产生，以当事人意思自治为前提，具有其合理性。本案四方当事人签订的《补充协议》中所设定的投资方退出条款类型属于股权回购，即如果被投资公司发生预设情形时，投资方可要求原始股东及关联义务人按协议约定溢价回购投资者股份。

涉案《投资协议书》及《补充协议》系各方当事人的真实意思表示，协议内容不违反法律、行政法规禁止性规定，应为合法有效。《补充协议》中约定的特定情形出现时C中心有权要求蓝某、B公司承担股份回购义务的条款以及蓝某、B公司所作出的受让承诺，均属民事主体在缔约过程中应当充分认识的商业风险，与协议中的相关股权奖励条款相对应，未超过其合理预期，亦不违反法律法规的禁止性规定。故合同约定情形出现时，负有契约义务的当事人依法应当按约定履行自己的承诺。蓝某、A公司、B公司虽在庭审中援引《中华人民共和国合同法》第三十九条、第四十条提出《补充协议》条款无效的抗辩主张，但因本案《补充协议》退出条款不存在单方制定，且蓝某、A公司、B公司未参与协商的情形存在，故不属于《中华人民共和国合同法》关于格式条款效力规制的范畴。

本案《补充协议》将触发回购条款的条件预设为两项，若2014年12月31日前A公司未完成公开发行股票和上市，蓝某和B公司承诺受让C中心持有的A公司全部股份。或者如果蓝某、B公司对A公司发行上市申报不予以正常配合，或者A公司提交C中心的尽职调查材料以及本次投资后的材料中相关数据有重大虚假（差额10%以上），或者蓝某实际控制的其他投资、经营任何与A公司主营业务相关的其他业务或企业且其资产规模超过A公司资产规模的5%；则C中心有权选择在上述任何一种情况出现后一个月内要求蓝某受让C中心持有的A公司全部或部分股份。

针对上述两种预设条件具体分析，《中华人民共和国证券法》第十三条规定："公司公开发行新股，应当符合下列条件：（一）具备健全且运行良好的组织机构；（二）具有持续盈利能力，财务状况良好；（三）最近三年财务会计文件无虚假记载，无其他重大违法行为；（四）经国务院批准的国务院证券监督管理机构规定的其他条件。上市公司非公开发行新股，应当符合经国务院批准的国务院证券监督管理机构规定的条件，并报国务院证券监督管理机构核准"；中国证券监督管理委员会颁布的《首次公开发行股票并上市管理办法》第三十三条规定："发行人应当符合下列条件：（一）最近3个会计年度净利润均为正数且累计超过人民币3000万元，净利润以扣除非经常性损益前后较低者为计算依据；（二）最近3个会计年度经营活动产生的现金流量净额累计超过人民币5000万元；或者最近3个会计年度营业收入累计超过人民币3亿元；（三）发行前股本总额不少于人民币3000万元；（四）最近一期末无形资产（扣除土地使用权、水面养殖权和采矿权等后）占净资产的比例不高于20%；（五）最近一期末不存在未弥补亏损。"依照上述规定，A公司若期望在2014年12月31日前实现上市，需在2014年前向证券监督管理机构报送审批材料，最近三个会计年度的净利润必须为正数，且最近三年会计文件无虚假记载。按证券业常理分析，A公司应以2010年、2011年、2012年三个会计年度的会计文件呈报，但2012年12月31日A公司编制的《利润表》记载本年度净利润为－485.491382万元，《利润表（合并）》记载本年度净利润为－485.175892万元，上述证据证明该年度A公司净利润为负数，企业发生亏损。则A公司已经无法满足2014年12月31日前公开发行股票并申请上市的先决条件。再者，A公司委托作出的评估报告显示，企业2012年1月至6月营业总收入为3233.683467万元。但2012年12月31日A公司编制的《利润表》显示本年度该公司营业总收入为2332.313769万元，《利润表（合并）》显示本年度该公司营业总收入为2324.469105万元。上述财务报表中全年营业总收入低于半年营业总收入的记载，明显与基本财务常理相悖，可认定存在虚假。且两数额之间相差数额巨大，已超过《补充协议》中约定的10%差额上限。故结合上述分析，《补充协议》中预设的两种退出情形均已产生，应认定C中心诉请蓝某、B公司回购其持有的A公司股份符合合同约定。

关于蓝某、B公司主张协议中所设定的回购时间尚未起始问题。虽然

《补充协议》第一条约定如A公司自投资完成之日起至2014年12月31日的期间内未完成公开发行股票和上市，则C中心可于2014年12月31日后主张股份回购。但从涉案《投资协议书》及《补充协议》相关条款的设置及缔约目的分析，蓝某、B公司对C中心作出的2010年至2012年A公司净利润承诺系实现合同根本目的的重要前提及保障，即蓝某、B公司的主要合同义务。若承诺业绩达到指标其即可获得C中心给予的相应股权及现金奖励，反之则须按《补充协议》中退出条款的约定溢价收购C中心所持有的股份。但是，由于2012年A公司财务报表发生虚假记载事项，企业出现亏损，结合我国相关涉及企业公开发行股票并上市的法律法规的限制规定，可以确定目前A公司无法按照预期由证券监督管理机构获准合格审批已呈事实状态。蓝某、B公司上述履行合同义务不符合约定的行为已使A公司2014年12月31日前完成公开发行股票及上市的合同根本目的无法实现，依法应当承担相应责任。涉案两份协议中虽未直接设立蓝某、B公司因违约而承担违约责任的条款，仅设立以股权回购为具体履行方式的退出条款。但从该退出条款的文义及受让价款的计算公式可以看出，其实际属于违约补偿条款的性质。且本案庭审中蓝某、B公司也均已自认A公司未达到《投资协议书》中相关业绩承诺，约定的公开发行并上市目标无法完成。依据《合同法》第一百零八条关于当事人一方明确表示或者以自己的行为表明不履行合同义务的，对方可以在履行期限届满之前要求其承担违约责任的规定，C中心可以依照合同约定要求蓝某、B公司承担回购责任，并不受《补充协议》约定的权利起始日条件约束。

《补充协议》中明确约定了蓝某及B公司受让价款计算公式如下：受让价款＝甲方总投资额×（1＋8%）*n*－甲方入股期间从丙方获得的业绩补偿－甲方届时因已转让部分丙方股份所取得的收入（含已分红的收入）。上述公式中，*n*代表甲方持有股份的时间，时间从甲方投资款汇到丙方验资账户之日起开始计算，到甲方收到所有受让价款之日结束（*n*精确到月）。结合本案实际，蓝某、B公司并未举证证明C中心曾取得相关业绩补偿，也未进行股份转让或分红。则具体回购数额应以C中心投资总额7000万元套用公式计算，*n*值应为3.25（三年3个月，从2010年10月投资款到账至开庭时止），即7000万元×（1＋8%）3.25，计算所得蓝某、B公司回购股份的价款应为8989.2869万元。C中心第二项关于赔偿损失的诉请，因C中心在法院指定的期限内未提交蓝某、B 公司违约所给其造成具体损失的相关证据，四方协议中对此亦未作出约定，法院依法不予支持。

二审法院观点：本案系投资合同纠纷。一审中，C 中心虽然起诉蓝某、B 公司及 A 公司为被告，但并未请求判令 A 公司承担民事责任，一审判决亦未判令 A 公司承担民事责任，故 A 公司在本院二审中不应作为上诉人，而应作为原审被告。

本案二审争议焦点为：一是案涉《投资协议书》和《补充协议》中回购股份条款的法律效力。二是蓝某与 B 公司是否应当承担回购股份的民事责任。C 中心是否存在违约行为，是否影响本案民事责任的承担结果。三是 C 中心主张权利的起始时间应如何认定。

关于案涉《投资协议书》和《补充协议》中回购条款的法律效力问题。首先，从诉争的两份协议书的内容看，立约各方为达到使 A 公司增资、在中国境内资本市场公开发行股票并上市之目的，先签订了《投资协议书》，约定蓝某、A 公司以资产及股权增资，C 中心则以资金注入方式对目标公司 A 公司进行增资，协议包括业绩承诺与股权奖励等条款内容；同日，为保证投资方基本投资利益的实现，各方当事人又签订了《补充协议》，主要包括在一定条件下被投资方股东回购股份的承诺等内容。案涉两份协议系典型的商事合同，《补充协议》系对《投资协议书》的补充约定，二者系同一天达成，共同完整地构成了各方当事人的意思表示。《补充协议》中有关两种情形下被投资方股东应当回购股份的承诺清晰而明确，是当事人在《投资协议书》外特别设立的保护投资人利益的条款，属于缔约过程中当事人对投资合作商业风险的安排。该条款与《投资协议书》中的相关股权奖励条款相对应，系各方当事人的真实意思表示。其次，案涉协议关于在一定条件下被投资方股东回购股份的内容不违反国家法律、行政法规的禁止性规定，不存在《中华人民共和国合同法》第五十二条所规定的有关合同无效的情形。诉争协议系各方当事人专为此次交易自愿达成的一致约定，并非单方预先拟定或者反复使用，不属于我国合同法所规定的格式合同或者格式条款，不存在显失公平的问题。蓝某、B 公司提出回购股份的条款属于格式条款、有违公平原则的上诉理由缺乏事实与法律依据，不能成立。因此，原审判决认定案涉《补充协议书》与《补充协议》，包括在一定条件下被投资方股东回购股份的承诺等内容合法有效正确，予以维持。

关于蓝某与B公司是否应当承担回购股份的民事责任问题。本案中，A公司委托作出的评估报告与该公司自己编制的财务报表显示，A公司存在财务虚假，且虚假程度已超过《补充协议》中约定的10%差额上限；A公司在2012年出现亏损，B公司在《投资协议书》中的相关业绩承诺并未实现，根据《中华人民共和国公司法》《中华人民共和国证券法》等法律法规有关企业公开发行股票并上市的条件规定，A公司在2014年12月31日前无法上市已呈事实状态，《补充协议》所约定的股份回购条件业已成就。蓝某与B公司应当依约履行自己的合同义务，向C中心承担回购股份的民事责任。

关于C中心在本案中是否存在违约行为，以及是否影响本案民事责任承担的问题。本案中，蓝某与B公司未提供充分证据证实C中心存在为自身利益不正当地促成回购股份条件成就的情形。其一，关于高管人员离职问题。C中心派出的部分高管人员离职后A公司仍在生产经营，而公司财务造假属人为因素造成，高管人员离职的事实不应成为A公司财务报表出现虚假的理由，更不是公司无法上市的直接原因。其二，关于A公司部分银行贷款没有到位的问题。从《投资协议书》第8.4条C中心承诺并保证的内容看，C中心的合同义务是“协助A公司获取1亿元贷款融资额度”，该义务仅为协助义务，且该协助义务并无相应的细化约定，故认定C中心违约缺乏事实依据。因此，蓝某与B公司有关因C中心存在违约行为应免除其回购股份民事责任的上诉理由缺乏事实与法律依据，不予支持。

关于C中心主张权利的起始时间问题。由于本案原审原告C中心起诉时A公司存在财务虚假、案涉《投资协议书》中的相关业绩承诺亦未实现，A公司在2014年12月31日前无法上市已呈事实状态，案涉《补充协议》所约定的股份回购条件业已成就，蓝某与B公司的违约行为导致C中心签订案涉协议的合同目的已无法实现，故C中心提起诉讼具有合同与法律依据，蓝某与B公司有关C中心起诉时间不符合合同约定的上诉理由不能成立，不予支持。

关联案例

▶ **回购方在诉讼中拒绝回购可视为回购条件成就**

关 键 词： 股权回购　回购期　诉讼　条件成就

案件名称： D实业有限公司与严某1、严某2等其他与公司有关的纠纷案

审理法院： 上海市浦东新区人民法院（2013）浦民二（商）初字第3183号

法院观点： 投资合作框架协议就股权回购约定了须给予回购方半年的回购期分期回购。但在审理中，所有回购方均表示拒绝回购。法院认为，半年期的回购期，系为正常履行回购而设置。不论本案投资人是否曾向回购方主张过回购股权事宜，现其已通过诉讼方式明确了回购要求，而回购方均明确拒绝回购，投资人的权利主张理应不再受半年回购期的限制，因此认定涉案股权的回购条件已成就。

律师点评

对于股权投资企业来说，所投资企业能成功上市，是其最为青睐的退出方式之一，一旦能坚持到所持股权锁定期解除，股权投资企业就能将手里的股权套现，获取高额利润。因此，投资人与被投资人之间往往是以在某个时间节点之前未能完成公开发行股票和上市，作为股权回购的触发条件。由于每个准备上市的企业都会经历漫长的准备期、辅导期，因此实践中，双方所约定的时间节点往往是在合同签订之后的两三年。同时，双方也会对投资之后每年的利润情况进行约定，以激励被投资企业及股东。

由于《证券法》规定公司公开发行新股，应当具有持续盈利能力，财务状况良好。中国证券监督管理委员会在其颁布的《首次公开发行股票并上市管理办法》明确"发行人应当符合下列条件：（一）最近3个会计年度净利润均为正数且累计超过人民币3000万元，净利润以扣除非经常性损益前后较低者为计算依据；（二）最近3个会计年度经营活动产生的现金流量净额累计超过人民币5000万元；或者最近3个会计年度营业收入累计超过人民币3亿元……"因此当被投资企业未能完成投资协议中每年的盈利要求时，往往就意味着被投资企业已经无法满足证监会对上市企业的盈利要求，不能达成上市的目标。此时虽然各方约定的回购时间尚未达到，但是综合法律法规，可以推断被投资企业在回购时间前完成上市已无可能。但当投资人并没有将这种

“事实上的不可能”作为回购条件，而仅仅约定回购时间时，如过分要求投资人必须等到期限之后才能提出回购要求，如同强迫一对已无感情的夫妻居住在同一屋檐下，并不利于以人和作为合作基础的公司的发展。

另外，关于本案中“回购条款”的性质问题，蓝某、B公司认为“2014年12月31日完成上市是附期限条件的约定”，因此在期限尚未届至的情况下，C中心无权要求回购。但事实上，不能仅因条款中附有期限即认定其属于“附期限条件的约定”，根据《民法通则》《合同法》关于“附条件行为”与“附期限行为”的规定，二者的主要区别在于“附条件行为”其所附条件的成就与否在设定条件时是不确定的，而“附期限行为”所附条件在期限到来时自然成就。而本案中“2014年12月31日完成上市”的条件是否能够成就显然是不确定的，其本质上属“附条件行为”，而“2014年12月31日”仅为当事人约定的判断条件是否成就的时点，在已经可以确定当事人约定条件不可能实现的情况下，可直接视为“条件已成就”，而当事人无须等到所约定的时点方可主要股权回购。

四、具有保底性质的股权回购条款是否有效

关键词： 鼓励交易　当事人意思自治原则

问题提出： 事先约定回购价格的股权回购条款从一定意义上加重部分股东责任，具有投资保底性质的条款是否有效？共同经营公司过程中，将经营风险只强加于一方股东之上，是否有违公平原则？

案件名称： A股权投资合伙企业（有限合伙）等股权转让纠纷案[1]

裁判规则： 股权回购条款模式目前普遍发生于投资方与目标公司的股东、实际控制人之间，机制设计的初衷是为了高效促成交易、良性引导目标公司的经营管理、降低投资风险，且对于双方交易起到一定的担保功能，同时还隐含有一定程度对于目标公司估值调整的期权，业内将该条款称之为“对赌条款”。由于“对赌条款”在内容上亦隐含有非正义性的保底性质，容易与现行法律规定的合同无效情形相混淆，且无对应的法律条文

---

〔1〕 一审上海市浦东新区人民法院（2013）浦民二（商）初字第1436号；二审上海市第一中级人民法院（2014）沪一中民四（商）终字第730号。

予以规范，故人民法院在对此法律行为进行适度评判时，应当遵循以下原则：（1）鼓励交易；（2）尊重当事人意思自治；（3）维护公共利益；（4）保障商事交易的过程正义，以此来确定“对赌条款”的法律效力。

案情简介

上诉人（原审原告）：A股权投资合伙企业（有限合伙）

上诉人（原审被告）：B投资有限公司

上诉人（原审被告）：朱某

C集团有限公司（以下简称C公司）成立于2004年11月25日，主营冶炼、生产、加工和销售碳化硅（SCI）产品。朱某、B投资有限公司（以下简称B公司）原系C公司股东，出资分别占公司注册资本的79.69%和20.31%。2011年3月6日，A股权投资合伙企业（以下简称A企业）、朱某、B公司、C公司及上海嘉石投资有限公司等其他投资人共11方签订《C公司增资协议》，约定C公司拟新增注册资本人民币20700000.09元，本次增资全部由朱某、B公司以外的其他投资者以货币形式缴纳，投资款共计人民币130000000元，其中A企业投资款为人民币30000000元，占公司增资后注册资本的5.64%；协议签署后，经各方协商一致，可以对本协议进行补充或修改，本协议的任何变更或补充须书面作出并经各方签署，否则无效。协议第10条还约定，除非法院判决另有规定，诉讼费用和执行费用（包括证人费和律师费）由败诉方承担。当日，上述11方还签署《C公司增资协议之补充协议》（以下简称《补充协议一》），其中第4条约定，如果出现C公司在2013年12月31日前没有成功实现合格上市或已存在2013年12月31日前无法上市……情形时，各增资方有权要求现有股东以现金方式回购各增资方所持的全部或部分公司股权；股权回购价格的计算公式为P=I（1+rn）-Div，即股权回购价格=各增资方取得股权时投入的投资总额×（1+回购溢价率×各投资方支付投资款之日至回购条款履行之日的实际天数÷360）-各增资方从公司获得累计分红以及现金补偿，其中回购溢价率按照10%的年回报计算；如果各增资方根据本协议提出回购要求，现有股东须在收到各增资方提出回购要求的书面通知之日起30天内将所有的回购股权款项支付给各增资方，并完成股权交割。逾期支付的，应按年利率20%计息。

同日，A企业、朱某、B公司及C公司又签订《C公司增资协议的补充协议》（以下简称《补充协议二》），其中第2.1条和第2.2条约定：如C公司上市申请在2012年12月31日前没有取得中国证监会的核准或在此时间前出现公司无法上市的情形，A企业有权要求朱某、B公司以现金方式回购A企业所持的C公司全部或部分公司股权；回购价格计算公式为P=I（1+rn）-Div，其中回购溢价率按公司2011年、2012年两年平均净资产收益率的90%与16%的年回报率孰高者计算；如果A企业根据本协议提出回购要求，朱某、B公司须在收到A企业提出回购要求书面通知之日起30天内将所有的回购股权款项支付给A企业，并完成股权交割。逾期支付的，应按照年利率20%计算。

2011年3月8日，A企业通过银行向C公司账户转入股权款人民币30000000元，认购C公司477.71万股股份，占公司总股本的5.64%。后因C公司未能在2012年12月31日前取得证监会核准上市等原因，A企业于2013年3月21日向朱某、B公司发出《退出投资的通知》一份，要求朱某、B公司严格按照《补充协议二》之相关约定，按时足额支付股权回购价款，并提供了付款账户。同年3月23日，朱某、B公司签收上述通知。2013年4月3日，A企业委托律师向朱某、B公司发出律师函一份，要求按照《补充协议二》第4.2条约定在收到《退出投资的通知》之日起30日内（2013年4月21日前）支付回购款。后因朱某、B公司一直拒绝支付股权回购款，A企业于2013年5月2日向法院提起诉讼，请求判令：1. 朱某、B公司连带支付股权回购款人民币40346666.67元以及自2013年4月22日起至判决生效给付之日止以40346666.67元为本金按年利率20%计算的利息；2. 朱某、B公司连带支付律师代理费人民币397027元；3. 本案诉讼费由朱某、B公司负担。

另据C公司工商登记资料公示，《乐园新材增资协议》《补充协议一》涉及的含A企业在内的八个增资方均已记载为C公司注册股东，其中A企业认缴额为人民币477.71万元。一审法院审理期间，朱某、B公司确认C公司在2013年12月31日前不可能符合上市条件。

判决结果

一审判决：（1）朱某、B公司于判决生效之日起十日内连带支付A企业股权回购款人民币 40346666.67 元以及自 2013 年 4 月 22 日起至判决生效之日止以 30000000 元人民币为本金按年利率 20% 计算的利息；（2）朱某、B 公司于判决生效之日起十日内连带支付 A 企业律师代理费人民币 397027 元；（3）案件受理费 245518 元，保全费 5000 元，合计人民币 250518 元，由朱某、B 公司负担。

二审判决：（1）驳回上诉人 A 股权投资合伙企业（有限合伙）的上诉；（2）撤销上海市浦东新区人民法院（2013）浦民二（商）初字第 1436 号民事判决第一项，维持第二项；（3）上诉人朱某、B 投资有限公司应于本判决生效之日起十日内支付上诉人上 A 股权投资合伙企业（有限合伙）股权回购款项计人民币 3858 万元及以投资额人民币 3000 万元作为本金，自 2014 年 1 月 1 日起至本判决生效之日止、按照年利率 20% 所计利息。

各方观点

上诉人（原审被告）B 公司、朱某观点：本案应当适用《补充协议一》而非《补充协议二》约定之股权回购价格条款，因《补充协议二》仅为四方当事人签订，违背了《乐园新材增资协议》《补充协议一》中当事人的特别约定，应为无效；C 公司经营状况恶化、无法实现上市均属于行业宏观因素导致；股权回购约定违反了股东投资风险共担原则，属于名为投资实为借贷，亦应认定为无效条款。

上诉人（原审原告）A 企业观点：A 企业《补充协议二》属于四方当事人真实意思表示，亦没有损害其他增资方的利益，应当予以优先适用；C 公司的经营状况与本案股权回购无关；股权回购条款符合当事人的意思自治原则，并不违反法律规定，应为有效；逾期支付的利息标准亦未违反法律强制性规定。

法院观点

一审法院观点：A 企业与朱某、B 公司以及 C 公司之间签订的《补充协议二》中关于固定利率股权回购的约定，系各方当事人真实意思表示，且未损害目标公司 C 公司的利益及公司债权人的利益，不违反法律法规的禁止性规定，应属合法有效。C公司在2012年12月31日之前未取得证监会核准上市，A企业与朱某、B公司之间约定的股权回购条件成就，A企业在合理期限内提出回购要求，朱某、B公司理应按照《补充协议二》之约定向A企业支付股权回购款及逾期利息。但鉴于以人民币40346666.67元为本金计算逾期支付利息，存在固定利率和逾期支付利息重复计算的问题，故应以人民币30000000元投资款为本金计算逾期支付利息较为妥当。

二审法院观点：综合研判本案的主要证据《C公司增资协议》以及《补充协议一》《补充协议二》之内容以及各方当事人的特殊主体身份，可以确定本案的基本法律关系应为C公司（目标公司）在谋求上市之前由原始股东（B公司、朱某）利用A企业等私募资本（PE）进行投融资的一种特殊的组合法律关系。该法律关系在很大程度上反映了中国资本市场当前融资渠道创新发展的经济现象，具有一定的典型性，应当予以高度关注。

本案的主要争议焦点在于系争协议约定的股权回购条款是否有效。该条款模式目前普遍发生于投资方与目标公司的股东、实际控制人之间，机制设计的初衷是为了高效促成交易、良性引导目标公司的经营管理、降低投资风险，且对于双方交易起到一定的担保功能，同时还隐含有一定程度对于目标公司估值调整的期权，业内将该条款称之为“对赌条款”。由于“对赌条款”在内容上亦隐含有非正义性的保底性质，容易与现行法律规定的合同无效情形相混淆，且无对应的法律条文予以规范，故人民法院在对此法律行为进行适度评判时，应当遵循以下原则：1. 鼓励交易；2. 尊重当事人意思自治；3. 维护公共利益；4. 保障商事交易的过程正义，以此来确定“对赌条款”的法律效力。

结合本案查明的基本法律事实，《补充协议一》第4条以及《补充协议二》第2条关于股权回购之约定从本质上而言，均属于“对赌条款”性质。上述条款的订立，首先完全基于签约各方当事人的真实意思表示，属于意思自治范畴，应予充分尊重；其次，该条款亦促成了C公司增资行为的依法顺利完成，最大限度维护了原始股东、增资方以及目标公司的基本利益；至于触发回购的条件，各方当事人约定以C公司在一定期限内完成核准上市作为适用情形，而不是对于C公司的估值进行价格调整，虽有不妥之处，但亦未严重违背以上评判四原则，故该回购条款仍应为有效。B公司、朱某上诉认为该条款无效的理由，因缺乏充分的法律依据，不予采信。

因C公司至今尚未完成上市公司的股份制改制，客观上已不可能在限期内实现上市，显然已经触发了股权回购条款，A企业作为PE投资方，请求B公司、朱某按约予以回购，该请求权已具备了相应的合同依据，应予支持。本案中A企业诉求选择适用《补充协议二》之回购条款，经法院二审查实，该协议仅是A企业与B公司、朱某、C公司四方单独订立，一是违背了（主合同）《C公司增资协议》第8.1条之规定，二是亦损害了其他投资方基于本协议项下的权益，故应属无效，据此A企业的请求权基础应当限于《补充协议一》之回购条款。根据《补充协议一》第4.2条之回购条款，触发股权回购的条件是C公司在2013年12月31日前无法上市，股权回购价格计算公式“P=I（1+r*n*）－Div”应据此表述为：3000万×（1+10%×1030÷360）－0=3858万，其中*n*=2011年3月8日（支付投资款之日）至2013年12月31日（回购条款履行之日）的实际天数为1030日。另外，该条款还约定，若逾期支付的，则按年利率20%计息。A企业上诉认为计息截至时间应为判决给付之日，并无相应的合同依据，原审判决计息至判决生效之日止，亦并无不当，应予维持，对于起算时间，则应按照“*n*”截止后的次日予以确定。

关联案例

▶ **对赌协议中以公司股东、实际控制人为对象的业绩补偿及股份回购条款有效**

关 键 词：业绩补偿　股份回购　股东义务

案件名称：D创业投资有限公司与任某、武某等合同纠纷案

审理法院：江苏省高级人民法院（2014）苏商初字第00029号

法院观点：《增资补充协议》中关于业绩补偿以及股份回购的约定不仅有利于最大化地实现投资收益，也有利于企业经营发展，其所指向的对象均为公司实际控制人、股东，而非公司，并不存在投资人作为公司股东不承担股东义务的问题，故被告关于《增资补充协议》违反股东义务、违反共负盈亏原则的抗辩理由缺乏合同及法律依据。《增资补充协议》合法有效。

律师点评

一、具有保底性质的股权回购条款效力认定的原则

本案中二审法院首次在判决书中提出对于具有保底性质的投资条款效力的认定原则：(1) 鼓励交易；(2) 尊重当事人意思自治；(3) 维护公共利益；(4) 保障商事交易的过程正义。

《合同法》第四条规定，当事人依法享有自愿订立合同的权利，任何单位和个人不得非法干预。这就是意思自治原则的法律体现。一般认为，合同自由原则包括以下内容：缔约自由、内容自由、变更或解除的自由。本案中，合同各方都具有相当的投资经验，各方在签订增资协议、补充协议时亦不存在欺诈、胁迫、恶意串通等非法手段，协议的达成是各方在当时的情境下根据其自由意志做出的商业判断，是其真实的意思表示，正所谓"对心甘情愿者不存在不公正"，对于当事各方做出的商业决策应当予以尊重。

当然即使是意思自治也应当受到一定限制，维护公共利益即是意思自治的边界之一。此处的公共利益应当局限在国家利益、社会利益。本案中，B公司、朱某自愿以其自有财产回购A企业所持C公司股权，并不因此导致C公司资产减少或是C公司债权人利益受到损害，因此A企业有权要求回购。但在各当事人之间先后签订两份《补充协议》，均约定了回购条款，其中《补充协议一》由C公司、原股东B公司、朱某和各增资方共同签订，而《补充协议二》则仅由C公司、原股东B公司、朱某和A企业签订。一方面，《补充协议二》与主合同"经各方协商一致，可以对本协议进行补充或修改，本协议的任何变更或补充须书面作出并经各方签署，否则无效"等约定相冲突；另一方面，《补充协议二》约定的回购价格计算标准高于《补充协议一》，在其他增资人未参与签订的情况下，《补充协议二》侵害了其他增资人的权益，因此法院认定《补充协议二》的回购条款应属无效，A企业的请求权基础应当限于《补充协议一》之回购条款。

在适用鼓励交易原则时还应当与保障商事交易的过程正义相结合，即法律对交易中合同的效力最大可能地予以维护，在诚实、信用、公平、合理的基础之上对合同有效性从宽进行认定。

二、股权回购约定与股东风险共担原则之间的冲突

即使投资人未能以IPO的方式实现成功退出、获得巨额回报，但由于股

权回购条款中对于溢价回购率的约定一般都不会低于银行同期贷款利率，因此投资人仍然可以通过要求回购的方式获取一定的投资收益。这种即作为股东享受今后可能的上市红利，又旱涝保收的低风险投资，常常会被质疑违背商事活动中股东风险共担的原则。

对于这一冲突，诉讼实务中被要求回购的一方通常会以“明为联营，实为借贷，违反了有关金融法规，应当确认合同无效”进行抗辩。

但是根据最高人民法院在“海富案件”中所明确的态度，前述抗辩的成功可能将大大降低。最高人民法院在《关于人民法院为企业兼并重组提供司法保障的指导意见》（法发〔2014〕7号）中，也提出了“强化商事审判理念，充分发挥市场在资源配置中的决定性作用”的审判原则，指出法院应当“结合当事人间交易方式和市场交易习惯，准确认定兼并重组中预约、意向协议、框架协议等的效力及强制执行力。要坚持促进交易进行，维护交易安全的商事审判理念，审慎认定企业估值调整协议、股份转换协议等新类型合同的效力，避免简单以法律没有规定为由认定合同无效。要尊重市场主体的意思自治，维护契约精神”。同时，《最高人民法院关于审理民间借贷案件适用法律若干问题的规定》的施行使得企业间借贷效力获得了认可，此新规定颁布后对股权回购条款效力、回购价款定价原则所产生的影响值得进一步关注。

第五章　委托理财

一、保底条款对委托理财合同的效力认定的影响

关 键 词： 委托理财　保底条款　合同效力　合同无效后的处理

问题提出： 对于目前市场上各种含有保底条款的委托理财合同，法院如何认定其效力？保底条款违反相关法律法规，该条款被认定无效，是否将致使整个合同无效？

案件名称： A证券有限责任公司与周某委托理财纠纷案〔1〕

裁判规则： 委托人周某与受托人A证券有限责任公司签订《受托投资管理合同》，双方之间形成委托理财合同关系。后续签订的《补充协议》约定了受托人承诺委托人委托资产的年收益率固定为10%，委托人同意超过部分作为受托人的管理报酬，受托投资管理合同期满后，若清算时实际年收益率未达到受托人承诺的年收益率，A证券应当予以补足等内容。此类约定属于委托理财合同中保证本息固定回报的条款，即保底条款。根据《中华人民共和国证券法》第一百四十三条的规定，证券商不得以任何方式对客户证券买卖收益或者赔偿证券买卖的损失作出承诺。故上述保底条款因违反该规定而无效。因保底条款属于委托理财合同的目的条款或核心条款，因此法院认定委托理财合同整体无效。合同无效后，受托人应将委托资产本金返还给委托人，并计付银行存款利息。受托人向委托人配资账户内通过并户方式划入的股票是以股票清偿委托人本金损失，系以物抵债的代物清偿行为。代物清偿成立后，对应的债之关系消灭，债消灭之后抵债之物的价值变化不影响债的清偿效力。因此受受托

〔1〕 一审上海市第一中级人民法院（2008）沪一中民三（商）初字第91号；二审上海市高级人民法院（2009）沪高民二（商）终字第43号。

人起诉要求返还抵债股票，缺乏法律依据，亦不利于财产关系的稳定，法院未予支持。

案情简介

上诉人（原审被告）周某

被上诉人（原审原告）A 证券有限责任公司（以下简称 A 证券）

2003 年 10 月 20 日，A 证券与周某签订编号为 DZ2003301 的《受托投资管理合同》一份，约定周某将人民币 385 万元（以下币种同）委托 A 证券进行管理，由周某开立股票账户及资金账户，A 证券对上述资产通过交易沪、深两市上市交易的有价证券进行投资管理；委托管理的期限为六个月，委托期满后五个工作日内，A 证券为周某办理清算手续，双方完成清算后合同终止，余额在扣除管理报酬及相关交易费用后全部返还给 A 证券，合同另对双方其他权利义务作了约定。同日，A 证券与周某又签订编号为 DZ2003301 - 1 的《受托投资管理合同补充协议》一份，约定 A 证券承诺周某委托资产的年收益率固定为 10%，周某同意超过部分作为 A 证券的管理报酬，受托投资管理合同期满后，若清算时实际年收益率未达到 A 证券承诺的年收益率，A 证券应当予以补足，补充协议条款与《受托投资管理合同》不符的，以补充协议为准等。同日，A 证券与周某又与宏源证券股份有限公司乌鲁木齐文艺路证券营业部（以下简称宏源证券）签订授权委托书，明确 A 证券与周某基于上述《受托投资管理合同》的约定，承诺在宏源证券处开设各自账户，A 证券在其开设的账户内注入相当于周某委托管理资产的 30% 的资金或等值的有价证券作为信用风险保证金，A 证券与周某授权宏源证券在资产管理期间监管 A 证券与周某的履行，当周某资产与 A 证券信用保证金市值之和低于 450 万元时，宏源证券应当及时通知 A 证券、周某双方，并要求 A 证券追加补足，否则合同终止等。上述合同签订后，A 证券在宏源证券处开立了 82836192 资金账户，周某在宏源证券处开立了 82836177 资金账户，A 证券开立的账户即上述授权委托书中约定用于担保的账户，周某开立的账户即上述《受托投资管理合同》约定的委托理财账户，A 证券、周某并向上述账户内注入了相应资产。2004 年 4 月 19 日，周某向宏源证券发出通知书，要求宏源证券将 A 证券开设的信用风险保证金资金账户设置在其本人资金账户内，并明确 82836177 资金账户对应的信用风险保证金账户为 82836192 资金账户。2004 年 4 月 28 日，82836177 资金账户发生并户交易，从 82836192 资金账户内并入有价证券 000338“潍柴动力”48629 股、000633“S*ST 合金”17520 股、002040“南京港”2080 股。2007 年，A 证券破产，法院指定 A 证券清算组为 A 证券破产管理人。

2008 年 10 月，A 证券以其与周某之间签订的委托理财合同为无效合同，周某占有 A 证券资产为非法行为为由，起诉至原审法院，请求判令本案系争《受托投资管理合同》及《受托投资管理合同补充协议》无效，周某将其非法占有的证券 000338“潍柴动力”48629 股、000633“合金投资”17520 股、002040“南京港”2080 股返还 A 证券。

庭审中，周某确认并户手续系由其申请办理，周某并主张系争《受托投资管理合同》已清算完毕，A 证券则主张双方尚未清算，A 证券、周某均确认系争《受托投资管理合同》系到期自然终止。

判决结果

一审判决：（1）A 证券有限责任公司与周某于 2003 年 10 月 20 日签订的编号为 DZ2003301 的《受托投资管理合同》及编号为 DZ2003301 -1 的《受托投资管理合同补充协议》无效；（2）周某应于判决生效之日起十日内返还原审原告 A 证券有限责任公司有价证券 000338“潍柴动力”48629 股、000633“S*ST 合金”17520 股、002040“南京港”2080 股。

二审判决：（1）维持一审民事判决的第一项；（2）撤销一审民事判决的第二项；（3）被上诉人 A 证券有限责任公司要求上诉人周某返还有价证券 000338“潍柴动力”48629 股、000633“S*ST 合金”17520 股、002040“南京港”2080 股的诉讼请求不予支持。

各方观点

上诉人周某认为：（1）A 证券于 2008 年 10 月主张返还系争股票，已经超过诉讼时效，依法不应予以支持；（2）系争股票并入上诉人资金账户并非上诉人依据委托理财合同取得财产，而是委托理财合同终止后，A 证券对上诉人资金亏损的补偿。如因合同无效确需返还的，也应当是A证券返还理财资金；（3）A证券将系争股票并入上诉人账户完全是基于自愿补偿，一审认定该行为系对无效合同的清算，同样应属无效，上诉人非法占有系争股票，法律依据不足。

被上诉人A证券认为：（1）周某之前签订的《受托投资管理合同》及《受托投资管理合同补充协议》无效，周某占有A证券资产系非法行为，理应将其非法占有的证券000338“潍柴动力”48629股、000633“合金投资”17520股、002040“南京港”2080股返还A证券。（2）无效合同返还财产请求权的诉讼时效应当从合同被确认为无效之日起算，而确认合同无效应当由法院或者仲裁机关作出，故在本案判决之前，被上诉人不知道涉案委托理财合同是否无效，被上诉人在起诉确认合同无效的同时请求上诉人返还系争股票并未超过诉讼时效；（3）上诉人认为系争股票并入上诉人账户是被上诉人对上诉人的自愿补偿，完全是上诉人的单方理解，缺乏事实依据。被上诉人从未作出自愿补偿的意思表示，系争股票并户也不是对委托理财合同的清算。

法院观点

一审法院认为：A证券、周某签订的《受托投资管理合同》约定周某将自有资金385万元以周某的股东和资金账户委托A证券进行管理，周某应承担相应投资风险，A证券据此收取相应的报酬，上述约定符合《中华人民共和国民法通则》中关于委托代理的规定，本可认定双方当事人间构成委托理财关系。《中华人民共和国民法通则》第六十三条规定：公民、法人可以通过代理人实施民事法律行为。代理人在代理权限内，以被代理人的名义实施民事法律行为。被代理人对代理人的代理行为，承担民事责任。依照法律规定或者按照双方当事人约定，应当由本人实施的民事法律行为，不得代理。依照上述法律规定，A证券委托理财的后果应由周某承担相应法律责任，但系争《受托投资管理合同补充协议》约定，A证券承诺周某委托资产的年收益率固定为10%，周某同意超过部分作为A证券的管理报酬，受托投资管理合同期满后，若清算时实际年收益率未达到A证券承诺的年收益率，A证券应当予以补足。上述约定实质属保底条款性质，违反前述法律规定，应属无效。

同时，A 证券、周某间的委托理财关系建立于 2003 年，应适用修订前的《中华人民共和国证券法》，该法第一百四十三条规定：证券公司不得以任何方式对客户证券买卖的收益或者赔偿证券买卖的损失作出承诺。A 证券作为证券公司与周某约定固定收益率，显然违反了上述法律规定，相应保底条款约定依法亦应属无效。系争《受托投资管理合同补充协议》同时约定，补充协议条款与《受托投资管理合同》不符的，以补充协议为准，故上述保底条款实际已成为《受托投资管理合同》的一部分，鉴于上述保底条款系《受托投资管理合同》及《受托投资管理合同补充协议》的核心条款，故上述保底条款的无效导致《受托投资管理合同》及《受托投资管理合同补充协议》整体无效，A 证券、周某与宏源证券签订的授权委托书亦应属无效，A 证券的相关主张具有事实和法律依据，予以支持。

《中华人民共和国合同法》第五十六条规定：无效的合同或者被撤销的合同自始没有法律约束力。合同部分无效，不影响其他部分效力的，其他部分仍然有效。该法第五十八条规定：合同无效或者被撤销后，因该合同取得的财产，应当予以返还；不能返还或者没有必要返还的，应当折价补偿。有过错的一方应当赔偿对方因此所受到的损失，双方都有过错的，应当各自承担相应的责任。《受托投资管理合同》及《受托投资管理合同补充协议》既属无效合同，依照上述法律规定，A 证券、周某应当相互返还因此取得的财产，故周某依据上述合同从 A 证券资金账户内转移至其个人账户内的资产应返还 A 证券。

周某主张双方当事人间的合同已经期满终止并已完成清算，A 证券依约应向周某进行赔偿。对此，周某并未举证证明双方当事人曾就委托理财事项进行过清算，且即使系争合同已经清算，因系争合同属无效合同，相应的清算行为亦应为无效行为，周某据此取得的相应财产仍应予以返还，如周某因 A 证券的过错行为遭受损失的，应另行主张其相关权利，故周某的上述主张，缺乏事实与法律依据，不予采信。

就周某主张 A 证券起诉已超过诉讼时效部分，一审法院认为，A 证券关于确认系争合同无效的诉讼请求，并非主张行使某种请求权，而属于确认之诉，故不存在相应的诉讼时效；而 A 证券关于返还财产的诉讼请求，其请求权性质是基于无效合同而产生的财产返还请求权，此种请求权的成立需建立在相关合同被确认无效的基础之上，故相应的诉讼时效亦应自系争合同被确认为无效之日起起算，现周某并未举证证明系争合同在本案诉讼前已被生效法律文书确认为无效，故 A 证券行使其相应请求权并未超过诉讼时效，周某的上述主张，缺乏法律依据，不予采信。

二审法院认为：委托理财是指委托人和受托人约定，委托人将其资金、证券等金融性资产委托给受托人，由受托人在一定期限内管理、投资于证券、期货等金融市场，并按期支付给委托人一定比例收益的资产管理活动。本案中，上诉人作为委托人，在第三方监管人宏源证券开设理财账户，存入自有资金委托被上诉人管理、投资，并由 A 证券作为受托人支付一定比例的收益，符合委托理财法律关系的基本特征。但是，周某与 A 证券又约定，双方委托理财的年收益率固定为 10%。委托理财合同期满后，超过部分作为 A 证券的报酬，不足部分由 A 证券补足。该保底约定表明，周某订立委托理财合同的目的在于追求委托资产的固定本息回报，而对 A 证券的资产管理行为及超过 10% 比例部分的收益分成并无预期，因此，双方之间系以委托理财为表现形式的借贷关系，应属无效。

涉案委托理财合同到期后，周某在理财本金发生亏损的情形下，要求第三方监管人宏源证券将 A 证券配资账户内的资产并入周某账户，系周某依据委托理财合同关于“当周某理财账户资产与 A 证券配资账户内信用风险保证金市值之和低于 450 万元时，A 证券应当补足，否则合同终止”的约定，所采取的损失补偿行为。A 证券作为委托理财关系的受托人及配资账户资产的所有人，应当知道第三方监管人宏源证券实施的并户行为。A 证券对并户行为不提出异议，说明其已同意将配资账户内的自有资产，即原“湘火炬”和“合金投资”股票清偿周某理财本金的损失。

委托理财合同因订有保底条款而被确认为无效后，受托人应将委托资产本金返还给委托人，并计付银行存款利息。依据双方当事人的陈述，A 证券配资账户内的股票在并户之日的市值与周某剩余理财本金的市值之和低于周某的初始委托理财本金，故 A 证券的清偿行为并未超过当时其应当承担的本金返还责任。而且，A 证券以股票清偿周某本金损失，系以物抵债的代物清偿行为。代物清偿成立后，对应的债之关系消灭，债消灭之后抵债之物的价值变化不影响债的清偿效力。因此，A 证券在并户行为实施四年后起诉要求返还抵债股票，缺乏法律依据，亦不利于财产关系的稳定，法院难以支持。

关联案例 1

▶ **作为委托理财合同之目的条款或核心条款的保底条款无效将导致委托理财合同整体无效**

关 键 词：委托理财合同　保底条款　禁止性规定　整体无效

案件名称：B 证券有限责任公司与中国 C 银行长沙新华支行、第三人湖南省 D 科技实业有限公司借款合同代位权纠纷案

审理法院：

一审：湖南省高级人民法院（2005）湘高法民二初字第 14 号

二审：最高人民法院（2006）民二终字第 90 号

法院观点：双方关于资金年投资收益率达到 7.8%，不足部分由受托人 B 证券补足的约定属于委托理财合同中保证本息固定回报的条款。《中华人民共和国证券法》第一百四十三条明确规定，券商不得以任何方式对客户证券买卖收益或者赔偿证券买卖的损失作出承诺。本案保底条款的内容显然违反了上述法律的禁止性规定，应属无效条款。

保底条款应属委托理财合同之目的条款或核心条款，保底条款无效应导致委托理财合同整体无效，故本案《受托投资管理合同》及《补充协议》作为委托理财合同整体无效。受托人 B 证券应当将委托资金本金返还委托人 D 公司，并按中国人民银行规定的同期定期存款利率标准支付利息。委托人不得向受托人要求合同约定的投资收益部分，其已收取的部分作为不当得利应返还给受托人 B 证券。

关联案例 2

▶ **涉及利息及利润分配的保底条款无效不影响其他部分效力**

关 键 词：委托理财法律关系　第三方监管　保底条款　违约责任

案件名称：程某、彭某与何某、重庆 E 机械制造有限责任公司、F 证券股份有限公司清算组等委托理财纠纷案

审理法院：

一审：重庆市第一中级人民法院（2002）渝一中民初字第 529 号

二审：重庆市高级人民法院（2010）渝高法民再终字第 159 号

再审：最高人民法院（2011）民提字第 305 号

法院观点：委托人与受托人以《借款合同》等为形式，约定委托人将资金交付给受托人投资于证券交易市场进行管理，到期由受托人支付固定本息，并约定超出部分的收益，双方按比例分成，双方之间系名为借款实为委托理财的合同关系。委托人、受托人与其他人签订的委托书构成了委托理财法律关系中第三方监管合同行为。委托人与受托人在协议中涉及的利息及利润分配条款属于保底条款，除该部分约定违反相关法律规定无效外，其余部分合法有效。监管方仍应对涉案资金进行监管并承担违约责任。

关联案例 3

▶ **属于委托理财合同的核心条款的保底条款不能成为相对独立的合同无效部分**

关 键 词： 委托理财合同　保底条款　核心条款　整体无效

案件名称： 与洪某、洪某某、上海 G 投资管理有限公司案

审理法院：

一审：上海市静安区人民法院（2009）静民二（商）初字第 409 号

二审：上海市第二中级人民法院（2010）沪二中民四（商）终字第 1079 号

再审：上海市高级人民法院（2012）沪高民五（商）再提字第 2 号

法院观点： 委托人与受托人签订《委托理财协议》，双方系委托代理关系。《委托理财协议》约定受托人保证委托人资金不损失，在出现差额时应及时补足，实际履行中受托人为补足差额出具抵押书，故该约定属保底条款。由于保底条款免除委托人应承担的投资风险，违背委托代理法律关系的基本原则，也违背金融市场的基本规律，因此保底条款应确认为无效条款。因保底条款属于委托理财合同的核心条款，不能成为相对独立的合同无效部分，故《委托理财协议》应确认为合同整体无效。合同无效，双方取得的财产应予以返还。

本案中，委托人与受托人为履行《委托理财协议》进行了国际期货交易。根据当时实施的国务院《期货交易管理暂行条例》第四十九条规定："未经批准，任何单位或者个人不得直接或者间接从事境外期货交易。确需利用境外期货市场进行套期保值的，由中国证监会会同国务院有关部门审核，报国务院批准后，颁发境外期货业务许可证。"所以，一审法院认为该行为违反国家行政强制性规定，洪某和浦某某均有过错，对此阶段产生的损失应各半承担责任。但二审法院对于该等双方过错未予评价，仅以保底条款导致合同整体合同无效为由，判令受托人将委托资金全部本金返还给委托人，并按同期银行存款利率支付相应利息，而不是双方分摊损失。上海市人民检察院对二审判决以该案争议焦点在于系争委托理财协议的效力及所产生的亏损如何分担，生效判决在认定系争委托理财协议无效后，未依双方过错程度就委托理财的损失进行分摊，适用法律存有错误为由向上海高级人民法院提出抗诉，但上海高院在再审程序中认为约定了保底条款的《委托理财协议》明显违反了委托合同的基本原则及金融市场的基本规律，且双方在委托理财过程中，未经批准，擅自从事境外期货交易，违反国家行政强制性规定，故应认定无效。在委托理财合同无效的情况下，受托人理应返还委托人的委托资金，并支付相应利息。

关联案例4

▶ **对合同目的及存续必要性有决定性的影响的保底条款无效将导致委托理财协议整体无效**

关 键 词： 委托理财合同 保底条款 合同目的 整体无效

案件名称： 天津H贵金属经营有限公司等诉韩国斌委托理财合同纠纷案

审理法院：

一审：上海市第二中级人民法院（2014）沪二中民六（商）初字第1号

二审：上海市高级人民法院（2014）沪高民五（商）终字第37号

法院观点： 受托人单位系天津贵金属交易所会员单位，未经准许擅自开展受托理财业务，并违反贵金属交易所相关规程关于不得对客户进行类似收益保证的明确规定，与委托人签订《资产管理协议》和《投资咨询合同》，该等协议中均存在保证本金不受损失或部分不受损失的保底条款。贵金属投资属风险投资，委托投资风险应由委托人自行承担，保底条款的做法违背市场经济基本规律，有违公平原则，应属无效。由于保底条款对整个委托理财协议的合同目的及存续必要性有决定性的影响，故保底条款的无效亦导致委托理财协议整体无效。合同无效后，因该合同取得的财产，应当予以返还，双方应当按照各自过错比例对合同无效的损失承担相应的责任。

本案中，法院经审理认为，受托人在明知代客理财行为违法的情况下，为谋求额外收益，放松监管和自律，允许他人冒用公司员工名义主动向客户推销，并以许诺保本和高回报的方法让客户在公司营业地点与之签署代客理财合同，存在主要的、重大的过错。受托人作为完全民事行为能力人，未认真阅读《客户协议书》中有关禁止代客理财的条款，对相关法律法规和投资风险存在错误理解和判断，在高收益的诱惑下与业务员协商违法的保底条款，在签订协议时欠缺谨慎，在合同履行构成中又疏于监督而造成损失进一步扩大。因此，委托人对于损失的产生亦存在次要的过错。法院根据双方过错程度酌情认定受托人对本金损失承担70%的责任，委托人对本金损失承担30%的责任。

关联案例5

▶ **自然人主体间签订的保底条款有效**

关 键 词： 委托理财协议 保底条款 “试行意见”

案件名称： 高某与付某委托理财合同纠纷案

审理法院：

一审：北京市朝阳区人民法院（2014）朝民初字第8016号

二审：北京市第三中级人民法院（2014）三中民终字第15611号

法院观点：委托人与受托人签订《委托理财协议》是双方真实意思表示，付某与高某签订的《投资协议》，系双方当事人的真实意思表示，且不违反法律、行政法规的强制性规定，应为合法有效，双方当事人应当按照约定全面履行各自的义务。根据《投资协议》中关于“合同期满时，如果投资账户内的资金余额低于期初投资额，则由双方用已分配利润等比例添加支付委托人初投资额的100%，如果双方已分配利润全部返还后仍有不足则由受托人补足给委托人”的约定，判令受托方向委托方支付损失，但对于委托人要求的利息损失则根据过错及公平原则未予支持。

本案中，受托人在二审中提出委托理财协议含有保底条款，并要求依据《北京市高级人民法院关于审理金融类委托理财合同纠纷案件若干问题的指导意见（试行）》（以下简称“试行意见”）第4条“金融类委托理财合同中的保底条款，原则上不予保护。对于履行此类合同发生的损失，法院应当根据当事人各方的过错程度以及公平原则，确定各方当事人应当承担的责任”，确认《投资协议》中的保本条款无效。但二审法院以“试行意见”已经失效为由，未对该等保底条款进行效力认定，也未对合同整体效力进行评价。最终仍维持原判，实际上确认了保底条款的有效性。

律师点评

随着投资市场的繁盛，各种委托理财层出不穷。部分理财合同设有不同程度的保证委托人本金不损失的所谓风险控制条款，亦即“保底条款”。常见的保底条款还可以进一步细分出保本保息、保本不保息等类型。

最高法院民二庭曾以“高民尚”作为署名在《人民司法》阐述了其认为保底条款无效的理由，认为：保底条款有悖民商法基本原理，违背民法之公平原则，违反市场基本规律。

保底条款所在的委托理财合同在委托人和受托人之间建立起的大多为委托代理关系，按照委托代理关系的法学原理，受托人在委托事务范围内为委托人利益进行民事活动，委托人对受托人行为负责并承担相应民事责任。无论何种保底条款均将投资风险完全分配给受托人，违背了委托代理关系中的基本法律原则，也违背了公平原则和市场的基本规律，特别容易助长非理性行为产生，并容易引发非法集资等金融犯罪风险，法院在审理过程中一般对其效力持否定态度。

在近年来的委托理财合同纠纷中，针对保底条款无效后是否直接导致整个委托理财合同无效这一问题，法院已经形成相对确定的判断标准。即保底条款作为该合同核心部分的，则该条款的无效，直接影响合同效力；但对于某些不构成合同的核心部分的保底条款，且独立出来不影响其他部分效力的保底条款被认定无效时，则合同其他部分仍然有效。

但对于委托理财合同被认定为无效时，法院如何进行后续处理，从实务审判当中，可见不同时期的处理都有不同，同级别的不同地区的法院，也有截然相反的处理方式。最高人民法院民二庭倾向性意见认为：在合同无效但盈利的场合，委托资产本金部分应全额返还委托人；对于委托理财之盈利，应先行支付委托人本金的同期银行贷款利息，再向受托人支付合理报酬，剩余部分归委托人所有。在合同无效但亏损的场合，受托人应将委托资产本金返还给委托人，并应以中国人民银行规定的同期贷款利率计付资金占有期间的利息。对于受托人在合同被确认无效前已经按照合同收益条款向委托人支付的收益部分，应视为受托人向委托人返回的本金，并在无效后的本金返还数额中予以扣除。[1] 某些情况下，例如一方是专业金融机构，明显具备高于普通人的金融法律知识，法院会结合案件事实情况就双方对资金损失是否存在过错进行判定，并依据过错比例要求过错方承担相应责任。

由于对委托理财合同的法律关系性质确定不一致，直接影响到对合同权利义务的分配、保底条款乃至整个合同的法律效力的确认。关于委托理财合同的定性问题，最高人民法院民二庭倾向性意见认为：对于委托理财合同的法律性质，应该结合合同双方主体身份、委托资产的权属转移、理财收益和风险的承担方式等对是否构成委托代理法律关系作出认定。对名为委托理财合同，但实际上不构成委托代理法律关系的，人民法院应按照实际构成的信托、合伙、借贷等法律关系处理。[2]

审判实践中对合同主体不同的委托理财纠纷的处理区别对待：合同主体双方为自然人的，一般确认合同有效，如关联案例5；合同一方或双方为法人或组织的，一般确认保底条款无效或整个合同无效。这种区别对待，正吻合2011年2月最高人民法院修改后的《民事案件案由规定》将此类合同纠纷又分为金融委托理财合同纠纷和民间委托理财合同纠纷两个四级案由的规定。

---

〔1〕 最高人民法院民事审判第二庭编：《最高人民法院商事裁判观点》（总第1辑），法律出版社2015年版，第232页。

〔2〕 同上。

二、法院对有效委托理财合同履行过程中导致损失的过错认定

关 键 词： 委托理财　受托人过错认定

问题提出： 有效的委托理财合同在履行过程中出现损失，如何认定损失的责任分配？受托人未尽勤勉善良义务如何认定？市场风险是否属于受托人过错？

案件名称： A科技公司诉B证券公司委托管理资产合同纠纷案[1]

裁判规则： 在委托理财合同有效的情况下，理财合同在履行过程中产生的资金亏损的责任承担，需从受托人是否违反合同约定或存在过错，且该等违约行为或过错是否与资金亏损之间存在必然因果关系来考虑。

在委托方委托受托方进行股市证券买卖操作中，受托的证券机构基于商业判断而作出的正常投资行为，即使出现投资判断失误，但其只要尽到了合同约定的谨慎、勤勉的管理人义务，不存在明显过错，就不能以受托人当时的商业判断与市场后来的事实发展相悖为由，要求其承担赔偿责任。

案情简介

上诉人（原审原告）：广西A科技有限责任公司

被上诉人（原审被告）：B证券股份有限公司

2000年12月18日，广西A科技有限责任公司（以下简称A公司）作为甲方，与乙方B证券股份有限公司（以下简称B公司）签订了一份《B证券股份有限公司关于广西A科技有限责任公司之资产管理委托协议书》（以下简称《资产管理委托协议书》），协议约定的主要内容是：1. B公司接受A公司的委托，为其提供资产管理服务，委托资金共计人民币1亿元，委托期限自2000年12月20日始至2001年12月20日止。2. B公司根据A公司提供的证券账户在B公司及其营业部开立资金专用账户，并将A公司委托管理的资

---

[1] 一审上海市高级人民法院（2003）沪高民二（商）初字第1号；二审最高人民法院（2003）民二终字第182号。

金全额存入该专用账户，委托资产项下各项投资的收入和变现资金只能在该资金专用账户中运作，不得挪作他用。A公司提供深圳证券交易所的股东账户名称为："A公司"；上海证券交易所股东账户名称为"A公司"。A公司还指定B公司在两个个人账户：方某，王新某的账户内进行证券买卖。3. B公司须本着应有的谨慎和勤勉，运用专业知识和技能进行服务，并以委托资产的安全及稳定收益作为资产管理目标；如B公司未尽义务导致委托方的委托资产损失，应对该损失予以赔偿，赔偿范围以足以弥补委托资产总额为限。除双方另有约定外，B公司在委托人指定的证券账户名下，在不违反委托人利益的前提下，有权自主操作资金专用账户的资金买卖及持有在境内合法的金融市场合法投资的品种。但不得为资金专用账户安排任何形式的借贷或其他负债资金。4. B公司在委托期限终止前应将指定证券账户中的所有证券变现。在委托期限终止后的5个工作日内，B公司应将委托资产的期末余额在扣除约定的管理费和业绩报酬后支付给委托人。5. B公司在委托期限内定期（每月、年度和委托期限终止时）向委托人提供资产管理报告。6. 双方约定管理费的提取方法为：当年收益率小于7%时，B公司不收取管理费；年收益率在10%以下时B公司不提取业绩报酬；年收益率在10%至20%部分，B收取一定比例的收益提成等。7. 如B公司未能在约定的委托期限到期后将期末余额支付给委托人，每延迟一天按应支付款项的万分之四计算给付滞纳金；如果任何一方违反协议项下的义务造成损失时，违约方应向对方支付委托资产期初余额5%的违约金，并给予对方完全、有效的赔偿。双方还就其他事项进行了约定。协议签订后，A公司于2000年12月20日将委托资金人民币1亿元汇入B公司指定的账户。

2001年11月25日，B公司与A公司经协商达成《资产委托管理延期协议》（以下简称《延期协议》），协议约定：A公司继续按原协议规定的条款委托B公司管理委托资产，委托资金仍为人民币1亿元，委托期限延至2002年12月20日，B公司同意在原协议期满到期后1日内，按委托资金的6%向A公司支付委托投资收益。在继续委托阶段，双方的权利义务仍遵循原协议的规定。原协议与延期协议不一致的，以延期协议的约定为准。

《延期协议》签订后，B公司依约向A公司支付了前期收益人民币600万元。在原协议和《延期协议》履行期间，B公司未按约定期向A公司提供资产管理报告。《延期协议》约定的委托期限到期后，B公司未将证券账户内的股票变现，亦未将账户资金余额支付给委托人。根据 B 公司提供的股票交易对账单并经原审法院核对，截至 2002 年 12 月 20 日，A 公司账户内的股票市值（按所购股票当日收盘价格计算）和资金余额总计为人民币 80698548.97 元，形成委托资金交易损失人民币 19301451.03 元。

另查明，B 公司于 2003 年 5 月 13 日主动向 A 公司归还人民币 5000 万元。

二审还查明：B 公司于 2003 年 11 月 12 日主动向 A 公司归还了人民币 3070 万元。

判决结果

一审判决：(1) B 公司于该判决生效之日起十日内向 A 公司支付人民币 30698548.97 元（其中股票市值按约定付款日当日已购股票的收盘价格计算并扣除 B 公司已付的人民币 5000 万元）并支付相应逾期付款违约金。(2) B 公司于该判决生效之日起十日内向 A 公司支付违约金人民币 500 万元。(3) 对 A 公司的其余诉讼请求不予支持。

二审判决：维持原判。

各方观点

上诉人（原审原告）A 公司观点：上诉人以 B 公司存在隐瞒亏损，虚报盈利等证券欺诈行为并未尽勤勉谨慎的义务为由，请求判令被上诉人 B 公司返还其委托资产 5000 万元，并依合同约定支付逾期付款滞纳金和违约金。

被上诉人（原审被告）B 公司观点：被上诉人认为其在管理委托资产过程中并无不当；委托资产的损失，是整个股票市场大环境所致，B 公司已及时向 A 公司通知报告了资产状况，不应承担赔偿投资损失的责任。

法院观点

一审法院观点：B 公司作为一家经主管部门批准从事受托投资管理业务的综合类证券公司，具有受托投资管理业务的经营资质，该公司与 A 公司之间签订的《资产管理委托协议书》和《延期协议》，属双方当事人协商一致的结果，是当事人真实意思的表示，不违反法律、行政法规的禁止性规定，其约定均应认定有效。B公司在接受A公司的委托后，应全面依约对A公司的委托资金进行管理，但B公司在委托期间没有完全履行合同义务，没有按期向A公司提供资产管理报告，违反了合同的告知义务；合同约定的期限到期后，没有按约将指定的证券账户内的证券予以变现返还给A公司，应承担逾期付款的违约责任。A公司与B公司在《延期协议》中约定了关于损失的赔偿条款，约定B公司在未尽勤勉、谨慎义务的情形下，应给予A公司资金本金损失的赔偿。但该条款适用的前提是A公司必须证明B公司有违反谨慎、勤勉的管理人的义务，故在没有证据证明B公司有违反管理人义务的情况下，A公司依该条款要求B公司补偿资金本金损失没有事实依据。就委托证券交易本身而言，委托人应当对受托人为其从事交易的结果直接承担交易风险和交易损失，除非受托人有故意违反委托人交易指令损害委托人利益的行为存在，否则受托人不应承担交易损失的后果。本案中，B公司除了部分违约外，A公司并没有证据证明B公司在证券交易过程中有违反法律规定的行为存在，其经营股票的交易损失也属在股市行情处于低迷的环境下的正常市场风险损失，在此方面，B公司没有明显过错，其不应对此交易带来的损失承担责任，B公司只应按委托期限终止之日的应予变现的证券市值承担返还之责，并以此为基数按约计算逾期付款的违约金支付给A公司。故对A公司要求B公司赔偿委托资金本金损失的请求，不予支持；对于B公司提出调整逾期付款违约金标准，因其约定的标准并无不当，也未违反法律规定，故对B公司的该项辩由，不予采信。该院认为，由于合同对B公司定期向A公司提供资产管理报告义务的履行未设立任何前提，属B公司应当信守的义务，也是A公司享有的独立权利之一。即使A公司可以采取积极措施获取相关资产管理信息，也不能免除B公司主动履行该项义务。尽管B公司不履行提供报告的义务没有造成A公司损失，但支付违约金与赔偿损失并无必然联系，B公司的不作为行为致使A公司获取报告的权利未能实现，故对于A公司请求判令B公司支付违约金的诉请，法院予以支持，B公司应根据合同的约定承担违约责任，向A公司支付违约金人民币500万元。

二审法院观点：本案诉争双方系以证券市场投资为目标的委托资产管理合同关系。B公司作为一家经主管部门批准从事受托投资管理业务的综合类证券公司，具有受托投资管理业务的经营资质，其与A公司之间签订的《资产管理委托协议书》和《延期协议》，系双方当事人真实意思表示，不违反法律、行政法规的禁止性规定，应认定合法有效。

《资产管理委托协议书》约定B公司在不违反委托人利益的前提下，有权自主操作资金专用账户的资金买卖及持有在境内合法的金融市场合法投资的品种。但不得为资金专用账户安排任何形式的借贷或其他负债资金。A公司称B公司在资产管理中有两笔存在高买低卖、低卖高买、转移A公司账户盈利、虚构收益的情形，构成对A公司的欺诈。但A公司没有证据证明B公司在证券交易过程中存在违反法律的行为以及在证券交易中存在明显过错和转移A公司账户盈利的事实。在股市证券买卖操作中，B公司基于商业判断而作出的正常投资行为，即使出现投资判断失误，但其只要尽到了合同约定的谨慎、勤勉的管理人义务，不存在明显过错，就不能以受托人当时的商业判断与市场后来的事实发展相悖为由，要求其承担赔偿责任。且本案经营股票交易的损失也属于股市行情处于低迷情况下的正常风险损失。因此在长期的大额股票交易中A公司仅以存在两笔高买低卖的情形，主张B公司在委托理财过程中违反了善良管理义务，构成对A公司欺诈，显然证据不足。根据《延期协议》第一条约定，B公司按资产本金的6%向A公司支付收益。A公司据此认为B公司虚构收益，构成了对A公司的欺诈。因双方在签订《延期协议》时，原协议还未到期，且在当时不可能知道到期时的收益，B公司付款时注明该款项是“预付”委托投资收益款，但A公司在签署时单方划去了“预”字。之后，B公司在向A公司支付该600万元的付款凭证上，也注明付款用途是“收益预分”。据此可以认定，《延期协议》所确定的600万元是预收益，B公司不存在虚构盈利问题；因此，对A公司关于B公司高买低卖股票，转移A公司账户盈利，虚构收益，构成对A公司的欺诈，应当承担相应后果的上诉理由，本院不予支持。

《资产管理委托协议书》第六条第二款第一项规定，B公司应“严格遵守现行法律的各项规定和本协议的各项规定，谨慎与勤勉地进行资产管理义务，确保委托资产的安全与稳定收入；如因未尽该义务导致甲方委托资产损失的，则应对甲方委托资产的损失予以赔偿，赔偿范围以足以弥补委托资产总额为限”。第四项规定，“在委托期限内定期（每月、年度和委托期限终止时）向甲方提供资产管理报告”。由此可见，双方在委托协议中区分了谨慎、勤勉管理人义务与提供资产管理报告义务，B公司向A公司提交资产管理报告的义务，并不属于双方协议第六条第二款第一项约定的“谨慎与勤勉地进行资产管理”的范畴。一审判决认定A公司的委托资产损失是股市行情处于低迷环境下的正常风险损失，B公司在受托管理过程中不存在明显过错，并无不当。对A公司要求判令B公司返还全部委托资金的诉讼请求，本院不予支持。

B公司于2003年11月12日主动向A公司归还了人民币3070万元，对于上述已偿还的本金及相应的滞纳金、利息，应在本案执行中予以扣除。

关联案例1

▶ **受托人擅自操作使用委托人账户和资金进行证券交易导致损失应承担赔偿责任**

关 键 词：擅自操作　谨慎注意义务　民事责任

案件名称：C证券股份有限公司与詹某证券交易代理合同纠纷案

审理法院：上海市高级人民法院（2011）沪高民五（商）终字第6号

法院观点：委托人与受托证券机构（以下简称受托人）签订的指定交易协议书系当事人的真实意思表示，应为合法有效。委托人与受托人依约形成证券交易代理关系。按照证券法以及系争协议之约定，受托人应当对委托人存入的客户交易保证金负有忠实谨慎的保管义务。本案中受托人对委托人资金账户下挂有两个股东账户未能作出合理解释，受托人在未经委托人同意的情况下，擅自操作或允许他人操作使用委托人的账户和资金进行证券交易，导致委托人的资金遭受重大损失，显然违背了合同约定和法定的谨慎注意义务，委托人理应承担向受托人返还系争资金并支付相应利息的民事责任。

关联案例2

▶ **委托人对自己资金未尽必要注意、管理义务造成损失应自行承担部分责任**

关 键 词：完全民事行为能力　必要注意和管理义务　自行承担责任

案件名称：卢某、与郭某民间借贷纠纷案

审理法院：深圳市中级人民法院（2015）深中法民终字第1749号

法院观点：委托人卢某作为具备完全民事行为能力的成年人，应当具备基本的投资风险意识，其在对欲投资项目不了解的情况下即将资金交给受托人郭某委托代为投资，且没有向郭某明确委托的具体事项，未能尽到对自己资金的必要注意和管理义务，因此而造成的资金损失风险，应由卢某部分自行承担。郭某接受卢某委托后，应当认真谨慎地履行职责，但其接受卢某资金并代其注册投资账户后，既未向卢某说明该投资金项目的具体内容和风险，也未告知卢某资金损失是否属于正常投资风险。法院综合考虑到双方过错程度，酌定委托双方各自承担50%责任。

关联案例 3

▶ **受托人未履行告知义务应承担部分赔偿责任**

关 键 词：告知义务 减少损失

案件名称：姜某与呼某委托理财合同纠纷案

审理法院：北京市第三中级人民法院（2015）三中民终字第 02233 号

法院观点：委托人呼某与受托人姜某签订了股票账户委托交易协议书，该协议系双方真实意思表示，且不违反法律、行政法规的强制性规定，应属合法有效。

根据合同约定，在账面本金亏损 10% 及以上时，姜某应及时、具体、明确地对呼某进行告知和说明，以使呼某能够及时作出正确的判断，行使平仓权利减少损失。但本案中，姜某在亏损达到 10% 条件 6 天后才与呼某联系，法院据此认定姜某未能完全履行合同约定的告知义务，因此给呼某带来的损失中超过 10% 的部分应由姜某赔偿。

律师点评

由于资本市场瞬息万变，委托理财存在巨大的市场风险。即使是合法有效的委托理财合同，一旦委托方的委托资金出现大额贬损，则会涌现大量委托方以受托方存在过错为由要求受托方承担返还委托资金或资金利息的案件。在目前的审判实务中，法院对于该类案件，牢牢秉承依法成立的委托合同对委托人和受托人均具有法律约束力，当事人一方不履行合同义务或者履行合同义务不符合约定的，应当承担违约责任这一审判原则。即首先以双方约定内容来衡量受托方是否存在违约行为，并进一步衡量违约行为与资金损失之间的必然因果关系。这一判断标准也与《合同法》第四百零六条“有偿的委托合同，因受托人的过错给委托人造成损失的，委托人可以要求赔偿损失”的规定相一致。因此，如无法证明受托人在履行义务存在过错行为，法院往往认定受托人不应承担交易损失的后果。

对于市场行情处于低迷情况下的正常风险损失，如果受托方是基于商业判断而做出的正常投资行为，则即使出现投资判断错误，但只要其尽到了合理的谨慎、勤勉的受托人义务，未存在明显过错的，均不宜以受托人当时的商业判断与市场发展现状相悖为由来判定受托人承担赔偿责任。对于受托人是否违反了“谨慎、勤勉”的管理义务，主要从受托人的行为与一个怀有善意的理性人在类似的处境下以良好的方式作出的行为是否相一致而出发。例如，在一般情况下高买低卖的操作方式不符合正常的投资逻辑，但如果放在一个长期的投资序列中观察相关的买入与卖出价格，则可能得出该价格并非处于市场高位或市场低位的结论。这就会要求法院在审理涉及受托人勤勉管理义务的时候要综合考虑市场的变动因素。如果受托人在进行投资行为的过程中做到了谨慎、勤勉，则即便相关投资决策出现失误也属正常的投资判断失误，并不违背受托人的应当谨慎、勤勉地管理委托人财产的义务。在长期大额交易的过程中，委托人仅以其中占比极微的投资失误为由要求损害赔偿，亦不能佐证受托人违反了谨慎、勤勉的管理义务。

如受托人在委托理财行为中存在过错，委托人也并非必然全无过错，受托人也并不应然地承担所有委托人的损失。委托人应当知晓任何在资本市场的投资行为均存在有巨大的财务风险，即使是富有经验的投资人仍然可能受到损失。因此选任受托人时，委托人理应充分考察受托人情况、了解投资方向、明确受托人权限、委托事项决策程序等。对委托人未能在选任时尽到合理义务，或者委托内容不清导致委托人损失时，法院按照公平原则，要求委托人就其过错部分承担相应责任。

三、受托人主体资格对委托理财合同的效力认定的影响

关 键 词： 委托理财　受托人主体资格　合同效力

问题提出： 受监管力度较重的证券公司、期货公司等金融机构，其作为受托人与委托人签订的委托理财合同，法院如何认定其效力？非金融机构作为受托人进行委托理财活动时，其所受的监管力度较金融机构低，此类委托理财合同的效力是否均能为法律所确认？

案件名称： A 银行股份有限公司陕西省分行与 B 信用合作联社委托理财合同纠纷案〔1〕

裁判规则： B 信用社与 C 公司西安营业部签订的《委托投资国债协议》中约定 C

〔1〕 一审西安市中级人民法院（2012）西民一初字第 00010 号；二审陕西省高级人民法院（2014）陕民二终字第 00085 号。

公司西安营业部接受委托方B信用社全权委托、保证到期足额返还本金并支付投资收益，上述约定违反了《中华人民共和国证券法》第一百四十二条“证券公司办理经纪业务，不得接受客户的全权委托而决定证券买卖、选择证券种类、决定买卖数量或者买卖价格”和第一百四十三条“证券公司不得以任何方式对客户证券买卖的收益或者赔偿证券买卖的损失作出承诺”的规定，故双方所签订的《委托投资国债协议》应确认无效。由于《中华人民共和国证券法》的上述强制性规定的责任主体为证券公司，因此，造成合同无效的过错责任在C公司西安营业部，依据《中华人民共和国合同法》第五十八条规定，C公司西安营业部依据《委托投资国债协议》取得的投资款应当返还给B信用社，并应当按照中国人民银行规定的同期贷款利率赔偿B信用社的利息损失。

案情简介

上诉人（原审被告）：A银行股份有限公司陕西省分行

被上诉人（原审原告）：西安市B区农村信用合作联社

1986年12月22日A银行银行西安市分行信托投资公司成立，1995年9月该公司改制为A银行西安市分行城中支行（以下简称A银行城中支行），1999年10月A银行西安市分行被撤销，被划入A银行银行陕西省分行，遂变更为A银行西安市建国路支行。1996年11月6日，A银行西安市分行城中支行（甲方）与C公司（以下简称C公司）（乙方）签订《证券营业部转让合同》，约定：1. A银行同意所属的小寨证券营业部转让给C公司……4. 双方共同办好证券营业部转让的报批手续。5. 从1996年12月31日起，C公司正式接手营业部，即日起营业部发生的一切费用由C公司承担，经营中所发生的差错损益亦由C公司负责。6. C公司接管之时，A银行应将营业部所有资产（除其余债权、债务）移交给C公司。托管之后营业部所发生的债权债务由C公司负责，在此之前营业部所发生的债权债务由A银行负责……11. 本合同自签约之日起生效。同日，双方签订补充协议一份，约定：1. 甲方愿将小寨营业部挂靠在C信托投资公司名下……但所有权并不转移，营业部形式上为C公司所属非法人机构，实质上仍归A银行所有。2. 挂靠后的营业部由甲方按照有关规定，全权负责经营管理……3. 证券营业部的负责人由甲方提出人选，乙方应甲方要求，办理营业部负责人任免等手续。4. 乙方按《转让合同》应付甲方款项950万元资金，由甲方提供资金给乙方，乙方返还给甲方，返还后乙方不再承担经济责任。之后双方办好证券营业部转让的报批手续，1999年4月23日，C公司西安营业部获得《证券经营机构营业许可证》，核准名称为“C公司西安营业部”。

1999年6月23日，C公司西安营业部（甲方）与B信用社（乙方）签订《委托投资国债协议》，内容为：“1. 因乙方时、空间及专业人员限制，不能每天都在国债市场上进行具体操作，特授权甲方代为操作。2. 乙方于1999年6月23日到1999年10月23日投资国债1000万元，委托甲方就国债市场上的交易品种进行实际操作。3. 甲方保证乙方年投资回报率在9.3%。4. 乙方签订协议并将国债款划入甲方后，甲方根据国债市场行情选择国债投资项目和国债种类。5. 甲方保证在本协议期限终止日，将乙方资金及回报按期划给乙方。6. 甲方如不能按期将乙方资金划给乙方（按划出日计），甲方需向乙方支付每日万分之五的滞纳金。”1999年9月22日双方又签订《委托投资国债协议》约定，甲方投资国债900万元，年投资回报率在9%。1999年11月9日双方约定投资国债950万元，年投资回报率在9%。1999年12月9日双方约定投资国债950万元，年投资回报率在9%。1999年12月10日双方约定投资国债950万元，年投资回报率在9%。B信用社共计向C公司西安营业部转款47500000元。B信用社起诉时承认A银行小寨营业部归还本金26000000元。

2002年7月11日，甲方C公司与乙方德恒公司、丙方A银行陕西分行签订协议，约定将C公司西安营业部以现有的全部资产有偿转让给乙方；乙方同意受让其营业部并保证自己具有证券经营的合法资格。……原营业部的任何民事行为、负债（包括或有负债）、亏损以及产生的有关股民保证金、交易、账实不符、股民透支纠纷等遗留问题均由丙方A银行陕西分行负责处理。乙方不就上述问题承担任何责任……本协议与甲乙两方签订的《证券营业部转让协议》不符的，以本协议为准；未尽事宜，由甲乙丙三方协商解决。

判决结果

一审判决：（1）判决生效后十五日内，A 银行股份有限公司陕西省分行归还西安市 B 区农村信用合作联社本金人民币 21500000 元；（2）判决生效后十五日内，A 银行股份有限公司陕西省分行支付西安市 B 区农村信用合作联社利息人民币 9470598.75 元。

二审判决：维持西安市中级人民法院（2012）西民一初字第 00010 号民事判决。

各方观点

上诉人（原审被告）观点：A 银行陕西分行不是合同相对人，C 公司才是适格的诉讼主体。《委托投资国债协议书》中 B 信用社的合同相对人是 C 公司西安营业部。1996 年 11 月 6 日，原 A 银行城中支行已将其所属营业部转让给了 C 公司，该转让获中国人民银行西安市分行、证监会批准，该转让经过中国人民银行、证监会行政批准，该行政审批在未撤销前是合法有效的。A 银行陕西分行与 C 公司西安营业部彻底脱离，不存在“明脱暗不脱”。本案《委托投资国债协议》因违反法律强制性规定，属无效协议，原审认定该协议有效，适用法律错误。

被上诉人（原审原告）B 信用社观点：属于有效协议，应当受法律保护，即使该协议中关于固定收益的保底条款，违反了相关法律的规定，只能说明该部分条款无效，不影响合同其他条款效力。故上诉人应当向被上诉人返还全部借款本金，并按照银行同期贷款利率承担相应的利息损失。

法院观点

一审法院观点：B 信用社与 C 公司西安营业部自愿达成的《委托投资国债协议》，不违反国家法律法规的规定，属有效协议。B 信用社按照协议约定，通过转账方式，向 C 公司西安营业部交付资金 47500000 元，C 公司西安营业部向 B 信用社归还了本金 26000000 元。故 B 信用社与 C 公司西安营业部存在委托投资国债的法律关系。

1996 年起至 2003 年，西安营业部形式上虽然属于 C 公司，实际归 A 银行所有和管理，A 银行不仅从西安营业部收取上缴的利润，还为西安营业部承担债务。而 C 公司自始至终未参与过西安营业部的经营管理，更未进行过任何投资，亦未收取过收益。因此，西安营业部与 A 银行形成“明脱暗不脱”的关系。西安营业部为非法人分支机构，其民事责任应由其开办单位或上级法人来承担。故 B 信用社与 C 公司西安营业部之间形成的债权债务应由 A 银行陕西分行承担。

《委托投资国债协议书》中关于固定收益的保底条款，因违反《中华人民共和国证券法》第一百四十四条的规定，属于无效条款。故建行陕西分行除应返还 B 信用社本金外，应当按照中国人民银行同期贷款利率承担资金占用期间利息。

二审法院观点：(1) 上诉人应当对 C 公司西安营业部的债务承担清偿责任。理由：自 1996 年起至 2002 年，西安营业部形式上属于 C 公司，实际仍归 A 银行所有和经营，A 银行不仅从西安营业部收取上缴的利润，还为 C 公司西安营业部承担债务。而 C 公司自始至终未参与过 C 公司西安营业部的经营管理，更未进行过任何投资，亦未收取过收益。因此，C 公司西安营业部仍然属建行所有。上诉人的行为违反了国务院以“国发（1995）11 号”文转发中国人民银行《关于中国工商银行等四家银行与所属信托投资公司脱钩意见的通知》中“银行应按意见要求在机构、资金、财务、业务、人事、行政等方面与所属信托投资公司彻底脱钩，不再保持隶属或挂靠关系，施行分业管理”和《中华人民共和国证券法》第 6 条“证券业和银行业、信托业、保险业分业经营、分业管理。证券公司与银行、信托、保险业务机构分别设立”的强制性规定；也违反了《中华人民共和国民法通则》第四十二条规定：“企业法人应当在核准登记的经营范围内从事经营”、第四十九条规定：“企业法人有下列情形之一的，除法人承担责任外，对法定代表人可以给予行政处分、罚款，构成犯罪的，依法追究刑事责任：（一）超出登记机关核准的经营范围从事非法经营的……”《中华人民共和国公司法》（1999 年 12 月 25 日修正版）第十一条第二款规定：“公司的经营范围由公司章程规定，并依法登记。公司的经营范围中属于法律、行政法规限制的项目，应当依法经过批准”，显属违法经营。西安营业部是经证监会批准成立且属 A 银行陕西分行所有而不具有独立法人资格的证券交易机构，故上诉人 A 银行陕西分行依法应当对西安营业部的债务承担法律责任。其次，依据上诉人对西安营业部的全部债务承担责任的承诺，该营业部所负被上诉人的债务仍然应由上诉人承担。原审判决支持被上诉人的诉讼请求并无不当。

（2）被上诉人与C公司西安营业部签订的《委托投资国债协议书》因违反法律的强制性规定应属无效。理由：被上诉人B信用社与C公司西安营业部签订的《委托投资国债协议》中约定C公司西安营业部接受委托方信用社全权委托、保证到期足额返还本金并支付投资收益，上述约定违反了《中华人民共和国证券法》第一百四十二条“证券公司办理经纪业务，不得接受客户的全权委托而决定证券买卖、选择证券种类、决定买卖数量或者买卖价格”和第一百四十三条“证券公司不得以任何方式对客户证券买卖的收益或者赔偿证券买卖的损失作出承诺”的规定，故双方所签订的《委托投资国债协议书》应确认无效。由于《中华人民共和国证券法》的上述强制性规定的责任主体为证券公司，因此，造成合同无效的过错责任在C公司西安营业部，依据《中华人民共和国合同法》第五十八条规定，C公司西安营业部依据《委托投资国债协议书》取得的投资款应当返还给被上诉人，并应当按照中国人民银行规定的同期贷款利率赔偿被上诉人的利息损失。综上，原判认定双方所签订的《委托投资国债协议》有效不当，应予纠正，上诉人的该项上诉理由成立。

（3）上诉人是否是本案适格被告的问题。1995年，国家实行银证分离后，A银行已无证券经营资质，C公司以A银行所有小寨证券营业部的固定资产及场所，重新申报、办理了金融许可证和工商营业牌照，C公司西安营业部实际形成A银行陕西分行拥有固定资产，C公司拥有营业牌照，即上诉人将其所拥有的营业部挂靠在C公司名下，用以使用C公司的经营资格，从事证券经营活动，双方实际已形成了挂靠关系。依据《最高人民法院关于适用〈中华人民共和国民事诉讼法〉的解释》第五十四条“以挂靠形式从事民事活动，当事人请求由挂靠人和被挂靠人依法承担民事责任的，该挂靠人和被挂靠人为共同诉讼人”的规定，参照我国相关法律规定中挂靠人与被挂靠人通常是承担连带责任的情形，这类诉讼中民事责任主体的诉讼地位在审判实践中应当根据当事人的请求来确定，当事人即可要求挂靠人与被挂靠人共同承担责任，也可要求其中一方承担责任；当事人如果只主张挂靠人或者只主张被挂靠人独立承担责任的，人民法院应当只列挂靠人或被挂靠人一方为当事人。B信用社坚持只要求A银行陕西分行承担责任。故依据B信用社诉请仅列A银行陕西分行为本案被告符合法律规定。

综上所述，原审判决认定事实清楚，证据确实充分，判处适当，唯认定上诉人与被上诉人签订的《委托投资国债协议》有效不当应予纠正外，维持原判。

关联案例1

▶ **未经国家证券监督管理机构审核批准擅自从事委托理财业务签订合同无效**

关 键 词：特许经营 社会公共利益

案件名称：D有限责任公司与E信用担保有限公司案

审理法院：

一审：上海市第二中级人民法院（2005）沪二中民三（商）初字第84号

二审：上海市高级人民法院（2005）沪高民二（商）终字第166号

法院观点：E信用担保有限公司与D有限责任公司签订的《委托投资协议书》约定，石化公司将其资金存入其在海通证券新沪路营业部开立的资金账户，委托E公司进行操作，同时约定了E公司到期支付投资本金和收益的保底条款。

本案中，受托人在庭审中抗辩：（1）由于涉案委托理财行为在当时是一种新型的证券市场投资方式，国家尚未制定专门的法律、法规和规章进行调整，其性质、效力、地位、作用在司法界、学术界还处于众说纷纭的状态。根据没有法律从约定的法律适用原则，应当按照当事人意思自治原则认定本案合同有效。（2）中国证监会《关于规范证券公司受托投资管理业务的通知》规定，证券公司受托理财，须经中国证监会批准并授予受托投资管理业务资格，这是专门对证券公司受托理财制定的，对于证券公司以外单位或个人实施受托理财行为并没有涉及，更没有作出禁止性的规定。因此受托人作为非证券公司，并不受该等禁止性规定的限制。

但一审和二审法院并未采纳上述抗辩理由。法院认为：E信用担保有限公司依据该协议所从事的行为，属于证券市场受托投资管理业务，该等业务属于特许经营行业的专项业务，仅限于由国家证券监督管理机构赋予的、在证券市场从事受托投资管理业务的金融机构经营，其余机构擅自从事此类业务属于违法行为。因此，尽管所涉《委托投资协议书》是各方当事人的真实意思表示，但由于E公司未经国家证券监督管理机构审核批准，擅自从事此类业务有损金融秩序，违反社会公共利益，因此本案系争《委托投资协议书》应认定为无效。

关联案例 2

▶ **非金融机构法人受托理财签订委托理财合同并不当然无效**

关 键 词：强制性规定　非金融机构法人

案件名称：刘某与 F 投资管理有限公司委托理财合同纠纷案

审理法院：

一审：淮安市清河区人民法院（2013）河民初字第 2395 号

二审：江苏省淮安市中级人民法院（2014）淮中民终字第 0579 号

法院观点：原告刘某将其开设的证券账户委托被告 F 公司理财，双方之间形成委托关系，该委托关系系双方真实意思表示，且不违反法律、行政法规强制性规定，属合法有效。原告刘某主张本案被告 F 公司并无经过相关的行政许可，故不具备代为炒股的资质，本案的委托理财协议书应认定无效。而《证券法》对经营证券业务作出了明确规定，本案原告刘某系自行在证券公司开设账户，并在开设账户后自愿将该账户及密码交由被告 F 公司进行管理，双方之间形成一般民法意义上的委托关系，并不违反《证券法》的规定。虽然我国证券法规定，对于证券公司的行纪业务应取得特别批准。但对于非金融机构法人受托理财，并无法律及行政法规的强制性规定予以禁止。该协议亦不符合我国合同法规定合同无效的其他法定情形。且对于合同无效的法定条件，应从维护交易安全和稳定的角度出发，根据合同法立法精神，予以从宽认定。故本案所涉股票投资理财合作协议书应为有效协议。

关联案例 3

▶ **自然人间委托理财合同并不当然无效**

关 键 词：禁止性规定

案件名称：廖某与宗某等委托理财合同纠纷案

审理法院：

一审：北京市第二中级人民法院（2013）二中民初字第 01587 号

二审：北京市高级人民法院（2014）高民终字第 745 号

法院观点：协议约定宗某全权委托廖某管理其专项资金，用于证券市场投资，投资于证券市场现有金融品种。该行为与经营证券业务并不相同。宗某没有证据证明廖某与其签署《委托理财顾问协议》违反了相关金融法律法规的禁止性规定或借委托理财之名从事金融违法犯罪活动，其关于合同无效的主张，法院不予支持。双方签订合同的意思表示真实，《委托理财顾问协议》的内容不违反国家法律法规的强制性规定，应属合法有效。

虽然本案所涉委托理财账户的所有人是宋某，但宋某认可宗某以其名义开设账户，并全权委托宗某对账户和资金进行管理，其对宗某签订《委托理财顾问协议》的真实性没有异议。上述协议约定宗某全权委托廖某管理其专项资金，用于证券市场投资，投资于证券市场现有金融品种。宗某与廖某签订协议的意思表示真实，协议的内容亦不违反国家相关金融法律法规的禁止性规定，应认定为合法有效。

律师点评

随着我国资本市场的快速发展，资本市场上出现了大量的委托理财行为。但目前我国尚未颁布专门规范委托理财行为的法律法规，法院审理此类案件适用法律条文缺乏一致性，案件标准不一，导致该类案件的审判缺乏应有的严肃性。关于受托人主体资格是否影响委托合同效率这一问题，不同的法院判决标准不一。

根据《证券法》第一百二十五条“经国务院证券监督管理机构批准，证券公司可以经营下列部分或者全部业务：（一）证券经纪；（二）证券投资咨询；（三）与证券交易、证券投资活动有关的财务顾问；（四）证券承销与保荐；（五）证券自营；（六）证券资产管理；（七）其他证券业务”之规定，以及中国银行业监督管理委员会出台的《商业银行个人理财业务管理暂行办法》（2005年第2号）第五条“商业银行开展个人理财业务，应建立相应的风险管理体系和内部控制制度，严格实行授权管理制度”之规定，可见对于证券机构或金融机构，委托理财业务属于需要审查批准的业务。

目前，绝大多数的案件中，对于受托理财主体为金融机构或证券机构的，则法院一般会就该等机构开展委托理财业务是否经过审批进行调查，若确未经过审批的，根据《最高人民法院关于适用〈中华人民共和国合同法〉若干问题的解释（一）》第十条“当事人超越经营范围订立合同，人民法院不因此认定合同无效。但违反国家限制经营、特许经营以及法律、行政法规禁止经营规定的除外”之规定，则相应的委托理财合同则被认定为无效。A银行与B信用合作社委托理财合同纠纷一案即为该判决观点的体现。在认定了由于西安营业部并不属于合法的法人机构因此其所产生的所有法律责任应有其上级即具有法人资格的A银行承担后，法院判定A银行作为受相关法律法规监管的金融机构尚不具备从事委托理财的资质，因此其开展的委托理财行为违反国家限制经营、特许经营以及法律、行政法规禁止经营规定，签署的委托理财合同属无效。其中，关于西安营业部与C公司所产生的挂靠关系，为委托理财法律关系外的其他法律关系，不影响A银行在本案中的行为性质。

对于非金融机构、证券机构作为受托理财主体的案件，某些法院曾经一度根据“举重以明轻”的原则，判决委托人与非金融、证券机构签订的委托理财协议无效（如本文关联案例1“D有限责任公司与中投E信用担保有限公司”案)，但随着市场上越来越多的投资类公司以及自然人作为受托理财主体的出现，法院的对受托人主体资格的限定开始慢慢放开。对于委托人、受托人均为自然人的委托理财合同，由于自然人之间的委托理财行为在涉案数额、影响范围方面均较为有限，这种分散的操作模式并未能对金融市场造成不良影响。在目前尚未有明确法律规定的情况下，针对自然人之间的委托理财合同只要其不违反民法通则、合同法以及国家金融法规的禁止性规定，在尊重当事人意思自治的情况下，当事人签订的委托理财合同可认定为有效(见关联案例3“廖某与宗某等委托理财合同纠纷”案)。但同时法院也将综合考虑当事双方所从事的专业、合同金额以及当事人之间的社会关系等因素。如发现受托人为相关金融从业人员，为规避相关审批法律而采自然人形式签订委托理财合同，则该合同可能被认定为无效。

针对非金融机构、证券公司等法人从事委托理财行为的，由于证券法、信托法、证券投资基金法等法律法规仅针对金融、证券以及基金管理机构所从事的委托理财业务予以了规制，而且相关主管部门多以特定监管对象为出发点确定监管范围、制定监管制度，因此，此类法人机构所从事的委托理财行为的效力认定尚属真空状态。该类协议本身并不属于我国合同法规定合同无效的任一法定情形，因此应从维护交易安全和稳定的角度出发，根据合同法立法精神，予以从宽认定（见关联案例2“刘某与G投资管理有限公司委托理财合同纠纷”案)。法院目前该种司法审理倾向契合目前金融创新的潮流，有利于投资市场的良性发展。

关于委托理财合同效力问题，最高人民法院民二庭倾向性意见认为：应着重从合同主体是否适格角度判断委托理财合同效力，重点考察受托人主体资格问题。受托人为金融机构法人但未取得委托理财资质的，应当以其违反国家特许经营而认定合同无效；受托人为非金融机构法人但未取得委托理财资质的，不宜轻易否定合同的效力，而应根据具体情况具体分析；受托人为自然人的，原则上合同有效。但如查实作为非金融机构法人或自然人的受托人有在同一时期内共同或分别接受社会不特定多数人委托从事理财业务，特别是进行集合性受托投资管理业务情形的，因该行为已具有社会集资性质，显然与其资质不符，应认定合同无效。[1]

〔1〕 最高人民法院民事审判第二庭编：《最高人民法院商事裁判观点》（总第1辑），法律出版社2015年版，第232页。

第六章　信　贷

一、典当公司不具备从事金融业务资质，无权发放贷款

关 键 词： 典当公司　贷款　金融业务资质　合同无效

问题提出： 典当合同与普通借款合同的权利性质和法律后果是否相同?

案件名称： 五莲A典当有限责任公司与日照市B建材有限公司、丁某等典当纠纷案〔1〕

裁判规则： 典当公司不具备从事金融业务资质，无权发放贷款，但其实际经营放贷业务、以放贷收益作为企业主要利润来源，则故其与借款人签订的《典当借款合同》应认定为无效合同。

案情简介

上诉人（原审原告）：五莲A典当有限责任公司

上诉人（原审被告）：日照市B建材有限公司

上诉人（原审被告）：丁某（系日照市B建材有限公司法定代表人）

上诉人（原审被告）：侯某，与丁某是夫妻关系

被上诉人（原审被告）：司某，日照市某农村信用合作联社职工

被上诉人（原审被告）：日照市C广告工程有限公司

被上诉人（原审被告）：吴某1

被上诉人（原审被告）：吴某2

---

〔1〕 一审山东省日照市中级人民法院（2013）日商初字第5号；二审山东省高级人民法院（2014）鲁商终字第79号。

2010年7月23日，五莲A典当有限责任公司（以下简称A公司）作为出借人（乙方）与日照市C广告工程有限公司（以下简称C公司）、吴某1、吴某2作为借款人（甲方）签订了典当借款合同，约定甲方以车辆、设备、股权、房地产为当物，向乙方申请典当借款人民币60万元，典当期限自2010年7月23日起至2011年1月18日止，当金月综合费率为4.2%、月利率为0.3%，每月20日为结息日；借款人按合同约定日期归还典当本金的息费，逾期每超出一天，除按合同约定收取利息和综合费用外，每天还要加收息费全部款项5‰的违约金；如到期不能归还当金，甲方除在逾期期间自愿按每逾期一天以典当金额的0.5%向乙方交纳违约金外，另按月综合费率4.2%、月利率2.1%的标准向乙方交纳逾期期间的欠款息费；担保人的担保责任为连带清偿责任，担保期限为5年，等等。A公司作为乙方在合同上加盖公司印章和法定代表人章，吴某2、吴某1、C公司作为甲方在合同上加盖公司印章、法定代表人章，吴某2和吴某1并签字；在担保人一栏中，丁某、吴某2、侯某、吴某1、司某签字确认，C公司和日照市B建材有限公司（以下简称B公司）加盖了公司印章和法定代表人章。合同约定的当物没有办理抵质押手续。

合同签订当日，A公司向C公司、吴某1、吴某2出具了典当金额为60万元的当票，吴某2在当票当户签章一栏签字，并加盖了C公司的公司印章和法定代表人章。典当合同到期后，吴某2、吴某1、C公司没有偿还典当借款本金，也没有按合同约定支付综合费用和利息，担保人也没有履行担保义务。A公司向日照市东港区人民法院提起诉讼，请求判令C公司、吴某1、吴某2、B公司、丁某、侯某、司某给付典当借款合同约定的典当本金及综合费用、利息等。2012年11月26日，原审法院受理了C公司申请破产清算一案，日照市东港区人民法院根据《最高人民法院〈关于审理公司强制清算案件工作座谈会纪要〉》第31条的规定将本案移送原审法院审理。2012年12月6日，原审法院作出（2012）日民破字第2号民事裁定书，裁定对C公司的破产申请不予受理。

另查明，2010年7月8日，中华人民共和国商务部为A公司颁发了典当经营许可证；2012年2月7日，日照市公安局为A公司颁发了特种行业许可证。A公司提供的企业法人营业执照载明A公司的经营范围是动产质押典当业务、财产权利质押典当业务、房地产抵押典当业务、限额内绝当物品的变卖、鉴定评估及咨询服务、商务部依法批准的其他典当业务。

判决结果

一审判决：(1) C公司、吴某1、吴某2于本判决生效后10日内偿还A公司借款60万元及利息和综合费用（利息和综合费用以借款本金60万元为基数，按照合同约定的月利率、综合费率自2010年7月23日计算至2011年1月18日）；(2) C公司、吴某1、吴某2于本判决生效后10日内偿付A公司违约金（欠付利息的违约金以欠付的利息为基数，按照月利率0.3%自欠付利息之日起计算至2011年1月18日；欠付典当本金的违约金以借款本金60万元为基数，按照中国人民银行规定的贷款利率的四倍自2011年1月19日计算至判决确定的付款日止）；(3) B公司、丁某、侯某、司某对上述一、二项内容承担连带责任；(4) B公司、丁某、侯某、司某承担责任后，有权向C公司、吴某1、吴某2追偿；(5) 驳回A公司的其他诉讼请求。

二审判决：(1) 维持山东省日照市中级人民法院（2013）日商初字第5号民事判决第四、五项；(2) 撤销山东省日照市中级人民法院（2013）日商初字第5号民事判决第二、三项；(3) 变更山东省日照市中级人民法院（2013）日商初字第5号民事判决第一项为"被上诉人C公司、吴某1、吴某2于本判决生效后10日内偿还上诉人A公司借款60万元及利息（自2010年7月23日起至本判决确定的生效日止，按中国人民银行同期贷款利率计算）"；(4) 上诉人B公司、丁某、侯某、司某在被上诉人C公司、吴某1、吴某2不能清偿债务部分20%范围内承担赔偿责任；(5) 驳回上诉人A公司、上诉人B公司、丁某、侯某的其他上诉请求。

各方观点

上诉人（原审原告）A公司的观点：典当借款合同为合法有效，C公司、吴某1、吴某2在典当期满后既未按约向典当行赎当还款，又未与典当行达成协议，应当按照合同约定承担违约责任。双方当事人应该执行典当借款合同约定内容，三借款人应该承担典当借款合同第七条第一款的违约责任。再者，《典当管理办法》第四十条明确规定"当户于典当期限或者续当期限届满至绝当前赎当的，除须偿还当金本息、综合费用外，还应该根据中国人民银行规定的银行等金融机构逾期贷款罚息水平、典当行制定的费用标准和逾期天数，补交当金利息和有关费用”。借款人应该承担因自身原因违约而造成的不利后果。因此借款人应按典当借款合同约定，逾期后按逾期综合费率、利率偿还上诉人欠款，上诉费等一切实现债权的费用由被上诉人全部承担。

被上诉人（原审被告）司某的观点：（1）根据担保法的规定，司某也应该对在担保物以外的债权承担保证责任，C公司的土地款已经被执行分配，如果A公司能早些申报债权参与执行分配，司某就会承担相对小的担保责任。（2）司某对超过当期外的利息、综合费用不承担责任，也不承担违约责任，且约定的计算方法明显高于法律规定。（3）根据相关法律规定，A公司与C公司的典当借款合同应为无效，主合同无效，从合同亦无效，司某不应承担责任。

B公司、丁某、侯某的观点：（1）A公司与C公司、吴某1、吴某2签订的《典当借款合同》为无效合同，在《典当借款合同》以及当票中，A公司与C公司、吴某1、吴某2既没有列明车辆、设备、股权、房地产等当物的具体明细，也没有按照《典当借款合同》约定和《典当管理办法》的相关规定依法办理当物的质押交付和抵押登记手续。典当借款只能是提供动产质押借款和房地产抵押贷款两种担保借贷行为，A公司与C公司、吴某1、吴某2签订的合同明为《典当借款合同》，实为信用贷款。货币借贷是一种金融业务，只能由国家指定的机构专营，A公司不是中国人民银行批准发放信用贷款业务的机构，无权对外发放信用贷款。A公司以合法形式掩盖非法目的，严重违反法律的规定，扰乱正常金融秩序，损害了社会公共利益。所以，本案典当借款合同和保证合同均应认定为无效。（2）B公司、丁某、侯某不应承担本案的连带责任。本案主合同《典当借款合同》是无效合同，担保合同当然无效，担保人没有过错，所以其不应承担任何责任。即使《典当借款合同》有效，但A公司与C公司、吴某1、吴某2既没有列明当物的具体明细，也没有按照《典当借款合同》约定和《典当管理办法》的相关规定依法办理当物的质押交付和抵押登记手续，欺骗B公司、丁某、侯某签订了保证合同，该保证合同应无效，三人不应承担责任。（3）退一步来讲，即使B公司、丁某、侯某承担连带责任，也仅对在《典当借款合同》约定的典当物外的债权承担责任。根据《担保法》第28条的规定，担保物权优先于担保债权而受清偿。本案当物充足，A 公司在合同履行期届满后应及时行使担保物权，而 A 公司怠于行使担保物权，免除了上诉人的保证责任。（4）本案《典当借款合同》约定的当物既没有交付，也没有办理质抵押手续，没有实际发生当物的各种服务及管理费。典当借款合同和保证合同均为无效合同，上诉人不承担责任，无所谓违约问题。（5）在二审开庭前得知一个新事实，在 2013 年 12 月 4 日，C 公司所有的厂房及土地被日照市东港区人民法院执行拍卖，A 公司参与该拍卖的执行并依法受偿 1111069 元，但是在该拍卖执行程序中 A 公司并没有申报该案，A 公司应当对 C 公司主张的 60 万元本金、利息及债权的申报。据了解 2011 年 8 月 29 日 C 公司以厂房、土地向 A 公司抵押典当 400 万元，因 C 公司没有按时偿还，A 公司已对 C 公司的厂房及土地申请了保全查封措施。鉴于 C 公司的厂房、土地也是该 60 万元典当借款合同中的典当物，且 A 公司也对 C 公司的厂房、土地申请了查封保全措施，但并没有按照法律程序向 C 公司申报债权，参与厂房、土地拍卖权的分配。A 公司的该行为视为对该 60 万元本金等其他债权的放弃，如 A 公司不向借款人主张权利而仅向保证人主张权利则侵害了保证人的合法权益。

法院观点

一审法院观点：A 公司有权依法在国家许可的范围内办理典当业务。《中华人民共和国合同法》第五十二条规定，违反法律、行政法规的强制性规定的合同无效。商务部和公安部联合颁布的《典当管理办法》属于部门规章，不属于法律、行政法规，不是认定本案合同效力的依据。本案典当借款合同约定当物的抵、质押虽然违反了《典当管理办法》的相关规定，但不导致合同无效。典当借款合同约定的当物是否办理了抵、质押手续，抵、质押合同是否有效，不影响典当借款合同的效力。本案典当借款合同中 C 公司、吴某 1、吴某 2 既是借款人，又是保证人，根据《中华人民共和国担保法》第六条的规定，保证人应当是债权人和债务人之外的第三人，因此 C 公司、吴某 1、吴某 2 作为本案典当借款合同保证人的行为无效。综上，典当借款合同意思表示真实，主体合法，内容除 C 公司、吴某 1、吴某 2 提供的担保行为无效外，合同其他部分有效。本案典当借款合同约定的当物虽未交付给 A 公司，也没有办理当物的抵、质押手续，没有实际发生当物的各种服务及管理费用，但A公司仍有权基于典当合同的约定收取综合费用。因此，A公司请求各被告给付典当综合费用应予支持。

二审法院观点：本案争议焦点一，关于《典当借款合同》的效力问题。根据《典当管理办法》的规定，典当是指当户将其动产、财产权利作为当物质押或者将其房地产作为当物抵押给典当行，交付一定比例费用，取得当金，并在约定期限内支付当金利息、偿还当金，赎回当物的行为。因此，典当合同与普通借款合同的权利性质和法律后果不尽相同。典当权是以担保物权的成立为前提，一旦当户到期不能赎当而形成绝当时，典当行通过处置当物来实现典当权利；而普通借款合同中抵、质押是为主债务提供的担保，具有从属性，其实现主债权的方式是对抵、质押物行使优先受偿权。典当合同可以约定综合费用的支付，综合费用的产生是基于提供各种服务和管理费用，而借款合同中约定的利率在性质上属于孳息的范畴。因此，典当合同与借款合同的性质不同，典当借款合同应当是基于典当行为所建立的合同关系。本案中A公司虽是具备从事典当业务资质的企业法人，但其与C公司、吴某1、吴某2签订典当借款合同时，在未就当物办理抵、质押手续的情况下即将当金交付C公司、吴某1、吴某2使用，不符合典当合同的构成要件。A公司实质上是借典当合同之名，变相发放信用贷款，涉案典当借款合同是名为典当、实为企业间借贷的合同。《中华人民共和国商业银行法》第2条规定："本法所称的商业银行是指依照本法和《中华人民共和国公司法》设立的吸收公众存款、发放贷款、办理结算等业务的企业法人"；《中华人民共和国银行业监督管理法》第19条规定："未经国务院银行业监督管理机构批准，任何单位或者个人不得设立银行业金融机构或者从事银行业金融机构的业务活动。"A公司不具备从事金融业务资质，无权发放贷款，但其实际经营放贷业务、以放贷收益作为企业主要利润来源，故其与C公司、吴某1、吴某2签订的《典当借款合同》应认定为无效合同。原审判决对此认定错误，应予纠正。

争议焦点二，本案保证合同的效力及各保证人应承担的责任问题。《中华人民共和国担保法》第5条规定："担保合同是主合同的从合同，主合同无效，担保合同无效。"A公司与C公司、吴某1、吴某2签订的《典当借款合同》既为无效，附从于该合同的担保合同亦为无效。《最高人民法院关于适用〈中华人民共和国担保法〉若干问题的解释》第8条规定："主合同无效而导致担保合同无效，担保人无过错的，担保人不承担民事责任；担保人有过错的，担保人承担民事责任的部分，不应超过债务人不能清偿部分的三分之一。”A公司与C公司、吴某1、吴某2签订的《典当借款合同》中，未列明当物的具体明细，也未有办理当物抵、质押的相关手续，A公司与C公司、吴某1、吴某2存在明显过错，应对担保合同的无效承担主要责任；B公司、丁某、侯某、司某在《典当借款合同》的担保人栏签字确认时，应视为明知C公司、吴某1、吴某2未提供当物，仍为C公司、吴某1、吴某2的借款提供担保，B公司、丁某、侯某、司某对担保合同无效均有一定过错，应承担C公司、吴某1、吴某2不能清偿债务部分20%的赔偿责任。B公司、丁某、侯某、司某承担赔偿责任后，可以向C公司、吴某1、吴某2追偿。

争议焦点三，原审认定的违约金、利息、综合费用是否正确的问题。由于《典当借款合同》无效，因此该合同中关于借款利率、综合费用及违约金的约定对双方当事人均不具有约束力。但因借贷双方对此均有过错，C公司、吴某1、吴某2在返还借款本金的同时，应当按照中国人民银行同期贷款利率的计算标准返还资金占用期间的利息。上诉人A公司主张应按《典当借款合同》的约定认定综合费用、利率、违约金的数额，无法律依据，不予支持。

关联案例1

▶ **实为变相发放贷款的《典当合同》应认定为无效**

关 键 词：典当公司　《典当合同》　变相发放贷款　合同无效

案件名称：青岛D典当有限责任公司与山东E投资有限公司、孙某企业借贷纠纷案

审理法院：

一审：青岛市中级人民法院（2013）青民四初字第107号

二审：山东省高级人民法院（2014）鲁商终字第281号

法院观点：典当公司无权发放贷款，但其实际经营放贷业务，故涉案《典当合同》因变相发放贷款而应认定为无效合同，合同无效后贷款的返还可根据同期银行贷款利率计算占有期间的利息。

关联案例 2

▶ **借典当之名变相发放信用贷款合同无效**

关 键 词：典当业务资质　金融业务资质　变相发放贷款　合同无效

案件名称：日照F化工有限公司与被上诉人日照G典当有限公司、五莲H泡花碱厂企业借贷纠纷案

审理法院：

一审：日照经济技术开发区人民法院（2014）日开商初字第184号

二审：日照市中级人民法院（2014）日商终字第249号

法院观点：本案日照G典当有限公司虽是具备从事典当业务资质的企业法人，但其与五莲H泡花碱厂签订典当借款合同时，在未就当物办理抵、质押手续的情况下即将当金交付五莲H泡花碱厂使用，实质上是借典当合同之名，变相发放信用贷款。日照G典当有限公司不具备从事金融业务资质，无权发放贷款，但其实际经营放贷业务，以放贷收益作为企业主要利润来源，故其与五莲H泡花碱厂签订的《典当借款合同》应认定为无效合同。根据“主合同无效，担保合同无效”的规定，日照G典当有限公司与五莲H泡花碱厂签订的《典当借款合同》既为无效，附从于该合同的担保合同亦为无效。日照F化工有限公司对担保合同无效亦有一定过错，应承担五莲H泡花碱厂不能清偿债务部分三分之一的赔偿责任，日照F化工有限公司承担赔偿责任后可以向五莲H泡花碱厂追偿。

律师点评

（2014）鲁商终字第79号典当借款合同纠纷案判决生效后，A公司向最高人民法院提起再审申请，认为二审判决在认定典当借款合同效力和担保责任两个问题上适用法律错误。本案借款是典当借款，A公司根据典当管理办法，办理典当业务及财产质押手续，符合法律规定，典当借款合同成立并真实有效。典当借款合同不因当物是否办理抵、质押手续而导致无效。

最高人民法院认为：“案涉合同约定的当物名称为‘车辆、机械设备、房地产、股权’。双方当事人并未就具体的当物进行明确，亦未列明当物状况并对当物估价，更未办理当物的抵、质押手续，故该合同虽以《典当（借款）合同》为名，但并不具备典当借款合同的基本特征。二审判决根据合同的内容及履行情况，认定案涉合同名为典当、实为企业间借贷并无不当。因A公司不具备发放贷款的金融业务资质，二审判决进而认定案涉企业间借贷合同

无效并无不当。案涉合同无效，附从于该合同的担保合同亦无效，二审法院根据担保人的过错程度判决担保人承担相应责任并无不当。”最高人民法院作出（2014）民申字第1719号民事裁定书，裁定驳回A公司的再审申请。

关于合同无效后的责任承担，从各级法院的判例中可以看出，合同无效后，合同中约定的借款利率、综合费用及违约金的约定对双方当事人均不具有约束力，一般在判决借款返还本金的同时要求借款人按银行同期贷款利率返还资金占用期间的利息。至于担保人的责任，则根据《最高人民法院关于适用〈中华人民共和国担保法〉若干问题的解释》的相关规定，根据担保人的过错要求其承担相应责任。

需特别说明的是，2015年最高人民法院《关于审理民间借贷案件适用法律若干问题的规定》第十一条规定“法人之间、其他组织之间以及它们相互之间为生产、经营需要订立的民间借贷合同，除存在合同法第五十二条、本规定第十四条规定的情形外，当事人主张民间借贷合同有效的，人民法院应予支持”。据此，此前争论已久的企业间借贷问题在一定程度上终于取得了合法性，但其合法性范围局限于企业之间为生产、经营需要订立的借贷合同，而并不意味任何企业都可以对外发放贷款，贷款作为经营业务仍专属于银行等金融机构。因此，在《关于审理民间借贷案件适用法律若干问题的规定》实施后，并不会改变本文引述案例的结果，典当公司仍然无权经营发放贷款或变相贷款业务。

二、法院对假冒单位名义订立借款合同或保证合同后的合同效力及责任确定

关 键 词： 表见代理　私刻公章　过错程度　合同效力

问题提出： 单位工作人员私刻公章，同银行签订借款合同，工作人员构成刑事犯罪，借款合同效力如何认定，单位是否应当承担民事责任？

案件名称： B银行广州分行与深圳市A机场股份有限公司借款合同纠纷二审案[1]

---

〔1〕 一审广东省高级人民法院（2005）粤高法民二初字第1号；二审最高人民法院（2008）民二终字第124号。

裁判规则：《最高人民法院关于在审理经济纠纷案件中涉及经济犯罪嫌疑若干问题的规定》规定："行为人私刻单位公章或者擅自使用单位公章、业务介绍信、盖有公章的空白合同书以签订经济合同的方法进行的犯罪行为，单位有明显过错，且该过错行为与被害人的经济损失之间具有因果关系的，单位对该过错行为所造成的损失，依法应当承担赔偿责任。"

本案中，崔某等人通过私刻公章、伪造材料等不法手段骗取银行巨额贷款，均构成犯罪，依照《中华人民共和国合同法》第五十二条第三项规定，涉案的授信合同、借款合同均无效。银行未履行金融机构发放贷款应尽的谨慎注意义务，致使崔某等人轻易骗取贷款成功，应当分担贷款损失，法院最终判决银行自行承担本息损失的15%。

案情简介

上诉人（原审被告）：深圳市A机场股份有限公司

上诉人（原审原告）：B银行广州分行

2002年10月间，崔某（时任深圳市A机场股份有限公司总经理、董事会董事，主持深圳市A机场股份有限公司的日常工作）使用深圳市A机场股份有限公司（以下简称A公司）的公章以A公司名义与C银行广州分行签订了1.3亿元的银行承兑合同。贷出的1.3亿元被转入由张某某任董事长的D信息技术公司（以下简称D公司），由D公司开出汇票在湖南岳阳E银行贴现。2003年3月，崔某使用A公司的公章以A公司名义与F银行广州分行签订了贷款1.6亿元的合同，以该1.6亿元贷款偿还了前笔向C银行广州分行的借款本息。在此笔贷款到期时，崔某亲自与B银行广州分行人员商谈贷款，并向B银行广州分行人员介绍D公司出纳员李某为A公司助理会计师，指使李某假冒A公司工作人员（崔某亲笔涂改自己的名片给李某印制名片），使用私刻的A公司公章于2003年7月11日与B银行广州分行签订《基本授信合同》，约定B银行广州分行向A公司提供最高限额为人民币3亿元的基本授信额度，用于解决A公司正常的流动资金周转，授信有效期自2003年7月11日至2004年7月10日止。同年7月14日和12月9日，李某按崔某的授意代表A公司在崔某办公室与B银行广州分行分别签订了数额为2亿元和2500万元的两份贷款合同，共贷款2.25亿元，年利率4.779%，贷款期限一年。开户和贷款所需的A公司营业执照、税务登记证、法定代表人身份证明、授权委托书、董事会决议等相关资料，全部由崔某提交并加盖私刻的A公司公章。2.25亿元贷款发放后，李某按崔某的授意将其中的1.6亿元通过深圳市G航空货运有限公司（以下简称G公司）账户偿还F银行广州分行的1.6亿元借款。余款转入D公司等处。在2.25亿元贷款即将到期时，2004年7月5日，崔某又亲自用私刻的A公司假公章在其办公室与B银行广州分行签订了三份各7500万元的借新贷还旧贷合同，年利率5.841%，贷款期限一年，对2.25亿元贷款延期。2004年8月11日和2005年1月4日，B银行广州分行直接或通过安永会计师事务所向A公司发出贷款核数函和直接追收函，崔某又亲自拟函和签名并使用私刻的A公司公章行文答复B银行广州分行。

B银行广州分行发放2.25亿元贷款后，已收至2004年11月24日共667万元的贷款利息。其中G公司汇入309万元；深圳市某供水设备工业有限公司汇入90万元；新宝莱某实业发展（深圳）有限公司汇入10万元；李某交现金188万元；张某深圳账户转款70万元。

另查明：2005年2月24日，张某、崔某、李某等人因涉嫌贷款诈骗犯罪被深圳市公安局逮捕。2006年2月27日，深圳市人民检察院对崔某等人涉嫌犯罪一案向深圳市中级人民法院提起公诉。2007年8月7日，深圳市中级人民法院对崔某、张某、李某等所涉贷款诈骗罪一案作出（2006）深中法刑二初字第134号刑事判决。该刑事判决认定以下事实：2003年5月，被告人崔某为帮助被告人张某融资，以A公司名义和F银行广州分行签订2亿元人民币的基本授信合同及1.6亿元的贷款合同，该贷款被张某的公司占有。为了偿还到期的该笔贷款，被告人张某、崔某商定盗用A公司的名义以机场扩建候机楼需资金的理由向B银行广州分行贷款。被告人张某、崔某授意被告人李某假冒A公司的财务人员办理向B银行广州分行贷款的具体事宜。同年7月11日，被告人李某假冒A公司的财务人员代表该公司与B银行广州分行签订了金额为3亿元人民币的基本授信合同，伪造A公司法定代表人授权书，代表该公司与B银行广州分行签订了金额分别为2亿元人民币和0.25亿元人民币的借款合同，并在合同及所有贷款资料上加盖其伪造的A公司公章。2.25亿元人民币贷出后，全部由李某转到张某控制的公司非法占有。2004年年初，2.25亿元人民币即将到期，被告人张某、崔某、李某采取“借新还旧”的方式，利用上述授信合同内剩余的0.75亿元贷款额度，循环贷款三次，共计贷款2.25亿元人民币，将还贷的期限变相延长一年。被告人崔某在延期的贷款合同上签名。被告人李某在延期的贷款合同上加盖了伪造的A公司公章。该判决认为：张某、崔某、李某以非法占有为目的，使用虚假的证明文件和经济合同，诈骗银行贷款，数额特别巨大，其行为已构成诈骗贷款罪；张某构成合同诈骗罪。在共同犯罪中，张某在诈骗贷款和合同诈骗均是主犯。崔某在贷款诈骗中虽未占有赃款，但其协助张某进行贷款诈骗，帮助张某非法占有他人财产，属贷款诈骗共犯中的从犯。崔某在一审承认控罪，判决后未提出上诉。

B银行广州分行于2005年1月向原审法院提起诉讼，请求：(1) 判令解除双方2003年7月11日签署的《基本授信合同》及基于该《基本授信合同》签订的金额分别为2亿元和2500万元的两份贷款合同及2004年7月与A公司以借新还旧的方式签订的每份金额为7500万元的借款合同。(2) 判令A公司立即返还借款本金22500万元、利息及罚息212592936元（合计：人民币22712592.36元，暂计至2005年1月24日）。(3) 由A公司承担本案B银行广州分行为实现债权而支付的所有费用。

判决结果

一审判决：(1) 确认本案所涉的授信合同、贷款合同全部无效；(2) A公司于判决生效之日起十五日内赔偿B银行广州分行贷款损失19250万元本息（利息从2004年11月25日起按中国人民银行规定的同期贷款利率计至还款之日，逾期付款按中国人民银行规定的同期贷款利率双倍计付利息）；(3) 驳回B银行广州分行的其他诉讼请求。

二审判决：驳回上诉，维持原判。

各方观点

上诉人（原审原告）B银行广州分行的主要观点：崔某参与了2.25亿元贷款的全过程。崔某虽然不是A公司的法定代表人，但其身份为A公司主持日常工作的董事总经理，本案所有合同全部都是在A公司办公场所内崔某的总经理办公室签署，虽然事后证实崔某以A公司名义签署涉案合同所使用的公章、董事会决议、授权委托书等是其伪造的，但签约时形式上手续完备，B

银行广州分行有理由相信崔某等行为属于有权代理和职务行为。本案2.25亿元贷款中有1.6亿元由崔某归还了应当由A公司负责归还的F银行广州分行1.6亿元借款。由此可见，A公司是涉案贷款的实际使用人和受益人，本案贷款是B银行广州分行和A公司之间的关系，而不是与崔某个人之间的关系。B银行广州分行在签署本案贷款合同时虽未能发现崔某提供的公章和相关证明文件属于伪造，但该过失并不能成为A公司免除全部或部分责任的依据。故崔某以A公司名义与B银行广州分行签署的本案借款合同的行为构成表见代理行为，签署的涉案合同均为有效合同，对被代理人A公司依法产生法律效力，A公司应当依合同约定归还全部借款本息（含罚息）。

上诉人（原审被告）A公司的主要观点：最高人民法院《关于在审理经济纠纷案件中涉及经济犯罪嫌疑若干问题的规定》第五条规定："行为人盗窃、盗用单位的公章、业务介绍信、盖有公章的空白合同书，或者私刻单位的公章签订经济合同、骗取财物归个人占有、使用、处分或者进行其他犯罪活动构成犯罪的，单位对行为人该犯罪行为所造成的经济损失不承担民事责任。"本案中所有贷款材料全部虚假、所有公章全系伪造，所有与贷款有关的银行账户均非A公司的真实账户，所有资金A公司未使用分文，公司董事会对崔某等人签订贷款合同及资金流向完全不知情。崔某虽具有总经理身份，但并无签订如此巨额贷款合同的权限，根据深圳市中级人民法院刑事判决，其在共同犯罪中为从犯，在2.25亿元贷款诈骗案中的作用是次要的。贷款被骗完全是B银行广州分行的工作人员违法违规所致。崔某的总经理身份与B银行广州分行的经济损失之间并不存在因果关系，A公司在本案中并无过错，不应对本案的贷款本息承担赔偿责任。

法院观点

一审法院观点：本案所涉贷款，系崔某等人通过私刻公章以A公司的名义与B银行广州分行签订借款合同的形式诈骗而来。本案所涉的基本授信合同、贷款合同均属《中华人民共和国合同法》第五十二条第三项所规定的"以合法的形式掩盖非法目的"，违反法律禁止性规定的合同，因此均应认定无效。崔某等人以A公司的名义诈骗贷款已造成B银行广州分行2.25亿元贷款及相关利息的损失。崔某等人诈骗贷款的行为与因本案所涉的基本授信合同、贷款合同所产生的民事赔偿关系，是分别适用刑事法律和民事法律审理的两种不同法律关系的案件。本案A公司应否对崔某等人诈骗贷款造成B银行广州分行2.25亿元贷款及相关利息的损失承担责任，应当根据A公司对崔某的行为是否存在明显过错，且该过错行为与B银行广州分行的贷款损失之间是否具有因果关系而认定。

崔某是A公司的总经理、董事会董事，当时主持A公司的日常工作。崔某利用总经理的职务便利，亲自与B银行广州分行人员商谈贷款事宜，为授信合同、贷款合同签订人李某提供虚假身份（名片、介绍信等），为诈骗案提供了一系列的虚假文件，指使李某以私刻的公章代表A公司与B银行广州分行签订贷款合同骗取贷款，在两份贷款延期合同上亲笔签名，并在B银行广州分行有关查询函上签字确认。而且，本案所涉两份贷款合同均在崔某的办公室所签订。崔某上述一系列的作为，造成B银行广州分行有理由相信崔某是在履行职务行为。崔某在两年多时间多次以A公司名义骗取巨额贷款而不为A公司所知，A公司董事会严重失职，负有对公司高管人员失察，放任管理的重大过错责任。又因为A公司董事会的这一重大过错责任过错与B银行广州分行的贷款损失具有直接的因果关系。因此，A公司应当对B银行广州分行贷款损失承担与其过错相适应的民事责任。崔某利用职务之便使用A公司的真公章先后与C银行广州分行和F银行广州分行签订贷款合同，骗取了巨额贷款。贷款虽然没有被A公司实际使用，但对C银行广州分行和F银行广州分行贷款的清偿责任，依法应由A公司承担。本案所涉的2.25亿元贷款中，有1.6亿元用于偿还了A公司欠F银行广州分行的贷款债务。因此，A公司应将这1.6亿元赔偿给B银行广州分行。

B银行广州分行作为商业银行，应当知道A公司为上市的股份公司，贷款有比一般公司贷款更为严格的条件。但B银行广州分行人员在洽谈本案巨额贷款时仅与A公司总经理崔某和李某见面洽谈，未依贷款规章对两人的权限和贷款用途、使用等情况进行严格审查，未履行金融机构发放贷款应尽的谨慎注意义务，轻信崔某的行为系职务行为，致使崔某和李某等人能够轻易诈骗贷款。因此，B银行广州分行对本案所涉贷款被骗所造成的损失也负有重大的过错责任，应当分担本案的贷款损失。对于2.25亿元贷款本金和未付利息的损失，除上述A公司应赔偿1.6亿元本息外，余额6500万元本息的损失，由B银行广州分行自行承担50%即3250万元本息的损失。其余3250万元本息的损失，仍应由 A 公司承担赔偿责任。对 B 银行广州分行诉讼请求中的实现债权而支付的费用，因没有证据证明，不予支持。

二审法院观点：本案焦点问题为 A 公司和 B 银行广州分行签订的基本授信合同和相关借款合同的效力，崔某的行为是否构成表见代理，及 A 公司和 B 银行广州分行的民事责任承担问题。

根据查明的事实，本案所涉贷款系崔某等人伪造文件，虚构贷款用途，通过私刻公章以 A 公司的名义与 B 银行广州分行签订借款合同诈骗而来，所骗款项全部由张某控制的公司非法占有，张某、崔某、李某正在接受国家司法机关的刑事追究。崔某等人的真实目的是骗取银行信贷资产，签订本案所涉基本授信合同及相关贷款合同只是诈骗银行信贷资产的形式和手段。上述行为符合《中华人民共和国合同法》第五十二条第（三）项规定的合同无效情形，原审判决根据上述规定认定本案所涉基本授信合同及相关贷款合同系以合法的形式掩盖非法目的，上述合同无效并无不妥，本院予以维持。

最高人民法院《关于在审理经济纠纷案件中涉及经济犯罪嫌疑若干问题的规定》规定："行为人私刻单位公章或者擅自使用单位公章、业务介绍信、盖有公章的空白合同书以签订经济合同的方法进行的犯罪行为，单位有明显过错，且该过错行为与被害人的经济损失之间具有因果关系的，单位对该过错行为所造成的损失，依法应当承担赔偿责任。"崔某系 A 公司的董事、总经理，在本案发生期间主持 A 公司的日常工作。崔某伙同张某、李某等人为偿还骗取的其他商业银行的到期贷款，亲自与 B 银行广州分行人员商谈贷款事宜，提供虚假文件和伪造的董事会决议，指使李某以私刻的公章代表 A 公司签订授信合同和贷款合同，并在其后亲自使用私刻的公章与 B 银行广州分行签订了借新还旧的贷款合同，使 B 银行广州分行误以为崔某是在履行职务行为，贷款系 A 公司所为，从而造成 2.25 亿元骗贷最终得逞。上述情形之所以能够发生，崔某利用其特殊的身份参与骗贷活动固然系主要原因，但也与 A 公司规章制度不健全、用人失察、对公司高级管理人员监管不力密不可分，故 A 公司在本案中具有明显过错，应依法对 B 银行广州分行的损失承担主要的赔偿责任。

B 银行广州分行在签订和履行本案 2.25 亿元贷款合同的过程当中，未尽审慎注意义务，对私刻的 A 公司公章、伪造的证明文件和董事会决议未进行必要的鉴别和核实，在贷款的审查、发放、贷后跟踪检查等环节具有明显疏漏。A公司作为上市公司，在长达两年时间内未在上市公司半年报和年报中披露本案所涉贷款，兴业银行对此亦未能察觉并采取相应措施，反而与其签订了借新还旧的新合同。故B银行广州分行在本案中也存在一定过错，对本案的损失应承担相应的民事责任。

关于B银行广州分行上诉所称本案崔某的行为构成表见代理，本案授信合同和与之相关的一系列贷款合同为有效合同，A公司应依贷款合同返还贷款本息（包括罚息）的上诉请求。本院认为，表见代理是行为人没有代理权、超越代理权或者代理权终止后继续以代理人名义订立合同，而善意相对人客观上有充分的理由相信行为人具有代理权，则该代理行为有效，被代理人应按合同约定承担其与相对人之间的民事责任。但是，在相对方有过错的场合，不论该种过错是故意还是过失，无表见代理适用之余地。因本案基本授信合同及相关贷款合同，均为以合法的形式掩盖非法目的的无效合同，且B银行广州分行在本案所涉贷款过程中具有过错，故本案不适用合同法关于表见代理的规定，A公司和B银行广州分行应根据各自的过错程度承担相应的民事责任。

关于双方对本案民事责任的承担，原审法院将2.25亿元中的1.6亿元认定为A公司应当偿还欠F银行广州分行的前一笔债务，该部分损失应当由A公司承担全部责任，而其余的6500万元由A公司和B银行广州分行双方各自承担50%责任。对此，本院认为，原审判决对本案损失数额及民事责任分担原则的确定有误，判令A公司承担前一笔1.6亿元的偿还责任不当，应予纠正。本案2.25亿元之中的1.6亿元确被崔某等用于偿还欠F银行广州分行的前一笔债务，但A公司是否应当偿还F银行广州分行1.6亿元贷款与本案无关，该偿付行为并未使2.25亿元骗贷的性质有所改变，本案应以2.25亿元及未付利息作为损失，确定民事责任的承担范围。然而，原审判决对本案损失数额的确定和民事责任的分担比例确定虽然欠妥，但该判决确定A公司赔偿B银行广州分行损失本金1.925亿元及未付利息，B银行广州分行自行承担损失本金3250万元及利息，即A公司承担本案2.25亿元贷款本息损失的近85%，B银行广州分行自行承担本息损失的近15%。从结果看，双方当事人的责任承担与其过错程度是适应的，故原审判决确定的双方当事人对本案损失的承担数额并无不妥，对此本院予以维持。

综上，原审判决认定事实清楚，适用法律正确，虽然对损失数额与责任分担比例的认定欠妥，但处理结果并无不当。

关联案例 1

► 如何认定银行员工私刻公章、出具虚假担保函签订的借款协议效力及后果

关 键 词：虚假担保函　职务行为　监管义务

案件名称：徐某与 G 银行股份有限公司兴筑支行等保证合同纠纷案

审理法院：

一审：贵阳市中级人民法院（2014）筑民二（商）初字第 13 号

二审：贵州省高级人民法院（2014）黔高民商终字第 20 号

法院观点：银行高管宋某私刻银行公章对外出具虚假担保函，推荐徐某对外借款，导致徐某财产损失。法院认为：本案所涉《借款协议》虚假，《担保函》非银行真实意思表示，均不具有法律效力。

关于兴筑支行等的责任，二审法院认为无论宋某所盖的兴筑支行及金筑支行印章是否伪造，其出具《担保函》时的身份、场所及内容均足以让人认为其系行使职务行为。而兴筑支行、金筑支行在宋某从事这些行为时，未尽到监管义务，任由宋某将本行印章盖印在虚假《担保函》上，或私刻本行印章，在工作场所盖印在虚假担保函上，存在明显过错，最终导致徐某轻信银行有担保行为而出借了相应款项，兴筑支行等应向徐某承担民事责任。

关联案例 2

► 银行员工私刻公章不构成表见代表并不等于银行过错责任的免除

关 键 词：表见代表　监管　过错赔偿责任

案件名称：王某与泰安市 H 农村财源信用社、泰安市 I 农村信用合作联社金融借款合同纠纷案

审理法院：

一审：泰安市中级人民法院（2013）泰商重初字第 3 号民事判决书

二审：山东省高级人民法院（2014）鲁商终字第 69 号民事

法院观点：即使借据上的公章是员工赵某私刻盗盖的，赵某向王某借款的行为不构成表见代表，I 农村信用合作联社、H 农村财源信用社不需承担合同责任，但不等于说单位可以免除一切责任。I 农村信用合作联社、H 农村财源信用社在公章管理、用人监管等方面均存在过错，使王某信赖其借款有偿还的保障，而这种过错是导致王某借款损失的重要原因，因此对王某的损失，H 农村财源信用社、I 农村信用合作联社应承担过错赔偿责任。

律师点评

公司高管或员工通过私刻公章，假冒签名等不法手段同银行或其他金融机构签订借款合同、保证合同，涉案人员事后被追究刑事责任，借款本息往往难以追回。此时公司同银行间的责任如何确定，从最高人民法院（2008）民二终字第124号判决书中可见，此类案件的争议焦点一般集中在：（1）借贷合同的效力；（2）公司是否应当承担民事责任，银行是否需要对自身的损失也承担责任。

诉讼中，关于第一个争议焦点，银行一般会以表见代理为由主张合同有效，要求公司履行还款义务。借款人即公司一般则以签订的借款合同非其真实意思表示为由进行抗辩。

表见代理是指本属于无权代理，但因本人与无权代理人之间的关系，具有授予代理权的外观即外表授权，致使善意无过失的相对人相信无权代理人具有代理权而与其为法律行为，法律使之发生与有权代理同样的法律效果。《合同法》第四十九条规定：行为人没有代理权、超越代理权或者代理权终止后以被代理人名义订立合同，相对人有理由相信行为人有代理权的，该代理行为有效。

在表见代理的具体认定上，根据最高人民法院《关于当前形势下审理民商事合同纠纷案件若干问题的指导意见》的规定，人民法院应严格认定表见代理行为。表见代理制度不仅要求代理人的无权代理行为在客观上形成具有代理权的表象，而且要求相对人在主观上善意且无过失地相信行为人有代理权。合同相对人主张构成表见代理的，应当承担举证责任，不仅应当举证证明代理行为存在诸如合同书、公章、印鉴等有权代理的客观表象形式要素，而且应当证明其善意且无过失地相信行为人具有代理权。人民法院在判断合同相对人主观上是否属于善意且无过失时，应当结合合同缔结与履行过程中的各种因素综合判断合同相对人是否尽到合理注意义务，此外还要考虑合同的缔结时间、以谁的名义签字、是否盖有相关印章及印章真伪、所借款项的用途等各种因素，作出综合分析判断。

因此，“有具有代理权的客观表象”和“相对人善意且无过失”是认定表见代理的两个必要条件，缺一不可。在相对方有过错的情况下，不论该种过错是故意还是过失，均无表见代理适用之余地。在本案中，法院认为B银行作为专业金融机构，未尽审慎注意义务，对私刻的公司公章、伪造的证明文件等材料未进行必要的鉴别和核实，在贷款的审查发放过程中具有明显疏漏，因此不存在适用表见代理制度的余地，相关合同应依照《合同法》第五十二条“以合法的形式掩盖非法目的”的规定，被认定为无效。

责任承担方面，在合同无效的情况下，《合同法》第五十八条规定，合同无效或者被撤销后，因该合同取得的财产，应当予以返还；不能返还或者没有必要返还的，应当折价补偿。有过错的一方应当赔偿对方因此所受到的损失，双方都有过错的，应当各自承担相应的责任。因此，合同无效并不意味着公司可以免除还款责任，而应根据各方当事人是否存在过错以及各自的过错程度对导致损失的民事责任进行分担。如在（2008）民二终字第124号判决书中，最高人民法院认为A公司规章制度不健全、用人失察、对高级管理人员监管不力，在该案中具有明显过错，应承担主要责任，同时认为B银行广州分行在本案所涉贷款过程中也有过错，也应承担相应责任。

三、法院对违法放贷中的还款义务与担保责任的确定

关 键 词： 骗取银行贷款　非法放贷　欺诈　刑民交叉　担保责任　以合法形式掩盖非法目的

问题提出： 借款人采用欺诈手段骗取银行贷款，银行工作人员未尽审查义务，相关人员构成刑事犯罪，如何确定借款人的还款义务及担保人的责任？

案件名称： A银行股份有限公司岫岩满族自治县支行与兰某借款合同纠纷上诉案[1]

裁判规则： 借贷关系形成过程中，借款人通过不法手段骗取银行贷款，银行工作人员明知材料虚假依旧发放贷款，两者均已构成犯罪。双方明显是以合法形式掩盖非法目的，破坏国家的金融管理制度，依据《合同法》第五十二条第三项关于“以合法形式掩盖非法目的”的规定，借款主合同应认定为无效，根据《担保法》第五条的规定，担保合同作为从合同亦为无效。

---

〔1〕 一审辽宁省高级人民法院（2012）辽民二初字第17号；二审最高人民法院（2013）民二终字第51号。

根据《最高人民法院关于适用〈中华人民共和国担保法〉若干问题的解释》第八条关于“主合同无效而导致担保合同无效，担保人无过错的，担保人不承担民事责任”的规定，此时，贷款人应当举证证明担保人存在过错。贷款人没有证据证明担保人是在明知违法放贷的情况下提供担保的，担保人不承担民事责任。

案情简介

上诉人（原审原告）：A银行股份有限公司岫岩满族自治县支行

被上诉人（原审被告）：兰某

原审被告：鞍山B木业有限公司（法定代表人蓝某）

2006年3月20日至2008年7月9日间，A银行股份有限公司岫岩满族自治县支行（以下简称岫岩A支行）与鞍山B木业有限公司（以下简称B公司）签订《借款合同》共计31份，其中涉及流动资金贷款的《借款合同》29份，涉及固定资产贷款的《借款合同》2份。上述《借款合同》签订后，岫岩A支行如约履行了贷款发放义务，向B公司发放贷款共计33笔，其中涉及流动资金贷款30笔，涉及固定资产贷款3笔，借款总额14109万元。上述《借款合同》均约定：“借款人未按合同约定期限归还借款本金的，从逾期之日起在本合同约定的执行利率基础上上浮50%计收罚息；对应付未付利息，依据中国人民银行的规定计收复利。”B公司陆续偿还部分借款本金，尚欠借款本金138795617.60元，利息未偿还。上述借款以B公司自有房产22处（房产面积28198.21平方米）、2宗土地使用权（土地面积80635.65平方米）、209台（件）机器设备以及兰某的个人商业网点一处（面积1932.33平方米）、土地使用权（面积1451.60平方米）办理抵押，签订《抵押合同》共计18份。2016年12月23日，岫岩A支行与兰某签订《抵押合同》一份，兰某为其中一份固定资产贷款提供担保。

该合同岫岩A支行和兰某分别提供了一份合同文本，两份合同文本的内容并不完全一致，主要表现在：在兰某提供的合同文本中第十条“担保”中的10.2项有B公司向岫岩A支行承诺，项目竣工后以项目所形成的固定资产（包括机器设备）抵押的方式提供担保的特别约定；在合同末页双方当事人签章下面的空白处有“同意用此房为岩田木业办理贷款1600万元，产权抵押物”的手写内容，兰某签字并按了手印。而岫岩A支行提供的该合同文本上，第十条“担保”中只约定了项目建设期和经营期内的担保方式为抵押，没有10.2项的具体约定，亦无末页签章下面兰某手写的上述内容和兰某的签字确认。岫岩A支行认可兰某提供的合同文本的真实性。

盘锦市公安局经济犯罪案件侦查支队对岫岩A支行中心库副主任江某进行了讯问，江某称自己负责主管B公司这个贷款户，该公司每次贷款到户后都没有按照贷款的用途使用；B公司提供的贷款手续不属实，对其提供虚假的手续还出具其符合贷款条件的调查报告，是由于关系处得不错，并且B公司还给过好处，所以为他们贷款提供方便，做出不真实的调查报告。

此后在盘锦市双台子区人民检察院指控B公司、蓝某犯骗取贷款罪、单位行贿罪一案中，盘锦市双台子区人民法院认定如下事实：蓝某明知B公司不具备向银行申请贷款条件，以“购原材料、上生产线”为由，向岫岩A支行申请贷款，期间，为达到符合申请贷款条件，指使公司工作人员制作虚假的财务报表、审计报告、资产评估报告，B公司于2006年12月23日、25日分三笔取得岫岩A支行贷款共计1800万元，未按固定资产借款合同约定的事项使用贷款资金，经司法鉴定审核认定B公司向岫岩A支行提供的贷款申请报告和审计报告、会计报表为编造和虚假的，取得岫岩A支行贷款后用于偿还岫岩A支行外币户贷款共计921.28万元，足以认定该公司通过编造贷款理由、提供虚假贷款申报资料取得岫岩A支行贷款。B公司行贿的银行工作人员均是贷款过程中相关责任人，双方存在请托关系。岫岩A支行江某B公司为获得岫岩A支行1800万元人民币贷款，向银行提交伪造的董事会纪要、财务报表、审计报告、抵押物评估报告、购销合同等材料，作为岫岩A支行客户部门调查人员的江某在办理上述贷款过程中违反相关法律法规、岗位责任及银行内部规章制度，在该公司不符合贷款条件的情况下，不认真调查、审查该公司提供的虚假财务报表、虚假审计报告等申请贷款材料，同时不认真履行其所在工作岗位的工作职责，对B公司提供的申请贷款所需的材料是否真实有效，没有进行认真细致的贷前调查、审查，工作中疏忽大意、玩忽职守，致使不符合贷款条件的B公司得到1800万元人民币的贷款。而联合调查组成员、部门负责人等其他岫岩A支行工作人员没有对企业的真实财务状况进行深入、细致的调查，没有认真核对企业账目，没有去中介机构核实审计报告的真伪。五名从事银行信贷工作的岫岩A支行的工作人员，均系在贷款过程中起一定作用的人员，分别以非法发放贷款罪及受贿罪被追究刑事责任。

为索要欠款，岫岩A支行向法院提起诉讼请求：1. 判令B公司返还岫岩A支行借款本金138795617.60元和利息（合同期限内按合同约定利率计算；逾期部分加收50%罚息并按中国人民银行有关规定计收复利）。2. 请求法院判令岫岩A支行对抵押物享有优先受偿权；3. 请求法院判令B公司承担与本案相关的诉讼费用。

判决结果

一审判决：（1）B公司偿还岫岩A支行借款本金138795617.60元，利息按各借款合同的约定，合同期限内按约定利率计付，逾期部分加收50%罚息并按中国人民银行规定计收复利。（2）岫岩A支行对B公司的抵押财产享有优先受偿权（抵押物为22处房产和2宗土地使用权及209台机器设备，详见抵押物清单）。（3）驳回岫岩A支行对兰某的诉讼请求。案件受理费925475元，财产保全费5000元，由B公司负担。

二审判决：驳回上诉，维持原判。

各方观点

上诉人（原审原告）岫岩A支行的主要观点：蓝某是B公司的大股东、董事长，既是主要投资者个人也是关键管理人员，兰某是蓝某的亲姐姐，自然是与其关系密切的家庭成员，B公司作为借款人与担保人兰某之间存在关联关系。符合《企业会计准则第36号——关联方披露》（财政部财会〔2006〕3号，2007年1月1日实施，部门规范性文件）关于关联方的认定。

其次，岫岩A支行客户部门调查人员江某在办理上述贷款过程中违反相关法律法规、岗位职责制及银行内部规章制度，在该公司不符合贷款条件的情况下，不认真调查、审查该公司提供的虚假财务报表、虚假审计报告等申请贷款材料，同时不认真履行其所在工作岗位的工作职责，对B公司提供的申请贷款所需的材料是否真实有效，没有进行认真细致的贷前调查、审查，工作中疏忽大意、玩忽职守，致使不符合贷款条件的B公司得到1800万元人民币的贷款。不能认定岫岩A支行对B公司骗贷行为是明知的。

被上诉人（原审被告）兰某的主要观点：案涉固定资产贷款形成不良，是由于岫岩 A 支行和 B 公司的过错及犯罪行为所导致，其应免除担保责任。

兰某与 B 公司的关系不能成为承担担保责任的依据。首先，以存在关联关系为由要求答辩人承担责任缺乏法律根据。其次，不能以兰某与蓝某存在姐弟关系即断定二者存在共同骗取贷款的故意，而应当审查兰某对此事是否明知、是否参与，尤其是是否有从中获利的意图。事实上兰某对于蓝某意图骗取贷款一事不知情、未参与，更没有从中获利的企图。最后，岫岩 A 支行所谓的“关联关系”的依据《企业财务准则》不是法律规定，不能以此为据要求兰某承担责任。

法院观点

一审法院观点：案涉《借款合同》《固定资产借款合同》形式要件齐备，发放贷款及取得借款是双方当事人订立合同时的真实意思表示，岫岩 A 支行如约发放了贷款，B 公司也实际取得了该笔借款，故案涉《借款合同》《固定资产借款合同》的效力应予确认。B 公司作为借款人，应当按照双方合同的约定偿还所借款项的本息。

关于对兰某担保责任的认定一节。岫岩 A 支行在庭审中称该行是在 B 公司的项目资本金、其他自有资金、自筹资金等均已到位，达到了合同约定的放款条件的情况下发放的贷款，故岫岩 A 支行的放款行为是符合规定的。而（2010）双刑初字第 183 号刑事判决认定，蓝某以“上生产线”为由，指使公司工作人员制作虚假的申请贷款材料，向岫岩 A 支行申请贷款，B 公司、蓝某犯骗取贷款罪。（2012）盘中刑二终字第 18 号刑事裁定书认定：岫岩 A 支行工作人员在办理固定资产贷款过程中，不认真调查、审查 B 公司提供的虚假申贷材料为其发放贷款，构成违法发放贷款罪和受贿罪。故岫岩 A 支行的上述主张不符合客观事实。实际情况是，办理借款的相关人员接受了 B 公司的贿赂，在贷款过程中不尽监督职责，提供虚假的调查报告，对不符借款条件的 B 公司违规发放了固定资产贷款。

另外，在对江某的《讯问笔录》中，江某称 B 公司每次贷款到户后都没有按照贷款的用途使用，提供的贷款手续不属实，而自己因为 B 公司给过好处，所以明知 B 公司提供虚假的手续还出具其符合贷款条件的不真实的调查报告。依其供述可以明确，岫岩A支行并不是由于受到B公司的欺骗，在工作中疏于审查，没有发现对方申贷材料存在的问题，进而发放贷款，而是明知B公司申贷材料是编造的、虚假的，即对B公司的骗贷行为是明知的，只是因为受到对方贿赂，才在明知对方申贷手续虚假的情况下出具其符合贷款条件的不真实的调查报告。因此，岫岩A支行完全知晓B公司并不具备《固定资产借款合同》中所载明的餐椅生产线项目建设所需的贷款条件，餐椅生产线项目建设只是一个虚构的、编造的借款用途，借款的实际目的并不是用于固定资产投资，而是假借固定资产借款之名行骗贷之实，但却积极帮助和掩盖其作假行为，做出虚假的调查报告，签订合同并非法发放贷款，帮助其骗贷成功。

在担保人兰某提供的有其签字确认的固定资产借款合同文本中，借贷双方有"以项目形成的固定资产进行抵押"的特别约定，故该约定应当是担保人认为的借贷双方的合意，担保人基于此约定会相信合同约定的将贷款用于生产线项目建设的借款用途是真实的，在此情况下同意为该笔借款提供担保。而岫岩A支行提供的该合同文本上只约定了项目建设期和经营期内的担保方式为抵押，没有上述具体约定，亦无兰某签字确认，故岫岩A支行提供的合同文本并不是担保人兰某认可的合同文本。如前所述，岫岩A支行和B公司都明知该抵押物不会因项目建设而存在，B公司以项目形成的固定资产进行抵押的承诺根本不可能实现。对此，并没有证据证明担保人兰某是知晓的。蓝某是借款人B公司的法定代表人，其与担保人兰某是姐弟关系，对此各方当事人均无异议。尽管如此，B公司作为借款人，与担保人兰某之间并不存在关联关系，因此，在没有证据证明兰某作为担保人在提供担保时知道借贷双方非法发放贷款及骗取贷款事实的情况下，不能因为蓝某和兰某的亲属关系而当然推定兰某作为担保人对岫岩A支行与B公司之间关于假借固定资产贷款之名行骗取贷款之实的行为是明知的。故对于B公司签订固定资产借款合同的真正目的是骗取贷款，这是违背兰某提供担保时的真实意思表示的。

综上所述，债务人B公司采取欺骗手段，使兰某在违背真实意思的情况下提供担保，债权人岫岩A支行对B公司的欺骗行为明知，依据《最高人民法院关于适用〈中华人民共和国担保法〉若干问题的解释》（以下简称《担保法司法解释》）第四十条"主合同债务人采取欺诈、胁迫等手段，使保证人在违背真实意思的情况下提供保证的，债权人知道或者应当知道欺诈、胁迫事实的，按照担保法第三十条的规定处理"的规定，担保人兰某不承担民事责任。

二审法院观点：B 公司与岫岩 A 支行在办理涉案固定资产贷款业务时存在犯罪行为，已经生效的盘锦市双台子区人民法院作出的（2010）双刑初字第 183 号刑事判决书和盘锦市中级人民法院作出的（2012）盘中刑二终字第 18 号刑事裁定书查明和认定，为获得涉案固定资产贷款，B 公司制作虚假财务报告等文件申请贷款，并向岫岩 A 支行工作人员江某等人行贿财物，为此，岫岩 A 支行工作人员江某等人将虚假材料逐级上报，致使不符合贷款条件的 B 公司获得涉案贷款，其分别构成骗取贷款犯罪、单位行贿罪和非法发放贷款罪及受贿罪。因该《固定资产借款合同》的形成过程中，岫岩 A 支行工作人员存在上述刑事判决书和裁定书认定的犯罪行为，双方当事人明显以合法形式掩盖非法目的，侵犯了国家的金融制度，构成犯罪，依据《合同法》第五十二条第三项关于“以合法形式掩盖非法目的”的规定，岫岩 A 支行与 B 公司签订的《固定资产借款合同》应当认定无效，原审判决书认定部分该合同合法有效不妥，本院予以纠正。B 公司与岫岩 A 支行之间的合同关系虽然应当认定无效，但其间仍实际存在民事债权债务关系，原审判决书主文并未涉及合同效力，仅对其偿还借款本金、利息及抵押担保的内容作出判决，双方当事人对此均未提出上诉，本院对原审判决书该判项主文予以维持。

因涉案借款主合同应当认定无效，根据《担保法》第五条规定关于“担保合同是主合同的从合同，主合同无效的，担保合同无效”的规定，与涉案固定资产借款合同配套的兰某与岫岩 A 支行签订的《抵押合同》为从合同，亦应认定无效。根据《最高人民法院关于适用〈中华人民共和国担保法〉若干问题的解释》第八条关于“主合同无效而导致担保合同无效，担保人无过错的，担保人不承担民事责任”的规定，岫岩 A 支行主张兰某承担涉案固定资产借款损失，应当举证证明兰某存在过错。岫岩 A 支行的工作人员滥用职权违法发放贷款形成损失，其在没有证明兰某参与了犯罪或者对该犯罪行为知情并仍然提供抵押担保的情况下，要求兰某承担民事责任没有法律依据。兰某系以抵押担保人身份参与涉案借款关系的，抵押担保法律关系系单务合同，在抵押担保合同关系中，依法抵押担保人只承担合同义务，不享有合同权利。岫岩 A 支行以兰某为 B 公司大股东、董事长的姐姐，其间存在关联关系为由主张兰某应承担还款责任，应当提供证据证明兰某占用了涉案资金或者与之相关的其他利益等，其仅以关联关系为由主张兰某承担民事责任及对抵押物享有优先受偿权，依据不足，不予支持。

关联案例 1

▶ **违法发放贷款刑事案件中实际发放的贷款所形成的债权仍受法律保护**

关 键 词：违法放贷 刑事责任 无效合同 债权

案件名称：C 银行股份有限公司鞍山立山支行与 D 电力有限公司鞍山供电公司、中国 E 电力有限公司东北分公司物权保护纠纷案

审理法院：

一审：辽宁省高级人民法院（2013）辽民二初字第 00057 号

二审：最高人民法院（2015）民二终字第 39 号

法院观点：C 银行立山支行行长因违法放贷被追究刑事责任，且本案所涉《保证担保借款合同》在另案中被法院认定为无效。最高人民法院认为：《保证担保借款合同》曾因涉及刑事犯罪，被另案认定为无效合同，但这并不当然影响农行立山支行依据实际发放的贷款所应当享有的债权。本案 C 银行立山支行原行长的犯罪行为涉及所发放贷款而形成的债权依然应当受到法律保护。《保证担保借款合同》虽然因双方当事人的工作人员犯罪而无效，但不能因此否定双方之间存在民事上的债权债务关系的认定，合同无效确认后，借款人 D 电力公司仍负有返还本案借款责任，而且作为法定孳息的相关本金利息亦应一并返还，并应比照中国人民银行同期贷款利率计算，该部分利息不应作为合同无效造成的损失进行分摊。

关联案例 2

▶ **骗取贷款案件中的过错担保人应承担责任**

关 键 词：骗取银行贷款 担保合同 过错担保人 担保责任

案件名称：F 银行股份有限公司乐清市支行等与庄某金融借款合同纠纷上诉案

审理法院：

一审：乐清市人民法院（2013）温乐商重字第 6 号

二审：浙江省温州市中级人民法院（2014）浙温商终字第 1593 号

法院观点：借款人宋某因骗取银行贷款被追究刑事责任，借款合同无效。担保合同是主合同的从合同，主合同无效，担保合同无效。《担保法司法解释》规定，主合同无效而导致担保合同无效，担保人有过错的，担保人承担民事责任的部分，不应超过债务人不能清偿部分的 1/3。本案担保人祝某与宋某系朋友，曾有投资在宋某处参与分红，且在宋某案发前负债累累的情况下成功收回全部投资并获得不菲分红，故法院认为祝某与宋某关系亲密且对宋某虚构贷款资料和用途等十分了解的盖然性较高。祝某的过错担保对本案发放贷款形成了便利条件，是造成银行损失的因素之一，祝某应承担相应民事责任。法院最终判决祝某对宋某未能退赔金额的 1/3 承担担保责任。

关联案例3

▶ **贷款人未对存在骗贷行为的借款合同行使撤销权的，该合同应认定有效**

案件名称： G银行与H海运公司、I粮油有限责任公司金融借款合同纠纷案

审理法院：

一审：内蒙古自治区高级人民法院（2009）内民二初字第12号

二审：最高人民法院（2013）民二终字第136号

法院观点： 借款人I粮油有限责任公司及其法定代表人陈某构成骗取贷款罪，刑事判决书已经生效。本案中，借款人通过制作虚假报表骗取银行贷款，但G银行在与I粮油有限责任公司签订本案所涉借款合同时，是按照银行正常的放贷手续办理，其并未参与I粮油有限责任公司骗取贷款等不法行为。最高人民法院认为：根据《合同法》第五十四条的规定，G银行对合同享有撤销权，然而，其并未主张撤销，故本案所涉《流动资金借款合同》和《最高额保证合同》均应为有效合同。原审判决认定上述合同无效属适用法律错误，予以纠正。

本案中，由于保证人H海运公司没有提交证据证明G银行与I粮油有限责任公司存在恶意串通、损害保证人利益的行为，故最终保证人的责任未予免除。

律师点评

我国《合同法》第五十二条明确规定了一方以欺诈、胁迫的手段订立合同，损害国家利益；恶意串通，损害国家、集体或第三人利益；以合法形式掩盖非法目的的；损害公共利益；违反法律、行政法规的强制性规定的合同为无效合同。银行高管或职员违法发放贷款，其自身行为可能构成犯罪，关于涉及犯罪的民事交易行为的法律效力，曾有合同无效说与合同有效说等不同学理解释与裁判理念。而从近年最高人民法院和各级法院的判例看，借款方骗贷，且银行违规放贷的情况下，借款合同一般会以“合法形式掩盖非法目的”等原因被认定为无效，有担保的，担保合同因主合同无效而无效。

对于合同无效的后果，《合同法》第五十八条规定“合同无效或者被撤销后，因该合同取得的财产，应当予以返还；不能返还或者没有必要返还的，应当折价补偿。有过错的一方应当赔偿对方因此所受到的损失，双方都有过错的，应当各自承担相应的责任”。据此，在借款合同中，对于借款人而言，借款合同因违法放贷行为无效并不当然免除其还款义务，而仍应向贷款人承

担返还义务，根据最高人民法院（2015）民二终字第39号判决书的观点，借款人除负有返还所欠借款本金的义务外，还应将该部分本金占有期间产生的法定孳息按照人民银行同期贷款利率标准一并返还。

担保合同因主合同无效而无效后，担保人是否承担责任应当根据担保人是否存在过错予以区分。若担保人对主合同无效没有过错的，担保人不承担责任；担保人有过错的，则应根据《担保法司法解释》第八条的规定，担保人承担民事责任的部分，不应超过债务人不能清偿部分的1/3。需说明的是，对于保证人过错的认定，应由贷款人举证证明，如证明担保人在明知违法放贷的情况下提供担保，则该情形属于担保人本身存在过错的行为，依照《担保法司法解释》第8条的规定承担责任。

这里还需指出的是，如最高人民法院（2013）民二终字第136号判决书认定，在仅借款人一方通过欺诈手段骗取银行贷款的情况下，根据最高人民法院的观点，贷款人即银行可依据《合同法》第五十四条的规定行使撤销权，贷款人未行使撤销权的，借款合同有效。保证人如不能举证证明借贷双方存在诸如“恶意串通侵害保证人利益”等行为，仍需要承担保证责任。

四、法院对新贷偿还旧贷的金融借款合同纠纷中保证人责任的确定

关 键 词： 借新还旧　最高额抵押　最高额保证　借款用途　保证责任

问题提出： 主合同当事人协议约定贷款用于信用证解付，实际属于新贷偿还旧贷，司法机关如何认定保证人是否知道或应当知道贷款真实用途，从而确定保证人的保证责任？

案件名称： A银行股份有限公司博尔塔拉分行与新疆B商贸有限责任公司、阿拉山口C贸易有限公司金融借款合同纠纷案〔1〕

裁判规则： 主合同中借款的用途表述为“解付信用证”，实质是借款人通过借新贷用以偿付在信用证法律关系中所欠贷款人的融资垫款。从形式上看，为解付信用证而贷款与为偿还旧贷而借新贷略有不同，但从法律关系的性

〔1〕 二审新疆维吾尔自治区高级人民法院（2012）新民二终字第1号。再审最高人民法院（2014）民提字第136号。

质上看，二者均属于以新债偿还旧债，且新债中的款项均不实际支付给借款人，而是直接用以冲抵旧债，故二者在本质上并无差异，均属于借新还旧的范畴，适用《最高人民法院关于使用〈中华人民共和国担保法〉若干问题的解释》第三十九条规定：主合同当事人协议以新贷偿还旧贷，除保证人知道或者应当知道的外，保证人不承担民事责任。在主合同当事人未向保证人披露贷款用途的情况下，法院最终判决保证人不承担保证责任。

案情简介

再审申请人（一审原告、二审被上诉人）：A 银行股份有限公司博尔塔拉分行

被申请人（一审被告、二审上诉人）：新疆 B 商贸有限责任公司

一审被告：阿拉山口 C 贸易有限公司

2005 年 7 月 29 日，A 银行股份有限公司博尔塔拉分行（以下简称 A 银行博州分行）下属的阿拉山口支行与阿拉山口 C 贸易有限公司（以下简称 C 公司）签订了两份《借款合同》，借款金额分别为 500 万元和 284 万元。《借款合同》约定：借款种类为短期流动资金；借款用途为解付信用证（300LC050410081）；借款期限从 2005 年 7 月 29 日至 2006 年 7 月 29 日；借款利率在基准利率 5.58% 的基础上上浮 30%，执行年利率 7.254%，直至借款到期日；合同项下借款按季结息，结息日为每季末月的 20 日；借款人未按本合同约定期限归还借款本金的，贷款人对逾期借款从逾期之日起在本合同约定的借款执行利率基础上上浮 50% 计收罚息，直至本息清偿为止。借款担保方式为保证，担保合同另行签订。若采取最高额担保方式的，担保合同编号为（博阿）农银高保字（2005）第 65905200500000070 号。同日，A 银行阿拉山口支行与新疆 B 商贸有限责任公司（以下简称 B 公司）签订了一份编号为（博阿）农银高保字（2005）第 65905200500000070 的最高额保证合同，约定：B 公司自愿为 C 公司自 2005 年 7 月 29 日起至 2006 年 7 月 29 日止，在 A 银行阿拉山口支行办理约定的各类债务，实际形成的债务最高余额折合 800 万元提供担保；本合同项下发生各类业务的主合同、借款凭证或相关债权凭证不再送达保证人；在红山路 8 号房产办理完抵押手续后，本担保合同自行解除。同日，A 银行阿拉山口支行向 C 公司发放了 500 万元和 284 万元贷款。

2005年8月初，A银行阿拉山口支行与C公司、B公司三方共同签订了一份《最高额抵押合同》，其中第一条约定：抵押人（B公司）自愿为债务人（C公司）自2005年7月29日起至2006年7月29日止，在抵押权人（A银行阿拉山口支行）处办理约定的各类业务，所实际形成债务的最高余额折合人民币800万元提供担保；第三条约定：抵押人（B公司）同意以下列房地产（详见编号0001的抵押清单）作为抵押物，上述抵押清单为本合同的组成部分；抵押物暂作价人民币18188717元，其最终价值以抵押权实现时实际处理的净收入为准；第13条约定：抵押人应主动了解债务人经营状况及本合同项下各类业务发生、履行情况。本合同项下发生各类业务的主合同、借款凭证或相关债权凭证不再送达抵押人。该合同所附编号为0001的房地产抵押清单上明确写明：房产座落于乌鲁木齐水磨沟区红山路8号，建筑面积为1397.30平方米，土地使用面积为563平方米。2005年8月8日，A银行阿拉山口支行与B公司签订了一份《房产抵押合同》，约定：B公司为了贷款自愿将坐落于乌市水磨沟区红山路8号一栋二层砖混结构的房产抵押于A银行阿拉山口支行，作为B公司贷款的保证；抵押房产的建筑面积为1397.30平方米，土地使用面积为563平方米，房屋所有权证号00493594号；抵押价值为18188717元；B公司于2005年8月8日将上述房产抵押给A银行阿拉山口支行，抵押期限为2005年8月8日起至2006年8月8日止。当日，该房产在乌鲁木齐房屋产权交易管理中心办理了抵押登记，2005年8月10日，办理了土地使用权抵押登记。2007年3月17日，A银行阿拉山口支行向C公司发出《债务逾期催收通知书》，要求C公司偿还上述两笔借款，C公司于当日签收该通知书。

另查明：2005年7月29日贷款500万元的逾期利息为664195.90元（计算至2007年12月20日，已扣除已偿还利息448251.25元）；2005年7月29日贷款284万元，已偿还贷款本金1024689.47元，尚欠贷款本金1815310.53元，逾期利息为196864.09元（计算至2007年12月20日，已扣除已偿还利息240776.38元）。上述两笔借款现尚欠本金合计6815310.53元，尚欠利息合计861059.99元（计算至2007年12月20日）。

又查明：B公司与A银行阿拉山口支行之间未发生任何贷款项目。

为追偿欠款，A银行博州分行提起诉讼，请求判令：（1）C公司、B公司偿还贷款本金681531053元；（2）C公司、B公司偿还贷款利息132110242元（计算至2007年12月20日止，以后利息按合同约定计算至清偿为止）。B

公司反诉请求撤销与A银行阿拉山口支行签订的《最高额保证合同》和《房产抵押合同》。在庭审中，B公司当庭放弃了反诉请求。

判决结果

一审判决：(1) C公司于本判决生效后15日内偿还A银行博州分行借款本金6815310.53元；(2) C公司于本判决生效后15日内偿还A银行博州分行借款利息861059.99元（计算至2007年12月20日），以后的利息按照中国人民银行同期贷款利率计算至实际付款之日；(3) B公司以抵押担保的财产在最高额800万元内对上述债务向A银行博州分行承担清偿责任。

二审判决：(1) 维持一审判决第一、二项；(2) 撤销一审判决第三项；(3) 驳回A银行博州分行的其他诉讼请求。一审本诉案件受理费68754.89元，由A银行博州分行负担3887.48元，C公司负担64867.41元，反诉案件受理费35元，减半收取，由B公司负担。二审案件受理费67870元，由A银行博州分行负担。

最高人民法院再审判决：维持新疆维吾尔自治区高级人民法院（2012）新民二终字第1号民事判决。

各方观点

再审申请人（一审原告、二审被上诉人）A银行博州分行认为：(1) B公司提供最高额抵押担保手续完备，事实清楚。A银行博州分行下属机构阿拉山口支行与B公司签订的《最高额抵押合同》第一条明确约定：抵押人自愿为债务人自2005年7月29日起至2006年7月29日止，在抵押权人处办理约定的各类业务所实际形成的债务，提供最高额800万元担保；第十六条已提示抵押人就合同条款作全面充分的理解，并应债务人及抵押人的要求做了相应的条款说明，签约各方对合同含义认识一致。(2) 本案不存在借新还旧，加重B公司担保责任的情况。首先，《最高额保证合同》是B公司为借款人解付信用证所做出的保证，后因担保方式的变更，保证人由原来的保证担保变更为抵押担保，这在《最高额保证合同》中借款人、担保人、贷款人均已明确约定。由《最高额保证合同》变更为《最高额抵押合同》，只是担保的形式发生变化，绝非是担保的责任发生变化。因此无论是《最高额保证合同》还是《最高额抵押合同》，自始至终均要求B公司承担800万元担保责任，并未加重担保人（抵押人）的责任，担保人理应在其担保的范围内承担责任。其次，《最高额保证合同》《最高额抵押合同》均已明确约定抵押人自愿为债务人自2005年7月29日起至2006年7月29日止，在抵押权人处办理约定的各类业务提供担保，系争合同项下发生的各类业务的主合同、借款凭证和相关债权凭证不再送达抵押人。所谓“约定的各类业务”相对申请人和被申请人属不特定债权、债务。依据《担保法司法解释》第八十三条规定，最高额抵押权所担保的不特定债权，在特定后，债权已届清偿期的，最高额抵押权人可以根据普通抵押权的规定行使其抵押权。担保人承诺，借款人C公司在抵押期限内与申请人办理的所有债务均承担担保责任，因此无论是解付信用证还是转贷等，均属不特定债权，对不特定债权根本没有必要再追究B公司是否知道借款用途为借新还旧问题。

被申请人（一审被告、二审上诉人）B公司认为：（1）B公司的担保系在违背真实意思的情况下提供，依法应不承担担保责任。根据C公司法定代表人刘某的证词，阿拉山口支行、C公司是以为B公司提供贷款的名义，要求B公司以房产抵押担保的。乌鲁木齐市房产局登记的“抵押合同”证实了刘某的说法，即B公司是为其借款而提供的抵押担保。A银行博州分行称“B公司知道C公司借款及借款用途为解付信用证”没有证据证明。（2）阿拉山口支行利用最高额担保不需提供借款合同的规定，采取先签订担保合同、后签订借款合同的方式，刻意隐瞒了“以新贷偿还旧贷”的借款用途。（3）本案是A银行博州分行个别工作人员为掩盖和减轻违规为C公司开具信用证的罪责而欺骗B公司提供的担保，A银行博州分行又为减少自己的损失进行恶意诉讼，让受骗的担保人承担担保责任，有违司法“公平、正义”的核心价值。

法院观点

一审法院观点：（1）2005年7月29日，A银行阿拉山口支行与C公司签订的两份《借款合同》，均约定借款用途为解付信用证，双方对该借款的性质属以新贷偿还旧贷无争议，由于两份《借款合同》系双方当事人真实意思表示，且合同内容不违反法律及行政法规的强制性规定，应认定为有效。合同到期后，C公司未能按期偿还全部贷款本金及利息，依法应当承担向A银行阿拉山口支行偿还剩余借款本金及利息的民事责任。在签订《借款合同》的同一日，A银行阿拉山口支行与B公司又签订一份《最高额保证合同》，约定：本合同项下发生各类业务的主合同、借款凭证或者相关债权凭证不再送达保证人。由于《借款合同》与《保证合同》是同时签订的，且《借款合同》明确约定借款用途为解付信用证，故B公司对《借款合同》的用途是明知的，应当认定该《保证合同》是双方真实意思表示，为有效合同，B公司应当按照《保证合同》的约定在最高额800万元内承担保证责任，其关于是在不知道《借款合同》真实用途的情况下签订的《保证合同》、不应承担保证责任的辩称缺乏事实根据，不能成立。（2）A银行阿拉山口支行、C公司、B公司三方共同签订的《最高额抵押合同》和A银行阿拉山口支行与B公司于2005年8月8日签订的《房产抵押合同》，均约定以B公司所有的一处位于乌鲁木齐市水磨沟区红山路8号、建筑面积为1397.30平方米、价值为18188717元的房产为合同提供抵押。B公司辩称《最高额抵押合同》并没有办理抵押登记手续，实际办理抵押登记手续的是《房产抵押合同》，而《房产抵押合同》是为B公司在A银行阿拉山口支行的贷款而签订的，因此《最高额抵押合同》并未发生法律效力，故B公司不应当承担抵押担保责任。但根据查明的事实，《最高额保证合同》第8条明确约定：在红山路8号房产办理完抵押手续后，本担保合同自行解除。而B公司在2009年6月10日的书面答辩状中曾自述红山路8号房产已经办理抵押手续，《最高额保证合同》的解除条件已成就，其已自认红山路8号房产抵押登记是为本案两笔借款提供的抵押担保，且也完全符合《最高额保合同》的约定。另经查实，B公司与A银行阿拉山口支行之间未发生任何贷款项目，根本无须办理房产抵押登记。综上，B公司与A银行阿拉山口支行签订的《房产抵押合同》表面上是为B公司的贷款提供的抵押，但实质上两份抵押合同均是为C公司涉案的借款提供抵押，且办理了抵押登记手续，已发生法律效力。故B公司的辩解理由缺乏事实根据和法律依据，不能成立。由于《最高额保证合同》已自行解除，且原告在主债权诉讼时效期间内要求行使抵押权亦符合法律规定，故B公司应当按照《最高额抵押合同》的约定，在最高余额800万元内对C公司尚欠的本金及利息承担抵押担保责任。A银行阿拉山口支行与C公司签订的两份

《借款合同》均约定合同项下的借款利率为 7.254%，按月结息，原告据此计算出 C 公司截至 2007 年 12 月 20 日的利息，并无不当，应予支持。B 公司关于原告计算利息不实的辩称因未提供相应证据予以证实，不予支持。鉴于 B 公司在庭审中又提供 6 份归还借款利息的收据，A 银行博州分行对此亦予认可，故应当从其主张的利息请求数额中予以扣除。在庭审中，B 公司当庭放弃要求撤销最高额保证合同和房产抵押合同的反诉请求，符合法律规定，一审法院予以准许。综上，A 银行博州分行要求 C 公司偿还剩余贷款本息及要求对 B 公司的抵押财产在 800 万元债务余额内行使抵押权的请求成立。

二审法院观点：关于最高额保证合同，B 公司提出其与 A 银行博州分行签订该合同时间在先，A 银行博州分行与 C 公司签订借款合同时间在后，但 B 公司该主张缺乏相关的事实依据，故从合同的签订时间上无法认定 B 公司对于 C 公司与 A 银行博州分行签订借新还旧之借款合同不知情的事实。对比借款合同与最高额保证合同内容可得出：借款合同确定借款的实际用途为借新贷还旧贷，A 银行博州分行对该借款的实际用途并无异议。但最高额保证合同并未明确注明 B 公司所担保借款的实际用途，且 A 银行博州分行亦未提供相关证据证明其向 B 公司告知了该借款系用于借新还旧的真实用途，即依据现有证据无法证实 B 公司对于 C 公司借款的实际用途知道或者应当知道。在此情形下，依照《最高人民法院关于适用〈中华人民共和国担保法〉若干问题的解释》第三十九条之规定，B 公司应免除保证责任。其次，关于 B 公司与 A 银行博州分行签订的最高额抵押合同，该院认为，最高额保证合同第 8 条明确约定：在红山路 8 号房产办理完抵押手续后，本担保合同自行解除。A 银行阿拉山口支行也与 C 公司、B 公司签订了最高额抵押合同，虽然房产抵押合同表面上是为 B 公司的贷款而提供的抵押，但 B 公司与 A 银行阿拉山口支行之间未发生任何贷款项目，根本无须办理房产抵押登记，而且在不存在贷款事宜的情形下，B 公司也一直未要求解除房产抵押合同，所以房产抵押合同实质上是为 C 公司涉案的两笔借款提供的抵押担保。因此，B 公司辩称最高额抵押合同并没有办理抵押登记手续的理由不成立。因抵押担保与保证担保同为担保的法定方式，借款人的借新还旧行为无论对于抵押人或保证人而言均会改变其在提供担保时对担保风险的预期，加重其担保责任，进而导致对于担保人不公平的结果，故《担保法司法解释》关于保证章节的规定可适用于抵押担保。依前文所述，B 公司作为最高额抵押合同的抵押人，在对于C公司借款的实际用途系借新还旧不知情的情形下，依法应得以免除抵押责任。

最高人民法院再审观点：本案再审争议的焦点问题是B公司是否应以抵押财产在800万元最高限额内对A银行博州分行承担担保责任。A银行博州分行下属的阿拉山口支行与B公司先后于2005年7月29日、8月初、8月8日签订了《最高额保证合同》《最高额抵押合同》和《房产抵押合同》共计三份担保合同。《最高额保证合同》中约定："在红山路8号房产办理完抵押手续后，本担保合同自行解除。"2005年8月8日，B公司将红山路8号的房产在乌鲁木齐市房屋产权交易管理中心办理了抵押登记，故《最高额保证合同》约定的解除条件已经成就，《最高额保证合同》自此自动解除。《房产抵押合同》约定B公司为贷款而向A银行阿拉山口支行提供抵押，但事实上B公司与A银行阿拉山口支行之间并未发生任何贷款项目，即抵押担保的主债权并未成立，根据抵押合同的从属性原则，《房产抵押合同》亦不成立。《最高额抵押合同》系B公司与A银行阿拉山口支行之间的真实意思表示，合同内容不违反法律规定，故《最高额抵押合同》合法有效，是认定B公司与A银行阿拉山口支行之间担保法律关系的依据。

《最高额抵押合同》约定：抵押人B公司自愿为C公司自2005年7月29日起至2006年7月29日止，在A银行阿拉山口支行处办理约定的各类业务形成的债务在最高额800万元以内提供担保。在抵押期间内，C公司与A银行阿拉山口支行之间共计发生了两笔借款业务，即在2005年7月29日，C公司分别向A银行阿拉山口支行借款500万元和284万元。C公司借款的用途表述为"解付信用证"，实质上是C公司通过借新贷用以偿付在信用证法律关系中所欠农行的融资垫款。从形式上看，为解付信用证而贷款与为偿还旧贷而借新贷略有不同，但从法律关系的性质上看，二者均属于以新债偿还旧债，且新债中的款项均不实际支付给借款人，而是直接用以冲抵旧债，故二者在本质上并无差异，均属于借新还旧的范畴，可以适用同一法律规则。

从时间上看，C公司与A银行阿拉山口支行之间的两份借款合同订立时间早于《最高额抵押合同》，但A银行博州分行自认，在签订《最高额抵押合同》时，并未向B公司提供借款合同，A银行阿拉山口支行亦未有证据证明曾以其他方式将其与C公司之间借新还旧的事实告知了B公司。故B公司主张对案涉借款用途并不知情，本院予以认可。根据合同的相对性原则，A

银行阿拉山口支行与C公司的借款关系仅发生在双方当事人之间，在合同当事人不对外披露的情况下，第三人从外部实难察知借款关系的存在，对借款的用途更难知情，故B公司不知道A银行阿拉山口支行与C公司之间的借款用途，主观上难谓存在过错。

《担保法司法解释》第39条规定："主合同当事人双方协议以新贷偿还旧贷，除保证人知道或者应当知道的外，保证人不承担民事责任。"单纯从文义上看，该条规定是对保证担保所设，但在以第三人财产设定抵押的情形下，抵押担保法律关系在主体、内容、目的、效果等方面与保证担保的特征相近似，在司法解释未对借新还旧中抵押人的责任承担问题作出明确规定的情形下，《担保法司法解释》关于保证的相关规定可比照适用于抵押。故二审法院根据《担保法司法解释》关于保证章的相关规定对本案进行判决并无不当，A银行博州分行关于原二审判决适用法律错误的再审主张不能成立。

综上，A银行阿拉山口支行与B公司签订《最高额抵押合同》时，并未告知B公司关于C公司借新还旧的事实，A银行博州分行亦没有证据证明B公司系在知道或应当知道C公司借新还旧的情形下自愿提供抵押，这无疑会影响B公司在提供抵押时对担保风险的预期判断，加重其担保责任，进而导致不公平的结果，根据《担保法司法解释》第三十九条的规定，B公司免于承担担保责任。

关联案例1

▶ **同一担保人知道借贷双方订立多份新贷还旧贷合同的，应承担担保责任**

关 键 词：新贷偿还旧贷　同一担保人　保证责任

案件名称：D信托投资有限公司与E交易所、F房地产公司委托贷款合同纠纷案

审理法院：最高人民法院（2005）民二提字第8号

法院观点：根据最高人民法院《关于适用〈中华人民共和国担保法〉若干问题的解释》第三十九条第一款"主合同当事人双方协议以新贷偿还旧贷，除保证人知道或者应当知道外，保证人不承担民事责任"和第二款"新贷与旧贷系同一保证人的，不适用前款的规定"的规定，主合同当事人双方协议以新贷偿还旧贷，即以贷还贷，新贷与旧贷是同一保证人的，即使保证人不知道或者不应当知道主合同当事人双方协议以新贷偿还旧贷，保证人仍不能免除保证责任。

该案中，借贷合同双方当事人基于以新贷偿还旧贷的合意，先后订立多个借贷合同，同一担保人在应当知道的情况下同意担保，应当依法承担担保责任。担保人以上述多个借贷合同之间没有形式及内在联系为由，否认以新贷偿还旧贷的合同性质，进而拒绝履行担保责任的，人民法院不予支持。

关联案例 2

▶ 同一担保人在借款人通过过桥资金实现新旧贷款流转时仍需承担保证责任

关 键 词： 过桥资金　新旧贷款流转　同一保证人　保证责任

案件名称： G银行股份有限公司饮泉支行与南通H彩色钢板有限公司等金融借款合同案

审理法院：

一审：江苏省如东县人民法院（2012）东商初字第0617号

二审：江苏省南通市中级人民法院（2013）通中商终字第0022号

再审：江苏省高级人民法院（2013）苏商申字第243号

法院观点： 借款人与贷款人签订协议，约定在借款人发生还款困难时，由第三方提供“互助资金”。后借款人通过第三方资金还款，贷款人发放新的贷款，借款人将新贷款过账给第三方，即借款人通过引入过桥资金实现新旧贷款流转，其实质还是以贷还贷，在新旧贷系同一保证人的情况下，并未增加保证人的风险和责任，保证人仍需承担保证责任。

关联案例 3

▶ 非同一保证人在善意情形下无需为变相以贷还贷承担保证责任

关 键 词： 变相以贷还贷　保证人　保证责任

案件名称： 上诉人新乡市I交通运输有限公司与被上诉人新乡市J小额贷款有限公司等金融借款担保合同纠纷案

审理法院：

一审：新乡市中级人民法院（2012）新民二初字第15号

二审：河南省高级人民法院（2013）豫法民一终字第00129号

法院观点： 借款人因无法偿还对外欠款，向银行申请贷款归还欠款后，又通过委托付款的方式从原贷款人处得到借款以归还银行欠款，其实质是变相以贷还贷。在两笔借款的保证人非同一人的情况下，如无证据证明保证人知道或应当知道该款是用来归还旧贷的，保证人不承担保证责任。

关联案例4

▶ **主合同当事人双方协议以新贷偿还旧贷，新贷与旧贷系同一抵押人的，抵押人不能免除抵押担保责任**

关 键 词：新贷偿还旧贷 同一抵押人 担保责任

案件名称：N银行长沙市某支行与湖南某投资管理有限公司、长沙某开发建设有限公司借款担保合同纠纷案

审理法院：最高人民法院（2007）民二终字第33号

法院观点：根据最高人民法院《关于适用〈中华人民共和国担保法〉若干问题的解释》第三十九条第一款“主合同当事人双方协议以新贷偿还旧贷，除保证知道或者应当知道外，保证人不承担民事责任”和第二款“新贷与旧贷系同一保证人的，不适用前款的规定”的规定，新贷与旧贷是同一保证人的，即使保证人不知道或者不应当知道主合同当事人双方协议“借新还旧”的，保证人仍应承担保证责任。同样的道理，主合同当事人双方协议“借新还旧”，新贷与旧贷系同一抵押人的，抵押人不能免除抵押担保责任。

律师点评

借新贷还旧贷，系在贷款到期不能按时收回的情况下，作为债权人的金融机构又与债务人订立协议，向债务人发放新的贷款用于归还旧贷款的行为。该行为与债务人用自有资金偿还贷款，从而消灭原债权债务关系的行为具有本质的区别。虽然新贷代替了旧贷，但原有的债权债务关系并未消除，客观上只是以新贷形式延长了旧贷的还款期限。[1]传统的以贷还贷多以换据的方式完成，但近年来随着银行自身风控合规的需要，往往在合同中不会明示以贷还贷，借款人往往通过如“信用证解付”“引入过桥资金”等方式实现资金流转，以符合表面合规性，但其实质仍是以贷还贷，属于《最高人民法院关于使用〈中华人民共和国担保法〉若干问题的解释》第三十九条规定的情形。

法院在审理该类案件时，一般通过以下要件来判定是否构成以贷还贷：（1）新旧贷款债权债务主体是否一致；（2）借款人客观上是否存在将新贷偿还旧贷的行为；（3）借贷双方主观上是否存在以贷还贷的合意。

---

〔1〕 最高人民法院（2008）民二终字第81号案裁判摘要。

确认新贷偿还旧贷的事实后，保证人的担保责任还应分如下情形予以确认：

1. 新贷与旧贷保证人为同一人时，无论保证人是否知道借新还旧的情况，保证人均应承担保证责任。这是由于借款人将新贷款用于偿还旧贷款，使得先前无法通过借款人自有资金偿还的债务消灭，导致保证人对先前借款合同的担保义务免除，就新建立的借贷关系要求保证人承担保证责任并未增加保证人承担保证责任的风险与责任范围。

2. 新借款保证人与旧借款的保证人不同，且新借款保证人明知或应当知道"借新还旧"的借款用途仍提供保证的，此时新借款保证人不能以新贷偿还旧贷为由，拒绝承担保证责任。需说明的是，不能仅凭借款合同是否出现了"借新还旧"、"以贷还贷"字样认定担保人是否知道或应当知道借款的真实用途，而应该结合借款合同约定和其他相关证据情况进行综合认定，但相关举证责任应由贷款人承担。

3. 新借款的保证人与旧借款的保证人不同，保证人也不知道以新贷偿还旧贷的借款用途，在此情况下由于新借款被直接用以填补此前无法偿还的债务，本质只是对于原借款周期的滚动，在此情况下不知情的保证人提供担保，明显加重了其承担担保责任的风险，违反公平原则，此时保证人可依据《担保法司法解释》第三十九条的规定要求免责。另外，根据最高人民法院在（2014）民提字第136号案的认定，虽然从文义上看，该条规定是对保证担保所设，但抵押担保法律关系在主体、内容、目的、效果等方面与保证担保的特征相近似，故《担保法解释》关于保证的相关规定可比照适用于抵押担保。

五、借款人非贷款实际使用人，借款人和贷款实际使用人的责任确定

关 键 词： 贷款　实际使用人　连带责任　合同相对性

问题提出： 借款人主张其非贷款实际使用人，是否可以免除还款义务？

案件名称： 马某1与A银行股份有限公司泾源县支行金融借款合同纠纷案〔1〕

---

〔1〕 一审宁夏回族自治区泾源县人民法院（2015）泾民初字第70号；二审宁夏回族自治区固原市中级人民法院（2015）固民终字第159号。

裁判规则： 借贷双方签订《借款合同》，内容不违反法律、行政法规的强制性规定，即合法有效。贷款人履行放款义务，借款人以贷款实际使用人非其本人，不应承担还款义务，法院不予支持。贷款实际使用人为借款人提供担保的，承担保证责任，未提供担保的，不属于同一法律关系。

案情简介

上诉人（原审被告）：马某1

被上诉人（原审原告）：A银行股份有限公司泾源县支行

原审被告：马某2

原审被告：虎某1

原审被告：殷某

原审被告：马某3

2013年3月18日，原告A银行股份有限公司泾源县支行与被告马某1签订借款合同，约定由原告向被告马某1提供贷款5万元，借款期限为一年，即自2013年3月18日至2014年3月18日，借款年利率为14.58%，利息自贷款发放之日起计算，按月付息。同时约定，如借款人未按合同约定归还借款本金，自逾期之日起按合同约定利率上浮50%计收罚息。原告为保障其实现债权，同时与被告马某2、虎某1、殷某、马某3签订保证合同，约定由四被告为借款人提供担保，保证方式为连带责任保证，保证期间为借款合同约定的借款之日起2年。当日，原告依约向被告马某1发放贷款5万元。在借款期限内，被告清偿了部分本金及利息，现对剩余借款本金25150.96元，借款期内利息及逾期利息（截至2015年2月3日）4768.98元至今未还。为此，原告提起诉讼，请求由五被告连带偿还借款本金25150.96元及利息并承担本案诉讼费。

判决结果

一审判决：（1）由被告马某1于本判决生效后15日内向A银行股份有限公司泾源县支行偿还贷款本金25150.96元，利息4768.96元，并承担自2015年2月4日起至实际偿还之日止的逾期利息（利息按年利率14.58%上浮50%计算）；（2）被告马某2、虎某1、殷某、马某3对上述款项承担连带清偿责任。

二审判决：驳回上诉，维持原判。

各方观点

上诉人（原审被告）马某 1 观点：该笔贷款实际是由案外人虎某 2 联系中国邮政储蓄银行股份有限公司泾源县支行的信贷人员而借，实际使用人也是虎某 2。银行在发放贷款时，将发放贷款的信用卡及实际款项也给了虎某 2，马某 1 从未见过或收到过该笔贷款。马某 1 在整个过程中只是在贷款合同上签了字，而款项及后续内容贷款人均未有参与。

被上诉人（原审原告）A 银行股份有限公司泾源县支行观点：马某 1 承认自己签字了。银行也履行了发放贷款义务，将贷款打到了对方账户，因此有权要求马某 1 承担还款责任。

法院观点

一审法院观点：合同是当事人之间设立、变更、终止民事关系的协议。原告与被告马某 1 签订的借款合同及被告马某 2、虎某 1、殷某、马某 3 签订的保证合同，均是双方当事人的真实意思表示，合同内容符合有关法律、法规规定，属于依法成立的合同，应当受法律保护。《中华人民共和国合同法》第八条规定“依法成立的合同，对当事人具有法律约束力。当事人应当按照约定履行自已的义务”。在本案中，原告按照合同约定向被告马某 1 履行了发放贷款的义务，但被告只清偿了一部分本金及利息后，对于剩余借款本金和所欠期内利息及逾期利息至今未能偿还，违反了借款合同的义务，属违约行为；被告马某 2、虎某 1、殷某、马某 3 应按担保合同约定履行担保义务，四被告未按约定履行义务的行为违反了民事活动的诚实信用原则，使原告订立合同的目的不能实现，侵犯了原告的合法权益。《中华人民共和国合同法》第一百零七条“当事人一方不履行合同义务或者履行合同义务不符合约定的，应当承担继续履行、采取补救措施或者赔偿损失等违约责任”。因此，原告起诉要求被告马某 1 偿还借款本金及利息并要求被告马某 2、虎某 1、殷某、马某 3 承担连带责任的诉讼请求，事实成立，予以支持。

二审法院观点：双方当事人签订的小额贷款联保协议书、小额联保借款合同是其真实意思表示，内容不违反法律、行政法规的强制性规定，合法有效。合同签订后被上诉人按照约定向上诉人马某1发放了贷款，将贷款转入了合同约定的账户，已履行了自己的义务。上诉人马某1作为借款人未按合同约定偿还借款本息，原审被告作为保证人未履行保证担保的法律责任，均已构成违约，应承担违约责任。上诉人马某1称其未收到贷款，不是实际使用人的主张不能成立。理由如下：（1）上诉人马某1在一审中对被上诉人提供的六组证据未提出任何异议，认可签名和指纹的真实性。在二审中对被上诉人提供的申请书上的签名又予以否认，指印盖没盖称记不清楚了。但经当庭询问，其明确表示不申请对申请书上的指纹和签名进行司法鉴定，故其异议不成立。（2）合同书面约定通过上诉人马某1在被上诉人处开立的账号为608745004200012829的个人结算账户发放贷款，被上诉人已将贷款打入该账户，正确履行了合同义务，上诉人马某1称其未收到贷款无事实依据。（3）上诉人马某1称其不是贷款实际使用人，未提供证据证明，即使其不是贷款实际使用人，也不影响借款合同的效力，不能免除偿还义务。

关联案例1

▶ **借款人不得以“非贷款实际使用人”为由拒绝承担还款责任**

关 键 词：贷款实际使用人　还款责任

案件名称：谷某与B农村信用合作联社及朱某1、朱某2、薄某金融借款合同纠纷案

审理法院：

一审：河南省舞钢市人民法院（2013）舞民初字第390号

二审：平顶山市中级人民法院（2014）平民金终字第82号

法院观点：系争《个人保证借款合同》合法有效，谷某作为完全民事行为能力人，应当对其民事行为承担相应责任，其以B农村信用合作联社未实际向其发放贷款及其本人不是贷款实际使用人为由提出不应当承担还款责任的上诉请求与事实及合同约定不符，不予支持。

关联案例 2

▶ **借款后交付别人使用不影响合同约定的还款义务**

关 键 词：合同相对性　还款责任

案件名称：陈某、孙某与江苏 C 银行股份有限公司合同纠纷案

审理法院：

一审：淮安市淮安区人民法院（2014）淮法商初字第 0224 号

二审：淮安市中级人民法院（2014）淮中商终字第 0184 号

法院观点：孙某与银行订立合同并立借据的意思表示真实，其作为具有完全民事行为能力的人，对该行为产生的后果是明知的，至于其与银行订立合同和立据后将该款交付他人使用，是孙某对自己权利的处分，根据合同相对性原则，被上诉人根据借款合同、借款借据向孙某账户发放贷款，履行了发放贷款的义务。孙某应当按照合同的约定承担还款责任。

律师点评

实践中，有不少个人或单位为他人或其他企业向银行申请贷款，并以自己名义同银行签订《借款合同》，然后将所借款项提供给实际用款人。当出现贷款逾期清偿时，借款人以其非贷款实际使用人为由主张不应承担还款责任，法院对此认为，双方签订的《借款合同》只要是其真实意思表示，内容不违反法律、行政法规的强制性规定，即认定为有效。

在处理该问题时，一般应根据合同相对性原则，即便借款人非贷款实际使用人，仍应承担还款义务。借款人只要是完全民事行为能力的人，对订立借款合同产生的后果应是明知的，至于在借款后将款项实际交付给何人使用，则是对于自己权利的处分，不影响其合同责任的承担。至于贷款实际使用人是否应当承担连带责任，一般需看其有无保证义务，如无保证义务，则通常会认定存在保证义务，需承担保证责任。但还需注意的是，我国《合同法》第四百零三条规定，受托人以自己的名义与第三人订立合同时，第三人不知道受托人与委托人之间的代理关系，受托人因第三人的原因不履行义务，受托人应当向委托人披露第三人，委托人因此可以行使受托人对第三人的权利。受托人因委托人的原因对第三人不履行义务，受托人应当向第三人披露委托人，第三人因此可以选择受托人或委托人作为相对人，主张其权利。该条内

容在一定程度上也会打破合同的相对性，需要贷款人和借款人在实践过程中引起重视。

六、借款人改变贷款用途，担保人责任的确定

关 键 词：贷款用途　连带责任　应当知道　免除

问题提出：借款人改变贷款用途，担保人是否仍应承担担保责任？

案件名称：A银行股份有限公司大连甘井子支行与大连B集团有限公司、大连C食品有限公司借款合同纠纷再审案〔1〕

裁判规则：借款人变更贷款用途，致使未能按约定办理抵押而解除担保人义务，担保人以借款人变更贷款用途、借款人与贷款人恶意串通为由要求免除保证责任的，最高人民法院认为，我国现行法律、行政法规并无借款人变更该专项贷款用途即相应免除保证人保证责任的相关规定，且贷款人的贷后监控是风险控制需要，同保证人是否应当按约履行保证义务没有对应关系，保证人对借款人的债务承担连带责任。

案情简介

再审申请人（一审原告、二审上诉人）：A银行股份有限公司大连甘井子支行

被申请人（一审被告、二审被上诉人）：大连B集团有限公司

被申请人（一审被告）：大连C天然食品有限公司

2003年5月22日，A银行股份有限公司大连甘井子支行（以下简称A银行甘井子支行）与大连C食品有限公司（以下简称C公司）签订"（大连市甘井子）农银借字（2003）第100008号"借款合同，约定A银行甘井子支行向C公司出借1800万元，借款种类为"农业综合开发"，借款用途为"购设备"，借款期限自2003年5月22日至2006年5月21日，借款年利率为7.137%。A银行甘井子支行与C公司在该合同上签章确认。同日，该笔借款如约发放。

---

〔1〕 二审辽宁省高级人民法院（2010）辽民二终字第89号；再审最高人民法院民提字第51号。

同日，A银行甘井子支行与大连B集团有限公司（以下简称B公司）签订“（大连市甘井子）农银保字（2003）第100008号”保证合同，约定B公司对“（大连市甘井子）农银借字（2003）第100008号”借款合同产生的债务承担连带清偿责任。A银行甘井子支行与B公司在该合同上签章确认。

2003年9月3日，A银行甘井子支行与C公司签订“（大连市甘井子）农银借字（2003）第100009号”借款合同，约定A银行甘井子支行向C公司出借1000万元，借款种类为“农业综合开发”，借款用途为“流动资金”，借款期限截至2006年9月2日，借款年利率为7.137%。A银行甘井子支行与C公司在该合同上签章确认。2003年9月3日、9月18日、11月13日、12月10日，A银行甘井子支行将借款分四笔如约发放。

同日，A银行甘井子支行与B公司签订（大连市甘井子）农银保字（2003）第100009号保证合同，约定B公司对（大连市甘井子）农银借字（2003）第100009号借款合同产生的债务承担连带清偿责任。A银行甘井子支行与B公司在该合同上签章确认。

另查明：2003年5月16日，A银行大连市分行（以下简称大连A银行）批复给A银行甘井子支行大农银复（2003）62号文件，该文件载明：(1) 在完善保证担保手续、落实风险防范措施的前提下，同意A银行甘井子支行为大连C天然食品有限公司发放2800万元项目贷款。(2) 该项目所需贷款计划由A银行甘井子支行向市行申请。(3) A银行甘井子支行要严格按照总行项目贷款管理规定，指派专人，加强项目建设期管理，建立用款银行审核审批制，确保按申请用途使用贷款，防止挪用；项目竣工后，要及时形成项目后评价报告，项目用地、地上建筑物和生产设备要一并抵押，抵押登记手续要报市行备案。A银行甘井子支行收到该文件后，又将该文件转发给B公司。

2003年5月16日，C公司向B公司出具承诺书，该承诺书载明：B公司给C公司担保的1800万元贷款，待C公司进口的设备安装投产后，以设备做抵押从A银行撤出B公司的担保。同日，C公司向大连A银行出具承诺书，该承诺书载明：B公司给C公司担保的1800万元贷款，待C公司进口的设备安装投产后，以设备做抵押从A银行撤出B公司的担保。

2006年12月20日，A银行甘井子支行诉至法院，请求判令C公司偿还借款本金2800万元及相应利息，B公司对该款项承担连带清偿责任。诉讼中，经A银行甘井子支行申请，法院依法对B公司在其下属公司的股权予以查封。

2007年10月17日，B公司向A银行甘井子支行提出申请，“因B公司正准备上市，请求A银行甘井子支行同意对查封的股权予以解封”。同时又向A银行甘井子支行书面承诺“在A银行甘井子支行起诉大连C食品有限公司案件中若因大连B集团有限公司原因而必须承担连带责任，愿用大连B集团有限公司资产无条件偿还”。在此情况下，2007年10月19日，A银行甘井子支行向该院申请撤诉，该院作出（2007）大民合初字第60号民事裁定的同时，对查封B公司的股权予以解封。

法院在审理（2007）大民合初字第60号A银行甘井子支行诉被告C公司、被告B公司2800万元借款合同纠纷一案中，调取A银行2003年8月22日出具的“关于对大连C食品有限公司新增乳业项目贷款的检查报告”，该报告第一条载明“我行在对C公司新增乳业项目贷款资金的使用管理上，本着总行对项目贷款管理的有关要求规定，确定在该企业项目贷款资金的使用上，建立用款审批制度，制定项目贷款资金使用用途审批表，严格控制项目资金使用，做到专款专用。该企业至5月26日资金使用以来，先后与大连万恒进出口公司签订购货合同，购置进口设备128万美元，折合人民币1490万元，加上购置国内设备总计使用资金1758万元”。在法院调取A银行甘井子支行2004年10月22日出具的“关于对大连C食品有限公司贷款使用情况的贷后检查报告”中载明“2800万元贷款，其中1800万元固定资产贷款用于国外进口设备1490万元，国内设备280万元，运费34万元。1000万元流动资金贷款支付奶汁款120万元，建网点150万元，设备安装60万元，支付贷款利息300万元。剩余建设资金370万元”。

调取的A银行甘井子支行出具的项目贷款检查表载明“企业按照承诺（2003年5月16日，C公司给A银行、B公司承诺：待C公司进口设备安装投产后，以设备作抵押从A银行撤出B公司的担保）将该项目新增的设备重新评估后抵押给我行”。该表经营主责任人意见栏内载明“该笔贷款属项目贷款，应按市行限制性条款严格执行”。A银行工作人员于某、李某签字。

A银行甘井子支行出具的项目贷款检查表载明的C公司委托大连万恒进出口贸易有限公司（以下简称万恒公司）进口价值1490万元进口设备，但万恒公司证实2003年至2004年，C公司从未委托其进口设备，该公司与C公司无经济往来。

2009年1月，A银行甘井子支行起诉至辽宁省大连市中级人民法院，请求判令：(1) C公司偿还A银行甘井子支行2800万元贷款本金及相应利息；(2) B公司对上述款项承担连带清偿责任；(3) 案件诉讼费、保全费由C公司、B公司承担。

判决结果

一审判决：(1) C公司自本判决发生法律效力后10日内偿还A银行甘井子支行人民币2800万元及利息（1800万元利息自2003年5月22日起至2006年5月21日止，按合同约定年利率7.137%计算，1000万元利息其中400万元自2003年9月3日起、200万元自2003年9月18日起、200万元自2003年11月13日起、200万元自2002年12月10日起均至2006年9月2日止按年利率7.137%计算)，逾期后年利率按照中国人民银行同期逾期贷款利率规定给付；(2) 驳回A银行甘井子支行其他诉讼请求。

二审判决：驳回上诉，维持原判

再审判决：(1) 撤销辽宁省高级人民法院（2010）辽民二终字第89号民事判决；(2) 维持大连市中级人民法院（2009）大民三初字第11号民事判决主文第一项；(3) 撤销大连市中级人民法院（2009）大民三初字第11号民事判决主文第二项；(4) 大连B集团就大连C食品有限公司上述债务对A银行大连甘井子支行承担连带保证责任；大连B集团有限公司承担保证责任后，有权向大连C食品有限公司追偿。

各方观点

A银行甘井子支行的观点：(1)《项目贷款检查表》是B公司为C公司提供担保，贷款发放后，A银行甘井子支行在贷后检查时由检查人员根据检查中所收集到的信息做出，A银行甘井子支行未能也没有能力在贷后检查中及时发现贷款被C公司挪用的事实，对此事实，A银行甘井子支行同样被C公司诈骗。并且在B公司提供担保时，A银行甘井子支行对于C公司的欺诈行为是不知道也不应当知道的。A银行甘井子支行从未对B公司作出用C公司贷款购买的设备做抵押置换B公司保证担保的承诺。(2) B公司1000万元贷款是1800万元项目贷款的配套流动资金贷款，根据银监会关于项目配套流动资金贷款管理的有关规定，该贷款可以用来偿还项目贷款所产生的利息，而其中300万元正是偿还了1800万元项目贷款的利息，没有用于偿还其他贷款的利息。同时，企业流动资金贷款用途包括支付工资、购买原材料、偿付债务等，所以，本案中不存在改变贷款用途的问题。C公司即便300万元贷款用途发生改变，违背了B公司担保时的意思表示，另700万元的用途并没有发生改变，B公司亦应当承担没有改变贷款用途的700万元贷款本息的保证责任B公司。（3）保证人免除保证责任需要有当事人的明确约定或者法律的明确规定，B公司本案中没有免除担保责任的事实和法律依据。（4）农业综合开发贷款本质系商业性贷款。A银行甘井子支行履行了审慎的贷前审查义务，贷后也进行了相应的检查，B公司以A银行甘井子支行履行贷款监管义务存在过错为由，主张免除其保证责任，于法无据。综上，A银行甘井子支行与B公司签订的保证合同系双方的真实意思表示。

B公司的观点：（1）农业综合开发贷款不同于一般的商业贷款，是匹配农业综合开发项目的特殊用途的专项政策性贷款。①农业综合开发是国家推行的战略性政策措施，农业综合开发项目具有法定性和特定性。②农业综合开发贷款是农业综合开发资金的一种，匹配使用于农业综合开发项目，是国家给予贷款贴息支持的政策性贷款。③国家对农业开发贷款有严格的法定的监管要求，即专人管理、专户存储、专账核算，专款专用。这也是贷款发放单位必须承担的法定义务和职责。（2）A银行甘井子支行在贷款发放及贷后审查过程中有诸多违法行为，没有履行法定的监管义务，致使应当专款专用的贷款被C公司挪作他用，贷款无法偿还是A银行甘井子支行过错行为所致，其应当自行承担贷款无法偿还的不利后果。（3）A银行甘井子支行对农业综合开发贷款所负担的法定监管义务，对于保证合同的相对方B公司而言，先于B公司的保证责任，因此，A银行甘井子支行不履行法定监管义务使得B公司享有先履行抗辩权。综上，B公司是基于农业综合开发贷款的特殊性质和国家的特殊监管要求，对A银行对农业综合开发贷款监管能力合理信赖的基础上，才为C公司向A银行甘井子支行提供担保的。其仅对市场因素导致贷款无法偿还承担责任，但对A银行甘井子支行本身的过错违法行为导致的贷款无法偿还行为不应当承担责任，也不在其担保本意范围内。

法院观点

一审法院观点：A 银行甘井子支行与 C 公司签订的借款合同系双方当事人真实意思表示，合法有效，各方均应遵照履行，A 银行甘井子支行已如约履行合同义务，C 公司未能及时偿还借款本息，系违约行为，应承担相应的民事责任，对此各方当事人均无异议。现该案争议的焦点在于 B 公司是否应当对 C 公司的借款承担保证责任。

针对此审理焦点，法院认为，B 公司承担保证责任的依据在于其与 A 银行甘井子支行签订的两份保证合同。其中，1800 万元借款的保证合同签订于 2003 年 5 月 22 日，但在签订该合同前的 5 月 16 日，C 公司曾向 B 公司出具承诺，明示待 C 公司进口的设备安装投产后，以设备做抵押从 A 银行甘井子支行处撤出 B 公司的担保。据此，B 公司于 5 月 22 日就 1800 万元借款签订保证合同的真实意思系当 C 公司进口的设备为 A 银行甘井子支行做抵押，之后 B 公司将撤回保证。

同时，大连 A 银行批复给 A 银行甘井子支行的文件也明确要求就案涉借款项目用地、地上建筑物和生产设备要一并抵押。该文件本系大连 A 银行与 A 银行甘井子支行内部文件，但 B 公司却持有该文件的复印件，如 A 银行甘井子支行或大连 A 银行未将该文件的复印件转发给 B 公司，则 B 公司不存在持有该文件复印件之可能。换言之，A 银行甘井子支行或大连 A 银行将本系统内部文件的该文件复印件转发给 B 公司之行为使 B 公司相信，C 公司使用 1800 万元借款购入的生产设备将抵押给 A 银行甘井子支行。其担保将有财产作保证。而实际上 C 公司并未用 1800 万元购买设备。该院在审理中查明，A 银行甘井子支行在放贷 3 个月出具“项目贷款检查表”及报告中，均载明“C 公司委托万恒公司购买进口设备价值 1490 万元，国内设备 280 万元，运费 30 万元”。对此，该院经查万恒公司证实：C 公司并未委托其进口设备。A 银行甘井子支行贷后检查报告出现虚假成分。这一事实表明，C 公司违背向 B 公司出具承诺函中的意思表示，以欺诈的手段使 B 公司在违背真实意思表示的情况下提供了担保，对此，A 银行甘井子支行知道或应当知道。依照《中华人民共和国担保法》及司法解释，B 公司不应承担保证责任。

A 银行甘井子支行与 B 公司于 2003 年 9 月 3 日签订的 1000 万元借款保证合同，A 银行甘井子支行在向 C 公司放款之初即 2003 年 10 月的贷后检查报告中称将该款其中300万元偿还了C公司在该行的旧贷利息，B公司对此并不知道，其做法违背法律规定。按照担保法及司法解释相关规定，以新贷偿还旧贷，除保证人知道或应当知道外，保证人不承担责任。余款700万元A银行甘井子支行失控，致使C公司挪作他用，没有按照合同约定的“贷款用途”使用，且A银行甘井子支行未能提供700万元用于合同约定“用途”的证据。对此，B公司亦不应承担保证责任。

至于2007年该院（2007）大民合初字第60号案审理中B公司因公司上市，向A银行甘井子支行申请对查封股权解封及承诺，是在迫于公司上市，无奈情况下作出的，前提又是必须是B公司的原因而被该案所确认必须承担连带责任。显然，该承诺是在特定条件下形成的，并不是新的担保行为，既然B公司在该案中不应承担担保责任，A银行甘井子支行要求B公司无条件承担连带责任，法院不予支持。

综上，C公司将B公司担保的2800万元设备及流动资金以欺诈手段挪作他用，B公司对此一无所知。而A银行甘井子支行明知C公司将款挪用而不加制止，明知是专项贷款而将所贷1000万元流动资金的300万元扣划还旧贷利息，明知大连A银行文件要求2800万元贷款专款专用，并应办理财产抵押而未办抵押，使2800万元贷款长期被挪用，C公司仅有的财产被另一案执行，致使B公司所提供的保证无任何财产担保，对此，A银行甘井子支行与C公司负有全部责任。C公司欺诈B公司获取担保，A银行甘井子支行对此知道或应当知道。而且贷款实际用途与借款合同约定不符，改变了贷款用途，对A银行甘井子支行请求B公司承担连带保证责任，不予支持。

二审法院观点：案涉贷款是农业综合开发专项贷款，具有专款专用的性质和要求。对此，大连A银行专门行文要求严格按总行项目贷款管理规定，确保按申请用途使用贷款，防止挪用；并申明要及时形成项目后评估报告，项目用地、地上建筑物和生产设备一并抵押。A银行甘井子支行在与C公司和B公司签订2800万元《借款合同》《保证合同》之前，将该文件转发给B公司，是向B公司证明及承诺关于避免该公司担保风险的一种表示，起到了使B公司零风险的为C公司提供担保的作用。该证据并非单独使用，而是与C公司出具的承诺书及A银行甘井子支行《项目贷款检查表》等关联证据的内容相吻合，且A银行甘井子支行亦无证据证明B公司取得该文件来自其他渠道，一审法院予以采信并无不妥。

该案关于1800万元购设备贷款，C公司亦是在签订《借款合同》及《保证合同》之前，向A银行及B公司出具承诺书，待C公司进口的设备安装投产后，以设备做抵押从A银行撤出B公司的担保。A银行对此承诺未表示异议，A银行甘井子支行并在其出具的《项目贷款检查表》中亦载明：企业应按照承诺将该项目新增的设备重新评估后抵押给我行。应认定A银行甘井子支行对此予以认可。在贷款人及借款人同时向B公司作出待C公司进口的设备安装投产后，以设备做抵押从A银行撤出B公司担保的意思表示下，B公司签订了《保证合同》。但事实证明，C公司并未将专项贷款用于购买设备，履行抵押义务，而是挪作他用，违背了B公司的真实意思。对此，A银行甘井子支行系明知。但A银行甘井子支行却在之后的《关于对大连C天然食品有限公司新增乳业项目贷款的检查报告》及《关于对大连C天然食品有限公司贷款使用情况的贷后检查报告》中作出了严格控制项目资金使用，做到专款专用，其中1800万元固定资产贷款用于购买设备的不实报告。事实证明A银行甘井子支行知道C公司对B公司提供担保构成欺诈的事实，却予以隐瞒，B公司对此不应承担民事责任。

该案另1000万元农业综合开发流动资金贷款，在B公司不知情的情况下，其中300万元偿还了非B公司担保的C公司原陈旧贷款所欠利息。其余700万元，A银行甘井子支行未否认改变贷款用途。该案争议的特点系所涉贷款为农业综合开发专项贷款，不得挪作他用，这是研究和处理纠纷的前提。该案专项贷款用途的改变，属主合同内容发生了根本性变更，加大了担保人B公司的风险，A银行甘井子支行明知并认可这一事实的发生，对此有过错。A银行甘井子支行放任C公司改变贷款用途，应视为贷款人A银行甘井子支行与借款人C公司变更贷款用途的共同意思表示，主合同当事人改变了贷款用途，同样违背了担保人B公司的意志，故未经担保人B公司同意，担保人B公司亦应不再承担民事责任。

最高人民法院观点：C公司与A银行甘井子支行签订的案涉借款合同为双方当事人的真实意思表示，一、二审法院判决C公司依约偿还借款本息正确，本院对该部分判决内容予以维持。本案的争议焦点在于：B公司是否应当对C公司案涉两笔共计2800万元贷款及利息向A银行甘井子支行承担保证责任。

关于B公司是否应当对C公司案涉第一笔1800万元贷款及利息向A银行甘井子支行承担保证责任。第一，A银行甘井子支行与B公司签订的（大连市甘井子）农银保字（2003）第100008号保证合同系双方当事人的真实意思表示，不违反法律和行政法规的强制性规定，合同有效，双方当事人应依约履行各自合同义务。第二，C公司单方向B公司出具的明示待C公司进口的设备安装投产后，以设备做抵押从A银行甘井子支行处撤出B公司担保的承诺，在A银行甘井子支行明确同意以对相关设备的抵押撤回B公司的保证担保，且C公司实际将相关设备进行抵押之前，对A银行甘井子支行不产生任何约束力。大连A银行批复给A银行甘井子支行的大农银复（2003）62号文件中，关于项目竣工后将项目用地、地上建筑物和生产设备一并抵押的要求，并不包含以设备等抵押来置换B公司保证担保的意思表示。B公司未提供证据证明大连A银行或A银行甘井子支行向B公司或C公司作出过以设备抵押担保置换B公司保证担保的意思表示，且事实上C公司也未进口相关设备并进行抵押。据此，B公司仍应按照保证合同的约定，履行连带责任保证义务。第三，相关贷后审查报告为A银行甘井子支行在案涉1800万元借款合同及其保证合同签订并生效后作出，其中关于贷款使用情况的不实描述，并不构成在B公司提供保证担保之时，A银行甘井子支行知道或者应当知道C公司欺诈、胁迫B公司违背真实意思提供保证或者与C公司串通骗取B公司提供保证的证明。B公司未能证明本案存在保证人不承担民事责任的法定情形，对其相关主张本院不予支持。第四，虽然A银行甘井子支行在贷后检查报告中作出了不符合案涉1800万元贷款实际使用情况的描述，但由于目前我国法律、行政法规中并没有关于商业银行违反贷后严格审查义务的民事责任的相关规定，《中华人民共和国商业银行法》、中国人民银行《贷款通则》等法律法规及商业银行内部关于贷后审查的相关规定，均属于要求商业银行加强风险控制的管理性规范，商业银行违反该管理性规范并不必然导致保证人保证责任的免除。故B公司作为独立商事主体，应当自行承担其对外提供保证所带来的风险和法律后果，就案涉第一笔1800万元贷款的本金及利息对A银行甘井子支行承担连带保证责任。

关于B公司是否应当对C公司案涉第二笔1000万元贷款及利息向A银行甘井子支行承担保证责任。首先，就案涉第二笔1000万元贷款，A银行甘井子支行与B公司签订的（大连市甘井子）农银保字（2003）第100009号保证合同亦为双方当事人的真实意思表示，B公司应当依约对（大连市甘井子）农银借字（2003）第100009号借款合同产生的债务承担连带清偿责任。

其次，流动资金贷款是借款人用于日常生产经营周转的贷款，可以用来购买原材料、支付工资、清偿债务等。若如A银行甘井子支行在2003年10月的贷后检查报告中所称，C公司实际将其中300万元贷款用于偿还其在该行的旧贷利息，亦属于正常使用该流动资金贷款，并不构成《最高人民法院关于适用〈中华人民共和国担保法〉若干问题的解释》第三十九条规定的，主合同当事人双方协议以新贷偿还旧贷且保证人不知道或者不应当知道而不承担民事责任的情形。B公司未提供相关证据证明案涉1000万元流动资金贷款被C公司用于法律、行政法规禁止使用的领域或变更其流动资金贷款的用途。

虽然A银行甘井子支行与C公司约定案涉贷款种类为"农业综合开发"，但B公司并未提供充分证据证明C公司实际变更了该专项贷款用途，且我国现行法律、行政法规并无借款人变更该专项贷款用途即相应免除保证人保证责任的相关规定，故对B公司相关抗辩内容，不予支持。

A银行甘井子支行作为贷款人，对款项的使用负有一定的监管义务，但该义务是其管控风险的需要，同B公司依照案涉保证合同约定而负担的连带责任保证义务并无对应关系，也并非B公司承担保证责任的先决条件。故在该种情形下，并无先履行抗辩权适用的前提条件。对于B公司主张享有先履行抗辩权的抗辩内容，不予支持。

关联案例1

▶ **借款人改变贷款用途并不当然说明与贷款人恶意串通**

关 键 词：恶意串通　借款用途　禁止性规定

案件名称：D银行十堰分行与十堰E贸易有限公司、十堰F置业有限公司金融借款合同纠纷案

审理法院：

一审：湖北省十堰市中级人民法院（2010）鄂十堰中民二初字第00042号

二审：湖北省高级人民法院（2014）鄂民二终字第00100号

法院观点：借款人改变贷款用途，至多只能说明单方存在恶意。而在抵押人自愿设立抵押担保的前提下，即使贷款人给现存贷款情况为次级的借款人发放新贷款，并不能必然推导出贷款人必然存在恶意，且与借款人之间存在串通情形。现行法律、行政法规并无不得向资信状况瑕疵的借款人发放贷款的禁止性规定。故认定合同有效，保证人承担保证责任。

关联案例 2

▶ **债务人改变贷款用途并不当然影响主合同效力和保证人的保证责任**

关 键 词：监管义务 贷款用途 主合同 保证责任

案件名称：G 银行南通分行与南通市 H 建筑安装工程有限公司、南通 I 新材料科技有限公司等金融借款合同纠纷案

审理法院：

一审：江苏省南通市中级人民法院（2014）通中商初字第 0052 号

二审：江苏省高级人民法院（2014）苏商终字第 00481 号

法院观点：汇入借款人的款项被另作他用，银行对于贷款发放后的流向并无监管义务，不能据此认定案涉《授信额度合同》无效。即债务人改变贷款用途，并不当然影响主合同的效力，保证人仍需承担保证责任。

律师点评

《中华人民共和国担保法》第三十条规定："有下列情形之一的，保证人不承担民事责任：（一）主合同当事人双方串通，骗取保证人提供保证的；（二）主合同债权人采取欺诈、胁迫等手段，使保证人在违背真实意思的情况下提供保证的。"《最高人民法院关于适用〈中华人民共和国担保法〉若干问题的解释》第四十条规定："主合同债务人采取欺诈、胁迫等手段，使保证人在违背真实意思的情况下提供保证的，债权人知道或者应当知道欺诈、胁迫事实的，按照担保法第三十条的规定处理。"

借款人变更贷款用途，是否构成上述法条中保证人可以免责的情形，各级法院认定存在一定争议，如在 A 银行股份有限公司大连甘井子支行与大连 B 集团有限公司、大连 C 天然食品有限公司一案中，大连市中院和辽宁省高院认为：农业综合开发专项贷款具有专款专用的性质，银行放任借款人改变贷款用途，应视为贷款人与借款人变更贷款用途的共同意思表示，主合同当事人改变了贷款用途，违背了担保人的意志，未经担保人同意，担保人应不再承担民事责任。

最高人民法院通过再审对辽宁省高院的判决予以改判。最高人民法院认为：我国现行法律、行政法规并无借款人变更贷款用途即相应免除保证人保

证责任的相关规定，《中华人民共和国商业银行法》、中国人民银行《贷款通则》等法律法规及商业银行内部关于贷后审查的相关规定，均属于要求商业银行加强风险控制的管理性规范，但商业银行违反该管理性规范并不必然导致保证人保证责任的免除。

实践中，银行在放款前及放款后均会对贷款资金的用途和投向做严格审查，以保证贷款发放符合银监会等部门的规定，但也存在个别银行工作人员出于完成指标或其他原因未严格履行审查义务，导致贷款实际用途与合同约定用途不一致。银行对款项的使用虽负有一定监管义务，但该义务是其管控自身贷款风险的需要，同担保人依照案涉保证合同约定而负担的连带责任保证义务并无对应关系，也并非担保人承担保证责任的先决条件。从最高人民法院的判例中可见，除非担保人可以证明贷款人与借款人之间恶意串通骗取担保，否则变更贷款用途一般不构成保证责任免除的情形。而对于担保人而言，为防止借款人擅自变更借款用途，可以考虑要求借款人出具相应承诺书、反担保书，或者在担保合同中直接将"借款人依借款用途使用借款"明确约定为其承担担保责任所附的必要条件。

七、委托贷款中诉讼主体与利息的确定

关 键 词： 委托贷款　利息　罚息　被告　第三人

问题提出： 委托贷款中，借款人逾期还款，委托人如何确定被告，贷款人是否应当承担责任？委托贷款合同中约定的利息与罚息法院如何支持？

案件名称： 郑州A置业有限公司、许昌C房地产开发有限公司等与北京B城镇化建设投资基金的金融借款合同纠纷案[1]

裁判规则：《委托贷款合同》直接约束委托人、贷款人、借款人三方当事人，当借款人违约时，委托人可以直接起诉并将借款人列为被告。《委托贷款合同》中约定的利息与罚息，可以参照中国人民银行的有关规定。

---

〔1〕 一审河南省高级人民法院（2013）豫法民二初字第6号；二审最高人民法院（2014）民二终字第217号。

案情简介

上诉人（原审被告）：郑州A置业有限公司

被上诉人（原审原告）：北京B城镇化建设投资基金（有限合伙）

原审被告：李某

原审被告：毋某（系郑州A置业有限公司法定代表人，许昌C房地产开发有限公司法定代表人）

原审被告：许昌C房地产开发有限公司

原审被告：D银行股份有限公司河南省分行

2012年6月29日，北京B城镇化建设投资基金（以下简称北京B基金）作为委托人，D银行股份有限公司河南省分行（以下简称D银行河南省分行）作为贷款人，郑州A置业有限公司（以下简称A公司）作为借款人三方签订一份《委托贷款合同》。合同约定：贷款金额为1.5亿元。用途为A公司开发的位于河南省郑州市金水区黄河北街与红旗路交汇处的A“城市之巅”项目。期限自2012年6月起至2014年6月止。贷款利率为年13%。按季结息，D银行河南省分行在每季度末月的20日计算利息，并在每季度末的21日向A公司收取利息。A公司应当在借款发放之日起第一年，将“城市之巅”项目实现的销售回款的35%用于归还贷款，且第一年还款金额不低于4500万元；第二年起，将“城市之巅”项目实现的该年销售回款的35%用于归还贷款，且第一季度的还款金额不低于2625万元；还款计划：2013年6月前还款4500万元；2013年9月、12月、2014年3月、6月前，分别还2625万元；若A公司未能按还款计划归还当期借款利息的，应按本合同约定支付罚息和复利。本合同项下委托贷款的借款人、金额、期限、用途、利率和担保方式均由北京B基金自行确认，与D银行河南省分行无涉。根据本合同发放的贷款，其本金未能按时完全收回、利息未得按时足额支付的风险及借款人信用风险等其他各类风险，均由北京B基金自行承担。贷款的提前到期：出现下列任一情形时，北京B基金或D银行河南省分行有权停止支付尚未发放的贷款，单方面宣布本合同项下已发放的贷款本金全部或部分提前到期并要求A公司立即偿还所有到期贷款本金并结清利息：……A公司拖欠应归还贷款本息满30日，或者累计两次拖欠应付未付本息的……第12条之12.1约定：A公司未按时足额偿还贷款本金、支付利息的，D银行河南省分行按逾期利率计收利息；逾期贷款的罚息利率按本合同约定利率上浮100%。12.2约定：A公司未按时足额偿还贷款本金、支付利息的，应当承担北京B基金和D银行河南省分行为实现债权而支付的费用，包括但不限于催收费、诉讼费、保全费、公告费、执行费、律师费、差旅费及其他相关费用。

在《委托贷款合同》签订的同日，北京B基金与李某、毋某签订一份《连带保证合同》，约定：李某、毋某作为夫妻双方同意为A公司在《委托贷款合同》项下对北京B基金形成的债务提供连带保证担保。同日，北京B基金与许昌C房地产开发有限公司（以下简称C公司）签订一份《连带保证合同》，约定：C公司同意为A公司在《委托贷款合同》项下对北京B基金形成的债务提供连带保证担保。

在《委托贷款合同》签订的同日，北京B基金与A公司、李某、毋某、C公司签订一份《投资合作协议》，约定：鉴于北京B基金、D银行河南省分行和A公司三方于2012年6月29日签署了《委托贷款合同》。根据合同，北京B基金委托D银行河南省分行向A公司发放委托贷款1.5亿元，用于A公司开发的位于河南省郑州市金水区的“城市之巅”项目。郑州银行股份有限公司、李某、毋某、C公司四方愿意为A公司对北京B基金所负债务提供担保。投资资金来源于北京B基金，因此各方一致同意北京B基金对A公司及“城市之巅”项目和C公司经营进行监管。各方经友好协商，就投资合作相关事宜达成如下协议并承诺遵照执行。投资金额：1.5亿元。投资方式：北京B基金委托D银行河南省分行向A公司发放委托贷款。本协议签署后，北京B基金、D银行河南省分行、郑州银行股份有限公司营业部、A公司、C公司另行签署编号为1240625001的《监管协议》和编号为ch-gs（2012）003的《监管协议》，对C公司和A公司及“城市之巅”项目进行监管。同日，北京B基金、A公司、D银行河南省分行三方签订一份编号为1240625001的《监管协议》。2012年7月6日，北京B基金、A公司、C公司、郑州银行股份有限公司营业部四方签订一份编号为ch-gs（2012）003的《监管协议》。

2012年7月10日，北京B基金、D银行河南省分行、A公司三方又签订一份《委托贷款合同补充协议》，将《委托贷款合同》第12条之12.1约定的“逾期贷款的罚息利率按本合同约定利率上浮100%”修改为“逾期贷款的罚息利率按本合同约定利率上浮50%。”

上述《委托贷款合同》及《委托贷款合同补充协议》签订后，D银行河南省分行作为贷款人按照合同约定，向A公司发放了贷款。A公司已支付利息至2012年12月20日，此后利息及贷款本金未支付，李某、毋某、C公司也未履行担保责任。

北京B基金向原审法院提起诉讼，请求：判令A公司偿还借款15000万元、利息487.5万元以及罚息20.07万元，总计15507.57万元，李某、毋某、C公司负连带责任。诉讼费用（诉讼费79.18万元、公告费10万元、执行费21.74万元、律师费297万元、差旅费及其他相关费用50万元，总计457.92万元）由A公司承担，李某、毋某、C公司负连带责任。D银行河南省分行作为受托发放贷款的贷款人，有协助追讨借款本息的义务。北京B基金只是让D银行河南省分行提供相关贷款手续，没有具体的民事责任要求D银行河南省分行承担。

判决结果

一审判决：（1）A公司于本判决生效后十日内向北京B基金返还借款本金150000000元，并支付利息（利息自2012年12月21日起计算至本判决指定的履行期间届满之日止，按年利率13%计算）及罚息200687.50元（自2013年3月21日起至2013年6月5日止）；（2）李某、毋某、C公司对上述债务承担连带保证责任。李某、毋某、C公司承担连带保证责任后，有权向A公司追偿；（3）驳回北京B基金的其他诉讼请求。

二审判决：驳回上诉，维持原判。

各方观点

上诉人（原审被告）A公司的主要观点：（1）A公司不应成为本案的被告。委托贷款合同纠纷，借款人不按期归还借款，应由贷款人（受托人）起诉，贷款人坚持不起诉的，委托人可以受托人为被告、以借款人为第三人向人民法院提起诉讼。本案应以D银行河南省分行为被告，A公司只能作为第三人，不应成为被告。（2）北京B基金与A公司之间是投资关系而不是委托贷款关系。北京B基金以委托贷款的方式向A公司进行投资，但不参与经营，不承担风险，是明为联营实为借贷的情形。原审法院应确认投资合同无效，A

公司只应返还北京 B 基金投资本金。(3) 北京 B 基金与 A 公司之间纵然是委托贷款关系，但《委托贷款合同》关于利率、罚息的约定，违反相关法律的规定，明显高于人民银行规定的商业银行贷款的利率，不应根据合同约定进行判决。

被上诉人（原审原告）北京 B 基金的主要观点：关于 A 公司是否应作为被告的问题。根据《中华人民共和国合同法》第 402 条和第 403 条之规定，A 公司明知北京 B 基金与 D 银行河南省分行之间的委托贷款关系，因此《委托贷款合同》直接约束北京 B 基金和 A 公司，前者可以直接以后者为被告行使诉讼权利。关于本案法律关系的性质问题。虽然在签订《委托贷款合同》时签订了一份《投资合作协议》，但该《投资合作协议》签订目的是为了监管贷款资金的使用，且其第 1 条第 1.2 款明确约定："投资方式：北京 B 基金委托 D 银行河南省分行向 A 公司发放贷款。"所以，本案法律关系是委托贷款关系，而不是投资关系。关于利息、罚息的约定是否违反法律规定的问题。2004 年中国人民银行已作出规定，金融机构贷款利率不再设定上限，因此，《委托贷款合同》关于利率、罚息等约定符合相关法律的规定。

法院观点

一审法院观点：在北京 B 基金作为委托人，D 银行河南省分行作为贷款人，A 公司作为借款人于 2012 年 6 月 29 日签订《委托贷款合同》的同日，虽然北京 B 基金与 A 公司、李某、毋某、C 公司又签订了《投资合作协议》以及北京 B 基金、A 公司、D 银行河南省分行签订编号为 1240625001 的《监管协议》，2012 年 7 月 6 日，北京 B 基金、A 公司、C 公司、郑州银行股份有限公司营业部签订编号为 ch－gs（2012）003 的《监管协议》，但《投资合作协议》是基于《委托贷款合同》的约定，北京 B 基金委托 D 银行河南省分行向 A 公司发放委托贷款 1.5 亿元，用于 A 公司开发的位于河南省郑州市金水区的"城市之巅"项目，各方一致同意北京 B 基金对 A 公司及"城市之巅"项目和 C 公司经营进行监管而签订的。该《投资合作协议》以及由《投资合作协议》而派生出来的两份《监管协议》，均是为了保证北京 B 基金的委托贷款资金安全而签订的。北京 B 基金与 A 公司之间实质上是借款关系，但相关各方签订了《委托贷款合同》，通过 D 银行河南省分行将款项出借给 A 公司，符合法律、行政法规规定，不存在合同无效情形。A 公司、李某、毋某、C 公司关于本案应当认定企业之间的借贷是无效协议，主合同无效，从合同即保证合同也无效，李某、毋某、C 公司不再承担担保责任的抗辩理由不能成立，不予采纳。

有委托贷款协议的借款合同，涉及出借人、贷款人、借款人三方。A 公司、李某、毋某、C 公司关于委托贷款合同中，A 公司、李某、毋某、C 公司均不是适格被告，而是第三人以及北京 B 基金追加 D 银行河南省分行作为被告的理由不成立的抗辩理由不能成立，不予采纳。

在《委托贷款合同》履行过程中，A 公司除已支付利息至 2012 年 12 月 20 日外，截至北京 B 基金提起本案诉讼，未按照《委托贷款合同》的约定按季结息，且已累计两次拖欠应付未付利息。根据《委托贷款合同》的约定，北京 B 基金有权单方面宣布合同项下已发放的贷款本金全部提前到期并要求 A 公司立即偿还所有到期贷款本金并结清利息。A 公司除应当偿还北京 B 基金本金 1.5 亿元及从 2012 年 12 月 21 日之后的利息外，还应支付从 2013 年 3 月 21 日起至北京 B 基金起诉主张的截至 2013 年 6 月 5 日止的罚息 200687.50 元。李某、毋某、C 公司作为担保人，应当按照约定承担连带保证担保责任。北京 B 基金起诉主张的公告费、执行费、律师费、差旅费及其他相关费用，未提供相关证据证明，不予支持。

北京 B 基金请求 D 银行河南省分行履行协助追讨借款本金、利息、罚息和北京 B 基金为实现债权支付的费用的义务，但在庭审时明确只是让 D 银行河南省分行提供相关贷款手续，没有具体的民事责任要求 D 银行河南省分行承担，而本案各方当事人对借款事实均无异议，故北京 B 基金对 D 银行河南省分行的诉讼请求，不予支持。

最高人民法院的观点：关于程序上的问题：《委托贷款合同》是北京 B 基金、D 银行河南省分行和 A 公司三方共同签署的，北京 B 基金是委托人，D 银行河南省分行是受托人，A 公司是借款人，三方直接形成法律上的权利义务关系，《委托贷款合同》直接约束三方当事人，当 A 公司违约时，北京 B 基金可直接以其为被告提起诉讼，A 公司认为其只能作为第三人的理由不能成立。

关于实体上问题：

1. 本案法律关系的性质是委托贷款还是投资。虽然北京B基金、D银行河南省分行和A公司在签订《委托贷款合同》的同日，北京B基金与A公司、李某、毋某、C公司又签订了《投资合作协议》以及北京B基金、A公司、D银行河南省分行签订编号为1240625001的《监管协议》、2012年7月6日，北京B基金、A公司、C公司、郑州银行股份有限公司营业部签订编号为ch－gs（2012）003的《监管协议》，但《投资合作协议》规定投资方式为"北京B基金委托D银行河南省分行向A公司发放贷款"。《投资合作协议》引入了保证人，为保证委托资金的收回设定了担保条款。所以，北京B基金、D银行河南省分行和A公司法律关系的实质是委托贷款关系。《投资合作协议》和《监管协议》，均是为了保证北京B基金的委托贷款资金安全而签订的，并未改变委托贷款关系的实质。

2. 《委托贷款合同》及其《补充协议》关于利息、罚息的约定是否违反法律规定。《委托贷款合同》规定委托贷款的利率为年13%，《委托贷款合同补充协议》规定"逾期贷款的罚息利率按本合同约定利率上浮50%"。2004年《中国人民银行关于调整金融机构存、贷款利率的通知》（银发〔2004〕251号）第二条第一项规定，金融机构（城乡信用社除外）贷款利率不再设定上限。2003年《中国人民银行关于人民币贷款利率有关问题的通知》（银发〔2003〕251号）第三条规定，逾期贷款（借款人未按合同约定日期还款的借款）罚息利率为在借款合同载明的贷款利率水平上加收30%～50%。因此，《委托贷款合同》关于利率、罚息的约定符合相关法律规定。

关联案例1

▶ **委托贷款合同利率可以高于银行基准年贷款利率标准**

关 键 词：主体不适格　贷款利率

案件名称：山东E置业有限公司与山东F投资有限公司、G银行股份有限公司济南城西支行等委托贷款纠纷案

审理法院：

一审：山东省高级人民法院（2011）鲁商初字第16号

二审：最高人民法院（2012）民二终字第131号

法院观点： 根据《中华人民共和国合同法》第四百零二条关于“受托人以自己的名义，在委托人的授权范围内与第三人订立的合同，第三人在订立合同时知道受托人与委托人之间的代理关系的，该合同直接约束委托人和第三人，但有确切证据证明该合同只约束受托人和第三人的除外”的规定，因E公司知道涉案贷款系F公司委托G银行城西支行发生的事实，且其间没有关于回收贷款权利由谁行使的特殊约定，F公司依法可以自己名义直接向E公司主张权利。F公司与E公司之间具有直接利害关系，列F公司为原告、E公司为被告符合《中华人民共和国民事诉讼法》第119条的规定，E公司上诉主张的在G银行城西支行撤诉后面临原、被告主体不适格问题等观点不成立，不予支持。

中国人民银行在2004年即发布通知取消了贷款利率上限的限定，明确实际合同利率可以由当事人在符合下限的情况下协商确定，故当事人在合同约定的利率可以高于银行基准年贷款利率标准。

关联案例2

► **委托贷款合同的贷款人可直接向法院起诉**

关 键 词： 诉讼主体资格　委托贷款合同　过错责任

案件名称： H银行股份有限公司温州东城支行与鄂尔多斯市I煤炭有限责任公司、温州J电气有限公司等金融借款合同纠纷案

审理法院：

一审：温州市中级人民法院（2011）浙温商初字第25号

二审：浙江省高级人民法院（2013）浙商终字第51号

法院观点： 最高人民法院《关于如何确定委托贷款协议纠纷诉讼主体资格的批复》规定：“在履行委托贷款协议过程中，由于借款人不按期归还贷款而发生纠纷的，贷款人（受托人）可以借款合同纠纷为由向人民法院提起诉讼；贷款人坚持不起诉的，委托人可以委托贷款协议的受托人为被告、以借款人为第三人向人民法院提起诉讼。”根据该规定，本案中东城支行作为委托贷款合同的贷款人可以作为原告向法院提起诉讼。

银行在履行其与委托人的委托合同的过程中是否存在过错与借款人的还款义务并无关联，即使银行在审查委托贷款及收回贷款过程中存有过错，也是向委托人承担相应的过错责任，而不是向借款人和保证人等承担过错责任。

关联案例3

► **受托行已披露委托人身份的，委托人可直接向借款人主张权利**

关 键 词： 委托贷款　主体不适格　利害关系

案件名称： 河北K担保集团有限公司与内蒙古L煤业有限公司金融借款合同纠纷案

审理法院：

一审：河北省高级人民法院（2013）冀民二初字第20号

二审：最高人民法院（2014）民二终字第136号

法院观点： 根据《中华人民共和国合同法》第402条之规定，本案L煤业公司作为借款人与委托贷款的委托人K担保公司和受托人M银行共同签订了《委贷协议》，M银行已经向L煤业公司披露了K担保公司的身份，因此，K担保公司可以自己的名义直接向L煤业公司主张权利，L煤业公司关于K担保公司主体不适格的主张，不能成立。

根据M银行与L煤业公司、K担保公司签订的《委贷协议》，M银行系受K担保公司委托向L煤业公司发放贷款的代理人，委托贷款本金未能按时收回、利息未得按时足额支付的风险及其他信用风险，均由K担保公司自行承担，与M银行无关。处理结果与M银行没有法律上的利害关系，M银行不具备作为本案第三人参加诉讼的法定条件。

律师点评

中国人民银行颁布的《贷款通则》第七条："委托贷款是指由政府部门、企事业单位及个人等委托人提供资金，由贷款人（即受托人）根据委托人确定的贷款对象、用途、金额期限、利率等代为发放、监督使用并协助收回的贷款。贷款人（受托人）只收取手续费，不承担贷款风险。"由于委托贷款中的风险是由委托人承担，故当借款人不履行还款义务时，委托人往往会直接向借款人主张权利。

司法实践中，借款人往往会依据最高人民法院《关于如何确定委托贷款协议纠纷诉讼主体资格的批复》（法复〔1996〕15号）规定，即"在履行委托贷款协议过程中，由于借款人不按期归还贷款而发生纠纷的，贷款人（受托人）可以借款合同纠纷为由向人民法院提起诉讼；贷款人坚持不起诉的，委托人可以委托贷款协议的受托人为被告、以借款人为第三人向人民法院提起诉讼"主张程序错误，认为应由贷款银行先行起诉。

最高人民法院对此认为：根据《合同法》第四百零二条关于“受托人以自己的名义，在委托人的授权范围内与第三人订立的合同，第三人在订立合同时知道受托人与委托人之间的代理关系的，该合同直接约束委托人和第三人，但有确切证据证明该合同只约束受托人和第三人的除外”的规定，以及后法优于前法的法律适用原则，依据合同法的上述规定，在借款人知道贷款是委托人委托银行发放，且《委托贷款合同》中对收回贷款权利没有明确约定的情况下，并不排除委托人可以直接起诉借款人的权利。

在利息方面，在借款人主张约定利息高于银行基准利率的情况下，由于中国人民银行在2004年即发布通知取消了贷款利率上限的限定，明确实际合同利率可以由当事人在符合下限的情况下协商确定，故法院一般会据此认定当事人在合同约定的利率可以高于银行基准年贷款利率标准，且并无明确上限。同时，根据中国人民银行《人民币利率管理规定》，金融借款合同中可以约定罚息或复利。关于逾期利率问题，法院则通常会援引中国人民银行于2003年发布的《中国人民银行关于人民币贷款利率的通知》的规定，参照借款合同载明的贷款利率水平上加收30%～50%作为逾期利率标准。

需说明的是，我国法律对民间借贷和金融贷款在利率方面适用不同的规定，2015年《最高人民法院关于审理民间借贷案件适用法律若干问题的规定》对于民间借贷的利率明确提出了“24%”和“36%”两个标准，并进而出现了所谓“司法保护区”、“无效区”、“自然债务区”三个区域。借贷双方约定的利率（包括复利或逾期利息）未超过年利率24%，该约定受法律保护，出借人请求借款人按照约定的利率支付利息的，人民法院应予支持。若借贷双方约定的利率超过年利率36%，则超过部分的利息约定无效，借款人请求出借人返还已支付的超过年利率36%部分的利息的，人民法院应予支持。而若当事人约定的年利率在24%～36%之间，该部分利率属于“自然债务区”，借款人已支付的不得要求返还，尚未支付的出借人不得主张。

八、借款人逾期还款，银行依据合同约定提前收回贷款各方责任的确定及利息计算

关 键 词： 合同约定　提前收回贷款　先履行抗辩　复利　担保责任

问题提出： 借款人逾期还款，贷款人要求依据《借款合同》约定提前收回贷款，法院是否支持？提前收回贷款后担保责任及利息如何确定？

案件名称： A 银行股份有限公司深圳市分行与深圳市 B 实业（集团）有限公司、深圳市 B 科技发展有限公司金融借款合同纠纷案[1]

裁判规则： 若借贷双方在《借款合同》中明确约定借款人违反合同义务，贷款人有权宣布借款立即到期、提前收回已发放借款并计收利息和罚息的，银行依据合同约定提前收回贷款，行使担保物权，并对利息、复利、罚息一并主张。

案情简介

上诉人（原审被告）：深圳市 B 实业（集团）有限公司

被上诉人（原审原告）：A 银行股份有限公司深圳市分行

原审被告：深圳市 B 科技发展有限公司

原审被告：湖北 C 电力有限公司

原审被告：北京 D 投资（集团）有限公司

原审被告：成某（深圳市 B 科技发展有限公司法定代表人）

原审被告：上海 E 置业有限公司

2010 年 3 月 4 日，A 银行股份有限公司深圳市分行（以下简称 A 银行深圳分行）与深圳市 B 科技发展有限公司（以下简称 B 科技公司）签订编号为 81101201000000278 的《借款合同》，约定：（1）A 银行深圳分行向 B 科技公司提供借款 3.3 亿元，借款的种类为“经营性物业抵押贷款”，用途为“置换 B 实业公司在 A 银行深圳分行的贷款和长春永春商城在经营期的资金需求”；

---

〔1〕 一审广东省高级人民法院（（2012）粤高法民二初字第 7 号；二审最高人民法院（2014）民二终字第 125 号。

(2) 以“附表”形式对借款发放金额、发放日期、到期日期进行了约定，按照“附表”记载，3.3亿元借款于2010年4月1日分56笔发放，由借款人自2011年4月1日至2024年12月31日分56期偿还；(3) 该合同记载的借款金额、发放日期、到期日期与借款凭证记载不一致时，以借款凭证记载为准，借款凭证为该合同组成部分，与该合同具有同等法律效力；(4) 借款利率采用浮动利率，在利率基准上上浮10%，执行年利率6.534%，利率调整以1个月为周期；借款按月结息，结息日为每月的20日，B科技公司须于每一结息日当日付息，如借款本金的最后一次偿还日不在结息日，则未付利息应利随本清；(5) 如借款人未按合同约定的借款期限归还本金，贷款人对逾期贷款从逾期之日起按该合同约定的执行利率基础上上浮50%计收罚息至本息清偿为止，对应付未付的利息，依据中国人民银行的规定计收复利；借款人违反合同义务的，贷款人有权要求借款人纠正违约行为，有权提前收回已发放借款，有权宣布借款人与贷款人签订的其他借款合同项下借款立即到期。

2010年3月4日，A银行深圳分行作为抵押权人与B科技公司作为抵押人签订编号为81902201000003736的《抵押合同》，约定：(1) B科技公司以其位于吉林省长春市南关区西五马路10号的房地产为其向A银行深圳分行的借款3.3亿元提供抵押担保，抵押担保的范围包括主债权本金、利息、罚息、复利、违约金等；(2) A银行深圳分行按主合同约定宣布主合同债权提前到期的，A银行深圳分行有权行使抵押权。上述合同签订后，双方当事人到房地产管理部门办理了抵押登记手续及房地产他项权证。

2010年3月4日，A银行深圳分行作为抵押权人与上海E置业有限公司（以下简称E公司）作为抵押人签订编号为81902201000003738的《抵押合同》，约定：(1) E公司以其位于上海市普陀区陕西北路1612、1622号的房产为B科技公司向A银行深圳分行的借款3.3亿元中的9940万元提供抵押担保，抵押担保的范围包括主债权本金、利息、罚息、复利、违约金等；(2) A银行深圳分行按主合同约定宣布主合同债权提前到期的，A银行深圳分行有权行使抵押权。上述合同签订后，双方当事人到房地产管理部门办理了抵押登记手续。

2010年3月4日，A银行深圳分行与深圳市B实业（集团）有限公司（以下简称B实业公司）、湖北C电力有限公司（以下简称C公司）、北京国泰D投资（集团）有限公司（以下简称D公司）、成某签订编号为81905201000000096的《保证合同》，约定：(1) B实业公司、C公司、D公司、成某对B科技公司的涉诉3.3亿元借款向A银行深圳分行提供连带责任保证，保证的范围包括主债权本金、利息、罚息、复利、违约金等，保证期间为主合同履行债务期间届满之日起两年；（2）A银行深圳分行按主合同约定宣布主合同债权提前到期的，A银行深圳分行有权要求保证人履行保证责任；（3）该合同所担保的债权同时存在债务人提供物的担保和保证担保的，A银行深圳分行有权要求保证人先于物的担保承担保证责任。B实业公司、C公司、成某对各自在上述《保证合同》落款处“保证人”一栏的盖章或签名均无异议，B实业公司、C公司并分别就上述保证事项经过了公司股东会表决通过。D公司对上述《保证合同》中公司印章的真实性持有异议，并申请广东高院对公章的真实性进行鉴定；A银行深圳分行提交了D公司2010年1月18日的《董事会决议》，该《董事会决议》记载D公司董事会表决通过了涉案保证事项，决议落款处署有D公司当时的董事会成员成清泉、成卫文、盘继顶的签名，D公司对上述《董事会决议》中董事“盘继顶”的签名真实性有异议，并申请广东高院进行鉴定。D公司的公司章程第二十条规定：“董事会对所议事项做出的决定应由三分之二以上的董事表决通过方可有效，并应做成会议记录，出席会议的董事应当在会议记录上签名。”

2010年6月28日，A银行深圳分行分56笔向B科技公司发放借款共计32935万元，B科技公司分别向A银行深圳分行出具了56份《借款凭证》，分别对每一笔借款的借款金额、借款日期、到期日期作了记载，具体情况详见原审判决附件1“借款凭证信息明细表”。

2010年8月13日，A银行深圳分行作为抵押权人与E公司作为抵押人签订编号为81902201000003738－2的《抵押合同》，约定：（1）E公司以其位于上海市普陀区陕西北路1612、1622号的房产为B科技公司向A银行深圳分行的借款3.3亿元中的23060万元提供抵押担保，抵押担保的范围包括主债权本金、利息、罚息、复利、违约金等；（2）A银行深圳分行按主合同约定宣布主合同债权提前到期的，A银行深圳分行有权行使抵押权。上述合同签订后，双方当事人到房地产管理部门办理了抵押登记手续。

借款发放后，B科技公司未能按约足额偿还到期借款。各方确认至2013年12月6日，B科技公司共计偿还借款本金1600万元、利息32613351.67元，其余借款本息尚未偿还。已偿还的本金1600万元包括：2011年9月29

日偿还400万元、2012年6月11日偿还300万元、2012年6月18日偿还900万元，已偿还的利息32613351.67元。

另查明，2012年5月8日A银行深圳分行向B科技公司发出《贷款提前到期通知书》，以B科技公司未按约还款为由宣布涉案借款全部提前到期，B科技公司于2012年5月9日签收上述通知书。

因B科技公司等未偿还相应款项，A银行深圳分行向广东高院提起诉讼，请求判令：（1）解除A银行深圳分行与B科技公司签订的涉诉借款合同；（2）B科技公司提前归还A银行深圳分行本金3.2535亿元及至借款还清之日止按照合同约定所产生的正常利息、复利、罚息（截至2012年5月8日欠息合计14214988.33元）；（3）确认A银行深圳分行有权按照涉诉抵押合同约定对B科技公司、E公司的抵押物行使抵押权，并有权按照涉诉抵押合同的约定从处置抵押物所得价款中优先受偿；（4）B实业公司、C公司、D公司、成某按照涉诉保证合同的约定对B科技公司的上述债务承担连带保证责任；（5）B科技公司、B实业公司、C公司、D公司、成某、E公司承担案件诉讼费用及A银行深圳分行为实现债权的一切费用。

判决结果

一审判决：（1）B科技公司于判决生效之日起10日内向A银行深圳分行偿还借款本金31335万元；（2）B科技公司于判决生效之日起10日内向A银行深圳分行偿还借款利息；（3）A银行深圳分行对涉诉抵押物即位于吉林省长春市南关区西五马路10号的房地产和位于上海市普陀区陕西北路1612、1622号的房产享有抵押权，对处置抵押物所得价款享有优先受偿权；（4）B实业公司、C公司、D公司、成某对B科技公司的涉案债务，向A银行深圳分行承担连带保证责任，上述四保证人承担保证责任后，有权向B科技公司追偿；（5）驳回A银行深圳分行的其他诉讼请求。

二审判决：驳回上诉，维持原判。

各方观点

上诉人（原审被告）B实业公司的观点：1. 本案中A银行深圳分行违约

在先，B 科技公司系行使先履行抗辩权。（1）A 银行深圳分行向应当向 B 科技公司发放借款 3.3 亿元，发放时间应为 2010 年 4 月 1 日。但是 A 银行深圳分行实际发放贷款数额 3.2935 亿元，实际发放时间为 2010 年 6 月 28 日，所以 A 银行深圳分行已构成违约。B 科技公司逾期归还借款属行使先履行抗辩权，其也有权不按照双方《借款合同》的约定向 A 银行深圳分行支付利息、罚息和复利。(2)《借款合同》约定的借款提前到期情形中并不包括借款人 B 科技公司逾期支付借款利息的情形，所以 A 银行深圳分行不得以 B 科技公司逾期支付利息为由要求提前收回借款。2.《借款合同》对复利条款约定不明，所以 A 银行深圳分行无权计收复利。（1）即使借款提前到期，《借款合同》也没有约定提前到期的情况下可以适用复利条款。A 银行深圳分行不应追究 B 实业公司等担保人的责任。(2)《借款合同》第 6 条第 4 款虽约定“对应付未付利息，贷款人依据中国人民银行的规定计收复利”，但中国人民银行《人民币利率管理规定》第 20 条第 20 款“对于应付未付利息，按合同约定利率按季或者按月计收复利”中设定的复利标准是选择性条款，而本案《借款合同》中 A 银行深圳分行与 B 科技公司并未明确选择复利标准，所以复利条款不能适用。而且广东高院在《民商事审判实践中有关疑难问题的解答意见》中也有复利应从严掌握的有关规定，所以本案中 A 银行深圳分行要求计收复利的请求不应支持。

被上诉人（原审原告）A 银行深圳分行的观点：1.《借款合同》约定借款金额以借款凭证记载为准，本案中 A 银行深圳分行发放的借款与借款凭证一致，所以 A 银行深圳分行并未违约。2. B 科技公司自 2011 年 11 月起即未依约履行还款义务，根据《借款合同》第 6 条的约定，A 银行深圳分行有权提前收回借款。而且，A 银行深圳分行于 2012 年 5 月 8 日向 B 科技公司发出了提前收取贷款的通知，B 科技公司于次日收到了上述通知，所以 A 银行深圳分行主张提前还款合法。3. A 银行深圳分行根据《借款合同》第 4 条、第 5 条的约定收取相应利息，并无不当。

法院观点

一审法院观点：A 银行深圳分行与 B 科技公司签订的涉诉《借款合同》，系双方的真实意思表示，内容合法有效，对双方具有法律约束力。A 银行深圳分行按约向B科技公司发放了借款，B科技公司未能按约偿还借款本息，构成违约。A银行深圳分行于2012年5月8日向B科技公司发出《贷款提前到期通知书》，宣布涉诉借款全部提前到期，符合涉诉《借款合同》第6条的相关约定，故A银行深圳分行关于B科技公司应提前还款的主张有事实和法律依据，法院予以支持；因B科技公司于2012年5月9日签收上述《贷款提前到期通知书》，涉诉借款提前到期日应确定为2012年5月9日。关于B科技公司主张A银行深圳分行发放借款的金额及日期违反合同约定的问题，涉诉《借款合同》虽然约定借款总金额为3.3亿元及以“附表”形式对借款发放的具体日程进行了约定，但该合同同时约定上述约定与借款凭证记载不一致时以借款凭证记载为准、借款凭证为该合同组成部分并具有同等法律效力，因此，A银行深圳分行于2010年6月28日向B科技公司发放借款共计32935万元，并不构成违约。B科技公司以此为由主张A银行深圳分行存在违约及B科技公司有权行使先履行抗辩权而不按约还款，理由不足，不予支持。

B科技公司已偿还借款本金1600万元，故其还应偿还借款本金31335万元（32935万元-1600万元）。关于B科技公司应付利息的利率标准问题，涉诉《借款合同》约定借款利率在利率基准上上浮10%、逾期还款的按上述执行利率再上浮50%计收罚息，该约定不违反法律、行政法规的强制性规定，A银行深圳分行主张以此利率标准计算借款利息有事实和法律依据，法院予以支持。故B科技公司的应付利息应结合还款情况，按照《借款合同》关于利率的约定，在还款期限内按照中国人民银行规定的同期同类贷款利率上浮10%计算利息及复利，逾期还款期间按中国人民银行同期同类贷款利率上浮10%后再上浮50%计算罚息。但对于B科技公司已经偿还的利息部分应作相应扣减，如B科技公司实际偿还利息超出同期应付利息的，超出部分用于抵扣本金。此外，A银行深圳分行主张对逾期罚息计收复利，缺乏法律依据，法院不予支持。

A银行深圳分行分别与B科技公司、E公司签订的3份《抵押合同》，系各方当事人的真实意思表示，内容合法有效，对合同各方当事人具有法律约束力，且各方当事人已经就《抵押合同》约定的抵押房地产分别办理了抵押登记手续。故A银行深圳分行主张对涉案抵押物享有抵押权，并主张对上述抵押房产处置所得价款享有优先受偿权，有事实和法律依据，法院予以支持。

关于涉诉《保证合同》的效力及B实业公司、C公司、D公司、成某的保证责任如何认定问题。D 公司对其当时的法定代表人成清泉在《保证合同》落款处“保证人法定代表人”一栏的签名无异议，但对 D 公司的印章的真实性有异议，并申请广东高院对该公章的真实性进行鉴定。《民法通则》第三十八条规定“依照法律或者法人组织章程规定，代表法人行使职权的负责人，是法人的法定代表人”；最高人民法院《关于贯彻执行〈中华人民共和国民法通则〉若干问题的意见（试行）》第 58 条规定“企业法人的法定代表人和其他工作人员，以法人名义从事的经营活动，给他人造成经济损失的，企业法人应当承担民事责任”。涉诉《保证合同》载明 D 公司为保证人之一，D 公司当时的法定代表人成清泉在合同落款处“保证人法定代表人”一栏签名，应视为成清泉代表 D 公司的职权行为，其法律后果应由 D 公司承担，D 公司以其对公司印章真实性有异议为由否认《保证合同》的真实性，理据不足，法院不予支持。此外，D 公司对其就涉诉担保事宜所作的《董事会决议》中董事“盘继顶”的签名真实性持有异议并申请广东高院鉴定，而对其他两名董事成清泉、成卫文签名的真实性并未提出异议，该《董事会决议》系 D 公司提交给农行深圳分行，按照该公司章程关于董事会决议应经三分之二以上董事表决通过的规定，无论“盘继顶”的签名真实与否，上述《董事会决议》已经符合 D 公司章程的规定而形成有效决议，故 D 公司以其对“盘继顶”的签名真实性有异议为由否认《董事会决议》的真实性和效力，理据不足，法院不予支持。D 公司提出的上述两项鉴定申请不影响该案的处理，故对该两项鉴定申请广东高院不予准许。而 B 实业公司、C 公司、成某对各自在涉诉《保证合同》落款处“保证人”一栏的盖章或签名均无异议。因此，涉诉《保证合同》系各方当事人的真实意思表示，不违反法律、行政法规的强制性规定，为有效合同，对各方当事人具有法律约束力。《物权法》第一百七十六条规定：“被担保的债权既有物的担保又有人的担保的，债务人不履行到期债务或者发生当事人约定的实现担保物权的情形，债权人应当按照约定实现债权；没有约定或者约定不明确，债务人自己提供物的担保的，债权人应当先就该物的担保实现债权；第三人提供物的担保的，债权人可以就物的担保实现债权，也可以要求保证人承担保证责任。提供担保的第三人承担担保责任后，有权向债务人追偿。”涉诉《保证合同》约定，该合同所担保的债权同时存在债务人提供物的担保和保证担保的，债权人有权要求保证人先于物的担保承担保证责任。故农行深圳分行主张 B 实业公司、C 公司、D 公司、成某就涉诉债务承担连带保证责任有事实和法律依据，法院予以支持。

最高人民法院观点：A 银行深圳分行与 B 科技公司于 2010 年 3 月 4 日签订的《借款合同》系双方当事人的真实意思表示，合同内容不违反法律法规的强制性规定，故该合同应为有效。上述《借款合同》虽约定 A 银行深圳分行于 2010 年 4 月 1 日向 B 科技公司发放 3.3 亿元贷款，但因该合同同时也约定上述借款金额、发放日期等与借款凭证记载不一致时以借款凭证的记载为准，而涉诉的 56 份借款凭证中记载 A 银行深圳分行于 2010 年 6 月 28 日向 B 科技公司发放贷款 3.2935 亿元。所以，A 银行深圳分行 2010 年 6 月 28 日向 B 科技公司发放贷款 3.2935 亿元，并不违反《借款合同》的约定。B 实业公司主张 A 银行深圳分行发放贷款的时间、金额违反《借款合同》约定故自己可以行使先履行抗辩权来拒绝向 A 银行深圳分行还款付息，缺乏事实及法律依据，对其主张本院不予支持。

《借款合同》约定了 B 科技公司偿还借款本金及利息的期限与方式，所以 B 科技公司如期偿还相应本金及利息系该公司的义务。因《借款合同》约定 B 科技公司违反该合同项下义务时 A 银行深圳分行有权向该公司提前收回已经发放借款，所以，B 科技公司未按《借款合同》约定偿还相应本金及利息时 A 银行深圳分行要求该公司提前偿还借款，于法有据。B 实业公司提出的 A 银行深圳分行不得以 B 科技公司逾期支付利息为由要求提前收回借款之主张，不能成立，对其主张本院不予支持。

《借款合同》约定对应付未付的利息依据中国人民银行的规定计收复利，所以 A 银行深圳分行要求 B 科技公司支付相应复利，具有事实依据。A 银行深圳分行提前收回借款的情形下《借款合同》并未排除其收取相应复利的权利。所以，B 实业公司主张 A 银行深圳分行因提前收回借款故不能收取复利，难以成立，对其主张不予支持。

在复利收取方面，因《借款合同》约定该合同项下借款按月结息，结息日为每月的 20 日，B 科技公司须于每一结息日当日付息。据此，应当认为《借款合同》就复利收取问题进行了约定。B 实业公司主张《借款合同》中的复利标准无法适用，缺乏事实基础，对其主张本院不予支持。因广东高院制定的有关解答意见与本案无关，故 B 实业公司以该解答意见来否定《借款合同》中复利的适用，不予支持。

关联案例 1

▶ **银行可在借款人被起诉时提前收回贷款的约定是否有效**

关 键 词：合同履行 提前清偿 担保责任 强制性规定

案件名称：F银行股份有限公司杭州分行与浙江G股份有限公司等金融借款合同纠纷案

审理法院：最高人民法院（2013）民提字第141号

法院观点：F银行与G公司签订的《综合授信合同》第二十三条明确约定：在合同履行过程中，F银行有权根据以下情形调整或取消授信范围，以及对合同项下G公司已提取的全部借款要求提前清偿，并列举了可提前收贷的11种情形。后G公司因债务问题被多家债权人起诉，部分生产设备及资产可能被司法查封。F银行于2010年12月8日向G公司签发了《贷款提前到期通知书》并向担保人主张担保责任。法院认为《综合授信合同》中关于提前收回贷款的约定及列举的11种情形不违反法律法规的强制性规定，确认有效。

关联案例 2

▶ **借款人欠息时银行可提前收回贷款的约定是否有效**

关 键 词：欠息 提前收回贷款 担保责任

案件名称：宁国市H融资担保有限公司与顾某、赵某等追偿权纠纷案

审理法院：

一审：安徽省宣城市中级人民法院（2014）宣中民二初字第00174号

二审：安徽省高级人民法院（2015）皖民二终字第00210号

法院观点：根据I银行宁国支行与J公司签订的《流动资金借款合同》的约定，J公司出现未按约偿还借款本息及停产、经营出现严重困难等情况不能提供新的担保、终止营业等情形时，I银行宁国支行有权提前收回贷款。本案中，J公司出现欠息，依照合同约定，I银行宁国支行有权提前收回贷款。

关于担保责任，H公司在收到I银行宁国支行发出的提前收回贷款并要求其承担代偿责任的《贷款本息代偿通知书》后，提前承担担保责任，符合《流动资金借款合同》的约定，法院予以支持。

律师点评

《合同法》第二百零三条规定："借款人未按照约定的借款用途使用借款的，贷款人可以停止发放借款、提前收回借款或者解除合同。"实践中，银行

在借款合同中往往还会约定其可以提前收回贷款的其他情形，如借款人逾期还本付息、经营状况发生困难等。借款人一旦发生法定或约定的事由，银行则可能通过诉讼或其他手段要求借款人提前履行还款义务。

作为借款人，往往会以系争《借款合同》为银行提供的格式文本，有关提前收回贷款的约定显然加重了借款人的责任为由主张该条款无效。从最高人民法院和各级法院的判例看，这一抗辩很难得到支持，在不违反法律法规的强制性规定的情况下，法院一般认定《借款合同》中的提前收回贷款约定有效，相关约定对借贷双方均有约束力，从而支持银行的提起收回贷款的请求。另外，若借贷关系中有保证人的，贷款银行也有权要求保证人提前承担保证责任。

而对银行而言，只有当合同约定或法定的提前收回贷款事由出现时才能行使提前收贷的权利，特别是在《借款合同》将"经营管理困难"等在概念上有一定模糊性的事由列为提前收回贷款事由的情况下，银行应该对提前收回贷款事由的成立尽到充分的举证责任。另外，需注意的是，《合同法》第二百零一条规定：贷款人未按照约定的日期、数额提供借款，造成借款人损失的，应当赔偿损失。最高人民法院（2014）民二终字第125号案中，借款人以银行未按期放贷，故而其逾期还款是行使先履行抗辩权虽未得到法院支持，但也值得引起金融机构的重视。

关于提前收贷后的利息偿付，司法实践中，在提前收回贷款和其他违约责任并存的情况下，如果其他违约责任的承担与合同提前到期没有冲突，或与强制性法律规定不相抵触的，银行可同时追究借款人的其他违约责任。同时，"基于银行在金融借款合同中的根本利益在于收回贷款并取得利息，因此，违约责任的追究也不应与银行的上述目标偏离太远，"[1]故最高人民法院（2014）民二终字第125号案对贷款主张的利息及复利均予以了支持。但需注意的是，通说认为贷款人在提前收回借款的情况下，不得仍按照原贷款期限主张利息，否则银行有不当得利之嫌，一般只能就借款日至借款实际还清日的期间主张相应利息损失。

---

〔1〕 吴庆宝：《金融机构提前收贷风险防范的司法认知》，载奚晓明主编、最高人民法院民事审判第二庭编：《民商事审判指导》2008年第2期。

第七章　信　托

一、法院如何界定金融借款合同纠纷与营业信托纠纷

关 键 词：营业信托　金融借款　资产受益权

问题提出：在信托法律关系中，信托公司往往会同时签订信托贷款合同与信托合同，在诉讼中，案件纠纷的性质确定为金融借款合同纠纷还是营业信托纠纷将直接影响案件适用的法律规定，并继而对案件结果产生实质影响。

案件名称：A 信托股份有限公司与昆山 B 投资开发有限公司等营业信托纠纷上诉案[1]

裁判规则：双方先签订信托合同，后签订《信托贷款合同》，信托关系成立在先，《信托贷款合同》依附于信托合同而产生；双方均认可《信托贷款合同》所涉的贷款本金与信托合同所涉的优先受益权本金系同一笔资金，信托公司将信托募集资金另行以信托贷款的方式发放给融资方，与信托合同的约定以及不得使用信托专户进行本信托业务以外的活动的约定有悖。故法院认定，本案应定为营业信托纠纷。

案情简介

上诉人（原审原告）：A 信托股份有限公司

上诉人（原审被告）：昆山 B 投资开发有限公司

上诉人（原审被告）：戴某 1

---

〔1〕 上海市第二中级人民法院（2012）沪二中民六（商）初字第 7 号；上海市高级人民法院（2013）沪高民五（商）终字第 11 号。

上诉人（原审被告）：戴某2

上诉人（原审被告）：嘉兴B投资开发有限公司

2009年9月11日，作为委托人的昆山B投资开发有限公司（以下简称昆山B公司）与作为受托人的A信托股份有限公司（以下简称A信托公司）签订了一份合同编号为AXXT（2009）JH06的信托合同。该合同的1、释义部分约定：（1）本信托系指根据本合同设立的信托，系受托人基于委托人交付的信托财产向投资人发行信托受益权份额62700份而设立的一项信托；（2）信托受益权份额或信托单位：系指用以表示信托项下受益权的均等份额，受益人根据其所拥有的信托受益权份额享有信托资产收益、承担信托资产风险。本信托项下，信托受益权分为优先受益权和一般受益权。（3）优先受益权：指按本合同约定优先享有信托利益的信托受益权。本信托项下，优先受益权优先于一般受益权从信托财产中分配信托收益和获偿信托本金。（4）一般受益权：指受益人按本合同约定享有的次于优先受益权的信托受益权。本信托项下，在优先受益权获得足额清偿前，一般受益权不参与对信托财产的分配。优先受益权获得清偿后，一般受益权获得全部剩余信托财产。（5）初始优先受益权本金：指本信托设立时募集的全部优先受益权资金。（6）基础资产系指委托人持有的位于昆山市玉山镇312国道北侧、大虞河路东侧的联邦国际昆山现代产业服务（一期）项目（"昆山·联邦国际"）土地的国有土地使用权和建筑面积为80，370.23平方米的在建工程。（7）信托财产系指委托人对基础财产依法享有取得收益的权利及因对其管理、运用、处分或者其他情形而取得的财产。（8）信托专户系指受托人在银行所开立，并按照本合同约定存管现金形态的信托财产、支付应由信托财产所承担费用等的专用账户。开户银行：中信银行上海分行浦东分行；账号：731201018680000××××。（9）信托文件：系指规定本信托项下信托当事人之间权利义务关系的文件，包括但不限于本合同、《信托受益权份额投资书》《投资说明书》《保管协议》《信托受益权投资风险申明书》。合同第2条信托目的约定，本信托的信托目的是委托人为实现基础资产财产价值的流动化，以其合法享有的取得基础资产收益的权利设定的同时向投资者发行信托受益权份额的财产权信托，受托人按信托文件约定为受益人的利益管理、运用和处分信托财产、向受益人分配信托利益。第4.2条约定，信托设立时信托优先受益权规模为不超过人民币2.3亿元（以下币种同），但不低于2.15亿元；其余为信托一般受益权。

第6.1条约定，本信托优先受益人投资于信托优先受益权的资金，由受托人按信托文件的约定，交付给委托人，并监督委托人将资金用于支付“昆山·联邦国际”项目的未付工程款和调整财务结构。第6.2条实物资产的保管中约定，本信托存续期内，信托财产所涉及的基础资产继续按原有方式保管，委托人承诺妥善保管基础资产，并负责管理、经营和销售该基础资产。为保证基础资产收益款的按时足额收回以及保证委托人履行资金补足义务，委托人自愿以受托人为抵押权人将基础资产抵押给本信托，以保证受托人在管理信托财产时顺利行使各项权利，包括但不限于对该基础资产的受益权和处分权。第6.5.1条约定，本信托应在保管银行开立信托专户，信托专户的开设和管理由受托人负责，受托人承诺开设独立的信托专户对所募集资金及信托财产进行管理，本信托的一切资金往来均需通过该账户进行。第6.5.2条约定，受托人不得假借本信托的名义开立任何其他账户，亦不得适用本信托专户进行本信托业务以外的活动。第7.2.4条约定，如一般受益人未按本合同约定向信托专户内汇集基础资产收益款或未履行资金补足义务的，逾期期间应计收罚息，罚息按应付未付价款的日万分之二点一计收。第12.2条信托报酬中约定，受托人于每个信托年度，在向优先受益人分配完毕信托利益后，根据以下公式收取信托报酬：信托期满12个月：信托报酬 $=A\times(10\%-i)-B$；信托期满24个月：信托报酬 $=A\times20\%\times(10\%-i)/2+A\times80\%\times(10\%-i)-B$；信托期满36个月：信托报酬 $=A\times60\%\times(10\%-i)-B$。其中：A为全部信托受益权初始本金，i为全部优先受益人对应预期收益率的加权平均数，B为当期发生的信托费用。第18条违约责任中约定，若委托人、受托人或受益人未履行其在本合同项下的义务，或一方在本合同项下的声明、保证严重失实或不准确，视为该方违约。本合同的违约方应赔偿因其违约而给守约方或其他相关方造成的全部损失。

同日，作为贷款人的A信托公司与作为借款人的昆山B公司、作为保证人的戴某1、戴某2、嘉兴B公司签订了合同编号为AXXT（2009）JH06DK01的《信托贷款合同》。该合同第一章定义和解释中约定，信托贷款指由A信托公司作为受托人，根据信托合同、《“昆山·联邦国际”资产收益财产权信托受益权投资说明书》获得信托资金，并根据本合同以信托资金向借款人发放的贷款。合同第2.1条约定：贷款期限为三年，起止日期为2009年9月18日至2012年9月18日（以借据为准）。第2.2条约定：贷款金额为不超过2.3亿元，以借据为准。第2.3条约定，本合同项下的贷款分三次偿还：(1) 18个月信托贷款本金金额为全部贷款初始本金的20%，自计息日起(2009年9月18日) 至2011年3月18日止（以借据为准）；(2) 24个月信托贷款本金金额为全部贷款初始本金的20%，自计息日起（2009年9月18日）至2011年9月18日止（以借据为准）；(3) 36个月信托贷款本金金额为全部贷款初始本金的20%，自计息日起（2009年9月18日）至2012年9月18日止（以借据为准）。第6.1条约定，本合同项下的贷款利率均是年利率，贷款利率为年利率10%。第6.2条约定，本合同项下贷款利息从计息日起计收：计息日为“昆山·联邦国际”资产收益财产权信托成立之日。第6.3条约定，借款人应按照以下规定偿还贷款利息：(1) 贷款期限届满12个月时，应偿还的利息=全部贷款初始本金×10%；(2) 贷款期限届满18个月时，应偿还的利息=全部贷款初始本金×20%×10%×0.5；(3) 贷款期限届满24个月时，应偿还的利息=全部贷款初始本金×80%×10%；(4) 贷款期限届满36个月时，应偿还的利息=全部贷款初始本金×60%×10%。如借款人未按本合同第2.3条约定偿还信托贷款本金，信托贷款逾期期间应继续计收贷款利息，贷款年利率自逾期之日起自动按12%执行。第11.1条约定，借款人以位于昆山市玉山镇312国道北侧、大虞河路东侧的联邦国际昆山现代产业服务（一期）项目（“昆山·联邦国际”）土地的国有土地使用权和建筑面积为80，370.23平方米的在建工程抵押给贷款人。第11.2条约定，保证人为信托贷款本金、利息、复利、罚息、违约金、损失赔偿金及处置抵押物的相关费用的偿还提供连带责任保证担保，直至《信托贷款合同》项下的全部款项归还完毕。如借款人不履行或不完全履行其在本合同项下的义务时，保证人自愿接受人民法院的强制执行。同时保证人承诺：因昆山B公司工程款债务而被债权人优先于抵押权主张执行《抵押协议》抵押物时，造成信托贷款抵押担保权益贬损部分损失由保证人承担。第12.4条约定，贷款期间，借款人向贷款人指定的账户划转销售款，必须在指定日期满足最低现金余额要求。

当借款人向信托专户或贷款人指定账户划转的资金不能达到最低现金余额要求时，借款人授权贷款人有权决定处置抵押资产的价格，借款人放弃一切抗辩权；贷款到期日，贷款人有权直接将信托专户中的还款准备资金作为借款人的还款；如信托专户中的资金不足以偿还全部贷款本息的，不足部分由借款人自筹后于当期贷款到期日划至贷款人的信托专户用以清偿贷款。如借款人未按本条约定补足资金，逾期期间应计收罚息，罚息按照日万分之二点一执行。第16.1（3）条约定，借款人逾期支付本合同和《资金监管协议》的相关款项，从逾期之日起按每日万分之二点一向借款人计收罚息，遇中国人民银行调整罚息利率，则分段计息；同时，贷款人有权自逾期之日起向借款人按年利率10%计收复利，并以实际逾期天数每日万分之三计收违约金。第16.1（4）条约定，拍卖、变卖或以其他方式处置抵押物（包括但不限于以贷款人指定的价格处置抵押物），用所得价款清偿全部贷款本金及至到期日未付利息、复利、罚息、违约金、损失赔偿金及处置抵押物的相关费用。合同第20.4条约定，本合同未尽事宜，按照双方在《资金监管协议》中的约定操作执行；《资金监管协议》未做约定的，双方可另行签署补充协议约定；《资金监管协议》及补充协议均是本合同的组成部分，与本合同具有同等效力。

同日，A信托公司与昆山B公司还签订了协议编号为AXXT（2009）JH06JG01的《资金监管协议》。该协议约定，A信托公司通过设立“昆山·联邦国际”资产收益财产权信托并转让优先受益权的方式向昆山B公司融通资金；昆山B公司已与A信托公司签订信托合同，并同意A信托公司将全部信托受益权分为优先受益权和一般受益权，其中信托优先受益权由社会投资者认购，信托一般受益权由昆山B公司持有。A信托公司将募集的信托资金按信托文件的约定交付给昆山B公司用于支付“昆山·联邦国际”项目后续工程款和调整昆山B公司财务结构。该协议第5.3条特别约定，在本协议有效期内，为保证“昆山·联邦国际”资产收益财产权信托项下全部优先受益权按时、足额分配，昆山B公司保证并承诺信托专户及A信托公司指定的账户内最低现金余额要求达到下表（该表与《信托贷款合同》第12.4条中的A信托公司指定专户最低现金余额表一致）要求。协议第6.1（3）条约定，昆山B公司未能如期按照本协议规定支付任何应由其支付的到期应付款项，构成昆山B公司对本协议的违约。协议第七章违约处理第7.1（3）条与《信托贷款合同》第十六章违约处理的第16.1（3）条约定的内容一致，约定了相应的违约金、逾期罚息、复利等。该协议第9.4条约定，《抵押协议》《担保函》是本协议的从属部分，与本协议具有同等法律效力。

经对比，《信托贷款合同》、《资金监管协议》中的A信托公司指定专户最低现金余额表比信托合同中的信托专户最低现金余额表，多列2009年年底以前最低现金余额2，070万元、信托成立后第575天最低现金余额A×11.4% -2070（万元）以及信托成立后第755天最低现金余额A×60% ×6%（万元），此三笔最低现金余额在协议中约定是指A信托公司向昆山B公司收取的财务顾问费。三表中A虽然分别指全部贷款初始本金、融资资金本金、全部信托优先受益权初始本金，但都指向同一笔资金即2.15亿元。

信托合同以及《信托贷款合同》均提及《资金监管协议》，《资金监管协议》中仅提及信托合同，未提及《信托贷款合同》。而《信托贷款合同》中则提及《资金监管协议》为《信托贷款合同》的组成部分。

2009年9月11日，昆山B公司与A信托公司还签订了协议编号分别为AXXT（2009）JH06DY01、AXXT（2009）JH06DY02的《抵押协议》各一份，两份协议均约定：为确保《信托贷款合同》项下昆山B公司义务的履行，该公司愿意以其有权处分的在建工程提供抵押担保。该两份协议的第四条抵押担保范围中约定，双方确认抵押担保的范围包括：主债务所对应的支付资金及债务人因违反主合同而产生的违约金、损害赔偿金、利息、复利、罚息、A信托公司垫付的有关费用以及A信托公司实现债权和抵押权的一切合理费用。

同日，嘉兴B公司、戴某1与戴某2分别向A信托公司出具了《担保函》，主要内容均为为确保作为主合同即信托合同和《资金监管协议》项下昆山B公司的义务能切实履行，自愿就昆山B公司在主合同项下的全部义务的履行向A信托公司提供不可撤销的连带责任保证担保。

2009年9月24日，A信托公司“昆山·联邦国际”资产收益财产权信托成立并发布公告，该公告中明确，信托优先受益权实际募集资金2.15亿元，其余为信托一般受益权，由昆山B公司持有；本信托优先受益权份额投资书共143份，其中投资金额在300万元（含）以上的16份，预期年收益率为9.5%；投资金额在300万元以下的127份，预期年收益率为9%。该公告中亦附有信托专户最低现金余额表，该表备注：上表不包含受托人的财务顾问费，财务顾问费的支付以双方另行签订的《融资框架协议》的约定为准。

2009年9月25日、27日，A信托公司从信托专户账号中分别转账给昆山B公司1亿元、1.15亿元，共计2.15亿元，在特种转账借方传票的摘要中分别载明支付信托优先受益权转让款、优先受益权转让款。

2010年12月，A信托公司与昆山B公司签订了合同编号为AXXT（2009）JH06 BC01的《“昆山·联邦国际”资产收益财产权信托补充协议》。该协议约定：昆山B公司申请提前回购本信托项下期限为18个月和24个月部分的信托优先受益权，回购本金金额为8600万元。第六条约定，昆山B公司回购的优先受益权将自动转为同等份额的信托一般受益权，在剩余部分优先受益权足额分配前，一般受益权不得分配。

2012年6月4日，国信公证处向A信托公司出具了《通知书》，明确A信托公司以昆山B公司多次逾期未提供还款保证金、未满足最低余额要求为理由，要求该处出具执行证书，但昆山B公司提出其无不履行或不完全履行的事实发生，且对债权文书中规定的履行义务存在疑议，即逾期支付还款保证金、未满足最低余额不属于逾期还款的范围并且还款保证金的约定违背了公平原则，应予撤销；有关财务顾问费的约定也违反法律规定，不应该支付，并提供了相关证据，对此，该处认为不具备出具执行证书的条件。

2012年6月，戴某1、戴某2即抵押人与A信托公司即抵押权人签订《抵押合同》，该合同约定：为确保于2009年9月11日签订的编号［AXXT（2009）JH06DK01］《信托贷款合同》项下昆山B公司义务的履行，戴某1、戴某2愿意以其有权处分的房产提供抵押担保。第十一条第六款约定，无论A信托公司对主合同项下的债权是否拥有其他担保（包括但不限于保证、抵押、质押、保函等担保方式），不论上述其他担保何时成立、是否有效、不论其他担保是否由债务人自己所提供、A信托公司是否向其他担保人提出权利主张，戴某1、戴某2在本合同项下的担保责任均不因此减免，A信托公司均有权直接要求戴某1、戴某2在其担保范围内承担担保责任，戴某1、戴某2不提出任何异议。

2012年6月12日、13日，戴某1、戴某2分别在上海市长宁区房地产登记处、上海市青浦区房地产登记处办理了上述房产的抵押登记，登记证明号分别为长201205×××77、长201205×××04、青201219×××62。

2012年，作为债权人的A信托公司与作为债务人的昆山B公司签订了合同编号为AXXT（2009）JH06DK01－BC01的《补充协议》。该协议第一条约定，为配合债务人申请委托贷款，债务人自愿于本合同签署后2个工作日支付首笔保证金300万元并提供三处房地产（上海市福泉路550弄5号203室、上海市青浦区徐泾镇诸光路380弄A4号、上海市福泉路123弄16号201

室）抵押给债权人（第二顺位抵押），债权人在收到该项保证金且第二顺位抵押登记手续办理完毕后2个工作日内，为债务人办理《抵押协议》项下6500平方米抵押物的解除抵押登记手续。第二条约定，为配合办理上述第一条所约定的第二顺位抵押登记，双方确认该项抵押登记的主债权金额，即为《信托贷款合同》项下债务人应支付的贷款本息余额的一部分，该主债权金额仅为办理第二顺位抵押登记之用，不构成一项新增贷款。第三条约定，债务人应于上述第一条约定的解除抵押手续完毕之日起（以债权人出具解押函件的当日）10个工作日内，再支付第二笔保证金2700万，本协议项下累计支付保证金应为3000万元，全部保证金应支付至债权人指定的账户，均不构成《信托贷款合同》项下的提前还款。上述保证金支付完毕后2个工作日内，债权人将第一条所约定的三处房地产的第二顺位抵押予以解除。第五条约定，债务人逾期支付上述第三条约定的保证金，且债务人未在上述第四条约定的期间内，办理完毕重新抵押手续的，债权人有权宣布贷款提前到期，已收取的保证金作为本协议项下的违约金，由债权人直接扣收，贷款本息、财务顾问费及其他相关信托文件项下的违约金、罚息的金额，不因债权人收取本项违约金而减少。

昆山B公司分别于2012年6月11日、7月2日，向A信托公司付款3100000元、19248284元，合计22348284元，A信托公司认可收到该两笔款项，但称根据《补充协议》的约定，昆山B公司未足额支付保证金3000万元，故该两笔款项应予没收。昆山B公司认为该两笔款是根据《补充协议》的约定用于回购优先受益权本金，故优先受益权本金余额应为106051716元。

此外，经A信托公司、昆山B公司核对，双方确认除本金外，昆山B公司在信托期限内还支付A信托公司38693361.47元。A信托公司、昆山B公司均确认该款项系昆山B公司给付A信托公司用于兑付投资人信托收益，除此之外，A信托公司认为该款项还用于支付保管费、律师费、诉讼费等。

2013年1月8日，昆山B公司以A信托公司未依约履行信息披露义务，在优先受益权人实现投资本金及收益后，剩余信托财产含收益未返还以及A信托公司收取融资服务费、信托收益补偿款系其利用受托人地位谋取不当利益为由，诉至原审法院，请求判令A信托公司：（1）提供“昆山·联邦国际”资产收益财产权信托的清算报告、定期报告（包括但不限于信托募集结果报告、信托事务管理的季度报告、年度报告）、临时报告、信托账目及《保管协议》等信托文件；(2) 返还信托财产暂定 272875.58 元；(3) 返还融资服务费 23351716 元，并返还回购优先受益权份额时支付的一个月信托收益补偿款 381235 元。

本案一审诉讼中，A 信托公司向原审法院提供了其自行委托国富浩华会计师事务所进行审计，由该所出具的专项审计报告。该报告的审计结论中截止 2012 年 9 月 24 日，计算罚息为 16764109.50 元。

A 信托公司将本案诉请确定为：(1) 昆山 B 公司归还 A 信托公司贷款本金 128400000 元；(2) 昆山 B 公司偿付 A 信托公司贷款利息；(3) 昆山 B 公司支付 A 信托公司违约金；(4) 昆山 B 公司支付 A 信托公司罚息；(5) 昆山 B 公司支付 A 信托公司复利；(6) 昆山 B 公司偿付 A 信托公司为实现债权而支付的费用 111.5 万元（其中审计费 1.5 万元，评估费 10 万元，律师费 100 万元）；(7) 如昆山 B 公司不履行上述第一至第六项债务的清偿义务，则判令 A 信托公司有权将抵押房屋以折价，或者以拍卖、变卖该房屋的所得价款优先受偿；不足清偿上述第一至第六项债务部分，A 信托公司有权向昆山 B 公司继续追偿；(8) 如昆山 B 公司不履行上述第一至第六项债务的清偿义务，则判令 A 信托公司有权将戴某 1 和戴某 2 共同抵押给 A 信托公司的抵押房屋以折价，或者以拍卖、变卖该房地产所得价款优先受偿；不足清偿上述第一至第六项债务部分，A 信托公司有权向昆山 B 公司继续追偿；(9) 戴某 1、戴某 2、嘉兴 B 公司对上述昆山 B 公司应履行的第一至第六项债务的清偿承担连带担保责任。

判决结果

一审判决：(1) 昆山 B 公司向 A 信托公司偿还信托优先受益权本金人民币 106051716 元；(2) 昆山 B 公司向 A 信托公司支付罚息 14000000 元，并以 106，051，716 为基数，按万分之二点一计收自 2012 年 9 月 25 日起至判决生效之日的罚息；(3) 昆山 B 公司向 A 信托公司支付律师费 100 万元；(4) 若昆山 B 公司不履行判决第一项至第三项付款义务的，A 信托公司可以昆山 B 公司抵押房屋折价，或者以拍卖、变卖该抵押财产所得价款优先受偿。(5) 若昆山 B 公司不履行判决第一项至第三项付款义务的，A 信托公司可以戴某 1、戴某 2 的抵押房屋折价，或者以拍卖、变卖该抵押财产所得价款优先受偿。（6）如上述抵押物不足以清偿第一至三项付款义务的，戴某1、戴某2、嘉兴B公司应对A信托公司上述第一至三项偿付金额的剩余部分承担连带保证责任；（7）对A信托公司其余诉讼请求不予支持。

二审判决：驳回上诉，维持原判。

各方观点

上诉人A信托公司观点：本案应为信托贷款合同纠纷。本案所涉《信托贷款合同》系信托文件的重要组成部分，但又相对独立，各方当事人自始至终的履行凭证均证明系贷款合同。A信托公司发行信托计划并在信托计划设立后，将募集的资金以贷款方式发放给昆山B公司，不仅符合信托法的规定，而且符合信托合同的约定，且案外投资人均应当知道。

上诉人昆山B公司、戴某1、戴某2、嘉兴B公司观点：本案所涉信托法律关系为资产收益财产权信托法律关系，并不存在A信托公司主张的信托贷款法律关系。双方签订的《信托贷款合同》无效，且贷款合同项下的2.15亿元A信托公司并未向昆山B公司发放。

法院观点

一审法院观点：本案性质应定为营业信托纠纷。

第一，虽然A信托公司系以其与昆山B公司存在信托贷款合同纠纷为起诉事由，但昆山B公司、戴某、戴某、昆山B公司以本案系信托纠纷提出抗辩，A信托公司对信托成立及与昆山B公司签订信托合同的事实亦不予否认。又鉴于信托合同系双方当事人真实意思表示，且未违反法律、法规的强制性规定，该合同合法有效。故A信托公司与昆山B公司之间存在信托法律关系。

第二，A信托公司认可先签订信托合同，再签订《信托贷款合同》。从《信托贷款合同》第一章关于信托贷款的释义中已明确该信托贷款系根据信托合同、投资说明书获得信托资金，以信托资金向借款人发放的贷款。故A信托公司与昆山B公司之间的信托法律关系存在在先，系不争的事实。

第三，从上述信托贷款的释义，亦明确A信托公司主张的贷款本金系来源于信托资金，即信托合同中所涉的优先受益权本金与《信托贷款合同》中所涉的贷款本金系同一笔资金即2.15亿元。A信托公司与昆山B公司对此均予以认可。故法院确认，昆山B公司收到A信托公司给付的资金只有一笔2.15亿元。

第四，从《信托贷款合同》与信托合同约定的内容来看，除了上述两份合同约定的本金系同一笔资金之外，约定的还款方式也大致相同，《信托贷款合同》虽约定借款期限三年，但除了比信托合同多约定了三笔财务顾问费之外，其所列表格命名为A信托公司指定专户最低现金余额表，其中的还款时间、金额同信托合同中约定的信托指定专户最低现金余额表。故该《信托贷款合同》虽系一份独立的主合同，但其还款结构与通常意义的贷款有所不同，应视为依附于信托合同而产生。

第五，根据信托合同中关于信托财产的管理与运用方式的约定，信托优先受益人（即案外投资人）投资于信托优先受益权的资金应由受托人（即A信托公司）交付给委托人（昆山B公司），并监督委托人将资金用于支付未付工程款和调整财务结构。该投资资金应视为案外投资人购买受益权份额的资金，不应视为A信托公司的自有资金。而A信托公司将该笔本应根据信托合同交付昆山B公司的信托资金，却与昆山B公司另行签订《信托贷款合同》以贷款的方式发放给昆山B公司，显然与信托合同的上述约定以及不得使用信托专户进行本信托业务以外的活动的约定有悖。除此之外，从相关的信托宣传资料来看，A信托公司亦未将该信托贷款事宜向案外投资人披露，故对案外投资人而言，其所能知晓的法律关系仅仅是信托合同而非《信托贷款合同》。A信托公司在《信托贷款合同》中另行约定了贷款利率，该利率高于A信托公司向案外投资人兑付的收益率，相当于A信托公司利用案外投资人的资金放贷为自己谋取利差，这种行为与我国信托法有关受托人除依照本法规定取得报酬外，不得利用信托财产为自己谋取利益的规定相悖。

综上，一方面，信托合同成立在先，本案信托的设立、投资人资金的募集，都具有公示效力，且已履行完毕；另一方面，贷款资金来源于信托募集资金，在支付2.15亿元的特种转账借方传票摘要中亦分别载明支付信托优先受益权转让款、优先受益权转让款；《信托贷款合同》的还款方式采用信托合同中对信托专户最低现金余额的约定方式，该合同依附于信托合同而产生，A信托公司发放贷款又有违信托合同约定。故A信托公司将2.15亿元以贷款方式发放给昆山B公司，现以昆山B公司未偿还贷款为诉由，显属不当。因此本案纠纷的性质应定为营业信托纠纷。A 信托公司与昆山 B 公司签订《信托贷款合同》，与信托合同存在冲突，因为案外投资人的一笔款项，不能既作为案外投资人购买受益权份额的款项，又作为 A 信托公司的放贷款项。之所以针对一份款项签订两份合同，法院采信昆山 B 公司的陈述，即房地产交易中心不接受信托合同作为主合同办理抵押登记手续，故将贷款合同作为主合同并签署《抵押协议》而办理抵押登记，而 A 信托公司对此亦未否认。由于本案信托财产仅仅是受益权，而基础财产的抵押是保障案外投资人获得受益权的重要手段，如果缺乏这种抵押，A 信托公司亦无法为昆山 B 公司招徕足够多的案外投资人。因此，抵押的办理对 A 信托公司、昆山 B 公司以及案外投资人均有重要意义。由于信托合同结构复杂、权利义务不清晰，难以用于办理抵押登记，为此，A 信托公司与昆山 B 公司通过签订《信托贷款合同》以达成办理抵押登记手续的目的，情有可原。对此双方均有预期且达成了合意。昆山 B 公司现要求法院完全否认《信托贷款合同》并进而否定抵押权的存在，与双方当时的合意不符，不予采信。因此，应认定《信托贷款合同》仅作为表面形式，其实质在于实现信托合同中所约定的抵押权登记。至于 A 信托公司借机在《信托贷款合同》约定昆山 B 公司承担罚息、复利、违约金等责任，借昆山 B 公司违约之机，主张高额的违约责任归其所有而不是归于案外投资人所有，这种未经案外投资人同意，借助案外投资人财产为自己私自谋利的行为违反诚实信用原则，不应予以支持。A 信托公司与昆山 B 公司之间的权利义务以及违约责任，应以信托合同为准。

二审法院观点：本案信托合同经过备案登记，不违反法律禁止性规定，系 A 信托公司和昆山 B 公司的真实意思表示，应属有效。现 A 信托公司以各方当事人自始至终履行的是《信托贷款合同》，且募集的资金以贷款方式发放给昆山 B 公司为由，认为本案应为信托贷款合同纠纷。而昆山 B 公司对此持有异议，认为本案所涉信托法律关系为资产收益财产权信托法律关系。本院认为，双方信托合同签订在先，《信托贷款合同》订立在后，且双方均认可《信托贷款合同》所涉的贷款本金 2.15 亿元与信托合同所涉的优先受益权本金系同一笔资金。2009 年 9 月 25 日、27 日，A 信托公司从信托专户账号中分别转账给昆山 B 公司 1 亿元和 1.15 亿元，在特种转账借方传票的摘要中分别载明支付信托优先受益权转让款、优先受益权转让款。由此可见，所谓的贷款资金其实来源于信托募集资金。且从两份合同先后订立的时间及具体的约定内容不难看出《信托贷款合同》依附于信托合同而产生。故本院认可原审法院对本案纠纷性质的认定，本案应定为营业信托纠纷。本案双方当事人针对一份款项签订两份合同，其实质是以贷款合同为形式，来保障A信托公司对信托财产的控制权，实际上A信托公司对所谓的贷款本身并不享有权利。原审法院结合房地产交易中心办理抵押登记的局限性及双方当事人通过签订《信托贷款合同》以达成办理抵押登记的合意，从而认定《信托贷款合同》仅为表面形式，其实质在于实现信托合同中所约定的抵押登记，本院予以支持。综上，A信托公司主张将本案定性为信托贷款合同纠纷，本院不予采信。本案既认定为营业信托纠纷，则A信托公司与昆山B公司之间的权利、义务及违约责任应以信托合同为准，系争的欠付本金应为信托优先受益权本金，而《信托贷款合同》仅为表面形式，故A信托公司主张应将昆山B公司支付的款项22348284元按《信托贷款合同》的约定，先抵充律师费、罚息和评估费、审计费，余款再抵充本金的主张没有事实和法律依据，本院不予支持。原审将此款在信托优先受益权本金中予以扣除并无不当，本院予以支持。

律师点评

本案曾在金融界、法律界乃至地产界引发强烈关注，盖因本案中A信托公司所采取的资产受益权信托合同和信托贷款合同并行的模式在信托业界，特别是信托公司为房地产企业提供融资的案例中已普遍采用，本案对于当事人之间的法律关系、资金的性质、抵押的效力等问题的认定将对众多类似信托计划产生辐射效应，并在一定程度上影响到未来信托业的发展方向。

一、资产收益权信托合同和信托贷款合同并行模式的背景

从当事人的初衷来看，本案A信托公司与昆山B公司之间的系争2.15亿元款项实际是A信托公司向昆山B公司提供的2.15亿元项目开发融资款，该融资款本可直接通过信托贷款形式操作，但双方之所以又签订一份“资产收益权信托合同”，有其特定背景。

根据银监会《信托公司房地产信托业务风险提示的通知》，信托公司向房地产企业的房产开发项目发放贷款需审核贷款人是否“四证”齐全、自有项目资金比例达到30%、开发商或其控股股东具备二级资质，即业内所谓“四三二”合规，但随着我国房地产市场的发展，大量楼盘的开发催生了房地产

开发企业的放量融资需求，而这些房地产企业中的相当一部分并不满足“四三二”条件。而为规避该限制，部分信托公司取道“资产收益权”，通过设立信托计划募集资金用以收购房地产开发企业开发项目的资产收益权，同时双方另行签订信托贷款合同，最终信托公司向房地产开发企业提供的资金既是资产收益权的转让款，也是信托公司发放的信托贷款，具备“双重身份”。该种模式至少可以起到三方面作用：（1）以信托合同作为报备的“白合同”，以图规避银监会关于房地产企业融资的“四三二”限制；（2）《信托贷款合同》作为双方实际履行的“黑合同”，可以作为向融资方实际放款和收取相应利息的依据，并可对融资方在特定情况下的罚息和违约金给付等义务作出约定；（3）以《信托贷款合同》作为主合同，相较于通常约定复杂的信托合同，更便于办理基础资产或者其他相应资产项下的抵押、质押等政府部门登记，以保证信托计划投资本金及预期收益的实现。

但该种信托结构自诞生伊始即面临巨大法律风险，其核心争议在于该信托结构的本质是“信托财产的资产收益权投资”还是“信托借款”，即本案性质是营业信托纠纷还是金融借款纠纷。

二、对于营业信托纠纷和金融借款纠纷的辨别

如前所述，本案中A信托公司和昆山B公司虽然分别签订了《信托合同》和《信托贷款合同》，但事实上两份合同针对的都是同一笔资金。本案诉讼中，鉴于信托贷款合同约定了高额的利息、罚息、违约金及复利，且《抵押合同》也以《信托贷款合同》为主合同，故A信托公司方面主张双方的法律关系本质是金融借款，但该主张在两审判决中均未被法院采纳，其主要原因在于：

第一，从合同签订过程来看，A信托公司确认先签订《信托合同》，后签订《信托贷款合同》，双方信托法律关系存在在先。而《信托贷款合同》第一章关于信托贷款的释义中已明确该信托贷款系根据信托合同、投资说明书获得信托资金，以信托资金向借款人发放的贷款，故《信托贷款合同》应系《信托合同》项下的从合同。

第二，从资金性质来看，A信托公司向昆山B公司支付的2.15亿元款项实际来源于信托募集资金，案外投资人的一笔款项，不能既作为案外投资人购买受益权份额的款项，又作为A信托公司的放贷款项。根据信托合同中关于信托财产的管理与运用方式的约定，信托优先受益人（案外投资人）投资

于信托优先受益权的资金应由受托人（A 信托公司）交付给委托人（昆山 B 公司），并监督委托人将资金用于支付未付工程款和调整财务结构。若 A 信托公司将该笔本应根据信托合同交付昆山 B 公司的信托资金，另行以信托贷款的方式发放给昆山 B 公司，显然与信托合同的上述约定以及不得使用信托专户进行本信托业务以外的活动的约定有悖。

第三，信托合同相关内容已向案外投资人公示，而 A 信托公司未将该信托贷款事宜向案外投资人披露，故对案外投资人而言，其所能知晓的法律关系仅仅是信托合同而非《信托贷款合同》。A 信托公司在《信托贷款合同》中另行约定了贷款利率，该利率高于 A 信托公司向案外投资人兑付的收益率，相当于 A 信托公司利用案外投资人的资金放贷为自己谋取利差，这种行为与我国信托法有关受托人除依照本法规定取得报酬外，不得利用信托财产为自己谋取利益的规定相悖。

基于上述原因，法院将本案定性为营业信托纠纷，该认定值得引起信托公司在今后设立信托项目时予以重视。

三、营业信托纠纷性质下担保物权的处理

鉴于 A 信托公司与昆山 B 公司及其他担保人签订的抵押合同均以《信托贷款合同》为主合同，在认定本案纠纷系营业信托纠纷而非金融借款纠纷的情况下，还需考虑 A 信托公司此时是否仍然有权依抵押合同行使抵押权的问题。

两审法院并未将《信托贷款合同》视为无效，其认为虽然《抵押协议》中约定是为确保《信托贷款合同》项下昆山 B 公司义务的履行，但《信托合同》第 6.2 条中亦约定将其基础财产抵押给本信托并约定另行签订抵押协议。之所以以《信托贷款合同》作为《抵押合同》的主合同，主要是为了方便办理抵押权登记而进行的形式处理，双方对此达成了合意，抵押物已经办理了相应的抵押登记手续，故法院认为 A 信托公司仍有权对抵押物行使抵押权。

笔者认为，两审法院对 A 信托公司抵押权的确认在一定程度上是基于平衡双方当事人利益关系的考量，有其合理性。但对于信托公司而言，应考虑到在其他案件中，仍不能排除法院根据案件实际情况直接认定《信托贷款合同》无效或未履行的风险，进而将影响抵押权的实现，因此仍需加强完善担保操作的合规工作。

二、法院如何认定信托管理人监管义务

关 键 词： 信托　信托管理人　信托监管

问题提出： 在信托案件审理中，法院如何在受托人具体违约行为中认定信托管理人的监管义务？

案件名称： 太原A企业策划设计有限公司等与中国光大银行股份有限公司太原分行等营业信托纠纷上诉案〔1〕

裁判规则： 信托管理人对于信托财产损失承担过错责任，本案中信托公司已经按照信托文件的约定将信托资金打入信托专户中，并在信托项目的进展中及时披露信托项目存在的风险情况，要求信托项目借款人及时履行支付信托资金利息义务并敦促其履行公路收费权质押承诺，可认定对信托资金以及项目的进展履行了监管职责，不存在过错。在此情况下，即使信托财产因被他人挪用而遭受损失，信托管理人也不应对于该损失承担赔偿责任。

案情简介

上诉人（原审原告）：太原A企业策划设计有限公司

上诉人（原审被告）：B信托投资股份有限公司

被上诉人（原审第三人）：中国光大银行股份有限公司太原分行

被上诉人（原审第三人）：河南新陵公路建设投资有限公司

被上诉人（原审第三人）：河南省万通路桥建设有限公司

2004年9月，中国光大银行股份有限公司太原分行（以下简称光大银行太原分行）为了给新陵公路项目募集资金，与其众多个人客户签订委托理财协议，约定客户将理财资金交付给光大银行太原分行，用于本案新陵公路建设项目，客户同时委托光大银行太原分行和河南新陵公路建设投资有限公司（以下简称新陵公司）遂找到B信托投资股份有限公司（以下简称B信托公

〔1〕 一审上海市静安区人民法院（2008）静民二（商）初字第323-2号；二审上海市第二中级人民法院（2010）沪二中民六（商）终字第228号。

司），光大银行太原分行根据理财协议的约定委派代表太原A企业策划设计有限公司（以下简称A公司）出面与B信托公司签订《信托合同》。

2004年11月20日，A公司、B信托公司签订编号为安信（2004）HT1－WJ20041112号的《河南新陵公路项目贷款资金信托合同》，约定A公司为委托人和受益人、B信托公司为受托人，由A公司提供信托资金4000万元，用于新陵公司建设的河南省新乡市辉县市上八里至山西省省界公路项目，信托期限三年，合同对预期收益和支付方式等均作了约定，并约定信托财产应在信托终止后5个工作日内返还受益人。合同签订后，光大银行太原分行将4000万元转入A公司账户，A公司再将4000万元支付给B信托公司。A公司签订贷款合同后，将信托资金以贷款的方式发放给新陵公司，该款项进入新陵公司设立在光大银行的监管账户后，新陵公司分批将信托资金转入新陵公路的施工方，即河南省万通路桥建设有限公司（以下简称万通公司）开设在光大银行太原分行的账户，用于公路建设。

2005年10月20日，A公司向B信托公司发出指令书，称新陵公路建设项目出现资金缺口，须将万通公司持有的新陵公司28%股份出让给张某，以获得融资1000万元，并承诺在信托合同到期、B信托公司以处置新陵公路收费权、股权等方式清算信托财产后，承担信托财产的风险和损失。信托合同期满后，因公路建设项目未能按期完工，使信托资金无法收回，B信托公司遂无法在合同约定的期限内向A公司返还信托财产。2007年10月，B信托公司向上海市第二中级人民法院提起诉讼，起诉借款人新陵公司和担保人万通公司，该案尚在审理中。

根据B信托公司提供的审计取证材料及审理中查明的其他事实可以证明，新陵公路信托项目的资金中有2000余万元被光大银行太原分行挪用，是造成公路建设无法完工的最主要原因。A公司认为B信托公司因违背信托管理职责、处理信托事务不当、有严重过错，故起诉要求B信托公司赔偿信托财产的损失本金4000万元人民币及截至给付之日的存款利息损失。

各方观点

上诉人（原审原告）A公司主张：（1）2000万元信托资金挪用系光大银行太原分行原私人业务部总经理贾某与新陵公司负责人李某协商，由李某以本单位转账支票转走2010万元，汇到贾某指定的账户（该账户不属光大银行太原分行所有），用于弥补贾某个人经营的亏损。这是李某和贾某个人之间的交易，与光大银行太原分行无关。且B信托公司对该笔资金的流出监管不严。（2）B信托公司管理信托事务存在严重失职。新陵公路项目尚缺《公路工程项目报建表》《公路工程开工报告》和《环境影响报告书》等材料，未办完合法建设项目的所有手续。根据其一审时已经提交的山西省交通厅文件证明，陵马公路根本就不存在。所谓新陵公路建成可以通车收费，完全与事实相悖。B信托公司未能审查发现项目的上述缺陷，严重失职。（3）在B信托公司未尽善良管理义务的情况下，B信托公司应按信托法律关系承担赔偿财产损失的责任，B信托公司因违背信托管理职责、处理信托事务不当、有严重过错而应赔偿A公司信托财产的损失本金4000万元人民币及截至给付之日的存款利息损失。

上诉人（原审被告）B信托公司主张：（1）本案系争信托合同无效，新陵公路信托项目系光大银行太原分行利用银行信用募集资金，其为填补前期委托理财形式的亏损，以合法的信托方式，掩盖其非法挪用信托资金的目的。光大银行太原分行为达到这一非法目的，不仅与新陵公司和万通公司的实际控制人李某恶意串通，而且与A公司的实际控制人胡某恶意串通。本案系争信托合同依法应当认定无效。（2）根据原审法院向太原市检察院调查和对新陵公路实地调查所取得的材料，以及国家审计署对光大银行太原分行河南新陵公路信托项目所作的专项审计报告和光大银行太原分行对国家审计署专项审计报告的自认，均已证明光大银行太原分行实施新陵公路信托项目的主观恶意及非法目的。故本案系争合同依法应当认定无效，且造成合同无效的全部过错责任在光大银行太原分行。

被上诉人（原审第三人）光大银行太原分行认为：在信托项目的发起阶段和实施阶段，其始终是被动的。在B信托公司主动发起信托后，通过其代理销售信托计划，才向客户募集资金。根据当时的信托管理法规，代理募集信托计划不能超过200人，而实际向1923人募集，故光大银行太原分行将资金交给A公司、东阁公司，其与A公司、东阁公司是委托法律关系。两公司作为光大银行太原分行的受托人与B信托公司签订信托合同，不违反法律，不存在恶意串通规避法律侵害B信托公司利益的情况。光大银行太原分行在整个项目中没有过错。B信托公司没有尽到管理人的义务，应当承担赔偿责任。

被上诉人（原审第三人）新陵公司、万通公司认为：新陵公路无法完工的原因是2000余万元资金被光大银行太原分行挪用，与其无关。

法院观点

一审法院观点：光大银行太原分行委派A公司与B信托公司签订的信托合同未违反法律禁止性规定，应认定为合法有效，合同双方应予遵守。本案系争信托合同期满，导致信托项目无法完成及信托资金无法收回的原因，系光大银行太原分行、新陵公司和万通公司合意挪用信托项目资金所致，而A公司认为B信托公司违背管理职责、处理信托事务不当的主张，缺乏事实根据，不予采信。B信托公司在信托合同的履行过程中不存在违背管理职责、处理信托事务不当的事实，已尽到对信托财产的管理义务，其仅应承担以收回的信托财产为限，向A公司支付信托利益的责任，故A公司要求B信托公司赔偿信托财产损失的诉讼请求，不予支持。B信托公司以光大银行太原分行与新陵公司、万通公司恶意串通，以合法形式掩盖非法目的，挪用信托资金，损害B信托公司合法权益等为由主张合同无效，缺乏法律根据，不予采纳。据此，原审法院依照《中华人民共和国信托法》第三十四条的规定，判决：A公司的诉讼请求，不予支持。

二审法院观点：本案的争议焦点，一是系争依托合同是否具有法律效力，二是B信托在履行信托合同过程中是否存在过错及是否承担民事责任。

关于争议焦点一，系争信托合同是否具有法律效力。本院认为，该信托合同合法有效，理由在于：其一，河南新陵公路项目系真实存在，新陵公司确实存在资金需求，且信托资金已经大部分投入该公路项目建设，从信托合同内容所体现的信托目的来看，是合法有效的。其二，A公司与B信托公司签订信托合同时，并不存在明显的非法目的。尽管A公司受光大银行太原分行委托与B信托公司签约，但法律并未禁止银行委托另一公司作为受托人与信托公司签订信托合同。其三，部分资金2000余万元被光大银行太原分行挪用，系发生在该信托合同履行过程中，并不足以否定信托合同本身的合法效力。其四，B信托公司主张光大银行太原分行与新陵公司、万通公司恶意串通，以合法的信托合同掩盖其挪用信托资金填补其前期理财产品亏损之非法目的，损害国家、社会及第三人的利益，但基于B信托公司即为该信托合同的当事人，故不能以此为由主张该合同无效。

关于争议焦点二，B 信托公司在履行信托合同过程中是否存在过错。本院认为，B 信托公司并不存在过错，理由是：其一，B 信托公司在信托合同履行过程中已经按照合同约定，在新陵公路信托计划开始之初，将信托资金按照信托文件规定以及《贷款合同》的约定，将资金打入新陵公司开设在光大银行太原分行的信托专户中，并在信托项目的进展中及时披露信托项目存在的风险情况，要求信托项目借款人及时履行支付信托资金利息义务并敦促其履行公路收费权质押承诺，对信托资金以及项目的进展履行了监管职责。其二，从本案的资金流向和账户实际控制情况来看，贷款项目资金 8000 万元转入新陵公司开设在光大银行太原分行的账户（752501880000077 × ×）后，其中 2000 余万元资金并没有真正用于新陵公路建设，而该部分被挪用的资金是通过开设在光大银行太原分行的系列账户万通公司、东阁公司、欣怡安公司等账户进行资金流转。结合光大银行太原分行实际控制了万通公司开设在光大银行太原分行的账户，以及东阁公司、A 公司、欣怡安公司在光大银行太原分行开户后账户由光大银行太原分行使用，A 集团没有在这些账户中发生过业务结算之情况，可以认定导致账户资金被挪用是光大银行太原分行实际控制了上述系列账户所致，而非 B 信托公司监管不力，故 B 信托公司对此不应担责。

综上所述，两上诉人的上诉请求，缺乏事实依据和法律依据，本院均不予支持。但鉴于原审判决在判决书的首部、查明的事实部分以及判决主文中关于 A 公司的名称表述存在笔误，因此应通过二审改判予以纠正。

律师点评

一、信托管理人的信托监管义务

目前，我国信托相关法律、法规对于信托管理人的监管义务规定尚较为原则性，结合《信托法》《信托公司管理办法》等法律、规范性文件的规定，一般认为信托公司的监管义务主要包括：(1) 受托人应当遵守信托文件的规定，为受益人的最大利益处理信托事务。受托人管理信托财产，应当恪尽职守，履行诚实、信用、谨慎、有效管理的义务。(2) 信托公司应当亲自处理信托事务。(3) 信托公司应当妥善保存处理信托事务的完整记录，定期向委托人、受益人报告信托财产及其管理运用、处分及收支的情况。(4) 受托人以信托财产为限向受益人承担支付信托利益的义务。

除规定信托管理人必须履行的义务外，相关法律法规还从消极义务方面对于信托管理人的监管职责做出了规定，信托管理人禁止从事的行为主要包括：(1) 利用受托人地位谋取不当利益；(2) 将信托财产挪用于非信托目的的用途；(3) 承诺信托财产不受损失或者保证最低收益；(4) 以信托财产提供担保；(5) 其他法律法规和银监会所禁止的行为。

二、信托管理人违反监管义务的责任追究

如信托公司违反信托目的处分信托财产，或者因违背管理职责、处理信托事务不当致使信托财产受到损失的，信托委托人可综合通过以下方式维护其合法权益、追究信托管理人责任：(1) 委托人有权要求受托人纠正违约行为，调整信托财产的管理方法。(2) 委托人有权申请人民法院撤销受托人的不当处分行为，并有权要求受托人恢复信托财产的原状或者予以赔偿；该信托财产的受让人明知是违反信托目的而接受该财产的，应当予以返还或者予以赔偿。(3) 在恢复信托财产的原状或者予以赔偿前，可拒绝向信托公司给付报酬。(4) 委托人或受益人有权依照信托文件的约定解任该信托公司，或者申请人民法院解任该信托公司。(5) 如果受托人失职行为造成合同目的不能实现的，委托人可以要求解除信托合同，并要求恢复原状、采取其他补救措施，以及赔偿损失。

不可否认，我国《信托法》对于受托人管理义务的规定仍较为原则，而在近年来频频爆发的信托纠纷，已凸显出原有的信托法规定过于抽象、过于保护信托机构的问题。鉴于我国目前绝大多数信托均为商事信托，信托计划项下往往汇集了委托人的巨额资金，而信托受托人作为信托资产的实际管理人，对于其权利义务的明确和细化对于信托资产的管理运用具有重要的意义。

但从目前情况看，信托公司在一些信托计划项下所发挥的实际管理作用有限，信托资产投资的实际使用方往往会获得极大的自由；而在“银信合作”的信托计划中，由于银行在募集资金方面存在天然的优势，往往在相对于信托公司而言拥有强势地位，并实际决定了信托财产的用途和存续期间的监督管理，信托公司的地位弱化为汇集信托财产的“通道”。另外，信托公司也极少会被认定违反受托人义务而对委托人承担违约赔偿责任，这就进一步导致信托公司怠于谨慎的履行受托人义务，而一旦信托计划最终出现诸如信托贷款方无法偿付款项的情况，信托公司则往往只能通过“刚性兑付”的业内“潜规则”化解与委托人的矛盾。

笔者认为，这实际上反映了我国信托公司信托受托人地位和作用的“异化”，而这种“异化”的核心原因即在于对于受托人义务和职责的规定过于宽松且缺乏足够的可操作性。因此，为了维护信托当事人的合法权益，促进信托行业的良性发展，有必要更全面的看待信托公司的管理人监管义务，并基于信托公司专业金融机构的身份，在判断其是否履行了监管义务时，对其提出高于一般单位或个人的要求。

三、法院如何认定信托计划的成立与效力

关 键 词： 信托　合同成立　合同效力

问题提出： 信托计划成立与否及其有效性的判断，是信托纠纷审理的前提，法院以何标准判断信托计划成立，并认定信托计划效力?

案件名称： 高某与叶某等信托合同纠纷上诉案[1]

裁判规则： 如受托人与委托人以信托的形式订立合同，规避法律规定的外商投资审批手续，违反了《中华人民共和国中外合资经营企业法》的强制性规定，应属无效。

案情简介

上诉人（原审原告）：高某

被上诉人（原审被告）：叶某

被上诉人（原审被告）：广州A投资有限公司

高某为我国台湾地区公民，2002年2月6日，高某与叶某于广州市签订信托契约。双方于信托契约信托目的（第一条）部分约定：为参与广州宏铭塑胶工业有限公司发行股票上市，作为发起人，甲方（高某）以合法来源的人民币于2002年7月9日汇入乙方（叶某）在中行帐号的款项RMB1994400

〔1〕 一审广东省广州市萝岗区人民法院（2007）萝法民四初字第48号；二审广东省广州市中级人民法院（2008）穗中法民四终字第7号。

元以信托行为信托于乙方（叶某）名下，以作为出资设立广州A投资有限公司（以下简称A公司）之资本，并进而将A公司可运用之资金投资于广州宏铭塑胶工业有限公司之股权，乙方（叶某）作为受托人的地位。此后，高某依约将1994400元汇给叶某。2002年7月12日，叶某等人签署了A公司章程，章程中载明叶某出资为现金1193.04万元，出资比例为63.56%。2002年7月18日，A公司成立。

2006年5月25日，高某向叶某发出撤销信托通知书，以宏铭科技材料股份有限公司于2002年7月后的三年内未能上市为由，撤销信托。2006年7月14日，高某曾提起诉讼，要求确认其在A公司的股东地位，在该案中法院认为高某为我国台湾地区公民，其成为A公司股东需获得相关部门的审批，但高某未提交证据证实其已获得相关部门的审核批准，故该院做出判决驳回其诉讼请求。此后高某诉至法院要求确定信托契约无效，叶某返还信托投资款1994400元，A公司承担连带责任。

判决结果

一审判决：驳回高某的诉讼请求。

二审判决：（1）撤销广东省广州市萝岗区人民法院（2007）萝法民四初字第48号民事判决；（2）上诉人高某和被上诉人叶某于2002年7月6日签订的《信托契约》无效；（3）被上诉人叶某在本判决发生法律效力之日起十日内返还上诉人高某款项人民币1994400元；（4）驳回上诉人高某的其他诉讼请求。

各方观点

上诉人（原审原告）高某观点：高某和叶某之间签订的信托契约是无效的。《中华人民共和国信托法》第五条和第十一条明确规定，信托行为必须遵守法律和行政法规，不得损害国家利益和社会公共利益。中国对于外商在华设立独资或合资的投资公司颁布了多项限制规定，上诉人作为境外个人，根据现行法规定是不可能直接在中国设立投资性有限公司的。高某和叶某签订信托契约的目的就是为了规避法律、法规对于外资投资性公司的限制性规定。

故信托契约无效，叶某应向高某返还信托资金。被上诉人公司所有发起人明知注册资金来源，依然使用该资金注册公司，虽然注册后的公司在本案中已经不是善意第三者，故理应返还相关款项。

被上诉人（原审被告）叶某观点：信托行为是否有效的判定应以法律、行政法规为标准，高某在一、二审都提到的商务部、国家工商总局颁行的《关于外商投资举办投资性公司的规定》《关于外商投资企业境内投资的暂行规定》，均不是法律和行政法规，对本案不适用。法律规范并没有禁止台湾公民通过信托方式投资大陆，也就是说，台湾公民的该等行为本身不违法。既然该等行为不违法，也就不存在有何法律需要“规避”的问题。因此信托契约合法有效。在合同有效前提下，被上诉人不需要返还上诉人投资款。上诉人信托给被上诉人的财产是按照上诉人的意愿已全部投资于A公司，目前A公司还在存续期间，无法抽回投资。因此，上诉人没有理由要求被上诉人返还其投资款。

被上诉人A公司观点：同意一审判决。

法院观点

一审法院观点：《商务部关于外商投资举办投资性公司的规定》及《关于外商投资举办投资性公司的补充规定》皆未禁止台湾地区公民通过信托的形式设立投资性公司。高某为参与广州宏铭塑胶工业有限公司发行股票上市，以合法来源的财产委托叶某进行管理与处分并未违法《中华人民共和国信托法》第十一条关于信托无效的规定。《信托契约》是高某与叶某的真实意思表示，该契约亦不存在《中华人民共和国合同法》第五十二条规定的合同无效的情况，依法当为有效。高某主张合同无效无事实与法律依据，不予支持。叶某已依约履行《信托契约》规定的义务，将高某的信托款投资设立A公司，并进而将A公司可运用之资金投资于广州宏铭塑胶工业有限公司之股权。《信托契约》未约定高某必须成为A公司或广州宏铭塑胶工业有限公司的股东，高某依据信托契约享有的是信托收益之分配权，而不应当是公司的股权。若叶某存在违反《信托契约》中关于处分权、收益分配等条款的约定侵犯高某的利益，其可另行主张，但无权要求叶某返还1994400元。故高某主张叶某返还1994400元无事实与法律依据，不予支持。

二审法院观点：本案争议焦点在于讼争信托契约的效力问题。《中华人民共和国信托法》第十一条规定了信托无效的几种情形：（一）信托目的违反法律规定、行政法规或者社会公共利益；（二）信托财产不能确定；（三）委托人以非法财产或者本法规定不得设立信托的财产设立信托；（四）专以诉讼或者讨债为目的设立信托；（五）受益人或者受益人范围不能确定；（六）法律、行政法规规定的其他情形。因此，判定《信托契约》的效力，必须审查合同是否存在上述法律规定无效情形之一。

上诉人为我国台湾地区居民，其在大陆投资，应当遵守我国关于外商投资的法律规定办理相关审批手续。上诉人与被上诉人叶某于2002年7月6日签订《信托契约》时，根据2001年修订的《中华人民共和国中外合资经营企业法》及《中华人民共和国中外合资经营企业法实施条例》之规定，外商（包括台湾、香港、澳门）在中国境内设立合资企业，须经中国政府对外经济贸易部门批准。并且根据当时生效的对外经济贸易合作部1995年发布的《关于外商举办投资性公司的暂行规定》（以下简称《规定》）规定："本规定中投资公司系指外国投资者在中国以独资或与中国投资者合资的形式设立的从事直接投资的公司，公司形式为有限责任公司。"以及对外经济贸易合作部1996年发布的《关于外商投资举办投资性公司的暂行规定有关问题的解释》第一条规定："拟设立投资性公司的外国投资者应为一家外国的公司、企业或经济组织，若外国投资者为两个以上的，其中应至少有一名占大股权的外国投资者符合《规定》第二条第一款的规定。"中华人民共和国商务部成立以后于2003年发布《商务部关于外商投资举办投资性公司的规定》取代了上述规定，其中第二条规定："本规定中投资性公司指外国投资者在中国以独资或与中国投资者合资的形式设立的从事直接投资的公司。"该《规定》第三条对外国投资者的资金规模等作出了规定，并且规定申请设立投资性公司的外国投资者应为一家外国的公司、企业或经济组织，即不允许外国个人投资者作为投资性公司股东。该《规定》第六条亦规定申请设立投资性公司，投资者应将有关文件经拟设立投资性公司所在地的省、自治区、直辖市、计划单列市商务主管部门审核同意后，报商务部审核批准。该《规定》第二十五条之规定，台湾、香港和澳门地区的投资者在大陆举办投资性公司的，准用本规定。根据上述规定，我国法律对于外资（包括港、澳、台地区）在国内设立投资公司需要经过行政审批，而且对设立申请设立投资性公司的外国投资者从组织形式和资金规模都有明确的要求。

从上述法律和规定来看，无论是在上诉人与被上诉人叶某签订《信托契约》时，还是目前的法律法规均规定外商在中国境内举办外商投资企业，尤其是投资性公司，均应按照法律规定进行审批，而且审批机关发布明确规定设立外资性投资公司的外商之组织形式为公司、企业或者经济组织，并且对资金规模、经营规模等均有明确要求，排除外国个人作为申请设立外资性投资公司主体的可能性，亦说明上诉人作为台湾地区的个人，不可能通过审批成为投资性公司的股东。

从上诉人与被上诉人叶某建立信托关系的形式来看，双方以签订《信托契约》的方式就委托人、受托人、信托财产、信托目的、信托收益等内容进行了明确约定，符合信托合同的构成要件，因此，该信托合同在形式上是合法的。从双方建立信托关系的目的来看，《信托契约》第一条明确约定："信托目的：为了参加广州宏铭塑胶工业有限公司发行股票上市，作为发起人，高某以合法来源的人民币 1994400 元以信托行为信托于叶某名下，以作为出资设立 A 公司之资本。"在双方实际履行信托合同的过程中，被上诉人叶某确实也把信托款项投资于被上诉人 A 公司，并以被上诉人叶某自己的名义持有 A 公司股权。可见，上诉人高某委托被上诉人叶某把信托款投资设立 A 公司，其目的是持有 A 公司部分股权，再通过 A 公司投资于广州宏铭塑胶工业有限公司之股权，待广州宏铭塑胶工业有限公司上市成功后，即可获取股权溢价收益。《中华人民共和国信托法》第十一条规定："有下列情形之一的，信托无效：（一）信托目的违反法律规定、行政法规或者社会公共利益……"据此，本院认为，上诉人与被上诉人叶某签订《信托契约》，系以信托的形式，规避法律规定的外商投资审批手续，违反了《中华人民共和国中外合资经营企业法》的强制性规定，应属无效。

叶某作为 A 公司的发起人及控股股东，应当知道法律规定对于外商投资乃至外商设立投资性公司须经审批，故其对《信托契约》的无效存在过错。被上诉人叶某及其代理人关于其系不知情的善意方、信托合同系无偿行为为由主张不承担责任无法律依据，本院不予以采纳。根据合同无效后返还财产的原则，上诉人主张被上诉人返还 1994400 元款项的请求符合法律规定，本院予以支持。

关联案例

▶ **募集资金额未达到信托计划预计资金额的，信托计划是否必然设立失败**

关 键 词： 权力性条款　义务性条款　强制性条款

案件名称： 杨某诉 B 信托公司信托纠纷案

审理法院： 北京市西城区人民法院（2013）西民初字第 13986 号

法院观点： 本信托计划资金总金额实际仅为 4310 万元，但合同约定：如果信托资金总额低于 5000 万元，受托人有权宣布本计划设立失败。该约定条款使用“有权”字样，系权利性条款并非义务性条款，亦非强制性条款，即 B 信托公司在信托资金总额低于 5000 万元情形下，可以选择宣布信托计划失败，也可以不宣布信托计划失败。且 B 信托公司在其网站上不仅公示了信托计划成立的时间，登出《第二季度管理报告》，公示了推介期内涉诉信托计划募集信托资金总额为 4310 万元。杨某在庭审中认可其经常在 B 信托公司网站上浏览查找相关信息，故其对网站上相关公示内容应当知晓，其在信托计划终止前，从未就此向 B 信托公司提出过异议，故应视为其认可相关事实。

律师点评

一、信托计划的成立

根据《信托法》规定，设立信托，应当采取书面形式。书面形式包括信托合同、遗嘱或者法律、行政法规规定的其他书面文件等。采取信托合同形式设立信托的，信托合同签订时，信托成立。采取其他书面形式设立信托的，受托人承诺信托时，信托成立。

虽然信托法明确规定书面形式为设立信托的必要条件，也存在一定的例外情形。根据《合同法》的规定，法律、行政法规规定或者当事人约定采用书面形式订立合同，当事人未采用书面形式但一方已经履行主要义务，对方接受的，该合同成立。采用合同书形式订立合同，在签字或者盖章之前，当事人一方已经履行主要义务，对方接受的，该合同成立。

《合同法》规定依法成立的合同，自成立时生效。但合同成立与生效的意义存在较大差别，通说认为，合同的成立与否属于事实判断问题，其着眼点在于判断合同是否存在，合同的成立只需当事人对合同主要条款在表面上意思表示一致，而不问其意思表示背后的真实性和主要条款的合法性。合同的有效与否则是法律价值判断问题，其着眼点在于判断合同是否符合法律的精神和规定，能否发生法律上的效力，侧重于对合同实质内容的考察。

二、信托计划的生效

信托合同的效力问题，一般也应遵循合同法的规定，具备通常合同的生效要件，包括：(1) 信托当事人主体适格。信托当事人必须具备相应的民事权利能力和行为能力，明确无误的理解信托行为的性质和后果、能够独立表达信托意思。(2) 信托意思表示真实。无论是委托人还是受托人，其行为表示均应当真实地反映其内心真实的效果意思，即达成信托计划的意思。(3) 信托内容不违反法律或者社会公共利益，主要是不违反法律的强制性规定。

除了一般合同的生效要件外，按照信托法的规定，信托生效还需要具备一些特殊的要件：(1) 信托目的合法。信托法规定，设立信托必须有合法目的。如果信托目的违反法律、行政法规或者损害社会公共利益，信托无效。(2) 有确定的由委托人合法所有的信托财产。如果信托财产不能确定，或者委托人以非法财产或者本法规定不得设立信托的财产设立信托，信托无效。(3) 受益人或者受益人范围确定。信托计划必须确定具体的受益人，如果受益人范围不确定，信托计划也是无效的。

在实践中，经常出现当事人通过订立信托合同的方式进行股权代持或进行融资的情况。在高某与叶某一案中，虽然当事人签订了信托契约，且从形式上看双方当事人均已履行了信托契约约定的义务。但从该信托契约的目的来看，当事人设定信托是为了通过隐名持股的方式规避《中华人民共和国中外合资经营企业法》对于外商投资性企业股东的强制性规定，具备《信托法》《合同法》规定的无效事由，该合同应属无效。根据《合同法》第五十八条规定的合同无效法律后果，合同无效后，因该合同取得的财产，应当予以返还；不能返还或者没有必要返还的，应当折价补偿。有过错的一方应当赔偿对方因此所受到的损失，双方都有过错的，应当各自承担相应的责任。

四、信托合同的解除与撤销

关 键 词： 信托　受益权转让　合同解除

问题提出： 对于信托公司违约行为致使委托人无法实现信托合同的合法利益的，法院是否应认定合同解除？信托合同解除与撤销信托处分行为的辨析。

案件名称：上海A投资有限公司与B信托投资有限责任公司合同纠纷案[1]

裁判规则：信托公司的违约行为致使委托人无法实现基于信托合同的合法利益，委托人据此要求解除信托合同的，应予支持。合同解除后，信托公司应将信托财产返还委托人，还应就违约给委托人造成的损失承担赔偿责任。

案情简介

原告：上海A投资有限公司

被告：B信托投资有限责任公司

2004年2月4日，上海A投资有限公司（以下简称A公司）与B信托投资有限责任公司（以下简称B信托公司）签订一份R2004XT001号《资金信托合同》，A公司将资金人民币4540216元委托B信托公司作信托管理，用于竞拍4007714股望春花社会法人股并办理过户。A公司于合同签订之日后5个工作日内交付；信托类别为自益信托，存续期暂定2年，自2004年2月4日至2006年2月4日；关于信托费用，约定B信托公司每年提取信托资金1%管理费，即人民币45402元，并约定若A公司变更受益人，B信托公司有权收取受托金额0.8%的变更手续费；关于信托的变更、终止，约定A公司未经B信托公司同意，不得变更、撤销、解除或终止信托；合同终止后，信托财产归属A公司，B信托公司应在15个工作日内将信托财产划转至受益人名下；约定的双方权利义务中包括信托法及其他法律、法规规定的权利义务。次日，A公司支付B信托公司信托资金人民币4540216元及管理费人民币45402元，共计人民币4585618元。

2004年4月5日，A公司与上海C投资咨询有限公司（以下简称C公司）签订一份《望春花法人股信托受益权转让合同》，约定A公司向C公司出让前述《资金信托合同》项下4007714股望春花法人股信托受益权；转让金额人民币9618513.60元，每份转让价人民币2.4元；合同约定C公司可以再转让受益权，但应持本合同及转让申请书或其他转让申请文件与受让人到B信托公司处办理手续；关于违约事项，双方约定，A公司在本合同签署前

[1] 一审上海市第一中级人民法院（2004）沪一中民三（商）初字第201号；二审上海市高级人民法院（2004）沪高民二（商）终字第226号。

已收取C公司定金人民币100万元整，如在2004年4月15日前不能与C公司签署合同，A公司应双倍返还定金。当日，B信托公司收取C公司交付的受益权转让手续费人民币76948.10元。A公司于2004年3月15日收取C公司支付的定金人民币100万元。因B信托公司未予办理转让，A公司于4月7日致函B信托公司催办。

2004年4月15日，C公司向A公司发出索赔函，决定停止转让合同执行，要求A公司按约支付违约金人民币200万元。2004年4月29日，B信托公司将手续费退还C公司。次日，B信托公司致函A公司，决定停止办理R2004XT001号《资金信托合同》下望春花法人股受益权转让。当日，A公司支付C公司人民币200万元。

2004年5月20日，A公司向B信托公司发出通知，以B信托公司收取转让手续费却不履行义务，致使A公司蒙受巨大经济损失为由，要求解除双方之间的《资金信托合同》。此后A公司诉至法院，请求判令解除与被告签订的《资金信托合同》，将4007714股望春花法人股转至原告名下；被告赔偿原告损失人民币6078297.60元；退还原告管理费人民币45402元。

判决结果

一审判决：（1）对原告上海A投资有限公司与被告B信托公司投资有限责任公司于2004年2月4日签订的《资金信托合同》予以解除；（2）被告B信托公司投资有限责任公司在本判决生效之日起十五日内将4007714股望春花法人股（600645）过户至原告上海A投资有限公司名下；（3）被告B信托公司投资有限责任公司在本判决生效之日起十日内返还原告上海A投资有限公司信托管理费人民币22701元；并赔偿原告上海A投资有限公司损失共计人民币6078297.60元。

二审判决：（1）维持上海市第一中级人民法院（2004）沪一中民三（商）初字第201号民事判决第一、二项；（2）撤销上海市第一中级人民法院（2004）沪一中三（商）初字第201号民事判决第三项，改判为：B信托投资有限责任公司于本判决生效之日起十日内返还上海A投资有限公司管理人民币22701元；（3）对原审原告上海A投资有限公司的其余诉讼请求不予支持。

各方观点

原告A公司观点：根据双方《资金信托合同》的约定，A公司有权转让其受益权，且A公司要求办理转让事项，B信托公司表示同意，并收取了转让手续费。但嗣后B信托公司借故迟延不办理转让手续，因催促未果，上海C公司以违约为由要求终止与A公司的转让合同，并要求原告双倍返还定金。A公司为防止相关报失扩大，支付C公司双倍定金人民币200万元。2004年4月30日，B信托公司函告A公司停止办理望春花法人股受益权转让。A公司认为B信托公司致使其蒙受巨大经济损失，该行为构成根本违约，A公司有权解除《资金信托合同》。

被告B信托公司观点：B信托公司拒绝办理转让手续的原因在于A公司与C公司要求同时办理分割转让的再转让业务，A公司与C公司签订的转让合同不能为被告创设法律义务；C公司不具备履行信托受益权转让合同的能力，其与A公司签订该转让合同的真实性与合法性值得怀疑，A公司提交的转让合同与要求B信托公司确认的严重不符。因此B信托公司不存在违约行为，A公司无权解除《资金信托合同》。

法院观点

一审法院观点：法律对自益信托的受益权转让无禁止性规定。B信托公司辩称A公司转让行为违反合同约定，但系争合同中没有明确约定委托人不得转让受益权，而B信托公司将委托人不得更改信托的约定理解为包括不得转让受益权，系其单方解释，与签约时双方真实意思表示明显相悖，与合同中关于B信托公司在A公司变更受益人时收取手续费的约定亦相矛盾。故对B信托公司辩称不予采信，A公司将受益权转让他人系其合法处分权利。

A公司和B信托公司签订的合同中将信托法及其法律、法规规定的权利义务作为合同当事人的权利义务加以约定，根据我国《信托投资公司资金信托管理暂行办法》的规定，信托投资公司应当为受益人办理信托受益权转让的有关手续，B信托公司拒绝办理显然违反其作为金融机构的法定义务。B信托公司提出了拒绝办理的抗辩理由，认为在于A公司提出了同时办理再转让手续等不合理要求，但现在非但没有诸如A公司要求办理再转让的申请书及再转让合同等一应证据，相反，B 信托公司收取了 A 公司与 C 公司之间的转让价款人民币 76948.10 元乘以信托合同约定的 0.8% 标准的手续费，此举与其辩称拒绝办理所依据的事实相矛盾。即使 B 信托公司所说属实，B 信托公司为 A 公司办理与 C 公司之间转让事宜与其拒绝办理再转让并不矛盾。综上，B 信托公司提出的抗辩理由不能成立，B 信托公司拒绝办理 A 公司与 C 公司间受益权转让事宜属违约行为。

B 信托公司的违约行为致使原告无法实现基于信托合同的合法利益，A 公司据此要求解除信托合同，于法有据，可予支持。合同解除后，B 信托公司应将信托财产返还原告，即将 4007714 股望春花法人股过户至 A 公司名下。B 信托公司还应就违约给 A 公司造成的损失承担赔偿责任。现除了因 A 公司双倍返还 C 公司定金，而形成的人民币 100 万元实际损失之外，A 公司还诉请要求 B 信托公司承担其基于转让合同的可得利益损失，即受益权转让价款人民币 9618513.60 元扣除信托资金人民币 4540216 元后的金额人民币 5078297.60 元，对此法院认为，B 信托公司违约行为已经直接导致 A 公司不能实现转让合同项下可得利益，且 B 信托公司对其行为所致后果应当有所预见，包括对 A 公司可能发生的可得利益损失金额的预见，故 B 信托公司应当就 A 公司的实际损失人民币 100 万元及可得利益损失人民币 5078297.60 元向 A 公司承担赔偿责任。

二审法院观点：《中华人民共和国信托法》（以下简称信托法）第四十八条规定，受益人的信托受益权可以依法继承和转让，但信托文件有限制性规定的除外。根据该条规定，只要信托合同没有限制，受益人可以转让其受益权。但受益人转让其受益权，在未取得受托人同意的情形下，不得对原信托文件作出变更，也不得给受托人附加任何义务。本案中，A 公司与 B 信托公司之间签订的《资金信托合同》规定，该信托为自益信托、指定管理资金信托。委托人指定信托资金由受托人管理，用于竞拍望春花社会法人股并办理过户，合同存续为 2 年。而在 A 公司与 C 公司签订的受益权《转让合同》中则约定，信托合同中转让方享有的委托人和受益人的所有权利、义务均转移给受让方，信托受益权全部转让完成后，信托期限为长期。《转让合同》第七条规定了受益权的再转让，受让人可以转让信托受益权，每次转让额不得少于 5 万元。转让人与受让人可自行确定具体转让价格，并自行处理资金交割事宜。受益人再转让信托受益权，应持转让合同和信托受益权转让申请书或其他转让申请文件与受让人共同到B信托处办理转让登记手续。未到B信托处办理转让登记手续的，不得对抗B信托。受益人再转让信托受益权，应当将信托项下委托人与受益人的权利和义务全部转让给受让人。两相比较，《转让合同》的对于受益权转让后受益人的权利发生了变更，原《资金信托合同》约定的信托期限由两年变为长期，并且规定了受让人可以分割转让受益权。很明显，A公司在转让信托受益权时，赋予了新的信托受益人C公司新的权利，该条款的约定直接给受让人设立了权利，也给受托人B信托附加了新的义务。在2004年4月6日A公司向B信托发出的催办函中，A公司也明确要求B信托发行望春花法人股信托受益权转让的信托计划，并要求B信托在2004年4月8日前明确履行2004年4月5日签订的《望春花法人股信托受益权再转让合同》。根据以上事实，本院认为，A公司与C公司之间签订的《转让合同》虽名为信托受益权转让，实为委托人的权利义务的转让行为。根据合同法的规定，当事人将自己在合同中的权利和义务一并转让给第三人的，应当经对方当事人同意。A公司在未经B信托确认的情况下，将其在《资金信托合同》中的全部权利和义务一并转让给C公司，明显违反了法律规定。此外，从A公司与C公司之间签订的合同内容来看，转让的标的不仅仅涉及受益权，也包括了以受托人名义持有的望春花法人股股权的转让。其转让价格是以每股的协议价格来计算的，其在诉讼中向B信托主张的也是转让的差价损失，而不仅仅限于其持有的望春花法人股上的信托利益损失。由此可见，A公司转让的不是单纯的受益权上的利益而是整个股权。故在此情形下，B信托作为信托受托人有权根据法律、法规的规定对转让受益权的内容进行审查，在确定委托人附加其新的义务时，在转让方和受让方未修改相关转让条款前，其有权拒绝办理受益权转让手续。原审认定B信托拒绝办理转让手续构成违约，属认定不当，应予纠正。上诉人B信托关于其有权拒绝办理转让手续的上诉理由成立，本院予以支持。基于以上认定，在B信托不构成违约的前提下，A公司基于B信托违约要求B信托承担违约责任并赔偿损失的诉请已无事实和法律依据，该项诉讼请求不应得到支持。鉴于双方已失去信任，原审判决支持A公司解除《资金信托合同》并返还部分管理费的判项可予维持。

关于A公司辩称B信托已收取了转让手续费应认定为其已同意按《转让合同》办理登记手续一说，本院认为，B信托收取手续费的行为并不表明其同意按A公司的转让要求办理，其收取手续费也未出具正式发票，并且在决定拒绝办理后及时将预收的手续费返还了C公司，故A公司以收取手续费的行为推定B信托同意办理并必须在一定期限内办理，明显与交易规则不符，预收费用也并不排除B信托审查《转让合同》内容的权利。A公司关于转让合同为B信托草拟，并为其一审代理人自认一节，经查，B信托承认曾为A公司向C公司转让受益权起草过合同，但其否认涉讼的合同与其起草的合同是一致的。鉴于《转让合同》是A公司与C公司之间签订的，合同签订双方应对于其约定的条款负责，B信托并没有在该合同上签字盖章，该合同与其起草的合同是否一致尚无证据证明，故以B信托曾草拟过合同文本为由认定B信托已实际同意按《转让合同》的具体要求办理手续，依据不足。对A公司的上述解释，本院不予采信。

关联案例

► **委托人撤销信托不能对抗信托财产的善意受让人**

关 键 词：受托人　委托人　信托目的　撤销

案件名称：D银行青岛经济技术开发区支行与青岛E贸易有限公司等信托纠纷上诉案

审理法院：

一审：山东省青岛市黄岛区人民法院（2012）黄商初字第99号

二审：山东省青岛市中级人民法院（2013）青民四商终字第16号

法院观点：关于信托收据贷款的特别约定载明，D银行青岛经济技术开发区支行可随时撤销信托，《中华人民共和国信托法》第二十二条第一款规定："受托人违反信托目的处分信托财产或者因违背管理职责、处理信托事务不当致使信托财产受到损失的，委托人有权申请人民法院撤销该处分行为，并有权要求受托人恢复信托财产的原状或者予以赔偿；该信托财产的受让人明知是违反信托目的而接受该财产的，应当予以返还或者予以赔偿。"因此，D银行青岛经济技术开发区支行的撤销权有法律规定和合同约定作为依据，但根据法律规定，D银行青岛经济技术开发区支行要求返还单据或者货物的前提是受让人明知违反信托目的而接受财产。关于信托收据贷款的特别约定记载，青岛E贸易有限公司作为受托人，对信托货物有自主出售权。在青岛E贸易有限公司以其名义将货物出卖给买受人，买受人已支付对价，并已办理海关备案登记，也无证据证明买受人明知买卖行为违反信托目的的情况下，D银行青岛经济技术开发区支行认为其有权处分单据或货物的诉讼请求，不应予以支持。

律师点评

在信托关系存续期间，一方发生严重违约的情况下，守约方有权行使解除权或撤销权。但合同法、信托法就解除权和撤销权的规定，尤其是委托方的解除、撤销的权利规定侧重点各有不同，守约委托方在行使该等权利时，需要从适用条件、适用后果等各个方面综合进行考量，选择最有利的行权依据。

一、信托合同的撤销

1. 撤销权适用条件

《合同法》第五十四条规定，下列合同，当事人一方有权请求人民法院或者仲裁机构变更或者撤销：（一）因重大误解订立的；（二）在订立合同时显失公平的。一方以欺诈、胁迫的手段或者乘人之危，使另一方在违背真实意思的情况下订立的合同，受损害方有权请求人民法院或者仲裁机构变更或者撤销。

另外，《信托法》第二十二条规定，受托人违反信托目的处分信托财产或者因违背管理职责、处理信托事务不当致使信托财产受到损失的，委托人有权申请人民法院撤销该处分行为，并有权要求受托人恢复信托财产的原状或者予以赔偿；该信托财产的受让人明知是违反信托目的而接受该财产的，应当予以返还或者予以赔偿。

值得注意的是，无论是前述《合同法》规定的撤销权还是《信托法》规定的撤销权，权利人都需通过诉讼方式行使。其中《合同法》规定的可撤销事由是针对合同本身的撤销，而《信托法》第二十二条规定的撤销则针对信托受托人的不当管理行为，权利人主张撤销权成立的，可要求受托人恢复信托财产的原状或者予以赔偿。

2. 撤销权的行使期间

对于撤销权行使的期限，合同法与信托法规定较为一致，即具有撤销权的当事人（信托关系中的委托人）知道或者应当知道撤销原因之日起一年内不行使的，归于消灭。

3. 撤销权行使的法律后果

如委托人依据合同法撤销合同，合同被撤销后，因该合同取得的财产，应当予以返还；不能返还或者没有必要返还的，应当折价补偿。有过错的一方应当赔偿对方因此所受到的损失，双方都有过错的，应当各自承担相应的责任。

如委托人依据信托法撤销受托人的处分行为，委托人在撤销后还有权要求受托人恢复信托财产的原状或者予以赔偿。但鉴于受托人的处分行为往往涉及第三人，如将信托财产进行出租、转让给第三人等，且在信托法律关系下，受托人对于信托财产的占有和管理往往具备“所有权表征”，第三人使用、受让信托财产可能基于善意且已支付对价，因此委托人即使行使撤销权也可能因受让人系善意第三人而无法要求返还信托财产，而只能要求受托人对于该不当处分行为进行赔偿。

如在D银行青岛经济技术开发区支行与青岛E贸易有限公司一案中，虽然信托受托人青岛E贸易有限公司的处分行为不当，但由于青岛E贸易有限公司以其名义将货物出卖给买受人，买受人已支付对价，并已办理海关备案登记，也无证据证明买受人明知买卖行为违反信托目的的情况下，委托人已无法要求返还信托财产，而只能要求受托人赔偿。当然，若信托财产的受让人明知是违反信托目的而接受该财产的，则应当予以返还或者予以赔偿。

二、信托合同的解除

1. 适用条件

《合同法》规定，有下列情形之一的，当事人可以解除合同：（一）因不可抗力致使不能实现合同目的；（二）在履行期限届满之前，当事人一方明确表示或者以自己的行为表明不履行主要债务；（三）当事人一方迟延履行主要债务，经催告后在合理期限内仍未履行；（四）当事人一方迟延履行债务或者有其他违约行为致使不能实现合同目的；（五）法律规定的其他情形。

在信托法规定中，如受托人违反信托目的处分信托财产或者管理运用、处分信托财产有重大过失的，委托人有权依照信托文件的规定解任受托人，或者申请人民法院解任受托人。

对于违反合同目的的证明，应以信托合同中有关信托目的的具体约定作为根据。如信托合同未做明确约定的，在资金信托中，一般在信托受托人无正当理由擅自改变信托资金用途，或者因其未履行监管职责造成第三人挪用信托资金的情况下，可以认定受托人已违背委托人的意愿，认定构成对信托目的的违反。

对于信托管理人的重大过失的证明，信托法规定“受托人应当遵守信托文件的规定，为受益人的最大利益处理信托事务。受托人管理信托财产，必须恪尽职守，履行诚实、信用、谨慎、有效管理的义务”；“受托人必须保存处理信托事务的完整记录。受托人应当每年定期将信托财产的管理运用、处分及收支情况，报告委托人和受益人”。据此，对于信托管理人失职行为的证明，一般可以从以下方面着手：(1) 信托公司故意改变信托资金用途，或者因未对信托资金的用途及时监管，造成资金被挪用；(2) 信托公司未能保存处理信托事务的完整记录，未能将资金运用、收支情况报告委托人和受益人；(3) 信托资金已遭巨额损失的情况下，信托公司未及时有效止损及追偿。

在A公司与B信托公司一案中，双方订立的是股票投资类的资金信托，B信托公司作为受托人应当根据委托人的指令或为委托人的利益进行股票交易，而转让信托收益权对于A公司而言也是一种股票交易方式，也是实现其信托利益的手段，与信托合同中不得变更信托的约定并不矛盾，且事实上B信托公司也已经同意A公司的信托收益权转让要求并收取了转让手续费，故其有义务办理信托收益权的转让。由于B信托公司未及时办理信托收益权转让，导致A公司丧失了交易机会并对外承担了高额的违约责任，B信托公司行为显属违约，且与双方所订立的股票投资类的资金信托合同的目的相违背，因此A公司有权要求解除双方信托合同。

2. 行使方式

根据《合同法》规定，主张解除合同的一方当事人应当通知对方。合同自通知到达对方时解除。对方有异议的，可以请求人民法院或者仲裁机构确认解除合同的效力。同时《合同法司法解释二》第二十四条规定，当事人对合同解除虽有异议，但在约定的异议期限届满后才提出异议并向人民法院起诉的，人民法院不予支持；当事人没有约定异议期间，在解除合同通知到达之日起三个月后才向人民法院起诉的，人民法院不予支持。

据此，在满足信托合同解除条件的情况下，权利人可通知另一方当事人解除信托合同，相对人对于合同解除有异议的，应在合同约定的异议期限内或在解除合同通知到达之日起三个月内向人民法院起诉确认合同的效力。

另外值得讨论的是，权利人对于合同的解除能否直接通过向法院起诉的方式行使？从《合同法》关于合同解除问题的相关规定来看，合同解除权完全是当事人一方依法律规定或合同约定而自行行使、致使合同效力消灭的单方意思表示，是单方法律行为，是当事人的一种民事权利，法院只能在双方对于合同是否解除发生争议的情况下对于合同的效力进行认定，而不能直接认定合同无效。但当事人请求法院解除合同的诉讼在司法实践中屡见不鲜，特别是在合同解除同时涉及财产返还或赔偿问题的情况下，权利人往往认为只有得到法院确认合同解除的判决，其解除权的行使才得以“贯彻”。对此问题，结合最高院和各地法院的审理意见，对于类似诉讼请求，人民法院不宜从程序上裁定不予受理或者驳回起诉，一般可认为当事人起诉要求解除合同，已表达了解除权人解除合同的意思表示，该意思表示的通知义务自相对方签收起诉状副本后已告完成，合同自起诉状签收之日起解除。

3. 法律后果

依据合同法，合同解除后，尚未履行的，终止履行；已经履行的，根据履行情况和合同性质，当事人可以要求恢复原状、采取其他补救措施，并有权要求赔偿损失。合同的权利义务终止，不影响合同中结算和清理条款的效力。

而在信托关系中，信托被解除、撤销，将直接导致信托终止。信托终止的，信托财产归属于信托文件规定的人；信托文件未规定的，按下列顺序确定归属：(1) 受益人或者其继承人；(2) 委托人或者其继承人。信托财产的归属确定后，在该信托财产转移给权利归属人的过程中，信托视为存续，权利归属人视为受益人。信托终止的，受托人应当作出处理信托事务的清算报告。受益人或者信托财产的权利归属人对清算报告无异议的，受托人就清算报告所列事项解除责任，但受托人有不正当行为的除外。

第八章 信用证

一、法院对单方修改信用证的责任认定

关 键 词： 信用证纠纷 单方修改 单证不符 开证行拒付

问题提出： 转让行单方修改信用证，是否应承担信用证遭到拒付的责任？

案件名称： 大连A食品有限公司与B银行股份有限公司烟台分行信用证转让纠纷案[1]

裁判规则： UCP600第十条a款规定，“除第三十八条另有规定者外，未经开证行、保兑行（如有的话）及受益人的同意，信用证既不得修改，也不得撤销”。本案的B银行擅自删除原信用证条款，侵犯了A公司对信用证项下收款的权益，对给A公司造成的无法收回的信用证项下的款项损失，应当承担赔偿责任。

案情简介

上诉人（原审被告）：B银行股份有限公司烟台分行（以下简称B银行）

被上诉人（原审原告）：大连A食品有限公司（以下简称A公司）

2008年1月23日，案外人烟台C水产有限公司（以下简称C公司）向A公司订购鳕鱼，由A公司加工后直接发给C公司的客户。付款方式：信用证70天。A公司按照约定加工完毕后，分别于2008年5月30日向C公司的波兰客户发货24000公斤、发票载明金额39360美元（但C公司转让信用证

---

〔1〕 一审烟台市中级人民法院（2013）烟民三初字第212号；二审山东省高级人民法院（2014）鲁民四终字第151号。

金额为40560美元）；向C公司的俄罗斯客户发货25000公斤、发票载明金额42750美元。A公司两次发货总价值83310美元。

2008年5月22日，D银行开出了号码为0805151M1782、不可撤销、可转让跟单信用证，到期日为2008年6月25日，受益人为C公司，适用规定——《跟单信用证统一惯例》（UCP）最新版本。转让行为B银行。信用证对单据要求等条款进行了描述。其中第47B条款中的附加条件约定：在转让行转让信用证时须同时通知D银行有关转让事宜……申请人在到期前至少三个银行工作日前，将由俄罗斯兽医局以英语开具的货物通关证明提交至D银行，我们将会按照指示付款。在收到后将单据寄给申请人，如果拒付，开证行没有责任返还单据。

2008年6月3日，D银行开出了号码为0805291M1908、不可撤销、可转让跟单信用证，到期日为2008年7月7日，受益人为C公司。汇票为装船后65天，最迟装运期2008年6月12日，汇票付款人D银行。指定银行与兑付方式：任何银行，议付方式。转让行为B银行。其中第47B条款中的附加条件约定：……申请人在到期前至少三个银行工作日前，将由俄罗斯兽医局以英语开具的货物通关证明提交至D银行，我们将会按照指示付款。在收到后将单据寄给申请人，如果拒付，开证行没有责任返还单据。

根据受益人C公司的申请，B银行于2008年5月22日、2008年6月3日分别就号码为0805151M1782、0805291M1908号的信用证，开出了第二受益人为A公司，金额分别为40560美元、42750美元的转让跟单信用证。两份转让信用证的到期日分别是2008年6月20、同年7月1日，最晚装船期分别为2008年6月3日、同年6月12日。汇票日期为装船后65天。付款人为D银行。转让信用证还对货物描述、单据要求、附加条件等进行了约定，但是删除了原信用证中第47B条款中约定的“申请人在到期前至少三个银行工作日前，将由俄罗斯兽医局以英语开具的货物通关证明提交至D银行，我们将会按照指示付款”的内容。

2008年6月11日、27日，A公司分别持有转让信用证所约定的单据向E银行大连分行进行议付。2008年8月，E银行大连分行向开证行提示付款，开证行回复称，只会按信用证中第47B条款中约定的“申请人在到期前至少三个银行工作日前，将由俄罗斯兽医局以英语开具的货物通关证明提交至D银行，我们将会按照指示付款”内容付款。

由于两份转让信用证中删除了原信用证第47B条款的内容，A公司未能提供由俄罗斯兽医局以英语开具的货物通关证明，致使开证行拒付信用证项下货款。A公司以B银行擅自修改、删除原信用证条款导致其信用项下货款不能收回为由，起诉至法院，要求B银行赔偿A公司损失人民币571915元及利息178232.70元，诉讼费由B银行负担。

判决结果

一审判决：B银行于本判决生效之日起十日内，赔偿A公司两份转让信用证项下款项损失美元83310元，折合人民币570681.83元及利息178232.70元。案件受理费11301元，由B银行负担。

二审判决：驳回上诉，维持原判。二审案件受理费11301元，由B银行负担。

各方观点

B银行观点：1. 作为转让行的B银行与作为第二受益人的A公司之间不存在信用证合同关系，本案不应属于信用证交易纠纷。A公司是以B银行行为侵害其债权而提起的财产损害赔偿之诉，故本案应适用民法、侵权责任法等法律。2. B银行删除原信用证所列单证的行为系根据第一受益人的指示所为，B银行行为不存在过错，B银行是根据第一受益人C公司的申请和指示，在办理信用证转让业务时删除了原信用证47B附加条件部分条款。B银行作为转让行，自始至终在已转让的信用证业务中向原开证行和第一、二受益人转达信息，起到中介行的作用，从UCP600第三十八条e款中规定原证的修改在何种情况下可以通知第二受益人也是基于第一受益人的指示，可以看出转让行地位仅是依照第一受益人的委托或授权行事，故B银行依第一受益人C公司的指示删除原证条款的行为并无不当。3. A公司货物未在运抵国通关，使申请人因无法取得通关证明而无法向开证行提交，造成单证不符是导致A公司未获信用证项下款项的根本原因。B银行行为与A公司无法获得信用证项下款项不存在因果关系。

A公司观点：1. 本案属于信用证纠纷，应适用UCP600。根据最高人民法院《关于审理信用证纠纷案若干问题的规定》第一条规定，本案系信用证转让过程中基于信用证条款修改产生的纠纷，案件性质属于信用证纠纷。信用证约定适用规则为《跟单信用证统一惯例》最新版本，本案应以UCP600为依据，确定双方的责任。2. 根据UCP600第三十八条g款规定，B银行删除的第47B条款系开证行对付款条件的特别规定，并不包含于可修改项目中。根据UCP600第十条a款规定，信用证的修改，必须经开证行、保兑行及受益人同意。因此，B银行修改了禁止修改的内容，且未对修改的事实作出明确说明，B银行对修改信用证存在过错。3. B银行删除第47B条款的行为与A公司未能收回转让信用证项下款项存在直接因果关系，B银行应赔偿A公司损失。第一，开证行拒绝付款后，E银行大连分行向开证行询问拒付原因时，开证行明确回复为：开证行将且只会根据信用证中第47B条款付款。据此可知，开证行未付款的原因系付款条件不符合信用证第47B条款的规定。第二，A公司在E银行大连分行办理信用证承兑时，向银行提供了转让信用证规定的所有单据。如果转让信用证与原信用证条款一致，A公司可以收回信用证项下款项。第三，由于B银行在转让信用证时未完全转载原信用证第47B条款，致使A公司无法规避开证申请人不能提供通关证明及开证申请人可能拒绝指示付款的风险。第四，UCP600第五条规定，银行处理的是单据，而不是单据可能涉及的货物、服务或履约行为，因此货物质量问题与信用证兑付无关，并且开证行的拒付理由未提及货物质量问题。归根结底开证行系根据信用证第47B条款拒绝付款，该原因是A公司未能收回款项的唯一原因。

法院观点

一审法院观点：本案系信用证转让过程中，作为转让行的B银行与作为第二受益人的A公司之间因信用证交易而产生的纠纷，性质应为信用证纠纷。本案所涉信用证均约定适用（UCP）最新版本，故本案应以《跟单信用证统一惯例》即UCP600为依据，确定各方当事人在系争信用证交易中应当承担的责任。关于B银行在转开信用证过程中，删除原信用证第47B条款，是否存在过错；A公司在两个转让信用证项下的款项83310美元遭开证行拒付，B银行应否承担赔偿责任问题：

1. 编号为0805151M1782、0805291M1908 信用证各方当事人均约定适用UCP600，在B银行没有证据证实信用证明确修改或排除的情况下，UCP600各条文对本案信用证所有当事人均具有约束力。UCP600 第三十八条可转让信用证 g 款规定，“已转让的信用证须准确转载原证条款，包括保兑（如果有的话），但下列项目除外：信用证金额、规定的任何单价、截止日、交单期限或最迟发运日或发运期间。以上任何一项或全部均可减少或缩短。”也就是说，除信用证金额、规定的任何单价、截止日、交单期限或最迟发运日或发运期间外，转让行只能将信用证按照原证规定的条款转让。即使第一受益人指示B银行删除原证47B附加条款，B银行亦不应违背上述规定，擅自删除转让信用证必须准确转载原证的条款。本案中，由于B银行的行为，致使A公司无法规避其不能提供“通关证明”的风险，导致转让信用证项下的款项无法收回，该损失与B银行的过错行为存在直接的因果关系，故B银行辩称原信用证47B附加条款的删除与否实际上对A公司均不构成损害的理由不能成立。

2. B银行关于“其在已转让的信用证业务中，只是在原开证行和第一、第二受益人之间转达信息，起到一个中介行的作用，原证的修改在何种情况下可以通知第二受益人也是基于第一受益人的指示”的主张。法院认为，根据UCP600第十条a款的规定，“除第三十八条另有规定者外，未经开证行、保兑行（如有的话）及受益人的同意，信用证既不得修改，也不得撤销”。B银行未提供证据证明，开证行与第一受益人之间协商同意对原信用证第47B条款进行了修改，既然该款内容未被修改或删除，B银行在转让信用证时就应当准确转载该款内容。B银行关于删除该条款是依据第一受益人的指示所为，所有后果均与其无关的主张，没有法律依据，法院不予支持。

3. B银行关于“开证申请人之所以未取得‘通关证明’，是由于A公司销售的货物检验不合格、导致运抵国波兰及俄罗斯卫生当局未签发通关文件，造成单证不符而被开证行拒付信用证项下货款”的主张。法院认为，根据E银行大连分行向开证行提示付款及开证行的回复电报内容可以看出，开证行拒付的理由是由于提交的单据不符合原信用证第47B条款，并没有提及货物质量是否合格问题，故A公司的该项主张没有证据支持，法院不予采信。

综上，B银行违反《跟单信用证统一惯例》（UCP600）的相关规定，在已转让的信用证中，擅自删除原信用证条款，侵犯了A公司对信用证项下收款的权益，对给A公司造成的无法收回的信用证项下的款项损失，应当承担赔偿责任，并应承担由此产生的利息损失。B银行的辩解理由因无事实及法律依据，法院不予采信。

二审法院观点：根据最高人民法院《关于审理信用证纠纷案件若干问题的规定》第一条关于“信用证纠纷案件，是指信用证开立、通知、修改、撤销、保兑、议付、偿付等环节产生的纠纷”之规定，本案系转让行B银行与第二受益人A公司在信用证转让偿付过程中产生的纠纷，属于信用证法律关系的范畴，性质应为信用证纠纷。根据上诉人B银行的上诉及被上诉人A公司的答辩，本案的争议焦点问题是B银行办理涉案信用证转让是否存在过错，B银行的信用证转让行为与A公司未能得到信用证款项之间是否存在因果关系，B银行是否应向A公司承担赔偿信用证款项的民事责任。

B银行系涉案两份信用证法律关系的转让行，B银行对此并无异议。作为转让行的B银行应严格履行UCP600规定的法律义务。UCP600第三十八条g款规定，除信用证金额、规定的任何单价、截止日、交单期限或最迟发运日或发运期间外，转让行应按照原信用证规定的条款予以转让。UCP600第十条a款规定，除第三十八条另有规定者外，未经开证行及受益人的同意，信用证既不得修改，也不得撤销。本案并无发生开证行与第一受益人协商同意修改原信用证的事实，因此，B银行应按原证内容予以转让。虽然B银行删除原证47B附加条款的行为系接受第一受益人指示所为，其删除行为仍然违反了法定义务，应认定B银行主观上存在过错。关于“货物未在运抵国通关，使申请人因无法取得通关证明而无法向开证行提交，造成单证不符是导致A公司未获信用证项下款项的根本原因”的抗辩，因货物是否通关是基础贸易关系考量的因素，并不是信用证法律关系考量的内容，故B银行的该抗辩理由并不成立。由于B银行删除了原信用证中第47B条款的内容，A公司未能提供由俄罗斯兽医局以英语开具的货物通关证明，致使开证行拒付，A公司不能收回信用证项下款项，该损失与B银行的删除行为存在因果关系，B银行据此应向A公司承担赔偿信用证项下款项的民事责任。

关联案例 1

▶ **转让行擅自删除信用证所列单证应承担偿付责任**

关 键 词： 转让行　因果关系　偿付责任

案件名称： 深圳 F 投资股份有限公司以转让行擅自删除信用证条款致其无法获取信用证项下款项为由诉 G 银行上海分行侵权案

审理法院：

一审：上海市第一中级人民法院（2002）沪一中民三（商）初字第 262 号

二审：上海市高级人民法院（2003）沪高民三（商）终字第 4 号

法院观点： 在信用证交易中，转让行擅自删除原信用证所列单证，致使作为受益人的原告在接受信用证相关条款时失去提交符合原信用证所列单据的可能性，被告的行为明显不符合相关国际惯例，存在过错，成为原告无法获得信用证项下款项的惟一障碍，亦即被告的行为与原告未获信用证项下款项这一结果之间具有因果关系，其上述行为侵犯了受益人对信用证项下的收款等合法权益，应当对此承担偿付责任。

关联案例 2

▶ **信用证的二次修改效力取决于受益人是否同意修改**

关 键 词： 再次修改　通知　同意　违约责任

案件名称： H 商务有限公司与 I 银行信用证纠纷案

审理法院：

一审：上海市浦东新区人民法院（2008）浦民二（商）初字第 2502 号

二审：上海市第一中级人民法院（2009）沪一中民五（商）终字第 34 号

法院观点： 信用证是开证行向受益人作出的单方承诺，承诺一旦到达受益人，开证行即应受到承诺的约束。根据 UCP600 第十条 c 款，开证行对信用证的修改并不当然发生效力，其效力取决于受益人是否同意其修改。受益人应通知开证行同意或者拒绝修改。但在通知之前，原信用证条款仍然有效。受益人可以实际的交单行为表示同意修改，并且从此时起信用证被修改。该规则同样适用于信用证的再次修改。

本案的信用证纠纷即涉及到开证行对信用证的二次修改。被告发出的第一次信用证修改传真，被告受该修改约束且不可撤销。被告发出的第二次信用证修改传真，受益人告知开证行不同意第二次修改并按信用证的第一次修改提交了单据。被告仍受第一次修改的约束。法院审理后认为，受益人以实际交单行为与第一次修改一致时，该信用证被修改。其后开证行的第二次修改和取消修改的通知均为无效。开证行以单据与信用证不符为由拒绝支付信用证项下的款项是无理拒付，应当承担违约责任。

关联案例 3

▶ **开证行自发出修改信用证通知之时起即受该通知约束**

关 键 词：不可撤销跟单信用证 信用证修改通知

案件名称：韩国J交易株式会社诉中国K银行信用证纠纷案

审理法院：北京市第一中级人民法院（1998）一中经初字第1336号

法院观点：根据UCP500号第九条d款第Ⅰ项规定："除第48条另有规定外，未经开证行、保兑行（如果有的话）及受益人同意，不可撤销信用证既不能修改，也不能撤销。本案所涉信用证为不可撤销跟单信用证，故其经开证申请人申请、由被告K银行在开立之后即对原被告双方（原告为受益人）产生约束力。UCP500号第九条d款第Ⅱ项（UCP600第十条b款）规定："自发出信用证修改之时起，开证行就不可撤销地受其所发出的修改书的约束。"故自被告K银行向原告韩国J交易株式会社发出信用证修改通知之时起，即开始受其所发出的该修改通知的约束。

UCP500号第九条d款第Ⅲ项（UCP600第十条c款）规定："在受益人告知通知修改的银行表示接受该修改之前，原信用证（或先前已接受修改的信用证）的条款对受益人仍然有效。受益人应发出接受或拒绝修改的通知。如果受益人未提供上述通知，当他提交给指定银行或开证行的单据与信用证以及尚未表示接受的修改的通知一致时，并且从此时起，该信用证已被修改。"同款第Ⅳ项（UCP600第十条e款）规定："不允许部分接受修改，部分接受修改将被视为拒绝接受修改的通知。"原告在被告通知其信用证修改后并未表示接受或拒绝，其提交的单据条款部分与修改前的信用证条款相符、部分与修改通知条款相符，即原告提交的单据表明其对修改内容仅作了部分接受，违反了上述规定，故修改后的信用证应属无效，原告韩国J交易株式会社与被告中国K银行均仍受原信用证约束。被告的拒付行为也无效，故被告应承担偿付责任并对原告的直接损失负赔偿责任。

律师点评

一、信用证的修改原则

一般情况下，要求修改信用证的是受益人和开证申请人。对于可撤销的信用证，开证银行不须事先通知，可随时对信用证予以修改或撤销。对于不可撤销信用证的修改则应遵循以下原则：（1）除UCP600第38条另有规定外，信用证的修改必须经过开证行、保兑行（如有）以及受益人同意；（2）开证行自发出信用证修改书之时起，就受该修改书之约束；（3）在受益人向通知修改的银行表示接受该修改内容之前，原信用证（或包含先前被接受修改的信用证）的条款和条件对受益人仍然有效；（4）不允许部分接受修改，部分接受修改将被视为拒绝接受修改的通知；（5）如果银行利用另一家银行的服务将信用证通知给受益人，则它必须利用同一家银行的服务通知修改。

信用证的开立是服务于基础交易的，它应当符合基础合同中的进出口商的一致意见，除非进出口商就修改基础合同的相关条件达成合意，否则不能修改信用证条款。单方面地修改信用证条款等同于违反了基础交易中的约定，对另一方来说是没有约束力的。

二、信用证转让中修改信用证的注意事项

转让信用证意指明确表明其“可以转让”的信用证。根据受益人（“第一受益人”）的请求，转让信用证可以被全部或部分地转让给其他受益人（“第二受益人”）。UCP600 第三十八条 g 款规定：“已转让的信用证须准确转载原证条款，包括保兑（如果有的话），但下列项目除外：信用证金额、规定的任何单价、截止日、交单期限或最迟发运日或发运期间。以上任何一项或全部均可减少或缩短。”也就是说，除上述所列的条款外，转让行只能将信用证按照原证规定的条款转让。

转让行不可因第一受益人单方面的修改信用证指示，就忽略开证行与受益人之间的修改合意。同时必须明确自己“准确转载原证条款”的法定义务，对第一受益人或其他人要求修改的指示进行审核，是否违背信用证修改原则。

本案中，即使第一受益人指示 B 银行删除相关条款，但没有证据证明开证行与第一受益人之间协商同意对原信用证条款进行了修改。同时结合 UCP600 第三十八条 g 款，B 银行不应违背该款规定，擅自删除转让信用证中必须准确转载的原证条款。

二、法院对信用证欺诈的认定及信用证欺诈例外之例外的适用

关 键 词： 信用证欺诈　虚构基础交易　议付行为善意

问题提出： 基础交易存在欺诈，但信用证的独立抽象性原则是否影响信用证欺诈的认定？议付行的行为是否能得到“信用证欺诈例外的例外”制度的保护？

案件名称： A 银行（中国）有限公司上海分行与宁波 B 国际贸易有限公司、C 企业

集团有限公司、宁波保税区 D 国际贸易有限公司、E 银行股份有限公司宁波市分行信用证欺诈纠纷案[1]

裁判规则： 本案所涉信用证在内的系列信用证交易均非关联公司之间正常的贸易往来，信用证项下的单据亦非基于真实基础交易形成的真实单据，而是利用信用证作为纯粹的融资工具，根据《最高人民法院关于审理信用证纠纷案件若干问题的规定》第八条的规定，应当认定构成信用证欺诈；议付行应当知道申请人为融资目的申请开证并虚构基础交易，其未尽合理谨慎之责，不属于善意第三人，故本案不存在《最高人民法院关于审理信用证纠纷案件若干问题的规定》第十条规定的欺诈例外的例外情形。

案情简介

再审申请人（一审被告、二审上诉人）：A 银行（中国）有限公司上海分行

被申请人（一审原告、二审上诉人）：宁波 B 国际贸易有限公司

一审被告、二审被上诉人：C 企业集团有限公司

一审被告、二审被上诉人：宁波保税区 D 国际贸易有限公司

第三人：E 银行股份有限公司宁波市分行

2008 年 8 月 18 日，宁波 B 国际贸易有限公司（以下简称 B 公司）与宁波保税区 D 国际贸易有限公司（以下简称 D 公司）签订委托代理进口合同一份，约定由 D 公司委托 B 公司代理进口电解铜，并商定待 D 公司将进口总额的 15% 开证保证金汇入 B 公司账号后，由 B 公司负责对外开出远期 90 天信用证。同日，B 公司与 C 企业集团有限公司（以下简称 C 公司）签订国际货物买卖合同一份，由 C 公司出售电解铜给 B 公司。2008 年 8 月 20 日，经 B 公司申请，E 银行股份有限公司宁波市分行（以下简称 E 银行）开立不可撤销信用证一份。该信用证载明：适用最新版 UCP；开证行为 E 银行，申请人为 B 公司，受益人为 C 公司；信用证金额为 3520000 美元；此证可由任何银行议付；见单 90 天根据发票金额全额付款。2008 年 8 月 22 日，A 银行（中国）有限公司上海分行（以下简称上海 A 银行）分别向 E 银行发出两份交单面函并附相关汇票、商业发票、仓单等单据，称其已分别就此次索汇对正本

---

[1] 最高人民法院（2013）民申字第 1386 号。

信用证进行了背书，并确认单据符合涉案信用证所有条款的规定，并向E银行索汇1408654.72美元和2112992.64美元。

根据C公司就涉案信用证向上海A银行提交的两次沉默保兑申请，2008年8月22日和8月25日，上海A银行分别向C公司发出付款通知，将最终金额1391278.05美元和2091270.17美元汇至C公司账户。经查，上海A银行付给C公司的其中2091270.17美元款项来源于A银行集团有限公司香港分行（以下简称香港A银行）。

2008年8月29日，E银行在发给上海A银行的两份SWIFT电文中，称其已承兑金额分别为1408654.72美元和2112992.64美元的票据，到期日均为2008年11月20日。随后E银行将信用证项下的单据交付给B公司，B公司后通过D公司将新加坡F有限公司（以下简称F公司）仓单换成了国家物资储备局上海七处（以下简称国储七处）的仓单，但D公司未依约在付汇到期日前将剩余货款支付给B公司，B公司于2008年11月19日诉至人民法院，请求判令：一、确认C公司、D公司、上海A银行在涉案信用证交易中存在欺诈；二、E银行终止支付涉案信用证款项3521647.36美元。

另查明，史某等人以其控制的D公司名义委托B公司等其他信誉较好的代理进口公司，与史某等人控制的C公司等三家离岸公司签订进口协议，并由代理进口公司向国内银行申请开立信用证；C公司等离岸公司的开户行上海A银行在收到开证行开立的信用证后，通知C公司等离岸公司提供信用证项下的单据；D公司或其他史某等控制的公司职员以C公司的名义向上海A银行提供信用证项下的单据，同时向上海A银行提出贴现申请并获得信用证项下的款项；信用证项下的单据从上海A银行流转到开证行，再流转到代理进口公司，史某等人通过自行伪造的或国储七处工作人员张某开具的虚假入库证明，从代理进口公司处取得F公司仓单；D公司等在取得F公司仓单后从未提过货，而是又将到手的F公司仓单以C公司等离岸公司的名义兑换、拆分或合并后并将其作为其他信用证项下的单据再次提交给上海A银行进行新一轮的循环。据不完全统计，仅在2008年1月至10月期间，史某等实际控制的C公司等三家离岸公司作为卖方，通过上述方式向史某等控制的其他境内公司售出的电解铜总吨数就高达4万余吨，而实际上在上海保税仓库中真实的电解铜数量总共才2800余吨，该2800余吨电解铜始终在上海保税仓库没有移动过，放大贸易量十多倍，史某等以此种方式套取的信用证项下款项高达数亿美元。

判决结果

一审判决：终止支付第三人E银行开立的号码为83015010007038信用证项下的款项3521647.36美元。

二审判决：驳回上诉，维持原判。

最高人民法院再审裁定：驳回上海A银行的再审申请。

各方观点

上海A银行观点：（一）本案主要交易环节有两个，一是关联交易，二是放大交易，后者是D公司骗取信用证项下款项的关键环节。放大交易的关键在于D公司串通B公司，得以取得F公司仓单从而实现重复交单，因此，D公司与B公司是骗取涉案信用证项下款项的始作俑者。

（二）本案不存在信用证欺诈。根据《最高人民法院关于审理信用证纠纷案件若干问题的规定》，只有存在第八条所列的“信用证欺诈”情形，且不存在第十条规定的“除外”情形时，才能判决终止支付信用证项下款项。涉案信用证项下议付的关键单据是F公司仓单。F公司只会在收到正本仓单并注销后，才会发出新的仓单，F公司仓单无论怎样流转或拆分、兑换、合并都不会变假。本系列案中每一笔信用证项下的交易都是独立的。D公司取得F公司仓单后从未提取过货物，代表同一批货物的不同（换发的新仓单）或者相同（原已经议付的仓单）的F公司仓单分别在不同信用证下交单议付。每笔信用证议付当时，仓单均对应着真实的货物。因此，就每一笔信用证而言，不存在单据虚假问题。将一系列交易结合起来看，D公司进行了“放大交易”，其通过骗取B公司等外贸代理人的F公司仓单，然后通过新一轮的信用证议付变现。然而，上海A银行议付每一份信用证项下单据当时所面对的F公司仓单在那个时间点是完全可以提货的，自始至终，在上海A银行议付当时都不存在两张或者多张可以提取同一批货物的F公司仓单。可见，本案中的欺诈行为存在于基础交易项下，并非信用证交易项下。

（三）上海A银行议付系善意。只要没有证据证明议付行对信用证欺诈知情，议付就是善意的。B公司提交的证据不能证明上海A银行知情放大交易。B公司在本案中提交的主要证据是公安机关对D公司、F公司、国储七处、上海A银行有关人员的询问笔录。根据公安机关的笔录，上海A银行的职员始终认为，每一次议付时其面对的每一笔F公司仓单均对应了一次实货交易，主观上无明知乃至放纵欺诈的意图。D公司变换F公司仓单的目的就是要向上海A银行隐瞒其以欺骗手段再次获得F公司仓单的情况。此外，没有证据表明上海A银行曾经发现过"重复交单"。国际惯例明确规定银行没有类似注意义务。上海A银行未能发现重复仓单并不违反银行惯例，不构成任何程度的过错。只要不能认定上海A银行对欺诈知情，就不能认定上海A银行的议付为非善意。

B公司观点：（一）上海A银行回避了以下关键事实：1. 2006年以来，上海A银行为史某等人设计了通过设立多家离岸公司与其控制的多家国内公司进行交易并通过信用证进行融资的"结构性融资框架"。史某等人在美国、英国、香港等地设立了C公司等多家虚假离岸公司，作为"自买自卖"交易的卖方及信用证的受益人。该事实一方面表明，本案存在信用证欺诈和基础交易欺诈。另一方面上海A银行在各交易项下通过一系列行为配合最终促成了史某等人利用虚假交易和虚假文件、虚假单据实现融资目的，上海A银行对信用证欺诈的实施、实现是明知的，其显然不是善意第三人。

2. 上海A银行作为一家银行，在开户过程中违反了法律法规的规定，没有履行法定义务要求客户在开户资料上面签，而是直接将空白开户资料寄给了史某等人，并且在明知开户资料上显示的签名均为虚假的情况下，仍在开户资料上载明鉴证签字属实。

3. 在具备了结构性融资框架项下的主体和转移资金的账户这些条件后，史某等人开始利用其控制的不同公司进行大量、频繁的虚假交易，并利用信用证从上海A银行套取资金，上海A银行通过与离岸公司之间签订的虚假沉默保兑协议将贴现款项支付给离岸公司。上海A银行明知有关单据及沉默保兑协议项下融资申请书上法定代表人的签字虚假，但仍然接收，并将信用证项下单据转交给开证行。由不同银行开立的上百单信用证均是经由上海A银行通知、交单、审单和贴现的。仅在2008年3月13日至9月24日这半年内，通过上海A银行通知、交单的信用证多达83笔，这些信用证项下单据上的公章与受益人在上海A银行开户时预留的公章有一定差异，但上海A银行对此从未提出异议。上海A银行在各个环节均未尽合理审慎之责，且违反了诚实信用的基本原则，显然不是善意第三人。

（二）上海A银行关于B公司应承担损失的主张不成立。B公司从事的仅是代理进口业务，收取的仅仅是外贸代理费，买卖双方是委托人事先联系好的，B公司对基础合同订立、履行细节不负责，其直接或通过D公司将不记名的、凭离岸公司指示的仓单换成记载B公司名称的、有良好信誉和资质的大型国有仓储企业国储七处出具的仓单，正是为了保有货权，待D公司支付代理进口协议项下的全部款项后，才将国储七处仓单交给B公司。对于国储七处有关人员被买通，使得史明等人通过不正当手段拿回公司仓单，史明等人又利用重新获得的仓单循环套取资金的事实，B公司完全不知情。直到案发后，随着司法程序的深入，史明等人进行信用证欺诈的事实才逐渐得以展现，上海A银行在此过程中扮演的角色也才逐渐清晰，而B公司在此过程中没有任何过错。

法院观点

一审法院观点：本案存在信用证欺诈，应适用《最高人民法院关于审理信用证纠纷案件若干问题的规定》（以下简称《规定》）第八条有关信用证欺诈例外的规定。上海A银行虽系涉案信用证的议付行，但其议付并非善意，本案不存在善意第三人，故本案不存在《规定》第十条规定的欺诈例外的例外情形，本案信用证项下的款项应当被终止支付。

二审法院观点：本案符合《规定》第八条第（一）项规定的情形，属于信用证欺诈。上海A银行的行为符合UCP600对议付的定义，上海A银行应为本案信用证关系下的议付行。上海A银行应当知道史某等人为融资目的申请开证并虚构基础交易，其未尽合理谨慎之责，不属于善意第三人，故本案不存在《规定》第十条规定的欺诈例外的例外情形。综上，原判认定事实清楚，适用法律正确，实体处理得当。

再审法院观点：本案争议焦点是：本案是否存在信用证欺诈以及上海A银行的议付行为是否善意。

一、关于本案是否存在信用证欺诈

综观本案及相关29个案件查明的事实，本案所涉信用证缺乏真实的基础交易背景。史某等人为获得融资，首先根据上海A银行职员的建议，设立了C公司等离岸公司作为卖方，再由史某等人控制的国内公司D公司等作为买方，或者由D公司等通过外贸代理协议委托B公司等外贸代理公司作为买方，利用史某等人存储在仓库中的2800吨电解铜，虚构基础交易，并以该虚构的基础交易为依托，由D公司等或者其委托的B公司等外贸代理公司作为开证申请人，向十几家国内开证行分别申请开立远期、自由议付的信用证，此后将F公司仓单以重复使用或者拆分、合并等方式，循环完成后续一系列信用证交易项下的交单行为。史某等人因此从上海A银行获得巨额融资。可见，本案所涉信用证不是被用作履行真实货物买卖合同项下付款义务的工具，而是被纯粹用作融资的手段。此外，由于包括本案所涉信用证在内的系列信用证交易均非基于真实的基础交易，除仓单不能全部对应货物外，信用证项下要求的其他单据如商业发票、装箱单、原产地证书、品质证书等，均存在伪造的情形。

信用证作为国际贸易中发展起来的一种支付手段，其虽具有融资功能，但其根本性质依然是支付工具，如果将信用证异化为纯粹的融资工具，则背离了信用证制度的根本宗旨。《最高人民法院关于审理信用证纠纷案件若干问题的规定》第八条规定了实践中应当被认定为信用证欺诈的具体情形。鉴于史某等人利用其控制的各离岸公司、国内公司以2800吨电解铜为依托循环放大交易，全部信用证交易均缺乏真实的基础交易背景，故不论产生欺诈的原因为何，不论谁导致了欺诈行为的发生，均应当认定包括本案所涉信用证在内的系列信用证交易项下存在欺诈，不应再受信用证独立抽象性原则的保护。上海A银行关于本案欺诈发生在信用证之外的提货环节、每一笔信用证项下不存在单据虚假且不存在信用证欺诈的申请再审理由不能成立。

二、关于上海A银行议付是否善意

本案中，上海A银行审核了受益人提交的单据，并在其认为符合信用证的要求后向受益人贴现了信用证项下的款项，上海A银行的行为符合UCP600的上述规定，在性质上构成议付。上海A银行与各受益人之间签署的所谓沉默保兑协议，是该两方之间的另行金融安排，不影响本案信用证项下它们之间形成议付法律关系的性质。此外，尽管是A银行集团有限公司香港分行将信用证项下款项实际汇至各受益人的账户，但从性质上来看，系代上海A银行付款的行为，该行为不能改变上海A银行在本案中作为议付行的法律地位。

然而，从本案及相关29个案件的全部事实来看，上海A银行的议付行为并非善意。首先，史某等人所采用的以“自买自卖”并开立信用证的方式进行融资的方案是上海A银行的职员为其设计的。其次，上海A银行在为史某等人在境外注册离岸公司及开设离岸账户的过程中，违反有关银行客户识别方面的法律法规的规定，没有履行客户开户资料面签的手续，放任史某等人冒用严某等人的名义为一系列空壳性质的离岸公司开立账户。最后，上海A银行作为各离岸公司的开户行，理应知晓其客户背景，其同时又与各离岸公司签订了沉默保兑协议，并持续对大量信用证进行议付，其在通知、接受单据时明知委托开证人的联系人同时也是受益人的国内联系人。综合上述情形，可以认定上海A银行对基础交易中实际的买方和卖方均为史某等人控制的关联公司是明知的。我国法律虽然并不禁止关联公司之间的国际货物买卖行为，但本案所涉交易并非关联公司之间正常的贸易往来，而是信用证项下重要的单据——仓单在短期内频繁重复流转，明显异常于正常贸易中的交货流程，对于专业银行而言，理应对该异常现象引起足够注意。因此，虽然没有证据证明上海A银行直接参与了信用证欺诈，但这并不影响对上海A银行的议付行为并非善意的认定。本案中上海A银行的行为不能被认定为善意，不属于“信用证欺诈例外的例外”制度保护的范围。本案并不存在《最高人民法院关于审理信用证纠纷案件若干问题的规定》第十条规定的任一情形。因此，一、二审法院判令终止支付信用证项下的款项并无不当。上海A银行因此遭受的损失，可以另寻法律途径救济。

关联案例1

► **重新发货等补救行为不影响信用证欺诈的认定**

关 键 词：信用证欺诈　补救行为　受益人

案件名称：北海G科技发展有限公司、H银行股份有限公司北海分行、H银行股份有限公司广西壮族自治区分行与I银行的信用证纠纷案

审理法院：最高人民法院（2014）民申字第823号

法院观点： 受益人在取得信用证要求的全部单据后，并未实际将货物发出，根据《最高人民法院关于审理信用证纠纷案件若干问题的规定》第八条的规定，认定上述行为构成了信用证欺诈。至于受益人在案涉信用证载明的最迟日期之后又重新发货进行补救的行为并不影响对对其此前行为信用证欺诈的认定。但由于本案中，I银行未得到开证行的任何授权和指定，不是案涉信用证的议付行或保兑行，开证行亦不存在承兑行为，因此，本案不存在《最高人民法院关于审理信用证纠纷案件若干问题的规定》第十条规定的信用证欺诈例外之例外的四种情形，案涉信用证应当终止支付。

关联案例2

▶ 邮寄单据不符、转运日期虚假等情形可认定为信用证欺诈

关 键 词： 邮寄单据　海运提单　信用证欺诈

案件名称： 河北J进出口贸易有限公司与韩国K银行、L公司信用证欺诈纠纷案

审理法院：

一审：河北省石家庄市中级人民法院（2013）石民五初字第00521号

二审：河北省高级人民法院（2014）冀民三终字第77号

法院观点： 卖方（受益人）提交的邮寄单据并非实际寄给买方的邮寄单据，与事实不符；海运提单、装运通知所显示的装运日期虚假，与实际装运日期不符；受益人证明所记载单据并未于所述日期传真或寄出，证明内容虚假等。且经过一审中对货物价值的评估，实际发出的货物与合同约定的货物两者相差巨大，据此认定属于信用证欺诈中的不交付货物或者交付的货物无价值的情形。

关联案例3

▶ 没有进行真实的基础交易等情形构成信用证欺诈

关 键 词： 信用证欺诈　基础交易　善意议付

案件名称： M银行股份有限公司合肥分行与N国际贸易有限公司信用证欺诈纠纷案

审理法院：

一审：安徽省合肥市中级人民法院（2014）合民四初字第00021－2号

二审：安徽省高级人民法院（2014）皖民二终字第00326号

法院观点： 受益人没有进行真实的基础交易，提交记载内容虚假的单据符合《最高人民法院关于审理信用证纠纷案件若干问题的规定》第八条规定的情形。议付行的复议申请未清楚反映议付行进行了善意议付。

律师点评

信用证欺诈风险是信用证交易中最为常见的一种风险，其表现形式也呈现出复杂多样性。诈骗者利用信用证的独立性原则和单证表面真实性原则实施诈骗行为。值得注意的是，并非所有基础交易项下的违约行为都构成信用证欺诈，实践中易形成各方当事人对是否构成信用证欺诈的争议。《最高人民法院关于审理信用证纠纷案件若干问题的规定》第八条规定："凡有下列情形之一的，应当认定存在信用证欺诈：(一) 受益人伪造单据或者提交记载内容虚假的单据；(二) 受益人恶意不交付货物或者交付的货物无价值；(三) 受益人和开证申请人或者其他第三方串通提交假单据，而没有真实的基础交易；(四) 其他进行信用证欺诈的情形。"常见的欺诈形式有：卖方提交假单据从而骗取议付行付款，而实际上未发货；通过伪造假印鉴、假签字、虚假单据或者表面上符合信用证要求的其他单据，而真正的货物却是残次品，使得买方收不到质量合格的货物而遭受损失。

"信用证欺诈例外"原则指的是允许开证申请人或开证行以基础交易欺诈为由，通过司法机关排除信用证独立原则的适用，对信用证进行止付，此即"信用证欺诈例外"原则。然而，在特定情形下，即使存在信用证欺诈，司法机关亦不得止付信用证的制度，即"信用证欺诈例外之例外"，又称"信用证欺诈例外豁免"。《规定》第十条约定了不得止付的四种情形包括：(一) 开证行的指定人、授权人已按照开证行的指令善意地进行了付款；(二) 开证行或者其指定人、授权人已对信用证项下票据善意地作出了承兑；(三) 保兑行善意地履行了付款义务；(四) 议付行善意地进行了议付。司法实践中集中对是否"善意"及付款方的法律地位（如是否为议付行）进行了论证。

在上海A银行一案中，史某等人所采用的信用证融资方案正是上海A银行的职员为其设计的；其在为史某等人在境外注册离岸公司及开设离岸账户的过程中，没有履行客户开户资料面签的手续，放任史某等人冒用严某等人的名义为一系列空壳性质的离岸公司开立账户；另外，上海A银行作为各离岸公司的开户行，理应知晓其客户背景，其同时又与各离岸公司签订了沉默保兑协议，并持续对大量信用证进行议付，其在通知、接受单据时明知委托开证人的联系人同时也是受益人的国内联系人。综合上述情形，可以认定上海A银行对基础交易中实际的买方和卖方均为史某等人控制的关联公司是明知或应知的。

显然，信用证付款虽是现代贸易中交易方为交易风险而创设的一种制度，但其无法与风险规避完全划上等号。信用证流转中的各方需增强防范意识，避免财产损失，例如：(1) 重视资信调查，利用市场信息发布平台建立客户信息档案，根据事实定期分析客户的信用情况，选择信用良好的客户作为贸易伙伴。(2) 明确认知买卖合同是基础合同，事先在合同中明确规定好信用证的内容，确定双方是否达成合意。(3) 在开发、接受信用证时，要审核是否有软条款的存在，评估交易过程中可能出现的风险。

三、法院对议付行身份的认定

关 键 词： 指定银行　承兑信用证　自由议付信用证　议付行身份

问题提出： 是否只要对外付款并将相符单据交给开证行，该银行就是议付行，从而在信用证欺诈中以善意议付为由索偿？

案件名称： 韩国 A 银行株式会社与 B 银行股份有限公司青岛分行信用证议付纠纷案〔1〕

裁判规则： 承兑信用证不存在议付行，未经指定的银行不能成为议付行，除非为自由议付信用证。本案的信用证一方面既未表明为自由议付信用证，也未指定韩国 A 银行作为议付行；另一方面，涉案信用证规定其为青岛 B 银行承兑信用证。因此，韩国 A 银行不具有议付行的地位。即使韩国 A 银行的交单相符，由于存在信用证欺诈，且韩国 A 银行未善意议付，不存在欺诈例外的例外情形，青岛 B 银行仍有权拒付。

案情简介

上诉人（一审原告）：韩国 A 银行株式会社（以下简称韩国 A 银行）

被上诉人（一审被告）：B 银行股份有限公司青岛分行（以下简称青岛 B 银行）

---

〔1〕 一审青岛市中级人民法院（2008）青民四初字第 108 号；二审山东省高级人民法院（2009）鲁民四终字第 38 号。

2007年7月24日，青岛B银行开立不可撤销跟单信用证载明：开证申请人青岛C贸易有限公司；受益人韩国D贸易有限公司（以下简称D公司）；结算货币和金额为1042797美元；兑付方式为青岛B银行承兑；俄罗斯海装货、中国青岛卸货；包装：纸袋，每袋净重2乘11公斤；适用《跟单信用证统一惯例》最新版本。经韩国E银行于2007年7月25日向受益人通知了该信用证。

2007年7月25日，受益人就信用证项下金额向韩国A银行提交船运文件议付（托收）申请，并承诺在请求议付（或托收）上述跟单信用证时，确认将把上述出口货物相关的任何及所有的权利转让给韩国A银行。

韩国A银行向青岛B银行发出索偿通知，要求其偿付信用证项下的款项并提交了信用证项下单据。在装运清单的备注栏内填写了“包装：净重2乘11公斤的纸袋”、“每袋毛重和净重（毛重14.7公斤/袋，净重14公斤/袋）”等内容。

2007年8月6日，青岛B银行向韩国A银行发出拒付通知，提出不符点为在装运清单中，“每袋净重2乘11公斤纸袋包装”与“净重：14公斤/每袋”相冲突。

韩国A银行提交的外汇交易收据和银行账户交易记录显示，韩国A银行已将款项存入受益人账户。

2007年12月5日，受益人D公司向青岛F食品有限公司出具声明，证明本案信用证和合同项下的提单及其他单据系欺诈和伪造而成。事实上，根本没有任何此信用证下的货物自俄罗斯运抵青岛。青岛B银行提交的各项证据，反映本案信用证项下提单记载的承运船舶既没有在提单记明的装船日期装载涉案货物，该船舶长、船员及其代理也未签发过该提单。

D公司于2008年3月5日作出致青岛B银行的债权转让通知，通知青岛B银行，将其所有的涉案信用证及其项下单据的一切权利和收益转让给韩国A银行。

韩国A银行向青岛海事法院起诉，请求判令青岛B银行向韩国A银行偿付信用证项下款项1053224.97美元，并赔偿利息损失261669.33元人民币。

判决结果

一审判决：驳回了韩国A银行的诉讼请求。

二审判决：驳回上诉，维持原判。

各方观点

韩国A银行观点：（1）青岛B银行主张的不符点不成立。（2）对韩国A银行提交的相符的单据，青岛B银行有义务承兑和付款。UCP600第七条规定："只要规定的单据提交给指定银行或开证行，并且构成相符交单，则开证行必须承付。"据此，开证行承兑和付款的义务取决于相符的单据提交到被指定银行或相符的单据被提交到开证行，而不论是否通过被指定银行交单。国际商会在其发布的惯例和意见书中反复强调了这一结论，第434号出版物R95："如果一家银行开出（限制议付）信用证且相符的单据已提交，开证行就必须付款。"（第489号出版物CASE196重申了该观点。）第469号出版物R150："开证行已指定议付而单据却未提交给该指定行，而是由第三家银行或受益人提交给开证行，只要单据相符……开证行必须付款。"因此，在本案中，韩国A银行向青岛B银行提交了相符单据，青岛B银行应根据上述规定予以承兑和付款，而不得以韩国A银行不是指定的议付行而加以拒绝。

此外，在青岛B银行迟发的拒付通知中，并未否定韩国A银行的议付行身份，而仅主张了不符点。从这一点也可看出，青岛B银行是不反对韩国A银行议付的，其拒绝付款仅基于所谓的不符点。

青岛B银行观点：（1）本案不符点成立。（2）本案信用证为承兑信用证，未经青岛B银行指定，韩国A银行无权进行议付。UCP600第六条a、b两款规定："信用证必须规定可在其处兑用的银行，或是否可在任一银行兑用。规定在指定银行兑用的信用证同时也可以在开证行兑用。信用证必须规定其是以即期付款、延期付款、承兑还是议付的方式兑用。"本案信用证属于承兑信用证，应由青岛B银行对汇票进行承兑后90天内方可付款。因此，在青岛B银行未承兑汇票，也未指定韩国A银行作为议付行的情况下，韩国A银行无权自行议付。韩国A银行引用的UCP600第七条a款及国际商会的有关意见，其内容所指的是当存在指定银行时，如被指定银行并未提交单据，而是由第三家银行提交单证相符的单据时，开证行亦应当付款。这里所强调的是第三家银行有权提交单据，其身份仅相当于受益人的代理人，与本案韩国A银行以议付行身份索偿是两个完全不同的概念。

法院观点

一审法院观点：本案存在三个争议焦点，一是净重出现两种不同的数据，应认定相互矛盾，青岛B银行提出的不符点成立。

二是韩国A银行在本案中的身份问题。按照信用证“41A：信用证兑付的方式”的规定，本案信用证是承兑信用证。UCP 600第六条规定：“a. 信用证必须规定可在其处兑用的银行，或是否可在任一银行兑用。规定在指定银行兑用的信用证同时也可以在开证行兑用。b. 信用证必须规定其是以即期付款、延期付款、承兑还是议付的方式兑用。”在本案信用证为非自由议付信用证且未经开证行指定承兑的情况下，韩国A银行不能以议付行身份向开证行要求偿付。韩国A银行援引UCP 600第七条c款主张应当得到开证行的偿付，该条规定：“指定银行承付或议付相符交单并将单据转给开证行之后，开证行即承担偿付该指定银行的责任。”但适用该规定的前提为韩国A银行系指定银行，在青岛B银行未指定韩国A银行议付的情况下，韩国A银行并不能以其已实际议付为由而当然获得偿付。受益人向韩国A银行承诺，将把出口货物相关的任何及所有的权利转让给韩国A银行，并作出致青岛B银行的债权转让通知，将其所有的信用证及其项下单据的一切权利转让给韩国A银行，因此，韩国A银行仅具有受益人的可能权利受让人身份。

三是原告可否以善意为由取得偿付。在存在信用证欺诈且不存在欺诈例外之例外的情形下，即使交单相符，也应当终止支付信用证项下款项，韩国A银行在开证行未指定其议付和承兑的前提下擅自“议付”，虽无证据证明其对受益人的欺诈行为是明知的，但也不属善意，韩国A银行不得以善意为由主张应获偿付。

二审法院观点：一是青岛B银行主张的不符点是否成立。装运清单中关于每袋净重的两种记载本身相互矛盾，且装运清单与信用证相矛盾。因此，不符点成立。

二是韩国A银行可否以议付行的身份向青岛B银行索偿。根据涉案信用证中“兑付的方式B银行承兑”的规定，该信用证为承兑信用证，承兑银行为B银行。UCP600第二条把“议付”定义为：“指定银行在相符交单下，在其应获偿付的银行工作日当日或之前向受益人预付或同意预付款项，从而购买汇票及/或单据的行为。”在涉案信用证既未表明为自由议付信用证，也未指定韩国A银行作为议付行的情况下，韩国A银行不具有议付行的地位。韩国A银行引用UCP600第七条及国际商会的有关意见，主张只要其向青岛B银行提交了相符单据即有权获得偿付。但是，韩国A银行引用的UCP600第七条及国际商会的有关意见，都是指在存在指定银行时，如被指定银行并未提交单据，而是由第三家银行提交单证相符的单据时，开证行亦应当付款，与本案不存在指定银行的情形明显不同。

综上，二审判决驳回上诉，维持原判。

关联案例1

▶ 申请书名称与内容不一致不影响议付行身份的定性

关 键 词：UCP600 议付行 申请书

案件名称：G银行（中国）有限公司大连分行与大连H国际贸易有限公司的信用证纠纷申请案

审理法院：最高人民法院（2014）民申字第680号

法院观点：根据UCP600的规定，议付是指指定银行在相符交单下，在其应获偿付的银行工作日当天或之前向受益人预付或者同意预付款项，从而购买汇票（其付款人为指定银行以外的其他银行）及/或单据的行为。本案所涉信用证载明为自由议付。受益人H公司向G银行提交的申请书名称为《出口押汇申请书》，但从其内容来看，H公司的真实意思是请求G银行购买涉案信用证项下的单据。G银行亦实际购买了该信用证项下的单据，且其向H公司出具的《结算通知书》中载明扣除的费用是“信用证议付手续费”。G银行的行为完全符合UCP600关于议付的规定，因此，G银行在本案所涉信用证法律关系项下是议付行。即使H公司向G银行提交的申请名称为《出口押汇申请书》，亦不影响本案中对G银行议付行的定性。

关联案例 2

▶ **合格议付行的认定条件**

关 键 词： 议付行　UCP600　自由议付信用证

案件名称： I 贸易公司诉 J 资源公司等信用证欺诈纠纷案

审理法院： 上海市第一中级人民法院（2009）沪一中民五（商）初字第 123 号

法院观点： 根据 UCP600 第二条规定，合格的议付行必须同时具备如下条件：（1）该银行是议付信用证下的指定银行；（2）其实施了预付或者同意预付款项给受益人的行为；（3）该行为是在经过审单确认交单相符的前提下实施的；（4）预付或者同意预付的时间节点是在该银行应当从开证行获得偿付的银行工作日当天或之前。UCP600 中关于“议付”的定义明确了议付是对票据及单据的买入行为，而“指定银行”是则指有权使用信用证的银行，对于自由议付信用证而言，任何银行均可为指定银行。

就本案而言，其一，系争信用证为自由议付信用证，故 K 银行应为指定银行。现 K 银行履行了审单义务，并确认单证相符后，向信用证受益人预付了信用证项下的款项，从而购买了付款人为开证行的汇票及信用证项下单据。该行为属于 UCP600 所规定的议付行为。其二，UCP600 并未要求议付行要求开证行偿付时，必须明确其议付行的身份，故 K 银行在发给开证行的寄单函中是否明确表明其议付行的身份并不影响其议付行的地位，且开证行也明确予以了承兑。其三，K 银行与信用证受益人签订的沉默保兑协议是双方间信用证法律关系之外的安排，并不影响 K 银行在涉案信用证项下议付行的法律地位。

关联案例 3

▶ **银行不因收受、审核、转交单据的行为承担议付的义务**

关 键 词： 议付行　保兑行

案件名称： 嘉兴 L 食品有限公司诉 M 银行股份有限公司桐乡支行信用证纠纷案

审理法院： 嘉兴市中级人民法院（2007）嘉民二初字第 96 号

法院观点： 议付行是指接受开证行在信用证条款中议付授权从而向受益人支付对价以换取汇票及/或单据的银行。议付行与受益人之间的关系内容，简言之是交单、审单及议付（包括付款或承诺付款）的关系。除非指定银行是保兑行，或者指定银行明确同意并相应告知受益人，否则它收受及/或审核及/或转交单据的行为，并不意味着它对付款、承担延期付款责任、承兑汇票、或议付负有责任。桐乡支行不是本案信用证的保兑行，虽然本案信用证可由任何银行为议付行，但桐乡支行在接收 L 公司交来的单据后，没有明确表示过同意议付，更未支付对价，仅做过审单、寄单等处理，因此该行不是议付行，没有必须议付的法定义务。

律师点评

开证申请人、开证行和受益人是信用证交易中最基础的当事人。但在实务中，通知行、议付行、保兑行等也有可能加入信用证关系。许多信用证纠纷案件会涉及对议付行身份的确认，究其原因是法律关系不同，权利与义务也会不同。多数对议付行身份的探讨存在于信用证欺诈纠纷之中，因为此时往往会涉及“欺诈例外的例外”规则。根据该规则，若议付行已经善意议付，那么信用证就不得止付。因而，在该类案件中，往往首先需要判断的问题即是当事人是否系议付行，对此主要有以下几个方面问题值得注意：

一、信用证的指定银行是成为议付行的先决条件

根据UCP600第二条，议付行的指定有两种：一种是信用证作为自由议付信用证，所有银行都有可能成为议付行，即概括指定；另一种开信用证指定特定银行为议付行，即个别指定。未经过指定的银行，则不能成为议付行。

二、需要同意议付或已支付信用证款项

议付行是指接受开证行在信用证条款中议付授权从而向受益人支付对价以换汇票及/或单据的银行。议付行与受益人之间的关系内容，简言之是交单、审单及议付（包括付款或承诺付款）的关系。需要明确的是，即便是自由议付信用证，若银行在收到单据后，没有明确表示过同意议付，更未支付对价，仅做过审单、寄单等处理，该行不是议付行，也没有必须议付的法定义务。除非指定银行是保兑行，或者银行明确同意并相应告知受益人，否则它收受、审核、转交单据的行为，并不意味着它对付款或议付负有责任。

三、承兑信用证项下不存在议付行

UCP600第六条b款明确规定了信用证的兑付方式：“信用证必须规定其是以即期付款、延期付款、承兑还是议付的方式兑用”，从侧面判断是否存在议付行。据此，当一个信用证规定其为承兑信用证时，则不可能是议付信用证，对于非议付信用证，则不存在议付行。

就本案而言，一方面，韩国A银行并非指定的议付行；另一方面，信用证本身规定其为B银行承兑信用证。因此，韩国A银行不具有议付行身份。

综上，议付意指被指定银行在其应获得偿付的银行日或在此之前，通过向受益人预付或者同意向受益人预付款项的方式购买相符提示项下的汇票

(汇票付款人为被指定银行以外的银行)及/或单据。议付行必须同时具备如下条件:(1)该银行是议付信用证下的指定银行;(2)其实施了预付或者同意预付款项给受益人的行为;(3)该行为是在经过审单确认交单相符的前提下实施的;(4)预付或者同意预付的时间节点是在该银行应当从开证行获得偿付的银行工作日当天或之前。

四、法院对银行拒付通知的效力认定

关 键 词: 信用证议付　拒付通知　超期拒付　不符点

问题提出: 银行在何种情况下可以通知拒付信用证?

案件名称: 常州市A商贸有限公司与株式会社B银行信用证议付纠纷上诉案[1]

裁判规则: 信用证作为国际贸易中交易双方支付价款的主要方式,其相关规则,主要规定在《跟单信用证统一惯例》(UCP600)中。根据UCP600第十六条c款的规定,拒付通知必须具备:(1)银行拒绝承付或议付的直接意思表示;(2)银行拒绝承付或者议付所依据的所有不符点。意味着,拒付意思表示必须是明示的,且拒付通知上列出完整的、具体的不符点,该拒付通知才是有效的。所谓"不符点"是指信用证项下受益人所提交的单据表面出现的一处或多处不符合信用证的条款或条件的错误。此外,根据UCP600第十六条d款,拒付通知以其他快捷方式(电讯外),在不迟于交单之翌日起第五个银行工作日结束前发出。

案情简介

上诉人(原审原告):常州市A商贸有限公司

被上诉人(原审被告):株式会社B银行

2010年5月7日,株式会社B银行(以下简称B银行)作为开证行开具了一份申请人为C公司、受益人为常州市A商贸有限公司(以下简称A公司)的不可撤销信用证,议付方式为可通过任意银行议付,最迟装运日期为

[1] 一审江苏省无锡市中级人民法院(2012)锡商外初字第0021号;二审江苏省高级人民法院(2013)苏商外终字第0024号。

2010年6月30日，到期日为2010年7月10日，金额24946.5美元，可允许数量及信用证金额有3%的幅度。出运地上海，目的地韩国釜山，该信用证要求的文件包括：一式三份经签字的商业发票；一式三份装箱单；按照B银行指令发出的全套已装船清洁提单，注明“运费已预付”和“通知申请人”；由C公司签发的检验证书（复印件可接受）。2010年5月14日该信用证的总金额修改为26175美元。2010年7月7日，该信用证到期日修改为2010年8月6日。

2010年7月6日，A公司开具的商业发票、装箱单载明：货物金额26729.85美元，出运地上海，目的地越南胡志明。

2010年6月30日，上海D国际货物运输代理有限公司（以下简称D公司）作为承运人签发了“托运人：A公司；收货人：按B银行指定；到货受通知人：C公司；船名：SACARV 008S；装运港：中国上海；卸货港：胡志明；交付地：胡志明；提单号：HPL－S1006049A”的提单。

该笔货物的海关出口报关单上载明运抵国：越南；指运港：胡志明。在中国海关网上服务大厅查询，显示该出口报关单项下货物已结关。

2010年7月20日，A公司的通知行E银行武进支行通过邮寄方式向B银行发出跟单汇票，提交的单据包括汇票、商业发票、装箱单、海运提单和检验证明，要求B银行支付信用证项下款项。B银行于2010年7月26日在跟单汇票上加盖了外汇事业部的收讫章。

2010年8月2日，B银行向E银行武进支行发出电文载明“收信人E银行江苏分行，MT734拒付通知；时间和金额：2010年7月20日，26729.85美元；不一致：提单、装箱单、商业发票中存在不同的目的地（目的港）；单据的处理：/通知/按照UCP600第十六条C.Ⅲ.”。

2010年8月3日，E银行武进支行将上述电文内容通知了A公司。

2010年8月13日，E银行武进支行向B银行发出电文载明：我们至今没有收到付款的进展消息，请通知我们有关单据的状况，谢谢。8月30日，E银行武进支行告知B银行：经受益人要求，请将单据退至E银行武进支行。9月1日，B银行告知E银行武进支行，将通过DHL把单据退还。在本案审理过程中，A公司确认收到了B银行退还涉案信用证项下的全部单据。

涉案货物的出口代理商D公司经理张某称：其受A公司委托办理涉案货

物的出口及运输手续，货物的目的地是越南的胡志明市。货物出运一段时间后，A公司称提单还在手上，要求了解该批货物的现状，D公司即向韩国的代理商询问，得到的答复是涉案货物已被提走，提货的依据是B银行出具的“资金担保证明”和提单复印件，并将“资金担保证明”通过电子邮件发送给D公司。

A公司还陈述称：在收到B银行退回的涉案信用证单据后，要求D公司再次出具了一份提单，除将提单中的目的港修改为韩国釜山外，其余内容包括时间、提单号、货物名称、数量等内容均与前述提单一样。D公司对该事实亦予以认可。此后A公司将该提单与信用证要求的其他单据一起再次送交B银行要求付款，但B银行以信用证已过期失效为由拒绝支付。

A公司认为，第一，B银行发出拒付通知超过了UCP600规定的5个工作日的合理审单时间；第二，所谓的拒付通知未明确声明拒付还是议付，且通知中提示的不符点依法不能成立。故A公司请求法院判令B银行：（1）向A公司支付信用证项下款项26729.85美元及逾期付款利息；（2）向A公司支付出口退税损失人民币23525.98元；（3）向A公司支付其为本案所支付的律师费人民币13500元；（4）承担本案诉讼费用。

判决结果

一审判决：驳回A公司的诉讼请求。一审案件受理费4800元，由A公司负担。

二审判决：（1）撤销中华人民共和国江苏省无锡市中级人民法院（2012）锡商外初字第0021号民事判决；（2）B银行于本判决生效之日起十日内支付A公司信用证项下款项26729.85美元及逾期付款的利息；（3）B银行于本判决生效之日起十日内赔偿A公司为本案支出的律师费人民币13000元；（4）驳回A公司的其他诉讼请求。本案一、二审诉讼费人民币各4800元，合计9600元，由B银行承担。

各方观点

A公司观点：其在2010年7月20日已提交用于议付的单据，而B银行在2010年8月2日才发出拒付通知，已超出UCP600规定的5个工作日的合理审单时间。且B银行的拒付通知不符合UCP600第十六条的规定，通知中没有明确的拒付意思表示，提示的不符点不能成立，通知中仅称“提单、装箱单、商业发票中存在不同的目的地（目的港）”，属于无效拒付通知。

B银行观点：虽然提单、装箱单、商业发票中的目的地是一样的，但信用证要求的目的地是韩国釜山，单证不符，拒付通知中提示的不符点是存在的，因此B银行有权拒付。

法院观点

一审法院观点：关于争议焦点——B银行是否提交了有效的拒付通知，一审法院认为，B银行提交的拒付通知合法有效。理由如下：

根据UCP600第十六条（c）、（d）款的规定，当开证行决定拒绝承付或议付时，必须给予交单人一份单独的拒付通知。该通知必须声明：ⅰ.银行拒绝承付或议付；……及ⅲ.a）银行留存单据听候交单人的进一步指示；或者b）开证行留存单据直到其从申请人处接到放弃不符点的通知并同意接受该放弃，或者其同意接受对不符点的放弃之前从交单人处收到其进一步指示；……拒付通知必须以电讯的方式，如不可能，则以其他快捷方式，在不迟于交单之翌日起第五个银行工作日结束前发出。上述规定中五个工作日的期间，应当从B银行收到单据时开始计算，而不是A公司邮寄时开始计算。B银行于2010年7月26日收到E银行武进支行提交的单据，故审单时间应为从2010年7月26日次日起的五个工作日，7月31日和8月1日为休息日，8月2日为第五个工作日，B银行于8月2日发出通知，符合UCP600的上述规定。

一审法院认为，B银行于2010年8月2日发出的通知上明确注明其内容为MT734拒付通知（ADVICE OF REFUSAL），并列明了不符点以及单据处理方式，有明确的拒付意思表示。单证相符是银行审查单据的重要原则，B银行在审单时，必须将信用证的要求与单据载明的内容逐一对照。A公司提交的提单、装箱单、商业发票中载明的目的地都是胡志明市，单据与单据之间没有不同，而信用证要求的目的地韩国釜山，单据与信用证之间存在不相符之处，只要经过简单审查就能发现上述不符点，B 银行在拒付通知中明确具体的提示了该不符点之处，即使没有表述为“提单、装箱单、商业发票中存在与信用证不同的目的地”，也不会产生歧义。而且，A 公司在审理中认可，在收到 B 银行的拒付通知后，又要求出口代理商 D 公司制作了目的地为韩国釜山，其他内容均与前述提单一样的倒签提单，再次向 B 银行议付，说明 A 公司对于 B 银行提示的不符点是认可的，并没有产生歧义。

因此，B 银行在收到 A 公司议付单据的五个工作日内发出了拒付通知，已有明确的拒付意思表示，并具体列明了拒付所依据的不符点之处，以及单据处理方式，符合 UCP600 第十六条的相关规定，该拒付通知是有效的，A 公司上述主张不予支持。

二审法院观点：B 银行的拒付通知无效。理由是：本案中，认定涉案拒付通知是否有效的关键在于，拒付通知“不符点”项下记载的“提单、装箱单、商业发票中存在不同的目的地（目的港）”是否符合 UCP600 第十六条（c）款 ii 项的规定。根据该项规定，拒付通知必须声明银行凭以拒绝承付或议付的各个不符点。据此，对不符点的描述至少要具备两项内容，一是何种单据存在不符点，二是该单据在哪一方面与信用证或其他单据不符。而涉案拒付通知仅仅描述了提单、装箱单、商业发票中存在不同的目的地（目的港），并未指明上述三个单据中的目的港相互不一致，还是该三个单据中的目的港与信用证要求的目的港不一致。故该拒付通知关于不符点的描述不具体、不完整，不能构成有效的拒付通知。根据 UCP600 第十六条（f）款的规定，B 银行无权宣称单据未能构成相符交单，即 B 银行无权拒付信用证项下货款。A 公司关于涉案拒付通知无效，B 银行应当支付涉案信用证项下货款的上诉理由于法有据，本院予以支持。

A 公司为本案支出的律师费属 B 银行不当拒付给 A 公司造成的损失，该损失 B 银行应予赔偿。

关联案例 1

▶ **关于不符点描述不具体、不完整的通知不能构成有效的拒付通知**

关 键 词： UCP600 不符点 拒付

案件名称： 韩国 F 银行与江苏 G 国际贸易有限公司信用证议付纠纷上诉案

审理法院：

一审：无锡市中级人民法院（2009）锡民三初字第 56 号

二审：江苏省高级人民法院（2009）苏商外终字第 0003 号

法院观点： 认定涉案拒付通知是否有效的关键在于，拒付通知“不符点”项下记载的“提交了租船合同提单”是否符合 UCP600 第十六条 c 款 ii 项的规定。根据该项规定，拒付通知必须声明银行凭以拒绝承付或议付的各个不符点。据此，对不符点的描述至少要具备两项内容，一是何种单据存在不符点，二是该单据在哪一方面与信用证或其他单据不符。涉案拒付通知仅仅描述了 G 公司（受益人）提交的是租船合同提单，并未指明该提单与信用证的哪一项要求不符。故该拒付通知关于不符点的描述不具体、不完整，不能构成有效的拒付通知。根据 UCP600 第十六条 f 款的规定，F 银行无权宣称单据未能构成相符交单，即 F 银行无权拒付信用证项下货款。

关联案例 2

▶ **未声明凭以拒付的不符点等内容的通知不构成有效拒付通知**

关 键 词： 拒付通知 UCP600 不符点

案件名称： 无锡 H 塑料制品有限公司诉 I 银行信用证议付纠纷案

审理法院： 广东省广州市中级人民法院（2008）穗中法民四初字第 95 号

法院观点： 银行决定拒付时，必须一次性通知交单人，拒付通知必须在声明拒付的同时，声明拒付所依据的各个不符点以及对信用证项下单据的处置，并且必须在交单次日起第五个银行工作日结束前向交单人发出。而本案中，被告以电子邮件发出的“拒付通知”只是声明了被告拒绝兑付或议付的决定，未声明被告凭以拒付的不符点等内容；《拒付通知》的落款日期也大部分远远超出原告交单后的第五个银行工作日。根据 UCP600 第十六条 f 款关于“开证行或保兑行如果未能按照本条行事，则无权宣称交单不符”的规定，即便原告存在交单不符，被告发出的拒付通知也因不符合相关规定而无效，被告无权宣称原告交单不符，其拒绝付款的理由不能成立。

关联案例 3

▶ **对不符点描述不具体的通知不构成有效拒付通知**

关 键 词： UCP600　不符点　拒付通知

案件名称： J银行股份有限公司与株式会社K公司信用证纠纷案

审理法院： 绍兴市中级人民法院（2009）浙绍商外初字第25号

法院观点： 被告（J银行）“货物描述与信用证不符”的不符点不能成立，该不符点的描述不具体，不符合UCP600的要求。UCP600第十六条（c）款（ⅱ）项规定，拒付通知必须声明银行拒绝承付或议付所依据的每一个不符点。从该表述来看，银行列出的不符点的原因必须具体，之所以要求不符点的表述必须具体是因为一个笼统的不符点可能会涵盖多个不符点，但该笼统的表达方式会导致银行的随意拒付，且受益人无法修改单据，最终破坏信用证交易制度。

被告并未指出哪一份单据的货物描述与信用证不符，造成原告无法识别不符点并修改单据。同时“differ（不同、不符、有区别）”一词外延很难确定，是单据记载事项与信用证相矛盾还是单据记载使用的用语或数据与信用证不一致，抑或是单据漏记相关事项呢？即使被告在庭审中提出的不符点能够成立，但其之前的拒付并不能构成有效拒付，因为被告剥夺了原告方根据被告所提不符点修改单据使之与信用证规定相符的权利。

律师点评

一、拒付通知的构成要件

UCP600第16条c款规定：“当按照指定行事的指定银行、保兑行（如有的话）或开证行决定拒绝承付或议付时，必须给予交单人一份单独的拒付通知。该通知必须声明：ⅰ. 银行拒绝承付或议付；及ⅱ. 银行拒绝承付或者议付所依据的每一个不符点；及ⅲ. a）银行留存单据听候交单人的进一步指示……”该条d款规定，c款要求的通知必须以电讯的方式，如不可能，则以其他快捷方式，在不迟于交单之翌日起第五个银行工作日结束前发出。因而，关于有效拒付通知的构成必须具备以下要件：

（一）银行拒绝承付或议付的直接意思表示

拒付通知中必须含有“拒绝（refuse）”这样的直接表示否定意义的词语。《ucp600评述》（国际商会第680号出版物）已经很明确地指出：“根据c款，拒付通知必须首先说明银行拒绝承付或议付。”其背后意义在于银行负有审单付款的义务，银行发现不符点就会告知受益人。受益人只有接到银行明确的拒付通知，才能做出修改不符点的一系列应对措施；如若银行在通知中并未表明自己的拒付态度，可能会导致受益人误认为银行接受该些不符点，最终使得信用证交易受阻。信用证作为国际贸易中常用的支付方式，必须确保其支付的畅通性和安全性，如果双方无法明确对方的意思表示，信用证支付必然会无法顺利进行。因此，银行的信用证拒付通知必须是明确且可执行的。

（二）银行拒绝承付或者议付所依据的所有不符点

根据 UCP600 第 16 条 c 款 ii 项的规定，拒付通知书所说明的不符点清单必须是完整的，且据以认定的不符点必须是具体的，即拒付通知书必须声明银行拒绝承付或议付所依据的“每一个不符点”。因为一个笼统的不符点可能会涵盖多个不符点，如使用“单据与信用证条款不一致”、“单据之间不一致”等不符点表述方式几乎可以涵盖所有的不符点，但银行可能会利用这种笼统的表示以随意拒付，且受益人因没有确切的依据而修改单据，最终破坏信用证交易制度。

据此，对不符点的描述至少要具备两项内容，一是何种单据存在不符点，二是该单据在哪一方面与信用证或其他单据不符。没有说明具体的不符点，将不被接受为有效的通知。

（三）被拒绝的单据处置方式

本案虽未涉及这一要件，但该点是实践中的常见争议焦点。须知被拒单据的处置只能选择下列四种处理方式之一：(1) 银行留存单据听候交单人进一步指示；(2) 银行将退回单据；(3) 银行将按之前从交单人处获得的指示处理；(4) 开证行留存单据直到其从开证申请人处接到放弃不符点的通知并同意接受该放弃，或者其同意接受对不符点的放弃之前从交单人处收到其进一步指示。

二、拒付通知的时限要求

UCP600 第 16 条 d 款规定，c 款规定的拒付通知必须以电讯方式发送，只有电讯方式不可能时才可以其他快捷方式发送；发送的时间不能迟于银行收到单据第二天起算的第五个银行工作日结束时。这一规定中五个工作日的期间，应当从银行收到单据时开始计算，而不是从受益人邮寄时开始计算。

目前 SWIFT 电讯系统是大多银行开展国际业务的常用通信方式，但“电讯不可能”的情形不包含SWIFT系统的通信故障，因为电讯的通信方式除银行专用的SWIFT系统，还有电话、传真、电子邮件等其他多种电讯方式。若发生自然灾害，造成国际电讯通信中断，维修工作将持续数日。这时如果在收到单据次日起算的第五个银行工作日结束前使用电讯发送拒付通知还是不可能的，那么可以在第五个银行工作日结束前使用其他的快捷方式（应该注明电讯不可能的原因）。在信用证交易实践中，开证行晚发拒付通知构成无效拒付的情况并不少见，但还没引起受益人的足够重视，即在接到拒付通知时不去留意这个通知是否过期发送。

本案的第一个争议焦点：银行是否发出了有效的拒付通知，结合上述“拒付通知的构成要件”可知，该份拒付通知书关于不符点的描述不具体、不完整。涉案拒付通知仅仅描述了提单、装箱单、商业发票中存在不同的目的港，并未指出该三个单据中的目的港与信用证要求的目的港不一致。故此份通知书并不构成有效的拒付通知，B银行无权拒付信用证项下货款。

另外，关于是否构成迟延拒付，如一审判决所言，起算时间应当从B银行收到单据时开始计算，而不是A公司邮寄时开始计算。B银行于2010年7月26日收到单据，故审单时间应为从2010年7月26日次日起的五个工作日，7月31日和8月1日为休息日，8月2日为第五个工作日，B银行于8月2日发出通知，符合UCP600的上述规定。虽未构成迟延拒付，但是拒付通知的内容违反UCP600第十六条c款ii项的规定，不符点的描述不具体，故而是无效的拒付通知。

第九章 证 券

一、挂靠证券交易账户内的资产权属的认定

关 键 词： 挂户 拖拉机账户 实际控制人 权属纠纷

问题提出： 一个资金账户下挂了多个本人及其他自然人的证券账户的情况下，资金账户与证券账户的名义人不一致，应当如何认定挂靠证券交易账户资产的权利人？

案件名称： 余某诉A证券经纪有限责任公司杭州青春坊证券营业部、A证券经纪有限责任公司证券返还纠纷案[1]

裁判规则： 多个证券账户均与一个资金账户连接的情况下，其实际使用人和控制人一般就是资金账户的户主。因此，资金账户的户主一般而言也就是各证券账户内股票资产的权利人，除非证券账户名义人有充分的证据证明该账户内的股票资产属其所有。

案情简介

上诉人（原审原告）：余某

被上诉人（原审被告）：A证券经纪有限责任公司杭州青春坊证券营业部（以下简称A证券公司青春坊营业部）

被上诉人（原审被告）：A证券经纪有限责任公司（以下简称A证券公司）

余某于2000年起在A证券公司青春坊营业部开设资金账户进行股票交易，其持有的上海证券股东卡号为A333236609，资金账号为13105148。2004

---

[1] 一审杭州市中级人民法院（2007）杭民二初字第54号；二审浙江省高级人民法院（2008）浙民二终字第82号。

年1月16日，余某在13105148资金账户下A333236609证券账户有证券代码为600366的宁某韵升股票178335股。2004年1月16日，余某在证券公司的《账号转挂指令》中签名认可将“资金账号13105148、13104565中证券账号‘转挂’至13106196、13106444、13105246、13107574”。截至2004年6月1日，余某13105148资金账户下A333236609证券账户内有宁某韵升股票199500股。2004年6月2日，上述宁某韵升股票从余某账户中转出，当日转入客户姓名为曲某，资金账号13106444下A333236609证券账户内。2004年6月8日、6月9日两天内，199500股宁某韵升股票从曲某的资金账户中卖出，由客户姓名为杭州利某，资金账号13107586下证券账号为A445126196、A445126293、A445126170、A445126340……等买入。2004年7月19日、8月30日、9月17日，杭州利某资金账号13107586下的证券账号A445126196、A445126293、A445126170、A445126340内的共计199550股宁某韵升股票转出，相同日期、相同数量、相同证券账号，转入客户姓名为杭南房产，资金账号为13107702内。2004年11月15日，杭南房产资金账号13107702下证券账号为A445126196、A445126293、A445126170、A445126340内199550股宁某韵升股票转出，同日转入余某资金账号13105148下A445126196、A445126293、A445126170、A445126340证券账号内。2004年11月15日，从杭南房产转入余某资金账号内的宁某韵升股票共有1436604股（含199550股），其中余某13105148资金账号内转入宁某韵升股票861652股，余某13104565资金账号内转入宁某韵升股票574952股。2004年11月15日，原审法院受理（2004）杭某二初字第309号案件，根据该案原告A证券公司申请，查询余某资金账号13105148、13104565内有宁某韵升股票共计1436604股，并予以查封。2005年12月6日，证券账号A445126196、A445126293、A445126170、A445126340内宁某韵升股票199500股，按10送3.2的方案，送股得63856股，合计总股数为263406股；按税后10派1.6的分红甲案，分得红乙金额为31928元。2006年6月13日，在263406股的基础上，按10送3的方案，又获送股79022股，合计342428股。2006年6月15日，宁某韵升股票余额为263406股，按税后10派0.9的分红甲案，共分得红乙23706.54元。综上，两次送股合计142878股，两次分红合计55634.54元，均如期划入余某13105148资金账号内。

证券账号A333236609、A445126196、A445126293、A445126170、A445126340

及其他证券账号，在余某资金账号 13105148 下，股票的买卖、转入转出等频繁使用。除 2006 年 1 月 10 日，余某函告 A 证券公司，要求对 2000 年起 A 证券公司侵占自己的资金及股票进行返还并赔偿损失外，此前未见余某对上述股票买卖、转入转出提出任何方面的异议。

2007 年 2 月 12 日，余某以 A 证券公司青春坊营业部、A 证券公司为被告向原审法院提起诉讼，称：截止 2004 年 4 月 28 日，余某 13105148 资金账户下 A333236609 证券账户共有 199500 股宁某韵升股票。2004 年 6 月 8 日和 6 月 9 日，在未经余某授权的情况下，该 199500 股宁某韵升股票被变卖，变卖资金进入了 A 证券公司营业部 43115 席位号，而未进入余某 13105148 资金账户。上述股票被 A 证券公司侵占的事实清楚，应当予以返还（返还范围包括此后发生的转送股与现金分红）。请求判令 A 证券公司青春坊营业部、A 证券公司立即向余某返还 34.2342 万股宁某韵升股票（其中 14.2842 万股为期间转送股，按 2007 年 2 月 9 日收盘价 6.55 元计算，共计 224.23401 万元）及现金分红 66234 元。

判决结果

一审判决：驳回余某的诉讼请求。

二审判决：驳回上诉，维持原判。

各方观点

上诉人观点：根据证券法证券实名制与证券登记制规定，只有本人证券账户内的股票才真正属于自己，股票过户及转让也必须在不同证券账户之间经过证券登记中心变更登记。本案所争议的是余某 A333236609 证券账户内 199500 股宁某韵升股票的侵占与返还问题，原判虽然认定了 A333236609 证券账户内股票被变卖的事实，却以 A 证券公司单某制作的有关其他证券账户股票“转挂”的虚假材料为据，认定该 199500 股宁某韵升股票已返还，显然缺乏依据。该股票既然在余某 A333236609 证券账户被侵占，就应返还到该证券账户，与其他证券账户无关。事实上，A445126196、A445126293、A445126170、A445126340 四个证券账户自 2003 年 5 月 15 日开户时起就一直挂在余某

13105148 资金账户下，与本案讼争的 A333236609 证券账户及 199500 股宁某韵升股票无关，更与 A 证券公司无关，A 证券公司无权处置该四个证券账户及其相应股票。原判相关认定显然混淆了本案争议的基本事实，违反了证券实名制与证券登记制。

被上诉人观点：在当时，一个资金账户下挂多个证券账户的现象很普遍，就余某本人而言，他自己只有两个资金账户，但其资金账户名下却有 39 个证券账户，其中只有两个证券账户是其实名所有的，其他证券账户均非实名，但这些证券账户实际上也都属其所有。其在上诉中以证券实名制为由否认本案股票已返还的事实，明显不能成立。至于余某提出的股票转入转出情况应通过公开市场进行，这是针对规范的股票交易行为而言的，本案所涉的是股票转划是否合法以及其返还后果问题，与公开市场交易行为无关。

法院观点

一审法院观点：A 证券公司从余某资金账户 13105148 内转出的宁某韵升股票 199500 股及其以后的送股、分红，已经于 2004 年 11 月 15 日后转入余某所拥有的资金账户 13105148 下的证券账户内。余某要求 A 证券公司、A 证券公司青春坊营业部返还 199500 股宁某韵升股票及其送股和分红款的诉讼请求，没有事实和法律依据，不予支持。

二审法院观点：前几年尤其是 2006 年以前，我国证券市场投资者（包括企业法人）一个资金账户同时连接多个自然人名义证券账户进行证券交易和结算的现象却很普遍，此种现象往往被称为“拖拉机账户”。基于“拖拉机账户”的客观存在，相关投资者不通过公开市场交易，直接改变证券账户及其股票与资金账户的连接关系，将相关证券账户在不同投资者的资金账户间“转挂”的行为也较为普遍。本案中，当事人一个资金账户连接多个证券账户以及将证券账户在不同资金账户间“转挂”，正是我国当时证券市场上述现象的现实反映。这种行为无疑违反了相关规定，当事人是否以及如何承担行政责任，应由证券监管部门负责处理，但不影响民事案件审理过程中对相关事实及当事人民事责任的认定。

证券投资者的资金账户和证券账户一一对应，这是证券实名制的必然要求，在当事人行为符合证券实名制要求的正常状态下，资金账户与证券账户的名义人可以被确认为账户资产的真正权利人。但本案当事人间存在开立“拖拉机账户”以及将证券账户在不同资金账户间“转挂”的事实状态，在这种违规的状态下，不能简单地将证券账户名义人确认为证券账户中股票资产的真正权利人。在“拖拉机账户”中，既然多个证券账户均与一个资金账户连接，其实际使用人和控制人一般就是资金账户的户主，因此，资金账户的户主一般而言也就是各证券账户内股票资产的权利人，除非证券账户名义人有充分的证据证明该账户内的股票资产属其所有。就本案而言，余某13105148资金账户所对应的实名证券账户固然只有A333236609，但同时还连接着众多以他人名义开立的证券账户，这些证券账户的权利人也是余某而不是各证券账户名义人。A445126196、A445126293、A445126170、A445126340四证券账户及其中199550股宁某韵升股票从杭南房产资金账户“转挂”至余某13105148资金账户后，随即在他案审理过程连同其他多个证券账户被法院作为余某的资产查封，后来又作为余某的资产被执行，至今为止，并无任何上述证券账户的名义人就其中的股票资产提出权利主张，故应认定余某在2004年11月15日后已成为A445126196、A445126293、A445126170、A445126340四证券账户及其中199550股宁某韵升股票的权利主体。余某A333236609证券账户内的199500股宁某韵升股票被A证券公司卖出后，A证券公司事后将A445126196、A445126293、A445126170、A445126340四证券账户及其中199550股宁某韵升股票“转挂”至余某资金账户，能够产生返还的效果。余某在上诉中，以“证券实名制”等为由，提出“只有其本人名义的A333236609证券账户股票才属于其本人，该证券账户中的股票被侵占，只有返还到该证券账户才能视为返还，与其他名义的证券账户无关，将A445126196、A445126293、A445126170、A445126340四个证券账户及其中股票‘转挂’至余某资金账户，不能认定为返还”等主张，与事实不符，本院不予支持。

关联案例 1

▶ **客户与证券公司之间的账户权属争议属民事权益纠纷**

关 键 词： 账户权属　民事纠纷

案件名称： 练某等诉 B 证券股份有限公司南宁汇春路证券营业部等账户权属案

审理法院：

一审：广西壮族自治区南宁市中级人民法院（2007）南市民二初字第 229 号

二审：广西壮族自治区高级人民法院（2009）桂民二终字第 36 号

法院观点： 在证券交易过程中，客户与证券公司之间所形成的是委托代理法律关系，在该委托代理法律关系中，双方均是平等的民事主体，因此，客户与证券公司之间的账户权属争议不属于证券监督管理委员会的管理范畴，而是属于平等民事主体之间的民事权益纠纷，法院依法享有管辖权。

关联案例 2

▶ **挂靠账户当事人之间实质上形成债权债务关系**

关 键 词： 挂靠账户　债权债务关系

案件名称： 朱某与山东省 C 证券经纪有限公司淄博人民西路证券营业部财产损害赔偿纠纷申请再审案

审理法院： 最高人民法院

法院观点： 自朱某将其证券账户挂户到于某的资金账户之时起，朱某便失去了对自己证券账户的控制权和使用权，其证券账户只是于某的操作工具之一，朱某对该证券账户中的股票不享有所有权，双方并未签订委托理财类协议，朱某和于某之间实质上是债权债务关系。

律师点评

证券交易账户的挂户，也叫作“拖拉机账户”，是指一个人的资金账户下挂了多个本人及其他自然人的证券账户。在“拖拉机账户”的情况下，资金账户与证券账户的名义人不一致，由此产生了关于挂靠证券交易账户中的资产权属的纠纷。

就行政机关及法院对于挂户行为而引起的管辖权争议而言，挂户行为违反了相关证券监管部门的规定，当事人是否以及如何承担行政责任应由证券监管部门负责处理，但这不影响民事案件审理过程中对相关事实及当事人民事责任的认定，不能以此作为理由否定当事人的民事权利。此外，练某等诉B证券股份有限公司南宁汇春路证券营业部等账户权属案中，法院认为，客户与证券公司之间的账户权属争议不属于证券监督管理委员会的管理范畴，而是属于平等民事主体之间的民事权益纠纷，法院依法享有管辖权。

关于挂靠证券交易账户中的资产权属的认定，法院一般情况下会遵循保护实际投资人利益的原则，认定资金账户户主为资产所有人。在符合证券实名制要求的正常状态下，资金账户与证券账户的名义人应当是一致的，该名义人可以被确认为账户资产的真正权利人。但在挂靠账户的特定情景下，就资金账户名称与对应证券账户名称不一致的情况，不能简单地将证券账户名义人确认为证券账户中股票资产的真正权利人。在司法实践中，法院通常认为，在“拖拉机账户”中，多个证券账户均与一个资金账户连接，其实际使用人和控制人一般就是资金账户的户主，因此资金账户的户主一般而言也就是各证券账户内股票资产的权利人，除非证券账户名义人有充分的证据证明该账户内的股票资产属其所有。余某诉A证券经纪有限责任公司杭州青春坊证券营业部、A证券经纪有限责任公司证券返还纠纷案中，余某资金账户所对应的实名证券账户固然只有一个，但同时还连接着众多以他人名义开立的证券账户，这些证券账户的权利人也是余某而不是各证券账户名义人。此外，涉案四证券账户“转挂”至余某资金账户后，涉案四证券账户及账户中资产在他案审理过程中被法院作为余某的资产查封和执行，但并无任何上述证券账户的名义人就其中的股票资产提出权利主张，故应认定余某为涉案四证券账户及账户中资产的权利主体。

二、法院对金融衍生品交易合同的效力及披露义务的认定

关 键 词： 金融衍生品　合同无效　信息披露和风险揭示义务

问题提出： 金融衍生品交易的双方当事人就金融衍生品交易合同是否有效及合同一方是否尽到了信息披露和风险揭示义务产生争议时，法院如何进行判断？

案件名称： 嘉兴市A高速公路有限责任公司与上诉人B银行股份有限公司上海市

外滩支行金融衍生品交易纠纷一案〔1〕

裁判规则： 中国银行业监督管理委员会发布的《金融机构衍生产品交易业务管理暂行办法》不属于全国人大及其常委会制定的法律和国务院制定的行政法规，法院不能仅以诉争金融衍生品交易业务未获中国银行业监督管理委员会批准，违反上述办法为由，认定合同无效。同时，依诚实信用原则，在签订履行期限长达数十年的金融机构衍生品合同时，银行应披露有关平盘的具体风险和方式；银行对于因违反披露义务而产生的损失应当承担相应的赔偿责任。

案情简介

上诉人（原审原告）：嘉兴市A高速公路有限责任公司（以下简称A公司）

上诉人（原审被告）：B银行股份有限公司上海市外滩支行（以下简称B银行支行）

2007年6月19日，双方当事人签订《总协议书》一份，约定A公司委托B银行支行通过金融衍生品为A公司资产或负债规避利率、汇率等风险。该协议第一条“定义”约定：“本协议所称代客理财业务是指乙方（A公司）将其合法自有的资金，利用甲方（B银行支行）所提供的金融衍生产品，委托甲方进行管理和运作，并自行承担理财风险的交易。本协议所称代客风险管理业务是指乙方委托甲方通过金融衍生产品为其资产或负债规避利率、汇率等风险。”第二条“交易程序”中约定：“……在委托有效期内，经甲方同意，乙方可以对委托书进行修改和撤销；委托到期后，自动失效……”第五条“担保”约定：“甲方有权要求乙方提供适当的保证金或其他担保措施。当交易损失达到一定金额时，甲方有权要求乙方追加保证金或其他担保措施（须甲方认可，下同），自甲方要求乙方追加保证金或提供担保起3日内，乙方没有追加保证金或提供担保的，甲方有权强制终止交易。因强制终止交易产生的损失均由乙方承担。”第六条“违约事件”约定：“下列事件均为违约事件：……3. 交易双方中一方所做的陈述存在实质性错误或具有误导

〔1〕一审上海市第一中级人民法院（2011）沪一中民六（商）初字第15号；二审上海市高级人民法院（2013）沪高民五（商）终字第5号。

性；……在以上违约事件发生后，未违约方有权终止本协议项下的代客理财/风险管理交易，由此所产生的一切损失和费用均由违约方承担。”第八条“风险揭示”约定：“乙方充分认识到代客理财业务/风险管理交易本身可能存在的风险和损失，并自愿承担上述风险和损失。甲方所提供的分析和预测仅供乙方参考，乙方所作的有关代客理财业务/风险管理交易的所有决定均为乙方自行作出，甲方不承担任何风险和责任。”第十一条“协议的生效和终止”约定：“本协议自双方有权人签署之日起生效，在本协议项下双方仍有交易存续时，本协议不得终止。双方所有交易履行结束后，在一方向另一方以书面形式通知解除时，本协议终止。”

A公司于2007年6月21日向中国工商银行股份有限公司上海市分行（以下简称工行上海市分行）出具《委托书》，双方在《委托书》中约定，A公司委托工行上海市分行叙做风险管理业务，委托有效至A公司撤销为止。该交易具体条款如下：“名义本金：RMB1850000000.00，交易日为2007年7月12日，起息日为2007年6月20日，到期日为2020年12月20日；挂钩指标：欧元30年期CMS利率－欧元2年期CMS利率……”该《委托书》同时约定，根据挂钩指标是大于等于还是小于“－0.05%”，计息期内或为B银行支行支付A公司（6.48%×N/M）或为A公司支付B银行支行〔5.33%×(1＋N/M)〕。其中n为挂钩指标在计息期内小于－0.05%的天数，N为挂钩指标在计息期内大于等于－0.05%的天数，M为计息期实际总天数。双方在赎回条款中专门约定“不赎回”，并约定利息互换频率为每3个月一次，首个利息互换日为2007年9月20日，清算货币为人民币。委托书尾部由A公司声明：“我公司充分了解此项风险管理的内容，并愿意承担可能发生的风险，办理此风险管理业务完全根据公司自身判断作出决定，由此产生的损失由本公司承担。”

2007年6月22日，B银行支行向A公司发出《风险提示函》，该函载明：“……从上述交易风险分析来看，我行认为该交易结构在市场环境较好时，能在一定程度上帮助贵公司节约债务支付成本。与此同时，由于交易期限较长，挂钩指标（欧元CMS30－CMS2）及贵公司盈亏不确定性较大，贵公司存在面临较大损失的可能。因此，我行建议贵公司谨慎考虑该交易，适当降低产品风险程度”，“如贵公司最终确定叙做此笔交易并愿意承担由此产生的风险，我行将合力配合贵公司业务操作，但由此产生的风险损失亦由贵公司承担”。

2008年2月，工行上海市分行向A公司发出《欧元长短期掉期利差及交易策略分析》进行风险预警，提出次级债危机将引起流动性危机，利率倒挂的可能性增大，并建议A公司“抓住目前利差现价持续高位的良机，选择反向平盘，避免将来利率倒挂不利因素”。

2008年9月3日，A公司向B银行支行发出《嘉兴市A公司关于撤销〈代客理财及风险管理业务总协议书〉的来函》，以本案涉及的交易产品存在高风险、B银行支行未充分揭示风险、A公司存在重大误解为由，要求撤销《总协议书》。2008年9月9日，B银行支行向A公司发出《关于嘉兴市A公司撤销协议函的回复》，不同意撤销《总协议书》。

2009年5月21日，A公司与B银行支行签订《中国工商银行股份有限公司代客风险管理业务及固定资产借款合同补充协议》（以下简称《补充协议》）。《补充协议》约定：“现由于乙方（本案A公司）与他行进行贷款重组，现经双方友好协商，特签订本补充协议，对上述所涉合同、协议及交易项下双方具体的权利义务，作如下补充约定……二、进一步加强交易担保措施。……1. 乙方应当在2009年5月21日前，追加缴纳该交易保证金：（大写）壹亿贰仟万元（小写12，000万元），至在甲方（本案B银行支行）处开设的保证金账户……三、交易终止条款。乙方应当在2009年12月20日前，将该交易择机终止，并因此承担潜在的该交易市值损失。如果乙方未能在上述规定时间内终止交易，则乙方授权甲方无条件强制终止该交易。因强制终止该交易产生的市值损失，乙方授权甲方从开设的保证金账户……全额扣收，不足部分由乙方继续无条件承担。”根据《补充协议》，A公司将公司存款账户上1.2亿元划入其保证金账户。

2009年5月21日，A公司向B银行支行发出《承诺函》，承诺将在2009年12月20日前出具反向平盘委托书将原交易择机平盘终止，并愿意承担由此产生的一切损失。2009年6月至8月，A公司向B银行支行发出多份《反向平盘委托书》，B银行支行据此操作，并分别向A公司发出《三分之一部分平盘通知书》《三分之二部分平盘通知书》，两次平盘的损失分别为1575万元、2660万元。A公司收到通知书后出具《回执》，《回执》明确载明A公司对该交易项下的清算交割工作及平盘损失不存在任何异议，并同意终止双方签订的《总协议书》。为说明两次平盘损失的构成，B银行支行提交两份工行上海市分行与总行的部分平盘交易单。2009年6月25日相对1/3部分的平盘交易单载明的支付价格是196万美元。2009年8月28日相对2/3部分的平盘交易单载明的支付价格为360万美元。2011年10月，A公司向一审法院提起诉讼，以B银行支行不具备人民币金融衍生品交易资格，欺诈销售非法金融衍生品的产品，且未尽管理义务，违反了双方的约定等为由，请求法院判令其赔偿损失4950万元（包括强制平盘损失4235万元、交易亏损损失715万元）。针对涉案交易，庭审中双方确认：A公司在涉案交易中的损失金额为55841480.82元，其中，各期交易轧差总计算后A公司交易损失为13491480.82元，平盘损失为两次平盘损失1575万元和2660万元的总额即4235万元。A公司起诉时，认为交易损失除因对方未揭示风险、违规操作外还有市场因素，自己愿意分摊部分，对交易损失诉请金额进行了扣减，仅主张其中715万元，平盘损失则全额主张。

判决结果

一审判决：B银行支行赔偿A公司6352500元，对A公司的其他诉讼请求不予支持。

二审判决：驳回上诉，维持原判。本案一审案件受理费按一审判决执行，二审案件受理费人民币289300元，由嘉兴市A高速公路有限责任公司负担人民币252173.17元，B银行股份有限公司上海市外滩支行负担人民币37126.83元。

各方观点

A公司观点：（1）系争金融衍生品的名义本金和结算货币均系人民币，故属于人民币衍生品。B银行支行虽于2007年9月取得了从事人民币衍生品交易资质，但此前无资质的状态不能补正，合同应当认定无效。（2）系争金融衍生品未向银监会备案，应属无效。（3）其系从事高速公路运营的大型企业，财务管理部门对金融衍生品交易不具有风险识别能力。一审判决认定其具有风险识别能力显属“过于主观”。（4）其直至一审庭审方知道B银行支行系其交易对手，而《总协议书》和《委托书》都未体现该信息。这属于B

银行支行误导。(5) B银行支行在交易中向其多次发函并不代表已尽充分披露和风险揭示义务。因为在函件中更多是以双方结算信息为主，风险揭示也是非常宏观的描述，根本无法起到指导和帮助作用。(6) 合同文本中的语焉不详严重影响了其对交易的正常判断和选择。

B银行支行观点：(1) 2008年9月3日，A公司邮寄的函件中已提出因隐瞒故撤销该协议的请求。诉讼时效应从该日起诉现其起诉已超出诉讼时效，故法院不应支持其诉讼请求。(2) 一审判决要求其负担的披露义务过于苛刻，不但超越了监管要求，也不符合当时国内银行业衍生品业务的发展实际。

法院观点

一审法院观点：(一) 一审法院认为涉案金融衍生品交易有效。理由：1. 关于本案交易品种，从其交易结构来看，最能反映其性质的文件应该是中国工商银行股份有限公司《关于开展人民币债务管理业务有关外汇管理问题的请示》中提到的"人民币债务管理"。此类交易挂钩的是欧元外汇汇率，仅仅是在结算阶段以人民币为结算货币。基于本交易品种属于境内银行在开展金融创新过程中开发的金融衍生品交易品种，在其开展涉案金融衍生品交易之时，行政法规中并未有禁止性规定、行政监管部门亦未颁发禁止令。从交易结构分析，B银行支行在进行涉案交易之前已经获得了两项审批，一是针对挂钩外汇指标的外汇金融衍生品业务的审批，二是在结算阶段外汇转换为人民币的外汇管理部门的审批。2. 即便A公司对涉案交易属于人民币还是外币金融衍生品产生模糊认识，2007年9月B银行支行均已经获得上述两类业务的授权并进行了相应的备案手续。考虑到双方当事人的交易是在2007年6月开始，如果A公司认为B银行支行未取得相应交易主体资格，亦应尽早提出。但A公司仍继续进行交易，应视为对B银行支行交易主体资格的追认。3. 即便认定B银行支行存在违反银监会相关规定的行为，也不能随意认定合同无效，因为上述银监会规定并非强制性法律规定，违反此类相关规定，可能会使违规方遭受到一定的行政处罚，而不必然导致合同无效。同时，双方之间的合同已经成立并已实际履行，A公司并不能基于缔约过失责任主张双方之间的金融衍生品交易合同无效。

（二）一审法院认为，B 银行支行在缔约与交易过程中已经基本尽到了信息披露和风险揭示义务，但对于交易的解除后果及反向平盘过程的信息披露和风险揭示存在一定的不足。理由：1. A 公司是从事高速公路运营的大型企业，有别于一般个人投资者，内部应设有财务管理部门，对金融衍生产品应具有一定的风险识别能力，因此不能把 B 银行支行的信息披露和风险揭示要求等同于向个人投资者披露。2.《委托书》已经明确根据挂钩利率指标的不同情况，或为 A 公司支付 B 银行支行，或为 B 银行支行支付 A 公司，足以使 A 公司明白交易对手关系。3. B 银行支行在交易过程中多次发函向 A 公司进行信息披露和风险揭示。首先 B 银行支行在 2007 年 6 月 22 日《风险揭示函》中已经具体揭示了从事该交易可能产生的市场风险，在 2008 年 2 月市场环境发生变化时又及时进行风险提示；此后 B 银行支行多次发出《风险揭示函》，尽管 A 公司否认收到部分函件，但此类《风险揭示函》是基于当时的市场环境作出，事后补写相应材料的可能性较小。结合 B 银行支行通过电子邮件向 A 公司员工邮箱多次发送交易信息及披露双方结算信息的情况，该院认为 B 银行支行在涉案交易中基本尽到了信息披露和风险揭示义务。4. 至于缔约时是否应披露其他币种的利率历史情况，该院认为该义务对 B 银行支行过于苛刻，因为本案针对的是欧元利率，B 银行支行对欧元利率历史情况如实陈述即可。5. B 银行支行在履行信息披露和风险揭示义务的不足在于：首先，本案《总协议书》不够完善。对于金融衍生产品交易，国际市场上已经形成了比较规范的交易合同范本，相应的范本对各方的交易关系、风险、权利、义务等诸多方面进行了较完善的表述，但 B 银行支行并未参照当时国际市场上较为成熟的合同文本来拟订详尽的条款，而是自成一体，如使用了“代客”的字样，的确容易给合同相对方造成双方并非交易对手的误解。其次，对于金融衍生品交易的风险，不仅仅有市场风险、信用风险，还有流动性风险、法律风险等，可见风险是多方面的。本案交易长达十余年，时间跨度较大，但对于涉案交易提前终止的情形以及损失的承担，《总协议书》及《委托书》语焉不详。B 银行支行仅仅在《委托书》中使用了“不赎回”这一非合同法律用语以提示交易的不可退出性，容易使人产生误解并忽视提前终止风险。而且由于约定了“不赎回”，B 银行支行也未告知 A 公司如何终止交易、如何进行平盘、平盘损失的计算方式。由于上述风险未能提示，导致 A 公司对发生平盘的法律后果缺乏相应的心理预期，并可能影响A公司的决策过程。比如2008年2月B银行支行曾建议A公司尽快平盘以保住盈利和避免损失，如果A公司此时清楚知道平盘的困难以及拖延平盘将引起的如同本案中的巨大损失，则很可能会采纳B银行支行的建议，本案纠纷亦不会发生。因此，基于这一原因，该院认为B银行支行对此应承担一定的责任。

二审法院观点：（一）关于讼争合同的效力问题，二审法院认为讼争合同经双方当事人签字即依法成立并生效。只有存在《中华人民共和国合同法》第五十二条规定的情形时，该合同才属无效。一审法院因未发现合同存在损害社会公德和社会公共利益等法定无效情形，认定合同有效，其适用法律，并无不当。

《最高人民法院关于适用〈中华人民共和国合同法〉若干问题的解释(一)》第四条的规定："合同法实施以后，人民法院确认合同无效，应当以全国人大及其常委会制定的法律和国务院制定的行政法规为依据，不得以地方性法规、行政规章为依据。"虽然中国银行业监督管理委员会《金融机构衍生产品交易业务管理暂行办法》规定，银行业金融机构开办衍生产品交易业务应当经其批准，但该办法并未规定未经批准擅自开办衍生产品交易业务所签订的合同无效；而且该办法也不是全国人大及其常委会制定的法律和国务院制定的行政法规。所以，法院不能仅以讼争金融衍生品交易业务未获中国银行业监督管理委员会批准，违反上述办法为由，认定合同无效。

双方当事人就讼争合同所涉业务有无获得批准、是否属人民币衍生品的争议，均系为论证合同有无违反上述办法而展开。既然该办法不能作为认定合同效力的依据，进一步探究上述问题，对本案的裁断显无必要，故本院不再加以评判。

（二）关于B银行支行有无违反义务的问题，二审法院认为，B银行支行实际实施的平盘措施是将该金融衍生品合约中A公司的合同权利和义务概括转让给案外人，并支付案外人巨额款项；合约由案外人继续履行，并不因此终止；上述支付案外人的费用和转让合同的手续费则由A公司承担。

由此可见，B银行支行以平盘方式"终止合同"的作法，与合同法上的合同解除和终止完全不同。平盘后，系争合同并未终止，而是在维持原合同效力的情况下将合同的权利义务概括转让他人；A公司支付给B银行支行的平盘费并非因违约而产生的损失，而是受让方接受合同转让而收取的价金。

系争合同约定，在长达数十年的交易期限内合同“不得终止”。但该合同又约定，当损失达到一定金额且A公司未追加保证金或其他担保措施前，B银行支行有权强制终止交易，损失由A公司承担。依通常理智人对诉争合同和合同法有关解除制度的理解，系争合同并非不能终止，违约方在赔偿对方损失的情况下仍可以退出合同；但其在签订合同时，应不会预见或意识到退出合同约束的途径是将该合同转让（卖出），并由其向受让人支付价金。

《中华人民共和国合同法》第四十二条规定，当事人在订立合同过程中故意隐瞒与订立合同有关的重要事实、提供虚假情况或有其他违背诚实信用原则的行为，给对方造成损失的，应当承担损害赔偿责任。依诚实信用原则，B银行支行作为专业银行，在与A公司签订此类履行期限长达数十年的合同时，有义务将A公司退出合同的程序、方法和费用等因素告知。B银行支行现无证据证明自己于缔约时履行上述告知义务，本院可以认定其在缔约时存在过失。

虽然，双方当事人在实际平盘前后进行磋商，A公司也确认了平盘损失，但上述磋商与确认都发生在合同已履行多年之后，故不能改变B银行支行在缔约时存在过失的结论。

虽然，B银行支行于合同签订时未将平盘方式和可能的风险告知A公司，影响了A公司对合同风险的判断，对其最终签订合同的决策产生一定影响。但B银行支行是否应就上述缔约过失对A公司提出的损失予以赔偿，还应当考虑上述过失行为与损失之间有无因果关系。对于非因过失行为所致损失，B银行支行不应承担赔偿责任。

1. 交易损失部分。A公司所称交易损失，是指在合同约定的计算日，按欧元汇率和约定计算公式计算的结果。其中，计算公式系恒定不变的常量，欧元汇率则是变量。相关汇率变动完全取决于境外金融市场和国际经济环境，并非本案双方当事人所能控制或左右，也就与B银行支行的过失行为无关。即使B银行支行于合同签订时按A公司所称告知了全部平盘风险、世界各种货币历史汇率，相关欧元汇率仍将呈现有价格走势，交易损失仍将发生。故本院认定交易损失与B银行支行过失行为之间并无相当因果关系，B银行支行不应对该部分损失承担赔偿责任。

2. 平盘损失。如前所述，本案双方采取的平盘措施与合同法的解除、终止完全不同。B银行支行在合同签订时未告知A公司有关平盘的具体风险和方式，必然会对A公司是否平盘、何时平盘的决策产生影响。如A公司于2008年第一季度前实施平盘，其不会蒙受平盘损失。所以，本院可以认定，B银行支行的过失行为与A公司的平盘损失之间存有相当因果关系，B银行支行应当对平盘损失承担相应的赔偿责任。

但经B银行支行告知，A公司于2008年获悉了平盘的具体风险和方式，知晓了平盘将产生损失，A公司仍委托B银行支行实际实施了平盘措施，故其亦应当对实际产生的平盘损失承担相应的责任。

一审判决在综合考虑了双方当事人的缔约能力、合同履行实际情况、B银行支行的过错程度等诸多因素后，酌情确定B银行支行赔偿15%的平盘损失，尚属合理。

关联案例1

▶ **是否经过公司内部决议不影响当事人间的金融衍生品交易合同的效力**

关 键 词：董事会决议　金融衍生品　合同效力

案件名称：广西C机械股份有限公司与D银行（中国）有限公司广州分行金融衍生品种交易纠纷上诉案

审理法院：

一审：广东省广州市中级人民法院（2012）穗中法民四初字第13号

二审：广东省高级人民法院（2014）粤高法民二终字第60号

法院观点：金融衍生品交易是否经董事会决议的抗辩属于公司内部管理事项，不影响与双方当事人签订的案涉金融衍生品合同的效力。此外，D银行提供给柳工公司的衍生产品交易的产品介绍及风险揭示的书面资料、报保值方案及《风险披露声明》等文件的内容已充分披露了案涉衍生产品交易的性质、流程及风险，并且广东银监局也答复称经核查暂未发现花旗银行存在违规行为，因此法院认定花旗银行未违反《银行业金融机构衍生产品交易业务管理暂行办法》。此案一审法院还认为，即使金融机构确有违反全国人大及其常委会制定的法律和国务院制定的行政法规之外的其他规定，亦不影响本案中双方进行的衍生品交易合同的效力和双方在本案中民事责任的承担。

关联案例2

▶ **个人投资者购买金融衍生品不能适用消费者权益保护法**

关 键 词：消费者权益保护法　个人投资者　风险提示

案件名称：袁某与E银行（中国）有限公司宁波分行金融衍生品种交易纠纷上诉案

审理法院：

一审：宁波市海曙区人民法院（2012）甬海商初字第776号

二审：浙江省宁波市中级人民法院（2013）浙甬商终字第229号

法院观点：个人投资者在申请表、确认函上签名，同时注明其已经阅读风险提示，充分了解并清楚知晓涉案理财产品的风险，愿意承担相关风险，并确认收到条款及细则副本、申请表副本、条件清单，应认定银行已将个人投资者已收到上述投资文件。个人投资者提出银行未向其提供条款及细则，导致其重大误解从而造成经济损失，缺乏证据，难以采信。此外，个人投资者购买理财产品，而不是为生活消费需要购买、使用商品或接受服务，不能适用《中华人民共和国消费者权益保护法》的相关规定。

律师点评

随着我国金融衍生品市场的逐渐发展，为了规范金融市场，2011年修改后的《民事案件案由规定》将“金融衍生品交易纠纷”作为第三级案由从“金融交易合同”中独立出来。

我国关于金融衍生品交易的主要规定为中国银行业监督管理委员会发布的《银行业金融机构衍生产品交易业务管理暂行办法》（以下简称《办法》）。根据《办法》第三条，金融衍生产品是一种金融合约，其价值取决于一种或多种基础资产或指数，合约的基本种类包括远期、期货、掉期（互换）和期权。衍生产品还包括具有远期、期货、掉期（互换）和期权中一种或多种特征的混合金融工具。该《办法》也规定了，银行业金融机构开办衍生产品交易业务，应当经中国银监会批准；银行业金融机构应当以清晰易懂、简明扼要的文字表述向客户提供衍生产品介绍和风险揭示的书面资料，相关披露以单独章节、明白清晰的方式呈现。

关于金融衍生品交易合同的效力，当事人主张涉案金融衍生品交易合同违反《办法》关于银行金融机构的资质审批、披露义务的相关规定，因此合同无效的，法院不予支持。理由是，根据《最高人民法院关于适用〈中华人民共和国合同法〉若干问题的解释（一）》第四条的规定："合同法实施以后，人民法院确认合同无效，应当以全国人大及其常委会制定的法律和国务院制定的行政法规为依据，不得以地方性法规、行政规章为依据。"《办法》不是全国人大及其常委会制定的法律和国务院制定的行政法规，法院不能仅以诉争金融衍生品交易业务未获中国银行业监督管理委员会批准、违反上述办法为由，认定合同无效。此外，有法院认为，金融衍生品交易是否经董事会决议属于公司内部管理事项，不影响与双方当事人签订的金融衍生品交易合同的效力。

关于金融机构的信息披露和风险揭示义务，法院在判断金融机构是否尽到了信息披露和风险揭示义务时，一般会根据涉案系列交易文件的内容，审查金融机构是否向客户披露了产品的衍生品性质、结构、风险及其他应当向客户充分揭示的信息。其中，法院认为，金融衍生品交易的风险，不仅仅有市场风险、信用风险，还有流动性风险、法律风险等，风险是多方面的。在订立年限较长的合同时，金融机构有义务告知退出合同的具体方式和可能的风险。此外，法院认为大型企业有别于一般个人投资者，大型企业内部设有专业的财务管理部门，对于金融衍生品应具有一定的风险识别能力，因此不能把金融机构对大型企业的信息披露和风险揭示义务等同于对个人投资者的披露义务。最后法院也会考虑银监会等监管部门的专业性意见。

对于金融机构因违反信息披露和风险揭示义务而应当承担的赔偿责任，则应当考虑上述违反义务的行为与损失之间有无因果关系，对于非因金融机构未尽到披露义务而产生的过失，金融机构不应当承担赔偿责任。此外，在认定金融机构应当承担的损失时，法院通常会综合考虑双方当事人的缔约能力、是否互有过错而导致了损失的产生、金融机构的过错程度等因素。

三、客户交易结算资金的法律性质的认定

关 键 词： 客户交易结算资金　划拨　银行　证券机构

问题提出： 银行直接从客户交易结算资金专用账户中扣划客户交易计算资金以实现债权的，证券机构清算组是否有权向银行主张返还该笔款项？

案件名称： A证券有限责任公司清算组与B银行股份有限公司、B银行股份有限公司济南分行、B银行股份有限公司烟台青年路支行返还扣划结算资金纠纷案[1]

裁判规则： 一方面，尽管证券机构非客户交易结算资金的所有人，但是证券公司对客户交易结算资金拥有管理权，同时负有保证客户交易结算资金完整的责任。任何针对客户交易结算资金的侵害行为，证券公司都有权并且有责任主张救济。当证券公司被责令关闭、进行行政清理后，由证券监督管理机构指定成立的行政清算组相应取得证券公司对保证客户交易结算资金完整的权利和责任。另一方面，证券公司客户的交易结算资金应当存放在商业银行，但是银行所享有债权的实现只能以证券公司的自有资产偿付，不能用属于相关客户的客户交易结算资金偿付。银行是否行使以及是否能够行使向证券公司的偿还请求权不能成为银行可以扣划客户证券交易结算资金的理由。

案情简介

上诉人（原审被告）：B银行股份有限公司

被上诉人（原审原告）：A证券有限责任公司清算组

原审被告：B银行股份有限公司济南分行

原审被告：B银行股份有限公司烟台青年路支行

2003年6月27日，烟台金建物业管理服务有限公司（以下简称金建物业）与A证券有限责任公司（以下简称A证券公司）签订《受托投资管理合同》约定甲方（金建物业）委托乙方（A证券公司）进行投资管理的资产为国债，金额为市值一亿元，期限为一年。并约定乙方必须保证甲方全部委托资金的安全。在委托期限届满后3个工作日内，对甲方委托投资的资产还原，并将原甲方交付管理的资产和在扣除乙方应收取的管理佣金后的收益全部交付甲方。该协议为2001年6月27日、2002年6月27日所签订的《受托投资管理合同》的续期合同，金建物业委托管理的一亿元资金，系从B银行（原烟台住房银行）的借款，2001年6月28日，金建物业指令B银行将该笔一亿

---

[1] 一审山东省高级人民法院（2006）鲁民二初字第59号；二审最高人民法院（2007）民二终字第147号。

元借款直接汇入金建物业在A证券公司上海吉安路证券营业部开立的证券交易账户，客户名称为金建物业，账号×××。

A证券公司清算组提交了A证券公司济南经七路证券营业部与B银行济南分行、A证券公司烟台开发区长江路证券营业部与青年路支行、A证券公司烟台环山路证券营业部与B银行营业三部分别签订的《客户证券结算资金存管协议》各一份，协议均约定签约的B银行下属机构作为A证券公司的存管银行，A证券公司在B银行开立客户交易结算资金专用账户，用于存放客户交易结算资金。协议分别约定了存款账户户名及账号。协议约定的权利与义务中规定：乙方（存管银行）承诺在正常营业时间内按甲方（A证券公司）的划款指令随时划款，随时支付；不得将甲方客户交易结算资金专用账户的资金挪作他用。任何将客户交易结算资金银行专用账户内的资金转入，银行方账户的行为均视为相关存管银行直接挪用客户交易结算资金。

金建物业与A证券公司委托理财合同期满后，A证券公司没有依约归还受托管理资金，金建物业欠B银行的一亿元借款亦未归还。2005年1月18日，B银行与金建物业签订债权转让协议，约定金建物业为还清借款本息，将其在A证券公司的一亿元国债保证金转让给B银行，由B银行向A证券公司主张权利。同年2月5日，金建物业将一亿元债权转让的事实书面通知了A证券公司。同年2月7日，B银行济南分行从A证券公司济南经七路证券营业部在该行开立的客户交易结算资金专用账户内扣划资金8000万元；青年路支行从A证券公司烟台长江路营业部在该行开立的客户交易结算资金专用账户内扣划资金1000万元。同年5月22日，青年路支行从A证券公司烟台长江路营业部在该行开立的客户交易结算资金专用账户内扣划资金1200万元。同日，B银行济南分行返还200万元资金到A证券公司经七路营业部客户交易结算资金专用账户。至此，B银行两下属机构从A证券公司两营业部开立的客户交易结算资金专用账户内实际扣划一亿元资金。

A证券公司清算组于庭后提交一份中国证券监督管理委员会《行政处罚与责令改正事先告知书》，证明证监会对B银行的扣划行为认定违法并予以处罚。B银行拒绝到庭质证。

为要求追回一亿元客户交易结算资金及利息，A证券公司清算组诉至山东省高级人民法院，请求判令B银行济南分行、青年路支行返还扣划的一亿元客户交易结算资金及利息，B银行承担连带责任。

二审经审理还确认以下事实：1. 2005 年 1 月 18 日，B 银行（甲方）与金建物业（乙方）签署《债权转让协议》，约定：（1）乙方将其在 A 证券公司的一亿元国债保证金（股东账号 B880125383）转让给甲方，以此抵偿乙方所欠甲方借款本金一亿元；（2）由乙方书面通知 A 证券公司，自该协议签订之日起该债权归甲方享有，由甲方向 A 证券公司主张权利。2. 2006 年 3 月 17 日中国证券监督管理委员会作出证监罚字〔2006〕10 号行政处罚决定书，称：鉴于 A 证券公司挪用客户交易结算资金数额较大，已不再具备继续经营的条件，依据原《证券法》第二百零一条的规定，决定取消 A 证券公司的证券业务许可，并责令其关闭。同日，山东省人民政府作出鲁政字〔2006〕94 号《关于委托北京市天铎律师事务所开展 A 证券公司有限责任公司清算工作的函》，称：根据国务院对《山东省人民政府、中国人民银行、中国证券监督管理委员会关于处置 A 证券公司风险，重组齐鲁证券有关问题的请示》的批复意见精神，以及中国证券监督管理委员会关于对 A 证券公司责令关闭并进行清算的处罚决定，山东省政府经与中国证监会协商，决定委托北京市天铎律师事务所开展 A 证券公司清算工作。

判决结果

一审判决：B 银行、B 银行济南分行、青年路支行于判决生效后十日内，返还 A 证券公司清算组客户交易结算资金一亿元及占用期间的利息（按证券客户交易结算资金专用账户存款利率和实际占用时间计算）。如果未按该判决指定的期间履行给付金钱义务，应当依照《中华人民共和国民事诉讼法》第二百三十二条之规定，加倍支付迟延履行期间的债务利息。案件受理费 510010 元，诉讼保全费 500000 元，由 B 银行负担。

二审判决：驳回上诉，维持原判。二审案件受理费 510010 元由 B 银行股份有限公司承担。本判决为终审判决。

各方观点

上诉人 B 银行的观点：因为 1 亿元资金是保证金性质，上诉人依法行使财产取得权的行为合情合理又合法。具体理由是：（1）取得资金是上诉人借鉴银行同业收回违约客户资金的通行做法。（2）鉴于金钱是种类物，上诉人取得国债保证金的行为是合法的。一审法院判决书中认定与判决结果自相矛盾。一审法院的认定以偏概全，避重就轻，对上诉人极为不公。一审法院只是片面强调上拉人作为存点银行的身份，却忽略了其作为一亿元国债保证金的所有人身份。

被上诉人A证券公司清算组的观点：上诉人混淆了本案存在的两种不同的法律关系。一是上诉人接受金建物业转让的债权，而与A证券公司产生的债权债务关系。二是上诉人违反双方签订的《客户交易结算资金存管协议》及国家法律法规规定，违规扣划A证券公司客户交易结算资金形成的侵权及违约并存的法律关系。上诉人对A证券公司客户交易结算资金账户内的资金不享有取回权。即便是“国债保证金”客户，上诉人也无权针对客户交易结算资金专用存款账户中的资金行使扣划权利。此外，国家证券业监管机关对被告扣款行为违法、违规性已有明确意见。

法院观点

一审法院观点：B银行受让了金建物业对A证券公司委托投资管理一亿元的债权后，B银行替代金建物业成为委托投资管理关系中A证券公司所欠一亿元受托管理资金的债权人。同时，其下属分支机构与A证券公司下属营业部签有客户交易结算资金存管合同，成为A证券公司客户交易结算资金存管关系的存管银行。作为债权人，B银行有权要求A证券公司返还其受托管理的一亿元资金；其下属的分支机构作为证券客户交易结算资金的存管银行，则必需履行保证存管的证券客户交易结算资金安全的义务。由于A证券公司违规经营，将受托理财的一亿元资金挪作他用，导致其不能如期返还B银行受让的一亿元资金，B银行有权对A证券公司依法主张权利，A证券公司负有返还的义务。但B银行利用其下属分支机构作为存管银行的特殊便利条件，强行扣划A证券公司客户交易结算资金专用存款账户内的一亿元资金，用以偿还A证券公司所欠的债务，则是侵犯了其他证券客户的利益。因为B银行所扣划的专用存款账户内的证券客户交易结算资金并不是A证券公司的财产，而是属于所有证券客户共有，即客户投资于证券市场的结算资金。依照证券市场客户资金管理的有关规定，对于属于证券客户共同所有的客户交易结算资金专用存款账户内的资金，A 证券公司不享有所有权，即使在 A 证券公司破产清算时，该专用账户的资金也不属于 A 证券公司的破产财产。B 银行辩称其享有的一亿元债权属于国债保证金性质，即使如此，在 A 证券公司进入行政关闭清算程序后，其享有的权利亦应按照相应规定行使，不能据此认为存管银行有权擅自扣划代为存管的证券客户交易结算资金。故 A 证券公司清算组要求返还其扣划的一亿元资金，于法有据，应予支持。B 银行各分支机构违规扣划的一亿元客户资金，是用于偿还 A 证券公司欠 B 银行的一亿元债务，其责任应由 B 银行承担。B 银行与其分支机构作为共同被告参加诉讼，应共同承担返还 A 证券公司清算组一亿元的责任。

二审法院观点：关于 A 证券公司清算组是否有权主张 B 银行返还扣划的证券交易结算资金，也就是 A 证券公司清算组是否具备原审原告主体资格的问题。A 证券公司管理的客户交易结算资金确实不属于该公司所有，但是，1999 年 7 月 1 日施行、2004 年 8 月 28 日修订的《中华人民共和国证券法》第一百三十二条规定："综合类证券公司必须将其经纪业务和自营业务分开办理，业务人员、财务账户均应分开，不得混合操作。客户的交易结算资金必须全额存入指定的商业银行，单独立户管理。严禁挪用客户交易结算资金。"第二百一十二条规定："本法关于客户交易结算资金的规定的实施步骤，由国务院另行规定。"2005 年 10 月 27 日修订的《中华人民共和国证券法》第一百三十九条第一款规定："证券公司客户的交易结算资金应当存放在商业银行，以每个客户的名义单独立户管理。具体办法和实施步骤由国务院规定。"《客户交易结算资金管理办法》第二十一条规定："证券公司、结算公司、存管银行、结算银行根据证监会要求或遇到客户交易结算资金专用存款账户、清算备付金专用存款账户、验资专户出现重大异常情况时，应当及时向证监会报告。"第二十二条规定："证券公司应当对客户交易结算资金集中统一管理。证券公司下属证券营业部收到的客户交易结算资金，除留足日常备付的部分外，应当交由证券公司管理。"以上规定表明，证券公司对客户交易结算资金拥有管理权，同时负有保证客户交易结算资金完整的责任。任何针对客户交易结算资金的侵害行为，证券公司都有权并且有责任主张救济。况且本案中，A 证券公司与 B 银行签订的《客户证券结算资金存管协议》第十一条第七项约定："任何将客户交易结算资金银行专用存款账户内的资金转入银行方账户的行为均视为相关存款银行直接挪用客户交易结算资金。"因此，A 证券公司依据该项约定也有权向B银行主张相应的权利。当证券公司被责令关闭、进行行政清理后，由证券监督管理机构指定成立的行政清算组相应取得证券公司对保证客户交易结算资金完整的权利和责任。因此，A证券公司清算组是适格的原告，有权就本案的争议提起诉讼。

关于B银行是否有权从A证券公司管理的客户证券交易结算资金账户上扣划资金的问题。正如诉争当事人认同的，B银行扣划资金的账户是客户证券交易结算资金账户，该部分资金属相关经纪业务客户所有。除该属性外，客户证券交易结算资金还有保证与证券交易对方足额交收的作用，也就是说该资金上负担有其他优先权利，这也是要保持客户证券交易结算资金完整性的重要原因。就本案情况看，B银行从金建物业取得的权利，在两者之间的《债权转让协议》中既称转让一亿元国债保证金，又称金建物业对A证券公司的债权归甲方所有，表明对该权利性质双方当事人并不清晰。基于目前A证券公司已经进入行政处置的情况，经甄别确认程序，如果该权利属客户证券交易结算资金，则可以纳入国家收购范围，无须通过诉讼程序寻求救济；如果不属于客户证券交易结算资金，则该部分权利将成为针对A证券公司的债权，其债权的实现只能以A证券公司的自有资产偿付，不能用属于相关客户的客户交易结算资金偿付。从A证券公司与B银行签订的《客户证券结算资金存管协议》内容看，B银行负有不能挪用该资金的责任，该协议并无其他例外情形的约定，B银行应当依照约定维护客户证券交易结算资金的完整。此外，与B银行相同地位的权利人因并不掌握A证券公司的客户证券交易结算资金账户，无法像B银行一样获得清偿，B银行因其作为客户证券交易结算资金存管银行的地位自主从客户证券交易结算资金账户上扣划款项，对经纪业务客户及A证券公司的其他债权人均是不公平的，也是违反了其与A证券公司的约定的。基于上述理由，B银行是否行使以及是否能够行使向A证券公司的偿还请求权不能成为B银行可以扣划客户证券交易结算资金的理由。因此，B银行关于其有权从A证券公司客户证券交易结算资金账户中取回属于其所有的国债保证金的主张，本院不予支持。

关于本案金建物业委托A证券公司管理的一亿元资金是否具有客户证券交易结算资金性质的问题。2006年3月17日中国证券监督管理委员会作出证监罚字〔2006〕10号行政处罚决定书，决定对A证券公司撤销证券业务许可，责令其关闭。在进入行政处置程序后，对于客户的权利到底是债权性质还是物权性质，也就是是否具有客户证券交易结算资金的性质的确认，涉及国家是否对该权利进行收购的问题。对此，中国人民银行、财政部、中国银行业监督管理委员会、中国证券监督管理委员会联合制定并发布了《个人债权及客户证券交易结算资金收购意见》，该意见确定的纳入收购范围的客户交易结算资金是指："经纪业务的客户为保证足额交收而在证券公司存入的资金，出售有价证券所得到的所有款项（减去经纪佣金和其他正当费用），持有证券所获得的股息、现金股利、债券利息，上述资金获得的利息。金融机构处置以前法院已判决的属于收购范围内的客户证券交易结算资金。"关于是否属于客户证券交易结算资金的甄别确认问题，该意见指出："客户证券交易结算资金经托管组或清算组甄别确认后提出收购申请，报监管部门批准后，在实行第三方存管的同时支付收购款。"综合以上意见，对于客户权利是否属于客户证券交易结算资金，在证券公司进入行政处置程序后，由托管组或清算组行使相关甄别权，由监管部门批准。B 银行受让金建物业的债权之后，应在 A 证券公司的行政处置程序中向行政清算组请求甄别处理。但无论该笔资金是否属于证券交易结算资金，均不构成 B 银行直接以 A 证券公司管理的客户证券交易结算资金账户上扣划资金的合法依据。因此，本院不对上述一亿元资金的性质作出认定。

关联案例 1

▶ **证券公司不得将客户的交易结算金归入其自有财产**

关 键 词：交易结算资金　自有财产

案件名称：黄某诉 C 证券股份有限公司阳江安宁路证券营业部客户交易结算资金纠纷案

审理法院：（2014）阳城法民二初字第 135 号

法院观点：本案系基于客户交易结算资金纠纷而产生的纠纷。根据《中华人民共和国证券法》第一百三十九条第二款的规定，"证券公司不得将客户的交易结算资金和证券归入其自有财产。禁止任何单位或者个人以任何形式挪用客户的交易结算资金和证券。证券公司破产或者清算时，客户的交易结算资金和证券不属于其破产财产或者清算财产。非因客户本身的债务或者法律规定的其他情形，不得查封、冻结、扣划或者强制执行客户的交易结算资金和证券"。故黄某名下的客户交易结算资金的所有权仍属于黄某。黄某有权随时清空证券交易账户，取回账户内的全部客户交易结算资金。

关联案例 2

► 客户交易结算金侵权的构成要件

关 键 词：资产监管 侵权行为 直接因果关系

案件名称：D证券有限责任公司内江交通路证券营业部与四川E能源开发有限责任公司财产损害赔偿纠纷上诉案

审理法院：

一审：（2008）内民初字第00015号

二审：（2008）川民终字第605号

法院观点：D证券内江营业部在E公司、海聂公司与其委托资产监管关系终止后，于2007年2月8日设立海聂公司资金账户，又于2007年5月15日从E公司资金账户划走190万元到海聂公司的该账户内。D证券内江营业部违反了《中华人民共和国证券法》第一百三十九条第二款的规定，作为证券公司的证券营业部，D证券内江营业部对《中华人民共和国证券法》的相关禁止性规定应当是清楚的，因此，其擅自划走E公司190万元的行为存在过错。其违法行为致使E公司资金账户内的合法财产减少190万元，给E公司造成了实际经济损失，E公司的该损失与D证券内江营业部的划款行为存在直接因果关系。故D证券内江营业部的划款行为符合侵权行为成立的全部构成要件。

律师点评

客户交易结算资金又称客户保证金，根据自2002年1月1日起施行的《客户交易结算资金管理办法》（中国证券监督管理委员会令第3号）第三十七条的释义，客户交易结算资金包括客户为保证足额交收而存入的资金，出售有价证券而得到的所有款项（减去经纪佣金和其他正当费用），持有证券所获得的股息、现金股利、债券利息，上述资金获得的利息，以及证监会认定的其他资金。

客户交易结算资金系属于客户的财产，并不是证券机构对客户的负债，证券公司不得将客户的交易结算资金和证券归入其自有财产。实践中，证券公司擅自划走客户的交易结算资金的，将被法院认定为侵权行为。《最高人民法院关于冻结、扣划证券交易结算资金有关问题的通知法》（法〔2004〕239号）也明确规定，当证券公司为被执行人时，人民法院可以冻结、扣划该证券公司开设的自有资金存款账户中的资金，但不得冻结、扣划该证券公司开设的客户交易结算资金专用存款账户中的资金。

尽管证券机构非客户交易结算资金的所有人，证券机构依然有权并有责任针对任何侵害客户交易结算资金的行为主张救济。《中华人民共和国证券法》第一百三十九条第一款规定："证券公司客户的交易结算资金应当存放在商业银行，以每个客户的名义单独立户管理。具体办法和实施步骤由国务院规定。"《客户交易结算资金管理办法》第二十一条规定："证券公司、结算公司、存管银行、结算银行根据证监会要求或遇到客户交易结算资金专用存款账户、清算备付金专用存款账户、验资专户出现重大异常情况时，应当及时向证监会报告。"第二十二条规定："证券公司应当对客户交易结算资金集中统一管理。证券公司下属证券营业部收到的客户交易结算资金，除留足日常备付的部分外，应当交由证券公司管理。"根据上述规定，证券公司对客户交易结算资金拥有管理权，同时负有保证客户交易结算资金完整的责任。当证券公司被责令关闭、进行行政清理后，由证券监督管理机构指定成立的行政清算组相应取得证券公司对保证客户交易结算资金完整的权利和责任。

证券公司客户的交易结算资金应当存放在商业银行，但是银行所享有债权的实现只能以证券公司的自有资产偿付，不能用属于相关客户的客户交易结算资金偿付。本案B银行（客户交易结算资金账户所在的银行）主张其有权从A证券公司客户证券交易结算资金账户中取回属于其所有的国债保证金，最高人民法院对于上述主张不予支持。最高人民法院认为，客户证券交易结算资金账户中的资金除了属相关经纪业务客户所有外，还有保证与证券交易对方足额交收的作用，故该资金上负有其他有限权利，必须保证资金的完整性。B银行对A证券公司的权利如认定为客户证券交易结算资金，则可通过纳入国家收购范围得到救济；如果不属于客户证券交易结算资金，则该部分权利将成为B针对A证券公司的债权，其债权的实现只能以A证券公司的自有资产偿付，不能用属于相关客户的客户交易结算资金偿付。此外，B银行因其作为客户证券交易结算资金存管银行的地位自主从客户证券交易结算资金账户上扣划款项，对经纪业务客户及A证券公司的其他债权人均是不公平的，也是违反了其与A证券公司的约定的。基于上述理由，法院认定，B银行是否行使以及是否能够行使向A证券公司的偿还请求权不能成为B银行可以扣划客户证券交易结算资金的理由。

四、权证信息披露的义务人的认定

关 键 词： 权证　信息披露义务　发行人　上市公司　证券交易所

问题提出： 作为一种新兴的证券交易品种，权证交易中的信息披露义务应由哪些主体承担？

案件名称： 陈某诉广东省A机场管理集团公司、广州B国际机场股份有限公司、C证券交易所侵权纠纷案〔1〕

裁判规则： 权证信息不属于上市公司应当披露的法定事项。根据《C证券交易所权证管理暂行办法》第十七条第一款："本所有权根据市场需要，要求发行人和相关投资者履行相关信息披露义务"，权证信息披露的义务人系发行人和相关投资者，标的证券上市公司并非权证信息披露义务主体。在发行人已履行信息披露义务、证券交易所尽到监管义务的情况下，行为人因为疏忽大意没有发现重要信息，或者没有充分了解权证的有关规则，在进行交易行为时产生亏损的，行为人应自行承担相应后果。

案情简介

上诉人（原审原告）：陈某

被上诉人（原审被告）：广东省A机场管理集团公司（以下简称A公司）

被上诉人（原审被告）：广州B国际机场股份有限公司（以下简称B公司）

被上诉人（原审被告）：C证券交易所

2005年12月13日，A公司作为发行人，发布《A公司关于B国际机场股份有限公司人民币普通股股票之认沽权证上市公告书》，该公告载明：1. 作为B公司股权分置改革的对价组成部分，A公司无偿派发的24000万份B公司认沽权证将于2005年12月23日起在C证券交易所挂牌交易，权证类型为美式认沽权证，权证交易简称"机场JTP1"，交易代码"580998"，标的证券为B公司；2. 存续期：1年，即2005年12月23日起至2006年12月22日；3. 行权价：7元；4. 行权期间：权证上市首日起满3个月后第一个交易日至

---

〔1〕 最高人民法院公报案例 上海高级人民法院二审。

权证到期日止的任何一个交易日，为2006年3月23日起至2006年12月22日；5. 行权比例：权证持有人所持1份认沽权证可按行权价向A公司卖出B公司A股股票1股；6. 提示投资者应充分考虑风险因素，包括权证价格波动风险、权证内在价值下跌至零的风险、时效性风险、市场流动性风险、利率风险、新品种尚未被市场完全认知的风险等。

2006年3月20日，A公司发布《A公司关于“机场JTP1”权证行权的提示公告》，公告事项第十条载明：权证交易期间为2005年12月23日起至2006年12月15日，本认沽权证存续期满前5个交易日，权证终止交易，但可以行权。2006年12月13日，A公司发布《A机场管理集团公司关于“机场JTP1”认沽权证终止行权第一次提示性公告》，公告事项第二条载明：根据《C证券交易所权证管理暂行办法》的有关规定，权证存续期满前5个交易日终止交易，“机场JTP1”认沽权证的最后交易日为2006年12月15日（星期五），从2006年12月18日（星期一）起停止交易。2006年12月14日，A公司发布《A机场管理集团公司关于“机场JTP1”认沽权证终止上市提示性公告》，公告事项第一条载明：根据《C证券交易所权证管理暂行办法》的有关规定，权证存续期满前5个交易日终止交易，“机场JTP1”认沽权证的最后交易日为2006年12月15日（星期五），从2006年12月18日（星期一）起停止交易。

陈某自2005年11月起开始从事相关权证交易，对“机场JTP1”的交易始于2006年4月20日起，并持续至2006年12月15日最后交易日。2006年12月15日，在天同证券厦门厦禾路证券营业部买入63600份，卖出20000份，当日成交计4次（买入3次，卖出1次），收盘余额计43600份，参考成本价格为每份人民币0.32元，总值为人民币13734元。

2005年7月19日，中国证监会批准并由C证券交易所发布《C证券交易所权证管理暂行办法》，该办法第四条规定：“本所对权证的发行、上市、交易、行权及信息披露进行监管，中国证监会另有规定的除外。”第十四条第二款规定：“权证存续期满前5个交易日，权证终止交易，但可以行权。”第十五条规定：“发行人应当在权证存续期满前至少7个工作日发布终止上市提示性公告。”第十七条规定：“本所有权根据市场需要，要求发行人和相关投资者履行相关信息披露义务。”

根据C证券交易所于2005年8月、2006年5月发布的三份通知，C证券交易所所属会员必须按规定向首次买卖权证的投资者全面介绍相关业务规则，充分揭示可能产生的风险并与投资者签署《权证风险揭示书》。据此，陈某与其指定交易的D证券公司厦门厦禾路证券营业部于2005年11月22日签署了《权证交易风险揭示书》。

《权证风险揭示书》载明：投资者在参与权证交易前，应认真阅读权证发行说明书和上市公告书，对其他可能影响权证交易和价格的因素也必须有所了解和掌握。《C证券交易所权证管理暂行办法》第八条规定，权证上市申请经本所核准后，发行人应在其权证上市2个工作日之前，在至少一种指定报纸和指定网站上披露上市公告书。2006年12月14日发布的《A公司关于"机场JTP1"认沽权证终止上市提示性公告》第三条载明：2006年12月27日起，"机场JTP1"认沽权证将终止上市，予以摘牌。2006年12月15日B公司的收盘价为7.94元。陈某自述在报纸上看到了A发布的提示性公告，但仅阅看了公告标题而没有仔细阅读提示性公告内容，从而未及时了解权证最后交易日的信息。

陈某诉称，在A公司、C证券交易所未作任何提示的情况下，"机场JPT1"权证于买入当日即12月15日收盘时就终止交易。由于"机场JPT1"权证交易终止时收盘价为人民币0.332元，而B公司股票价格为7.76元，行权价格为6.90元，故行权已无实际意义，"机场JPT1"权证的内在价值为零。A公司仅在2006年12月13日、14日通过媒体刊登提示性公告，不仅刊登的次数不符合规定，刊登的标题也不够明确具体，相反，容易使投资者将最后交易日期理解为2016年12月22日。A公司的上述行为违反了《证券法》关于持续信息披露的规定，对投资者构成重大误导，不足以提示投资者权证交易已经到期。C证券交易所作为权证交易规则的指定机构和权证交易及信息披露的监管机构，对于其违规行为未尽监管职责。故请求判令A公司赔偿陈某投资损失计人民币13734元，B公司、C证券交易所承担连带赔偿责任。

判决结果

一审判决：驳回原告陈某的诉讼请求。

二审判决：驳回上诉，维持原判。

各方观点

上诉人陈某的观点：A 公司于 2005 年 12 月 14 日刊登的上市公告书未明确涉案“机场 JTP1”权证的交易期间，导致上诉人认为涉案“机场 JTP1”权证最后交易日应截至 2006 年 12 月 22 日。上诉人在 2006 年 12 月 15 日买入“机场 JPT1”权证时不知道该权证于当日收盘时终止交易。A 公司于 2006 年 12 月 13 日、14 日刊登的公告中虽有关于“机场 JPT1”权证交易期间的内容，但在刊登的标题中没有反映，不足以提示投资者权证最后交易日。在上述公告中均表述了“机场 JPT1”权证行权期间为“权证上市首日起满 3 个月后第一个交易日至权证到期日止的任何一个交易日，为 2006 年 3 月 23 日起至 2006 年 12 月 22 日”。根据该公告，“机场 JPT1”权证的交易终止日应当截止到行权日即 2006 年 12 月 22 日，而权证交易期间为 2005 年 12 月 23 日起至 2006 年 12 月 15 日的内容未在标题中指出，此外还规定 2006 年 12 月 27 日终止上市并予以摘牌。以上表明公告内容存在矛盾。A 公司的上述行为违反了《证券法》关于持续信息披露的规定，对投资者构成重大误导。被上诉人 B 公司未充分履行“机场 JPT1”权证上市及终止交易等相关的信息披露义务。被上诉人 C 证券交易所作为权证交易规则的指定机构和权证交易及信息披露的监管机构，对于 A 公司、B 公司的违规行为未尽监管职责，且制定的交易规则不完善，表述不严谨，应共同承担连带责任。

被上诉人 A 公司的观点：首先，陈某以本公司未尽信息披露义务为由主张赔偿，应适用《最高人民法院关于审理证券市场同虚假陈述引发的民事赔偿案件的若干规定》。其第六条规定：“投资人以自己受到虚假陈述为由，依据有关机关的行政处罚决定或者人民法院的刑事裁判文书。”原告并无有关机关的行政处罚决定或人民法院的刑事裁判文书为依据，本案起诉不符合受理条件，应驳回起诉。其次，A 公司虽未在上市公告书中提示权证的交易期间，但于 2006 年 3 月 20 日、12 月 13 日、12 月 14 日三次发布的公告中均提示“机场 JPT1”权证最后交易日为 2006 年 12 月 15 日，A 公司已经依法充分履行了信息披露义务。信息披露人不可能将披露的信息内容都在公告标题中予以反映，上诉人在从事权证交易时，应全面阅读和了解有关权证的公告标题和内容，掌握和了解权证的交易规则。根据证券投资风险自负的原则，陈某应充分考虑权证交易的风险因素，其损失属于投资风险损失，与本公司无关。上诉人的投资损失应由其自行承担。

被上诉人 B 公司的观点：B 公司不是“机场 JPT1”权证的发行人或相关投资者，依法不负有权证信息披露义务，上诉人陈某要求 B 公司赔偿投资损失，缺乏法律依据。

被上诉人 C 证券交易所的观点：《C 证券交易所权证管理暂行办法》对于“权证存续期间”、“权证交易期间”、“权证行权期间”均有明确规定，据此，“机场 JPT1”权证存续期间应至 2006 年 12 月 22 日止，权证交易期间应至 2006 年 12 月 15 日止，被上诉人 A 公司的提示性公告符合有关规定。C 证券交易所系为证券集中交易提供场所和设施、组织和监督证券交易的机构，与上诉人之间不存在合同关系或侵权关系。

法院观点

一审法院观点：《证券法》第六十三条规定：“发行人、上市公司依法披露的信息，必须真实、准确、完整，不得有虚假记载、误导性陈述或者重大遗漏。”《C 证券交易所权证管理暂行办法》第十五条规定：“发行人应当在权证存续期满前至少 7 个工作日发布终止上市提示性公告。”A 公司作为“机场 JTP1”的发行人，是信息披露的义务主体并应当严格依法履行相关的信息披露义务。在本案中，A 公司提交的八份证据，均属于“机场 JTP1”发行、上市、交易、行权过程中应当披露的信息，且公告的格式、内容、时点、方式亦均符合法定要件。关于争议的“最后交易日”的内容，根据法院查明的事实，前述公告均在有效期间内充分、明确提示投资者“机场 JTP1”的最后交易日为 2006 年 12 月 15 日。陈某认为上述公告的内容存在误导性表述，不足以提示投资者，显然与客观事实不符，故不予支持。

《C 证券交易所权证管理暂行办法》第十七条规定：“本所有权根据市场需要，要求发行人和相关投资者履行相关信息披露义务。”根据前述规定，B 公司作为“机场 JTP1”的标的证券上市公司，并非“机场 JTP1”信息披露的义务主体。而“机场 JTP1”权证信息也不属于《证券法》中上市公司应当披露的法定事项。因此，陈某要求 B 公司履行“机场 JTP1”的信息披露义务，缺乏法律根据，不予支持。

《证券法》第一百零二条规定：“证券交易所是为证券集中交易提供场所和设施，组织和监督证券交易，实行自律管理的法人。证券交易所的设立和解散，由国务院决定。”第一百一十八条规定：“证券交易所依照证券法律、行政法规制定上市规则、交易规则、会员管理规则和其他有关规则，并报国务院证券监督管理机构批准。”本案中，C 证券交易所依据法律授权制定《C 证券交易所权证管理暂行办法》并经中国证监会批准生效。C 证券交易所在制定权证交易规则、向交易所会员及投资者揭示权证交易风险等方面均符合法定程序，不存在过错。同时，根据本案查明的事实，A 公司在“机场 JTP1”发行、上市、交易、行权过程中均严格依照规则充分履行了权证信息披露义务，C 证券交易所对此履行了法定的监管职责，也不存在过错。

在发行人 A 公司尽到了权证信息公告的披露义务、证券交易机构 C 证券交易所尽到了监管义务的前提下，陈某主张其投资权证损失的原因是“机场 JTP1”的最后交易日的不确定、权证信息披露的不准确、交易规则制定的不完善，显然与事实不符，也与公平公正、风险自负的证券交易原则相悖。综上，陈某的诉讼请求不能成立。

二审法院观点：B 公司系“机场 JTP1”的标的证券上市公司，不是“机场 JTP1”权证信息披露义务主体。同时，根据《证券法》的规定，权证信息亦不属于上市公司应当披露的法定事项。证券交易所是为证券集中交易提供场所和设施，组织和监督证券交易，实行自律管理的法人，与投资者之间不存在直接的合同法律关系。C 证券交易所制定权证交易规则符合法定程序，交易规则本身与陈某的损失之间不存在因果关系。同时，根据本案查明的事实，C 证券交易所对 A 公司权证信息披露、提示性公告发布等义务的监管中不存在过错。陈某要求 B 公司、C 证券交易所承担责任没有法律根据。一审法院说理充分，予以支持。

本案的关键是 A 公司是否应对陈某的投资损失承担赔偿责任。

首先，关于涉案“机场 JTP1”权证最后交易日等内容的公告，是否是《证券法》上的上市公司信息披露行为。权证属证券衍生品种，对于权证最后交易日等内容的提示，与《证券法》规定的涉及上市公司财务状况、股权结构以及公司经营管理人员变化等公司内部重大事项的信息披露不同，最后交易日是由权证交易规则直接规定的，并非权证发行人自行约定的事项或未公开的事项，属于公开信息。《C证券交易所权证管理暂行办法》第十四条第二款规定："权证存续期满前5个交易日，权证终止交易，但可以行权。"根据该规定，权证存续期间一旦确定，最后交易日也随之确定，即使发行人没有提示权证的最后交易日等有关信息，权证投资者在知道权证的存续期间和权证交易规则的情况下，应当可以自行了解和掌握权证的最后交易日。因此，A公司关于涉案"机场JTP1"最后交易日的公告是具有提示性质的公告，不属于《证券法》上的上市公司信息披露。

其次，A公司是否尽到合法发布提示性公告的披露义务。根据本案查明的事实，A公司作为涉案"机场JTP1"权证的发行人，在法定披露媒体上多次发布公告，其在上市公告书中虽未提示权证的最后交易日，但在2006年3月20日、12月13日、12月14日三次发布的提示性公告中均提示涉案"机场JTP1"权证的最后交易日为2006年12月15日。上述公告中关于最后交易日的内容均非常明确，不存在误导性陈述，且与交易规则的规定相一致。陈某于2006年12月15日买入涉案"机场JTP1"权证时，前述提示性公告已经多次提示最后交易日，陈某应当通过相关媒体全面了解涉案"机场JTP1"权证最后交易日的相关信息。特别是12月14日发布的提示性公告中，第一条即明确载明最后交易日为2006年12月15日，2006年12月27日终止上市并予以摘牌。最后交易日和终止上市是两个不同的概念，该公告不存在混淆和矛盾之处，不会导致陈某产生误解。综上可以认定，A公司已经履行了自己依法发布提示性公告的义务。

在A公司、C证券交易所已经按照交易规则将权证的有关知识、规则、信息予以提示和披露的情况下，陈某作为理性的、成熟的投资者，应在充分了解权证交易规则和各种风险的基础上进行高风险的权证交易，一旦根据自主决定进行权证买卖交易，在享有权证交易可能带来的收益的同时，也应承担可能出现的风险。因为疏忽大意没有发现重要信息，或者没有充分了解权证的有关规则，在进行交易行为时产生亏损的，陈某应自行承担相应后果。

关联案例 1

► **向客户提供权证发行人发布的信息并非证券公司的法定义务**

关 键 词：权证发行人　权证交易　信息披露

案件名称：卢某与D证券交易所、E证券有限责任公司、E证券有限责任公司玉林人民东路证券营业部、广东省F机场管理集团公司侵权赔偿纠纷上诉案

审理法院：

一审：上海市第一中级人民法院（2009）沪一中民三（商）初字第60号

二审：上海市高级人民法院（2010）沪高民五（商）终字第10号

法院观点：广东省F机场管理集团公司作为机场权证的发行人，其应当为信息披露的义务主体并应当严格依法履行相关的信息披露义务。法院经审理认为，发行人已经全面适当履行了系争权证交易的信息披露义务，并无误导和违法之处，不存在过错，对卢某的权证交易损失不承担赔偿责任。

E证券及玉林路营业部（权证交易代理人）虽然与客户之间形成合同关系，但对于系争权证的信息披露义务依法应由发行人履行，E证券及玉林路营业部并非系争权证的信息披露主体。其义务范围应为客户揭示权证交易的风险。在整个交易过程中，卢某通过电子方式签署权证风险揭示书足以证明E证券及玉林路营业部已履行了权证交易风险的告知义务。对于E证券及玉林路营业部而言，向客户提供权证发行人发布的信息并非其法定义务，其未将本案所涉权证最后交易日的信息提示给客户并未违反合同的约定，也未对卢某构成侵权，故不应承担卢某投资的损失。

D证券交易所多次发布通知，要求D证券交易所会员向首次买卖权证的投资者会面介绍权证业务规则，充分揭示可能的风险并与投资者签署《权证风险揭示书》，对广东省F机场集团的信息披露行为的监管不存在过错，与交易损失不具有因果关系，与卢某不具有合同关系，故卢某要求D证券交易所共同承担赔偿责任，本院不予支持。

关联案例 2

► **投资者有权选择权证发行人或其委托人作为相对人主张权利**

关 键 词：权证发行人　委托人　信息披露

案件名称：崔某与湖南G钢铁股份有限公司、H证券股份有限公司证券纠纷案

审理法院：北京市西城区人民法院（2008）西民初字第9446号

法院观点：根据《关于湖南G管线股份有限公司流通股之认沽权证发行及上市说明书》，湖南G钢铁集团有限责任公司与I钢铁公司（发行人）拟将FJTP1认沽权证的信息披露及投资者服务工作委托给上市公司G公司管理。此后，G公司以自己的名义多次对GJTP1认沽权证的到期风险、行权等事项发布提示性公告，因此G公司与GJTP1认沽权证发行人之间系委托合同法律关系。崔某以权证被注销构成侵害合法财产权为由提起诉讼，其有权选择权证发行人或发行人的委托人作为相对人主张权利，因此G公司作为权证发行人的委托人可以作为本案当事人。

律师点评

关于权证交易产品，我国《证券法》对于权证没有专门的规定，权证交易的规制主要适用《证券法》的原则性规定外，还应适用上海证券交易所、深圳证券交易所及依据法律授权制定的《权证管理暂行办法》。上述《权证管理暂行办法》规定，权证是指标的证券发行人或其以外的第三人（以下简称发行人）发行的，约定持有人在规定期间内或特定到期日，有权按约定价格向发行人购买或出售标的证券，或以现金结算方式收取结算差价的有价证券。

关于权证交易中的信息披露义务人的问题，本案行为人陈某认为A公司（发行人）、B公司（标的证券上市公司）负有涉案权证上市及终止交易等相关的信息披露义务；C证券交易所（证券交易所）作为权证交易规则的指定机构和权证交易及信息披露的监管机构，未尽监管职责，应共同承担连带责任。对此，法院认为，根据《权证管理暂行办法》第十七条“本所有权根据市场需要，要求发行人和相关投资者履行相关信息披露义务”，法院认定权证信息披露的义务人系发行人和相关投资者，标的证券上市公司非权证信息披露义务主体。同时，根据证券法的规定，权证信息不属于上市公司应当披露的法定事项。证券交易所是为证券集中交易提供场所和设施，组织和监督证券交易，实行自律管理的法人，与行为人之间不存在直接的合同法律关系。并且，本案中C证券交易所制定权证交易规则符合法定程序，交易规则本身与行为人的损失之间不存在因果关系。同时，根据本案查明的事实，C证券交易所对发行人权证信息披露、提示性公告发布等义务的监管中不存在过错。

同时，本案法院认为，在发行人、证券交易所已经按照交易规则将权证的有关知识、规则、信息予以提示和披露的情况下，行为人应在充分了解权证交易规则和各种风险的基础上进行高风险的权证交易，一旦根据自主决定进行权证买卖交易，在享有权证交易可能带来的收益的同时，也应承担可能出现的风险。因为疏忽大意没有发现重要信息，或者没有充分了解权证的有关规则，在进行交易行为时产生亏损的，行为人应自行承担相应后果。

关于作为证券交易代理人的证券公司及营业部是否应承担权证信息披露义务，在关联案例1中，法院认为，证券公司及营业部虽然与客户之间形成合同关系，但系争权证的信息披露义务依法应由发行人履行，证券公司及营业部并非系争权证的信息披露主体。在整个交易过程中，证券公司及营业部已履行了权证交易风险的告知义务，向客户提供权证发行人发布的信息并非其法定义务，其未提示客户本案所涉权证最后交易日的信息并没有违反合同的约定。关于发行人委托他人进行信息披露的，在关联案例2中，法院认为，客户有权选择权证发行人或发行人的委托人作为相对人主张权利。

五、证券交易所审核权证创设行为的可诉性及侵权责任的认定

关 键 词：证券交易所　权证创设　审核行为　自律监管行为

问题提出：证券交易所审核券商创设权证的行为是否具有可诉性？如具有可诉性，法院应当如何认定证券交易所在审核权证创设的过程中是否具有过错，对投资者因权证交易产生的损失，证券交易所是否应当承担赔偿责任？

案件名称：邢某诉A证券交易所权证交易侵权纠纷案〔1〕

裁判规则：证券交易所的自律监管行为如违反法律规定和业务规则，相关受众主体可以对交易所提起民事诉讼。证券交易所审核合格券商创设权证，如审核行为符合权证管理业务规则且证券交易所主观上并非出于恶意，则证券交易所对于投资者因权证交易受到的损失不承担赔偿责任。

案情简介

原告：邢某

被告：A证券交易所

〔1〕 最高人民法院公报案例：一审上海市第一中级人民法院（2008）沪一中民三（商）初字第68号。

2005年11月16日，武汉钢铁（集团）公司（以下简称武钢集团）发布《关于武汉钢铁股份有限公司人民币普通股股票认购权证和认沽权证上市公告书》（以下简称武钢权证上市公告书），其中关于认沽权证的发行，公告称，本次发行备兑认沽权证47400万份，认沽权证交易代码“580999”，权证交易简称：“武钢JTP1”，权证存续期间为2005年11月23日至2006年11月22日，权证行权日为2006年11月16日至2006年11月22日，上市时间为2006年11月23日，标的证券代码“600005”，标的证券简称“武钢股份”，行权价为3.13元，行权比例为1:1，结算方式为股票给付方式。

截至2005年11月25日，经中国证券业协会评审，中信证券等13家证券公司取得从事相关创新活动的试点资格。2005年11月21日，被告A证券交易所发布《关于证券公司创设武钢权证有关事项的通知》称，取得中国证券业协会创新活动试点的证券公司（以下简称创设人）可按照本通知的规定创设权证，创设人创设的权证应与武钢认购或认沽权证相同，并使用同一交易代码和行权代码。创设认沽权证的创设人应在中国登记结算有限责任公司上海分公司（以下简称中国结算上海分公司）开设权证创设专用账户和履约担保资金专用账户，并在履约担保资金专用账户全额存放现金，用于行权履约担保。创设人应将上述账户报A证券交易所备案。创始人向A证券交易所申请创设权证的，应提供中国结算上海分公司出具的其已提供行权履约担保的证明，经A证券交易所审核同意，通知中国结算上海分公司在权证创设专用账户生成次日可交易的权证。权证创设后，创设人可向A证券交易所申请注销权证，创设人每日申请创设或注销权证不得超过一次，每次创设或注销数量均不低于100万份。该通知自2005年11月28日起施行。2005年11月25日，被告A证券交易所审核批准光大证券、海通证券、国信证券、广发证券、东海证券、中信证券、华泰证券、长江证券、国泰君安证券、国元证券十家券商创设武钢认沽权证的申请，总计创设武钢认沽权证共11.27亿份，定于2008年11月28日上市。2005年11月26日，十家券商在《证券时报》披露了上述创设权证的信息，《上海证券报》等媒体进行了相关报道。

武钢权证上市后，原告邢某在2005年11月24日、25日分别买入武钢认沽权证73100份（1.51元/份）、13100份（1.688元/份）、28600份（1.767元/份）、200份（1.806/份），累计买入武钢认沽权证115000份。创设权证上市后，同年11月30日，原告又买入武钢认沽权证100份，每份1.09元。至此，原告共计持有武钢认沽权证 115100 份，平均买入成本价为 1.604 元/份。2005 年 12 月 5 日，原告卖出全部武钢认沽权证 115100 份，成交价为 1.09 元/份。此后，原告在武钢权证存续期间，又多次买入和卖出。另查明，原告除持有武钢认沽权证外，还对包钢、武钢、邯钢认购权证以及包钢认沽权证进行过多次交易，互有盈亏。

原告请求确认在 2005 年 11 月 25 日首次创设武钢认沽权证时 A 证券交易所的提前创设行为是违法、违规、欺诈及操纵市场的过错行为，并且确认被告的过错行为与原告所受损失存在直接的因果关系，判令被告依法承担赔偿责任。

判决结果

上海市第一中级人民法院判决：驳回原告邢某的全部诉讼请求。

邢某不服一审判决，向上海市高级人民法院提起上诉。因邢某未按规定预交上诉费，上海市高级人民法院于 2009 年 5 月 26 日作出裁定：本案按自动撤回上诉处理。一审判决已发生法律效力。

各方观点

原告邢某的观点：2005 年 11 月 22 日，被告 A 证券交易所在其网站及相关媒体发布《关于证券公司创设武钢权证有关事项的通知》（以下简称《创设通知》），该通知载明，经 A 证券交易所同意，通知中国登记结算有限公司上海分公司在权证创设专用账户生成次日可交易的权证，该通知自 2005 年 11 月 28 日起施行。按此通知，创设权证最早上市时间应为 2005 年 11 月 29 日。但在 2005 年 11 月 25 日，A 证券交易所却提前三天发布公告，称已同意批准券商创设 11.27 亿份武钢认沽权证。该批创设的权证于 2005 年 11 月 28 日上市交易，该提前大量创设行为使原告持有 115000 份武钢认沽权证失去交易机会，由此而造成原告巨大亏损。A 证券交易所违规提前创设的行为是对投资者的欺诈，是造成投资者重大损失的直接原因，依法应当赔偿原告的损失。

被告 A 证券交易所的观点：原告邢某是以被告侵犯其财产权为由提起的一般侵权诉讼，然而，本案被告制定权证创设规则并依之审核相关证券公司创立武钢权证申请之行为，属于面向整个权证市场、依法履行法定职责、具有普遍约束力的自律监管行为，而非针对原告而实施的具体行为。因此，原告诉称的被告的行为，不符合一般侵权行为的构成要件，原告的侵权之诉不符合法律规定，依法应予以驳回。被告基于维护权证交易秩序、保护投资者权益之正当目的，按照相关规定审核创设人申请并无不当。原告的损失与诉争的被告行为之间，不存在因果关系，被告不应当承担民事赔偿责任。请求驳回原告的诉讼请求。

法院观点

一、关于本案的可诉性问题

权证产品系证券衍生产品，根据《中华人民共和国证券法》（以下简称《证券法》）第二条第三款的规定，证券衍生产品的发行、交易的管理办法，由国务院依照证券法的原则规定。依此规定，权证的发行和交易行为可纳入《证券法》的调整范围。《证券法》对证券交易所的性质和地位作了明确规定，根据《证券法》第一百零二条第一款的规定，证券交易所是为证券集中交易提供场所和设施，组织和监督证券交易，实行自律管理的法人。根据《证券法》第一百条的规定，进入证券交易所参与集中交易的，必须是证券交易所的会员。权证交易亦属于证券交易，亦应在证券交易所内进行。鉴于普通投资者系通过交易所会员进场交易，投资者与交易所之间不存在直接的交易合同关系，交易所仅仅为交易提供平台和中介服务，因交易发生损失，交易所对投资者不承担契约上的义务。

本案原告邢某并非提起违约之诉，而是以被告A证券交易所的审核券商创设权证违规为由提起的侵权之诉，根据《中华人民共和国民法通则》（以下简称《民法通则》）第一百零六条第二款的规定，原告提起侵权之诉不受主体限制，人民法院可以受理。相对于《民法通则》而言，《证券法》系特别法，《证券法》中关于侵权行为的规定应当优先适用，《证券法》没有规定的，可以适用一般民法关于民事侵权的规定。关于权证产品的发行和交易，目前尚未有单行法律和行政法规出台，只有A证券交易所根据《证券法》和证监会的授权制定的业务规则即《权证管理办法》对权证的发行、交易等进行业务规范。而本案涉及的权证创设问题，也仅有《权证管理办法》第二十九条作了授权性规定，即对于已上市交易的权证，A 证券交易所可以允许合格机构创设同种权证。具体的权证创设规则也是由交易所根据《权证管理办法》的规定，在某一具体的权证产品的上市公告中予以确定。因此，权证创设行为系证券交易所根据国务院证券监管部门批准的业务规则做出的履行自律监管行为，该行为如违反法律规定和业务规则，相关受众主体可以对交易所提起民事诉讼。根据以上分析，被告认为本案原告针对交易所的自律监管行为提起的诉讼不具可诉性的辩称，没有法律依据，不予采信。

二、关于原告邢某的交易损失与被告 A 证券交易所的监管行为之间的因果关系问题

原告邢某认为，被告 A 证券交易所在审核武钢认沽权证时存在违规、欺诈行为，具体表现在未按公告时间创设权证、创设权证严重超量等方面，这些行为直接导致了原告的交易损失，应当由被告进行赔偿。对此，法院认为，被告 A 证券交易所系根据《权证管理办法》第二十九条的规定，审核合格券商创设武钢权证，该审核行为符合业务规则的具体要求，是被告履行证券法赋予其自律监管职能的行为，具有合法性。根据权证管理办法的有关权证发行的规定，具有权证创设资格、开设创设专用账户且提供履约担保资金的证券公司，在其认为权证价格高估时，可以创设权证，并在市场上卖出，增加权证的供给；在权证价格回归价值时，可以回购并注销权证，释放履约担保品。根据上述业务规程，被告在武钢权证上市前，就已经要求发行人在 2005 年 11 月 18 日发布的公告中对有关创设权证对权证交易价格可能造成的影响予以特别提示。在 2005 年 11 月 21 日，武钢权证上市前两天，被告发布了关于证券公司创设武钢权证有关事项的通知，对权证创设的主体和相关程序进行了规定。2005 年 11 月 25 日，申请创设武钢权证的券商完成了相关创设登记及担保手续，被告审核后向中国结算上海分公司发出了创设权证业务通知单，同意创设人在权证创设专用账户生成次日可交易的权证。同年 11 月 26 日，创设人对创设权证事项进行了披露，明确公布所创设的权证将于 11 月 28 日起上市交易。从上述权证创设的过程来看，被告履行了相关监管义务，其行为并无不当。虽然被告在创设权证的通知中载明“该通知自 2005 年 11 月 28 日实施”，但该表述并不表明创设权证只能在该日后即 11 月 29 日才能上市，该实施日即为上市日，故只要在 11 月 28 日前权证创设的相关手续完成，创设的权证即可上市交易。被告的上述审核行为符合权证创设的惯例，亦未

违反业务规则的规定。原告认为被告允许十家券商提前创设武钢权证，没有事实依据，法院难以采信。

对权证交易进行监督和管理，是证券法赋予交易所的一项职能。在武钢认沽权证上市后，投资者对该权证进行了非理性的投机炒作，使得该权证严重背离内在价值。被告A证券交易所为抑制这种过度炒作行为的继续，及时审核创设人创设权证，通过增加权证供应量的手段平抑权证价格，其目的在于维护权证交易的正常秩序，作为市场的监管者，其核准创设权证的行为系针对特定产品的交易异常所采取的监管措施。该行为主观上并非出于恶意，行为本身也并非针对特定投资者，而是针对权证交易活动本身作出的普遍监管行为，是交易所的职责所在。就创设权证审核行为而言，被告的行为不符合侵权行为的基本要件，原告邢某主张被告侵犯其民事权利，依据不足。

原告邢某认为，被告A证券交易所核准券商超量创设权证亦是造成原告交易损失的直接原因。对此，法院认为，证券交易所作为证券市场的一线监管者行使监管职能，必然会对相对人和社会产生一定的影响和效应。创设权证制度在我国属于一项金融创新制度，是基于股权分置改革的总体要求。结合股改权证的运行特点，借鉴成熟市场的类似做法产生的一种市场化的供求平衡机制。鉴于这项制度仍处于探索阶段，故在创设程序、创设品种、创设数量等方面尚无规范可循，在具体实施时创设人可以根据发行权证的具体情况自由决定实施方案，交易所仅对其资格和上市程序进行审查。对于创设权证的具体规模，业务规则本身亦无限制。虽然涉案认沽权证的创设量远远超出了最初的发行量，但《权证管理办法》对此并无禁止性规定，只能根据具体权证产品的交易情况和特点予以确定适当的数量，以达到供求平衡。本案中，原告在武钢认沽权证交易中的损失，虽与券商创设权证增加供给量存在关联，但在被告事先已履行必要的信息披露和风险揭示的情况下，原告仍然不顾风险贸然入市，由此造成的交易风险与被告履行市场监管行为不存在必然的、直接的因果关系，故原告要求被告赔偿权证交易差价损失和可得利益损失，没有法律依据，不予支持。

关联案例

▶ **权证创设规则合法性的认定**

关 键 词： 权证创设规则 信息披露 因果关系

案件名称： 曲某与B航空股份有限公司、C证券股份有限公司、D证券交易所证券欺诈责任纠纷上诉案

审理法院：

一审：上海市第一中级人民法院（2010）沪一中民六（商）初字第42号

二审：上海市高级人民法院（2011）沪高民五（商）终字第8号

法院观点：《D证券交易所权证管理暂行办法》制定程序符合法律规定，与相关法律并无抵触和矛盾之处。权证创设规则是根据《D证券交易所权证管理暂行办法》第二十九条的授权性规定制定的，是合法有效的。创设的南航权证与原南航认沽权证有相同到期日、最后交易日等，创设南航权证的数量，创设南航权证使用的证券代码与原南航股改权证相同等情况，均不违反法律、法规或者交易规则的禁止性规定，D证券交易所在系争权证创设审核中并无过错。且相关信息均进行了合法有效的信息披露，上诉人作为证券市场的投资人对该等信息理应知晓，并承担相应的交易结果。曲某因在到期前未卖出南航认沽权证而导致的损失，是由其自身交易决策所致，与D证券交易所无任何事实上和法律上的直接因果关系。故曲某对上交所的上诉理由不能成立。

律师点评

证券交易所审核权证创设的行为属于证券交易所履行证券法赋予其自律监管职能的行为。邢某诉A证券交易所权证交易侵权纠纷案围绕该类审核行为展开，确认了证券交易所自律监管行为的可诉性，并在此基础上认定涉案证券交易所监管行为具有合法性，主观上不具有过错，证券交易所对原告的损失不承担赔偿责任。

关于证券交易所自律监管行为是否具有可诉性，法院认为，就违约之诉而言，投资者与交易所之间不存在直接的交易合同关系，交易所仅仅为交易提供平台和中介服务，因交易发生损失，交易所对投资者不承担契约上的义务。就侵权之诉而言，以A证券交易所的审核券商创设权证违规为由提起的侵权之诉，根据《中华人民共和国民法通则》第一百零六条第二款“公民、法人由于过错侵害国家的、集体的财产，侵害他人财产、人身的，应当承担民事责任”，原告提起侵权之诉不受主体限制，人民法院可以受理。涉案的权

证创设问题，仅有《A证券交易所权证管理暂行办法》第二十九条规定“已上市交易的权证，合格机构可创设同种权证，具体要求由本所另行规定”，具体的权证创设规则由交易所根据《权证管理办法》的规定在某一具体的权证产品的上市公告中予以确定。因此，权证创设行为，系证券交易所根据国务院证券监管部门批准的业务规则作出的履行自律监管行为，该行为如违反法律规定和业务规则，相关受众主体可以对交易所提起民事诉讼。

关于如何认定证券交易所审核权证行为的侵权责任，在司法实践中，法院一般会审查损失、过错、损失与过错行为的因果关系等要件。具体到邢某诉A证券交易所权证交易侵权纠纷案中，侵权责任是否构成，关键在于将对证券交易所审核行为是否存在过错、是否导致了原告的交易损失。就过错问题而言，法院认为证券交易所的审核权证创设的过程中，已履行了监管职责，不具有过错。法院认为，A证券交易所系根据《权证管理办法》第二十九条的规定，审核合格券商创设权证，该审核行为符合业务规则的具体要求，是A证券交易所履行证券法赋予其自律监管职能的行为，具有合法性。此外，在主观方面，法院认为A证券交易所及时审核创设人创设权证，通过增加权证供应量的手段平抑权证价格，其目的在于维护权证交易的正常秩序，作为市场的监管者，其核准创设权证的行为系针对特定产品的交易异常所采取的监管措施。该行为主观上并非出于恶意，行为本身也并非针对特定投资者，而是针对权证交易活动本身作出的普遍监管行为，是交易所的职责所在。就因果关系问题而言，法院认为，证券交易所作为证券市场的一线监管有行使监管职能，必然会对相对人和社会产生一定的影响和效应。鉴于权证制度仍处于探索阶段，在具体实施时创设人可以根据发行权证的具体情况自由决定实施方案，交易所仅对其资格和上市程序进行审查。对于创设权证的具体规模，业务规则本身亦无限制。虽然涉案认沽权证的创设量远远超出了最初的发行量，但权证管理办法对此并无禁止性规定，只能根据具体权证产品的交易情况和特点予以确定适当的数量，以达到供求平衡。邢某在认沽权证交易中的损失，虽与券商创设权证增加供给量存在关联，但在A证券交易所事先已履行必要的信息披露和风险揭示的情况下，邢某仍然不顾风险贸然入市，由此造成的交易风险与A证券交易所履行市场监管行为不存在必然的、直接的因果关系。综上，法院认定邢某针对A证券交易所提起侵权损害赔偿的请求，没有事实和法律上的依据，邢某应自行承担权证交易的风险损失。

六、法院对于变相融资融券合同效力的认定及处理

关 键 词： 融资融券　保证金　经营资质　强制性规定

问题提出： 在欠缺相应资质的法人或自然人签订变相融资融券合同且发生资金纠纷的情况下，人民法院如何认定相关合同的效力并对资金争议进行处理？

案件名称： 新余A投资咨询有限公司与徐某融资融券交易纠纷案[1]

裁判规则： 融资融券业务系需审批的特许经营金融业务，除经国务院证券监督管理机构审查和批准的证券公司外，任何单位和个人不得从事融资融券业务。法人、自然人之间签订的实质为变相融资融券的合同，应属无效。合同无效后，对于双方发生的损失，应结合案件具体情况、根据双方的过错程度，确定各自责任的承担。

案情简介

上诉人（原审被告）：新余A投资咨询有限公司

被上诉人（原审原告）：徐某

2014年4月10日，以新余A投资咨询有限公司（以下简称A公司）为甲方，徐某为乙方，双方签订第一份《委托协议书》，该协议约定：甲方拥有资金，愿意与乙方合作进行证券投资并希望获得稳定收益；乙方拥有证券投资的经验和技能，愿意与甲方合作，并承担证券投资风险和分享投资收益。甲、乙双方共同协商一致，甲方出资人民币360000元，委托乙方在中国证券市场进行A股股票交易，同时乙方出资自有闲置资金人民币45000元，与甲方出资额进行共同实盘交易。乙方同意，将其出资的自有闲置资金人民币45000元，共同注入甲方指定的银行账户，由甲方开立银行账户转入证券资金账号。乙方存入甲方指定资金账户，以银行存款收据为依据。协议期限为一个月，自2014年4月10日至2014年5月9日止（含节假日）。乙方须按约每月利息日前支付给甲方管理费人民币7920元。甲方应当向乙方提供甲方指定

[1] 一审江西省新余市渝水区人民法院（2014）渝民初字第01387号；二审江西省新余市中级人民法院（2015）余民二终字第3号。

股票资金账号及密码，由乙方实际操作该账号上的股票买卖交易。

为了减少甲方的投资风险，乙方同意，当乙方出资资金剩余50%时，即股票交易账号上股票市值及动态资金总额低于人民币38.25万元时，乙方接到甲方电话通知后应在次交易日前完成追加资金，以保证股票市值及股票账号上的资金总额超过人民币38.25万元。如果乙方未在次交易日前完成追加资金，甲方依约有权更改交易密码、停止交易。如果因乙方未在次交易日前完成追加资金，导致乙方出资的闲置资金低于40%时，即股票交易账号上股票市值及动态出资闲置资金低于40%时，乙方应停止操作并平清所有持仓，否则甲方无需在乙方的同意下便可更改交易密码、甲方有权在任何时候以任何方式进行股票交易，强制平仓，甲方的这种交易行为，无须事先取得乙方同意，甲方强制平仓后，有权锁定账户，停止交易，并可以将证券账户上的资金转入银行账户。在合作期满后的两个交易日内，该资金账号内的资金由甲方、乙方共同前去银行办理，甲方优先取回原始资金人民币36万元，剩余资金归乙方所有，该资金账号内所有资金流向都必须由银行转账完成。甲方保证出资资金按时到位，除本协议约定的情况下，中途不得回撤，否则赔偿由此给乙方造成的全部损失。

2014年4月11日双方又签订第二份《委托协议书》，该份《委托协议书》与第一份《委托协议书》内容不同之处为：甲方出资160000元，乙方出资20000元；甲方提供在民生证券营业部开立的证券专用账户；合作期限自2014年4月11日至2014年5月10日；因出资金额的不同，根据双方约定对管理费和操作规则中对股票交易账号上股票市值及动态资金总额作出了相应调整。其余内容与第一份合同一致。

上述二份《委托协议书》签订后，徐某先后出资共计人民币75000元与A公司合作进行证券投资，徐某资金转入了A公司的指定账户，并向A公司支付管理费11400元。徐某利用A公司提供的证券营业部开立的证券专用账户，使用双方共同出资的资金进行了A股股票交易。至合作期限届满，因徐某买卖股票亏损，A公司只向徐某返还了9634元投资款，并称其余亏损均由徐某承担，亏损共计人民币65366元。

徐某为此向法院提起诉讼，要求依法确认徐某与A公司签订的《委托协议书》为无效合同；A公司返还徐某支付的管理费计人民币11400元；A公司赔偿徐某经济损失人民币65366元等。

另查明，A公司为有限责任公司（自然人投资或控股），注册资本10万元，股东魏某、邬某，各占出资比例50%；成立日期2014年6月26日，经营范围：投资咨询（金融、证券除外）服务等。

判决结果

一审判决：(1) 确认徐某与A公司于2014年4月10日、2014年4月11日签订的两份《委托协议书》为无效合同；(2) A公司应于判决生效之日起十日内返还徐某支付的管理费11400元，赔偿投资股票损失32683元，合计人民币44083元；(3) 驳回徐某其他诉讼请求。

二审判决：驳回上诉，维持原判。

各方观点

上诉人（原审被告）A公司观点：两份《委托协议书》约定A公司与徐某双方合作进行投资，双方约定了合作事项、合作期限、操作规程及管理费的支付方式等。协议签订后，A公司履行了相应的协议书所确定的义务。A公司与徐某所签订的《委托协议书》是双方真实意思表示，也没有违反国家法律、行政法规的强制性规定，该合同应属有效。徐某主张合同无效并要求赔偿损失的请求没有法律依据。

被上诉人（原审原告）徐某观点：A公司没有融资融券的资质，融资融券超过了A公司的经营范围。双方委托协议书违反了《中华人民共和国证券法》和《中华人民共和国合同法》，应属无效。合同无效后A公司应向其返还管理费11400元，并赔偿经济损失65366元。

法院观点

一审法院观点：本案属融资融券交易纠纷。本案争议焦点为，双方签订的两份《委托协议书》是否合法有效。双方借共同合作投资股票之名行变相融资融券之实，徐某、A公司之间为融资融券法律关系。我国现行法律对借贷资金用于证券投资有严格的限制，根据《融资融券管理办法》规定，除证监会批准从事融资融券业务的证券公司可以向投资者出借资金用于证券投资外，其他任何企业均无资格向投资者出借资金用于证券投资。本案中，A公司作为一家投资咨询有限公司，在其经营范围内并未取得金融、证券服务的特许经营资格，其出借资金供投资者从事证券投资的行为超越了其经营范围，也扰乱了我国证券市场的正常经营秩序及监管秩序。A公司将其专用证券资金账户提供给徐某使用，还违反了证监会制定的《证券登记结算管理办法》第二十二条关于“投资者不得将本人的证券账户提供给他人使用”的规定。因此，A公司的经营行为超出其经营业务范围，进入到了其他类型的金融机构须特别批准方能从事的金融服务领域，违反了法律的强制性规定。徐某、A公司所签订的两份《委托协议书》应认定为无效合同，对徐某主张本案诉争合同为无效合同的诉请，予以支持。

根据《合同法》的规定，合同无效或者被撤销后，因该合同取得的财产，应当予以返还。因此，对徐某主张A公司应返还已支付的管理费11400元的诉请，予以支持。对徐某要求A公司赔偿损失65366元的诉请，因本案诉争的损失是由双方签订的无效合同而产生的，故本案应根据双方的过错程度，确定各自承担的责任。徐某作为具有投资经验的投资者，理应知道A公司无权从事融资融券业务，但仍与A公司签订合同，并单独操作了账户内资金，徐某对损失存在过错。A公司明知其经营范围限制而不得从事融资融券业务，仍然与徐某签订合同，将资金借贷给徐某投资股票，A公司应对市场风险与证券投资者的投资能力有基本判断，理应注意徐某投资股票可能造成的损失，诉争证券账户在A公司可控之下，其可以及时了解投资损失情况，并及时采取合理措施，避免损害的发生与进一步扩大，故A公司对损失的发生同样存在过错。徐某、A公司应为同等过错，因此对徐某要求赔偿损失的诉请，A公司应承担损失32，683元，其他诉请不予支持。对A公司的本案诉争损失均因徐某自己的交易行为导致亏损为由，其不应承担损失，与事实不符，不予采信。

二审法院观点：本案属于融资融券交易纠纷。从双方于2014年4月10日、4月11日签订的两份《委托协议书》关于出资比例、交易方式、操作规程、管理费的支付等内容看，其实质是证券业务中的融资融券业务。根据我国《证券法》及证监会颁布的《融资融券管理办法》的规定，设立证券公司，必须经国务院证券监督管理机构审查批准，未经国务院证券监督管理机构批准，任何单位和个人不得经营证券业务；投资咨询机构从事证券服务业务，必须经国务院证券监督管理机构和有关主管部门批准；具有证券经营和服务业务资质的机构，未经国务院证券监督管理机构审查和批准，不得从事融资融券业务。

A公司作为一家从事除金融、证券外的投资咨询机构，既没有证券业务资质，更没有证监会对经营融资融券的审查批准，其与徐某签订两份融资融券协议，开展股票交易活动，违反了我国《证券法》的强制性规定和中国证券会《证券公司融资融券业务试点管理办法》的规定，该两份协议书属于无效协议，不受法律保护。A公司提出没有违反国家法律、行政法规的强制性规定的上诉理由，于法不符，对其上诉请求不予支持。同时，A公司应立即停止此类违法经营活动，做到依法合规经营。原审法院没有适用《证券法》的规定，而仅适用国务院部门规章，虽有不妥，但认定协议无效和处理并无不当，应予维持。

关联案例1

▶ **变相融资融券合同无效后当事人依过错原则分摊损失**

关 键 词： 变相融资融券　合同无效　过错

案件名称： 余某与B证券经纪有限公司融券纠纷案

审理法院：

一审：杭州市中级人民法院（2004）杭民二初字第309号

二审：浙江省高级人民法院（2006）浙民二终字第17号

法院观点： B证券经纪有限公司先后两次转入共计1000万元股票给余某账户供余某进行交易操作，虽然余某此后向B证券经纪有限公司出具了借条，但本案法律关系的实质是融券关系而非借款关系。本案融券行为违反法律法规强制性规定，应属无效。合同无效后，发生返还和恢复原状的问题，B证券经纪有限公司和余某均存在过错，均应承担相应的民事责任。B证券作为合法登记的证券经纪公司，在明知其无比经营范围又不得进行融券的情况下，报价值1000万元左右的股票融券给余某，纵容和放任余某增违规操作，扰乱了证券市场秩序。余某作为该证券公司的股票交易客户，在明知不能融券情况下，在融券后个人操作各个证券账户进行股票交易，亦有违股票交易规则。余某本应按其融入的股票种类及股票数量返还B证券经纪有限公司相应的股票，但因B证券经纪有限公司无自营证券的经营业务，从本案的实际出发，余某应按判决执行日前一日股市收盘价返还其所融入的相应种类、相应数量股票市值的款项。现股票市值与融入时的股票市值之间的差额损失部分，在减去另案处理的100万元后，由B证券经纪有限公司自行负担40%，余某负担60%。

关联案例 2

▶ **变相融资融券合同被认定无效后法院在过错分摊时的考虑因素**

关 键 词：变相融资融券　平仓损失　过错分摊

案件名称：汤某与C投资管理公司委托合同纠纷案

审理法院：

一审：上海市虹口区人民法院（2010）虹民二（商）初字第692号

二审：上海市第二中级人民法院（2012）沪二中民六（商）终字第170号

法院观点：证券公司作为专业金融机构，明知融资融券行为违反当时法律法规中的禁止性规定，仍借款给汤某用于证券交易，其对无效合同的签订及由此产生的财产损失具有明显过错，应承担主要过错责任；关于平仓损失的认定，如果合同双方已确定平仓点的，基于已经发生了强行平仓行为，应以双方确定的平仓点作为计算基准点。本案应以《代客理财协议书》《委托理财协议书》中约定的平仓市值作为参考，计算实际平仓市值与基准市值之间的差额，扣除该区间发生的资金提取行为，以及汤某从事股票交易行为带来的交易风险，结合涉案证券公司负有主要过错责任、以及平仓后擅自划取的部分资金应予返还等因素，酌定C投资管理公司承担的责任金额。

律师点评

一、融资融券业务及在我国的发展历程

融资融券业务，是指向客户出借资金供其买入证券或者出借证券供其卖出，并收取担保物的经营活动。融资融券制度起源于欧洲，历经几个世纪的发展，融资融券在发达国家证券交易市场日臻成熟。融资融券交易能够促进证券市场流通、活跃股票交易、缓冲市场压力、合理价格机制，同时是投资者降低风险、进行投资的新方式，是国际上非常流行的证券交易方式。

融资融券虽因增加了流动性而对于证券市场有着重要的积极意义，但其信用交易的交易机制和浓重的投机特征也可能产生一定的消极影响，具体而言包括如下三个方面：一是信用规模的过分扩张。融资融券创造了虚拟的证券供求，并放大的金融机构的信用规模，当宏观经济或政治等出现较大波动时，融资融券交易可能会引发证券市场和货币市场的失控并诱发金融危机。二是追涨助跌，加大市场波动幅度。例如，融券，当证券市场价格出现剧烈波动时，若投资者判断失误，其可能无法补足维持保证金，证券公司会为减少自身损失而强行平仓，增大市场的杀跌力量。三是助长了投机氛围，融资融券交易本身强大的杠杠效应会促使投机者采用较小的资本追逐成倍的利润，其对信用交易的依赖容易造成证券市场的虚假繁荣，并可能因市场波动给投资者造成巨大的损失，威胁整个金融市场的稳定。

正因为融资融券交易具有明显的“双刃剑”特性，其在我国经历了从禁止到逐渐放开的过程。1999年《证券法》明确规定证券公司不得为客户进行融资融券交易。2005年《证券法》第一百四十二条规定：“证券公司为客户买卖证券提供融资融券服务，应当按照国务院的规定并经国务院证券监督管理机构批准。”从法律上为证券信用交易提供了必要的制度空间。证监会于2006年发布《证券公司融资融券业务试点管理办法》和《证券公司融资融券业务试点内部控制指引》，宣告融资融券业务的制度建设工作启动。同年，两大证券交易所分别发布《上海证券交易所融资融券交易试点实施细则》与《深圳证券交易所融资融券交易试点实施细则》。中国证券登记结算有限责任公司发布《中国证券登记结算有限责任公司融资融券试点登记结算业务实施细则》。2008年，国务院发布《证券公司监督管理条例》与《证券公司风险处置条例》。至此，中国融资融券业务规则体系基本完备。2008年10月，中国证监会宣布启动融资融券试点。在此基础上，2010年1月，中国证监会宣布，国务院已原则同意开展证券公司融资融券业务试点。2010年1月22日，证监会发布《关于开展证券公司融资融券业务试点工作的指导意见》，融资融券制度正式施行。

我国现行融资融券制度主要有如下几个特点：

（一）市场准入限制。只有经证监会批准的证券公司方可开展融资融券业务，而对于参与融资融券的投资者，现行法也在投资经验、风险承受能力、信用记录等方面设定了一定的门槛。对于未达到准入要求的单位和个人，一律不得开展和参与融资融券业务。

（二）专户交易结算。证券公司经营融资融券业务，应当以自己的名义，在证券登记结算机构分别开立融券专用证券账户、客户信用交易担保证券账户、信用交易证券交收账户和信用交易资金交收账户，并在商业银行分别开立融资专用资金账户和客户信用交易担保资金账户。证券公司与客户签订融资融券合同后，应在其融资融券信用账户项下为客户开立二级账户，用于记载客户委托证券公司持有的担保证券和担保资金的明细数据。

（三）动态保证金制度。证券公司向客户融资、融券，应当向客户收取一定比例的保证金。保证金可以证券充抵。证券公司应当逐日计算客户交存的担保物价值与其所欠债务的比例。当该比例低于约定的维持担保比例时，应当通知客户在约定的期限内补交担保物，客户未能按期交足担保物或者到期未偿还债务的，证券公司可以按照约定处分其担保物和强制平仓。

（四）证券及资金权益的信托关系。根据《证券公司监督管理条例》《证券公司融资融券业务管理办法》等的规定，客户与证券公司就融资融券业务形成特殊的信托关系。客户证券担保账户内的证券和客户资金担保账户内的资金为信托财产，对客户信用交易担保证券账户记录的证券，由证券公司以自己的名义，为客户的利益，行使对证券发行人的权利。

二、变相融资融券协议的效力

虽然融资融券制度于2010年才在我国试点引入，但客观而言，融资融券作为一种重要的交易方式，在证券交易体系中有其独特的价值。实际上，从我国证券市场构建之时，投资者就对于融资融券有一定市场需求，而在法律制度未予以放开的情况下，各种以第三方委托理财、透支交易、账户借用为名的变相融资融券已暗流涌动；而即便是在目前融资融券制度已初步确立的情况下，由于现行制度设定的融资融券准入门槛相对较高，仍有大量单位和个人在以“借款协议”、“典当协议”、“委托理财协议”、“合作协议”等方式变相经营和参与融资融券业务。而由于融资融券行为本身的高风险性，加之“地下融资融券”在操作规范性、风险控制等方面远不及有相应资质的证券公司开展的融资融券业务，因此极易导致当事人之间纠纷的产生，而人民法院如何认定此类变相融资融券合同的效力以及如何处理当事人之间的资金争议将显得尤为重要。

从司法判例来看，无论是融资融券制度确立之前，制度建立的过渡时期还是目前阶段，实践中绝大多数人民法院都将变相融资融券合同认定为无效合同。在证券法2005年修改之前，我国在法律层面明确禁止进行融资融券行为，因此对于这段时期发生的变相融资融券争议，相关合同自然应被认定为无效。而在此后包括《证券法》《证券公司融资融券业务管理办法》《证券公司监督管理条例》相继出台和修订，进而正式引入了融资融券制度，人民法院将民间各类变相融资融券认定为无效合同，主要有以下两点原因：第一，《证券公司融资融券业务管理办法》第三条规定：“证券公司开展融资融券业务，必须经中国证券监督管理委员会批准。未经证监会批准，任何证券公司不得向客户融资、融券，也不得为客户与客户、客户与他人之间的融资融券活动提供任何便利和服务。”因此可以推论除经证监会批准的证券公司外，任何单位和个人均不得从事融资融券业务。第二，《证券登记结算管理办法》第二十二条规定“投资者不得将本人的证券账户提供给他人使用”，而变相融资融券行为的典型特征就是将融出方的证券账户、资金账户提供给融入方使用，违反了“用户实名”的原则。据此，法院往往认定此类变相融资融券合同违反法律、法规强制性规定，因而无效。

但该种认定也遭到了一定质疑，上诉人在上诉理由中往往主张《证券公司融资融券业务管理办法》《证券登记结算管理办法》均是证监会发布的部门规章，而非法律或行政法规，即使违反也不应导致当事人基于真实意思签订的协议无效。客观而言，此观点并非没有道理，而为了平息类似质疑，一些法院在判决中根据《证券法》原则或借道“违反公共利益”进行论证，但仍难以令人充分信服。

而在“A公司与徐某一案”中，二审法院从《证券法》第一百二十二条入手，指出“设立证券公司，必须经国务院证券监督管理机构审查批准。未经国务院证券监督管理机构批准，任何单位和个人不得经营证券业务”，该条确定了证券业务的特许经营门槛，应属强制性规定；而融资融券业务本身也是证券业务的一种，且证券法第一百四十二条规定证券公司提供融资融券服务，应经证监会批准。因此，根据《证券法》第一百二十二条、第一百四十二条的规定，融资融券业务应属于“特许中的特许”业务。结合最高院《合同法司法解释（一）》第十条“当事人超越经营范围订立合同，人民法院不因此认定合同无效。但违反国家限制经营、特许经营以及法律、行政法规禁止经营规定的除外”的规定，最终回归《合同法》第五十二条，认定A公司作为一家从事除金融、证券外的投资咨询机构，既没有证券业务资质，更没有证监会对经营融资融券的审查批准，其与徐某签订两份融资融券协议，开展股票交易活动，违反了我国《证券法》的强制性规定和中国证监会《证券公司融资融券业务试点管理办法》的规定，该两份协议书属于无效协议，不受法律保护。该判决找到了“强制性规定”的落脚点，且论证过程较为充分，值得借鉴。

三、变相融资融券协议无效后的责任承担

《合同法》第五十八条规定“合同无效或者被撤销后，因该合同取得的财产，应当予以返还；不能返还或者没有必要返还的，应当折价补偿。有过错的一方应当赔偿对方因此所受到的损失，双方都有过错的，应当各自承担相应的责任”。在变相融资融券协议被认定无效的情况下，首先发生相互返还、恢复原状的后果，融出方应向融入方返还管理费、保证金，融入方应向融出方返还其融入的资金和证券。由于双方当事人发生纠纷往往因为证券交易出现了亏损，对于亏损的负担问题，司法实践中人民法院倾向于认定双方当事人对于合同无效均有过错，并根据案件具体情况确定各方应承担的损失比例。如在“A公司与徐某案”中，法院判决认定“徐某作为具有投资经验的投资者，理应知道A公司无权从事融资融券业务，但仍与A公司签订合同，并单独操作了账户内资金，徐某对损失存在过错。A公司明知其经营范围限制，不得从事融资融券业务，仍然与徐某签订合同，故A公司对损失的发生同样存在过错。徐某、A公司应为同等过错”。另外，在一些案例中，在维持保证金已触及当事人约定的强制平仓线的情况下，融出方并未选择平仓，结果导致损失进一步扩大，对于此类平仓损失，正如在“汤某与C投资管理公司案”中法院的认定，虽然双方变相融资融券应属无效，但合同中约定的平仓点仍应作为确定双方责任的参考，C投资管理公司作为专业金融公司，在平仓时机的选择上负有防止损失扩大的注意义务，其在已触及平仓点的情况下未及时平仓，对于扩大部分的损失，C投资管理公司负有主要责任。

七、法院对证券公司因系统故障或缺陷应承担的赔偿责任及范围的认定

关 键 词： 证券公司　系统故障　证券交易错误　机会利益损失

问题提出： 在因证券公司提供的系统、软件存在缺陷或发生故障并导致委托人证券交易错误的情况下，委托人是否有权要求证券公司承担赔偿责任？赔偿责任的范围是什么？

案件名称： 周某与A证券股份有限公司上海北京东路证券营业部证券交易合同纠纷案[1]

---

[1] 一审上海市黄浦区人民法院（2009）黄民二（商）初字第4944号；二审上海市第二中级人民法院（2010）沪二中民六（商）终字第116号。

裁判规则：证券公司与委托人存在证券委托代理合同关系，证券公司应审慎经营，履行对委托人的诚信义务，防范技术风险，努力为投资者提供安全、便捷、高效的服务，对于因己方技术故障或软件缺陷给委托人造成的损失，证券公司应承担赔偿责任。证券公司应承担的赔偿责任范围一般限于委托人的实际损失，在特殊情况下司法可酌情考虑委托人的机会利益损失，委托人对其实际损失和机会利益损失负有的相应举证责任。

案情简介

上诉人（原审原告）：周某

被上诉人（原审被告）：A证券股份有限公司上海北京东路证券营业部

周某在A证券有限责任公司上海北京东路证券营业部（以下简称A证券营业部）开户进行股票买卖，习惯采取每日“低吸高抛”的操作方式。2007年2月1日凌晨2：01：06至2：14：54，其通过电话外线委托方式预埋了21笔卖出委托参与当天集合竞价，欲卖出北京城建、华泰股份、中华企业、新华百货、鹏博士、长江电力和工商银行7个股票。A证券营业部于当日9：15：09将周某预埋的委托向上海证券交易所进行申报，其中，申报成功19笔，9：15：11申报2笔撤单。后周某发现其股票被无故撤单，即与A证券营业部交涉。次日，北京城建、中华企业等股票暴跌。

A证券营业部经调查认为：根据客户2月1日柜台委托、成交以及上海证券交易所（以下简称上交所）报盘接口库的确认，当天在公司1个后台核心（公司后台共有5个核心）系统向上交所接口库报盘时，因报盘机通讯问题，造成部分客户的委托重复写入了交易所接口库，其中就包括了周某的集合竞价委托；因上交所对券商同一合同序号的委托不判重处理，因此，客户的重复委托在交易所都作有效委托处理；对于这些重复委托的第一笔委托，上交所做正常处理；对于第二笔重复委托，因客户股份不足，因此上交所对该重复委托做了“废单”处理，原因为“股份余额不足”；券商柜台在收到上交所第二笔重复委托的“废单”回报后，按合同序号对柜台的该笔委托进行了“余额不足”的标识，并给客户的股份进行了可用数解冻；此时，客户在券商柜台中显示的该笔股份，已经与交易所实际股份不一致，因此当客户在开盘后对该笔股份继续委托的时候，交易所都会给予拒绝；根据对客户的委托记录以及当日行情价的确认，周某以9.66元的单价卖出2000股中华企业的委托和以11.05元的单价卖出200股北京城建的委托按当日行情可以成交，其余委托按当日行情均不会成交；针对这2笔可能成交的委托，结合周某后续的股份操作，对于因该日委托产生周某实际损失的，将按实际情况给予周某差价金额弥补。

2007年8月21日，中国证券监督管理委员会上海监管局向周某寄送了告知书，告知周某有关赔偿事宜应通过司法途径解决。因周某与A证券营业部无法就相关善后事宜达成一致，周某遂向上海市黄浦区人民法院起诉，要求A证券营业部赔偿股票交易损失10000元（二审调整为17977元），并承担其因诉讼而发生的费用。

判决结果

一审判决：（1）A证券营业部应于判决生效之日起10日内赔偿周某经济损失人民币2000元；（2）A证券营业部应于本判决生效之日起10日内赔偿周某交通费、查档费人民币180元；（3）对周某的其余诉讼请求不予支持。

二审判决：驳回上诉，维持原判。

各方观点

上诉人（原审原告）周某观点：被上诉人称其报盘机出现通信故障，导致出现废单，但这在上交所的交易记录上并未有任何体现。上诉人每天进行大量T+0短线交易，事发当日由于其股份无故被封无法进行正常交易，造成上诉人经济损失，其中北京城建（600266）暴跌达9.3%，中华企业（600675）跌6.1%。A证券营业部称事发时周某的各笔委托交易可以成交的只有9.66元卖出2000股中华企业和11.05元卖出200股北京城建这两笔，并不符合实际情况。事实上，当天上证A股开中阳线，按其一贯的操作手法，即使委托的价格可能当天成交不了，但根据行情的变化及时调低价格，是可以成交的，其能够抛出持有的问题股。现由于证券公司的原因导致其股票未能抛出，其损失应当按照当日其全部未成交的股票卖出委托来计算。故A证券营业部应当对违规禁止周某卖出所造成的损失承担相应的责任，赔偿范围应为周某惯常操作可能成交的价格与当日收盘价之间的差价，该金额应在17000元以上。

被上诉人（原审被告）A证券营业部的观点：2007年2月1日上午，因公司报盘机通讯问题，造成部分客户的委托重复写入了交易所接口库，对客户被重复写入的卖出委托，当客户在开盘后对该笔股份继续进行卖出委托的时候，交易所都会因有过重复写入并标识“股份余额不足”给予拒绝。根据对客户的委托记录以及当日行情价的确认，周某2月1日上午的卖出委托中，以9.66元的单价卖出2000股中华企业的委托和以11.05元的单价卖出200股北京城建的委托按当日行情可以成交，其余委托按当日行情均不会成交。针对这2笔可能成交的委托，结合周某后续的股份操作，对于因该日委托产生周某实际损失的，可按实际情况给予弥补，但不包括不可预见的损失。

法院观点

一审法院观点：

（一）关于A证券营业部是否应承担赔偿责任。证券公司应当遵守法律、行政法规和国务院证券监督管理机构的规定，审慎经营，履行对客户的诚信义务。A证券营业部接受周某合法有效的委托后，应当认真履行自己的职责。现A证券营业部认为当日周某委托后出现的问题系因报盘机故障而导致的，如果问题产生原因如A证券营业部所言，该原因亦系技术问题，并非意外风险，更非周某自身原因。在日常经营过程中，证券公司理应配设相应的服务场地、工作人员和系统设施，做好应急处理预案，防范技术风险，努力为投资者提供安全、便捷、高效的服务。故A证券营业部理应对因此给周某造成的相应损失承担赔偿责任。

（二）关于A证券营业部应承担的责任范围。根据委托记录和交易行情，周某实际可以成交但受故障影响而未能卖出2000股中华企业及200股北京城建，其所受到的经济损失为1036元。因周某自述其属于超级短线客，每天交易频繁，利用自有股票进行短期套利。该交易方式本身即存在很大的风险。且周某在当天下午曾有买入委托的记录，并无卖出的委托。在随后几天内周某又多次买入卖出相关股票。上述因素导致周某的经济损失难以准确界定，故损失总额可结合周某交易情况和当时的股票行情走势等因素综合分析酌情确定为2000元。

二审法院观点：

（一）关于A证券营业部是否应承担赔偿责任。上诉人周某与被上诉人A证券营业部之间存在合法有效的证券委托代理合同关系，被上诉人应当根据合同约定为上诉人提供安全、便捷、高效的委托代理服务。现由于被上诉人的原因导致上诉人合法有效的委托出现异常，应当对由此给上诉人造成的损失承担相应的赔偿责任。上诉人要求赔偿交易损失17000元以上，超过一审主张的10000元，增加的部分不属于二审法院审判的范围。上诉人认为被上诉人有关其报盘机故障的说法缺乏依据，但基于被上诉人已认可基于己方的技术故障导致上诉人的委托出现异常，故委托异常的原因何在，并非本案纠纷的症结所在。

（二）关于A证券营业部应承担的责任范围。根据当日的股票行情记录，仅有9.66元卖出2000股中华企业和11.05元卖出200股北京城建这两笔委托系由于被上诉人的原因而未能成交，其所造成的经济损失1036元应当由被上诉人承担。至于前述两笔卖出委托以外当日其他的卖出委托，根据当日行情并不能成交，上诉人主张按照其惯常操作方式即撤单再卖出均可以成交，但其所述操作并非实际发生，上诉人亦无法提供充分证据证实该方式系其惯常操作方式且均能成功，故无法依照此方式计算损失数额。况且，上诉人所主张的按照其惯常操作方式可能获得的利益，伴随着较大的操作风险，亦超过被上诉人签订证券委托代理合同可以预见的范围。故原审法院结合上诉人交易情况和当时的股票行情走势等因素综合分析酌情确定被上诉人赔偿上诉人经济损失2000元，并无不当。

关联案例1

► **法院如何认定系统故障与损害结果间的关系？**

关 键 词： 系统故障　系统功能　告知说明义务　实际损失

案件名称： 周某与B证券营业部证券交易代理合同纠纷案

审理法院：

一审：上海市长宁区人民法院（2012）长民二（商）初字第553号

二审：上海市第一中级人民法院（2013）沪一中民六（商）终字第307号

法院观点：周某在股票交易日的午间休市时间段内向B证券营业部先行委托买入涉案股票、随后又委托撤单，但最终因B证券营业部的网上交易软件系统在午间不能撤单，造成周某委托的交易撤单失败而以较高价格买入的事实。相较于客户而言，证券公司对于其自身网上交易软件系统的了解更多，在信息不对称的情况下，客户在证券公司未能就系统的功能向其进行全面说明时，对于系统的功能将产生一定的合理期待，从而影响到其投资行为和投资收益。B证券营业部理当将其提供的网上交易软件系统不支持午间撤单功能的特性向周某予以明确告知，B证券营业部未能履行其相关告知说明义务，亦未能提交其他确凿证据证明周某对该项交易特性已明确了解，由此给周某所造成的损失理应由B证券营业部承担。

证券投资市场是一个动态、连续的市场，投资者可以通过波动的股价对某一时点的投资失利通过继续交易等方法进行补救，甚至回本获利。在本案中，周某虽然客观上受到了侵害，但不能够机械地认定损失。由于系争股票的买入委托在2012年3月26日已经成交，而该股票虽然在2012年4月5日之前一直处于跌停状态，但是跌停何时打开，以何价格打开，以及是否会再度跌停均难以确定，因此周某于2012年3月27日、4月4日发送给B证券营业部的函件中的条件和买卖价格均处于不确定状态。故对于损失的计算应当依据周某于2013年1月28日卖出涉案股票的价格与其买入该股票的价格差所形成的实际损失，即以周某实际操作中已经形成的损失确定。由于周某于2013年1月28日以每股11.73元的价格将100股的系争股票卖出，因此同2012年3月26日的买入价即每股13.51元形成差价损失即178元，B证券营业部应当承担178元的赔偿责任。

关联案例2

► 证券公司对系统故障造成的损失不因合同中存在风险提示条款而当然免责

关 键 词：系统故障　附随义务　不可抗力　免责事由

案件名称：邱某与C公司期货经纪合同纠纷案

审理法院：

一审：上海市第一中级人民法院（2012）沪一中民六（商）初字第21号

二审：上海市高级人民法院（2013）沪高民五（商）终字第1号

法院观点：《合同法》第一百二十一条规定：“当事人一方因第三人的原因造成违约的，应当向对方承担违约责任。当事人一方和第三人之间的纠纷，依照法律规定或者按照约定解决。”虽然恒生交易系统并非C公司设计和维护，但却系C公司提供给客户用于传达交易指令的工具。因此，C公司对之负有通知、协助、保护等合同附随义务，避免因自己提供的软件或服务损害客户的合法权益。此次故障原因在于接收客户交易指令的网关程序本身存在瑕疵，且该瑕疵可通过测试加以发现，并通过程序更新予以修补。C公司未经充分测试即将之提供客户使用，以致系统于交易期间发生故障，构成违约，应当就此造成的客户损失承担赔偿责任。

虽然双方当事人的经纪合同和风险提示书中包含互联网数据传输可能因通信繁忙等原因导致网上交易出现延迟、中断，C公司无过错时不承担责任等内容。但本案系统故障的原因是C公司对自己管控的设备怠于进行充分调试，导致存在瑕疵的软件被实际使用，C公司当然应当就其过失承担相应的赔偿责任。同时本案系统故障显然属于可以通过软件测试在事先预测，也可以通过软件更新加以避免的，故不属于不可抗力，亦不能适用法定免责事由。

律师点评

现代证券市场严重依赖于各个环节的技术系统的支撑，一个完整的高频交易系统一般包括实时市场报价系统、高频交易策略系统、交易单管理系统以及其他后台系统。这些交易系统是证券交易的发动机和处理器，是证券公司的心脏，但同时也是证券交易异常情况的高发地带。一旦证券公司所依赖的高度电子化、自动化的交易系统存在缺陷或发生故障，将直接影响各证券交易委托人的利益，甚至可能影响整个证券市场的秩序。在此情况下，司法对于证券公司因系统故障或缺陷应承担的赔偿责任及范围的认定显然具有非常重要的意义。

一、证券公司是否应对其系统故障或缺陷承担赔偿责任

在证券市场中，证券公司主要扮演中介服务机构的角色，其与投资者签订的委托代理合同或证券经纪合同，通过其提供的系统和软件接受投资者下达的交易指令，再根据交易规则，通过会员申报系统向交易所的交易系统输入证券买卖订单，从而实现投资者的交易预期。

而一旦证券公司提供的系统和软件存在缺陷或发生故障，证券公司作为投资者的代理人，该情况所产生的后果，可以从不同法律关系来认识：一方面，根据证券公司与投资者签订的委托代理合同，证券公司作为代理人所承担的最基本的义务即按照委托人的指令进行证券交易操作，而在交易系统存在缺陷或发生故障的情况下，将导致委托人的交易指令无法被正确、及时地执行，此时无论证券公司是否具有主观过错，除非存在不可抗力等免责事由，否则其均应承担违约责任。另一方面，该情况所导致的后果往往是委托人财产权益的损害，若证券公司对于交易系统的缺陷或故障具有过错，从侵权行为的构成要件来看，证券公司亦构成侵权。

虽然违约责任和侵权责任都包含多种责任方式，但由于证券交易一定程

度上的无因性以及维护交易安全的市场需要，许多国家的证券法律都规定证券交易的结果不得随意改变。我国《证券法》第一百二十条亦确立了“交易结果恒定”原则。根据该原则，一旦证券交易按照既定规则依法达成，一般情况下，即进入不可逆的状态，交易的效力及履行不受主体资质、履约能力甚至违法行为的影响。因此，当证券公司因系统缺陷或故障承担违约责任或侵权责任时，受侵害的投资者一般不能要求变更、撤销交易结果，而通常只能向证券公司主张损害赔偿责任。

需说明的是，证券业协会的《证券交易委托代理协议（范本)》的第二十二条规定：“因乙方不可预测或无法控制的系统故障、设备故障、通讯故障、电力故障等突发事故及其他非乙方人为因素，以及监管部门、自律组织等规定的其他免责情形，给甲方造成的损失，乙方如无过错则不承担任何赔偿责任。”各证券公司与投资者签订的委托代理协议中往往亦包含了类似条款，在发生争议时证券公司往往援引此条作为自身的免责事由。虽然该免责条款本身是合法有效的，但其适用的前提在于系统故障“不可预测或无法控制”，且证券公司对此“没有过错”。而从实际情况来看，大多数系统软件的故障或缺陷的发生均与软件设计失误、调试维护更新不利以及证券公司对系统软件功能说明不充分有关，证券公司难言“没有过错”，即使证券公司提供给客户的相关系统软件系由第三方设计和维护，根据合同相对性原则，证券公司应对客户承担相应违约责任。因此，除非证券公司能举证证明系统故障属于“不可预测或无法控制”，且其不存在过错，否则其不能援引该条款主张免责。另外，如“邱某与C公司案”法院判决所言，系统故障和缺陷往往属于可以通过软件测试在事先预测，也可以通过软件更新加以避免的，故一般不属于不可抗力，不能适用合同法的法定免责事由。

二、证券公司损害赔偿责任的范围

根据我国证券交易规则，投资者必须通过证券公司代理参与证券交易并进行二级结算，而证券市场的证券交易价格又具有典型的动态性和难以预测性，一旦证券公司的系统软件发生故障，不仅会影响投资者正在委托的个别交易的进行，还很可能影响投资者在一段时期内的投资机会。在此情况下证券公司对于投资者的赔偿责任范围问题素有争议，“周某与A证券营业部”案即是其中典型，A证券营业部在庭审中承认其应当承担一定赔偿责任，双方当事人争议的焦点在于赔偿责任的范围。而该案通过一审、二审判决所确立的赔偿原则颇具指导意义：

（一）原则上证券公司因系统故障对客户应负赔偿责任局限于实际损失

我国合同法和侵权法的损害赔偿均以“损害填补”为原则，如《合同法》第一百一十三条规定“当事人一方不履行合同义务或者履行合同义务不符合约定，给对方造成损失的，损失赔偿额应当相当于因违约所造成的损失，包括合同履行后可以获得的利益，但不得超过违反合同一方订立合同时预见到或者应当预见到的因违反合同可能造成的损失。”在因系统故障导致客户交易损失的情况下，首先应根据客户实际发生的、基于系统故障受到影响的交易为依据进行计算其实际损失。具体数额应依据客户委托单内容和当日股票行情进行计算。

在本案中，法院认为虽然周某有多笔卖出委托受到系统故障的影响，但根据当日的股票行情记录，仅有9.66元卖出2000股中华企业和11.05元卖出200股北京城建这两笔委托可能成交，因此确认周某的实际损失为1036元。

（二）特殊情况下司法可酌情考虑客户的机会利益损失

在本案中，周某主张按照其一贯的操作手法，对于其他受影响的卖出委托而言，即使委托的价格可能当天成交不了，但其根据行情的变化及时调低价格，仍是可以成交的，其能够抛出持有的问题股，因此损害赔偿金额应该按照各笔委托可能成交的价格与股票收盘价之间的差价计算。

由于周某并未对该主张提供相应证据，法院没有采纳其计算方法。但法院也认识到由于系统的故障，在客观上会导致周某在故障期间因股票被标记“股份余额不足”而无法再进行任何卖出委托，其真正蒙受的不利益要高于两笔可能成交的委托产生的实际损失，因此法院最终酌情将损害赔偿额确定为2000元。而其中在1036元实际损失外的964元，在性质上应属机会利益损失。

所谓机会利益，即机会本身而言，对当事人意义重大，尽管机会的存在不一定必然最终使当事人受益，但是当事人对可能带来收益的机会具有合理期待。对机会利益损失进行赔偿，主要是为了保护当事人的期待。

机会利益损失不同于《合同法》第一百一十三条所规定的“可得利益损失”。可得利益是指合同在履行以后可以实现和取得的利益。在违约行为发生的情况下，可得利益损失要求该等损失具有相当程度上的必然性。但机会利益仅仅表现为获利的机会，无论违约行为是否发生，该机会利益是否能够实现均是不确定的。

我国司法实践对于机会利益的保护一直采较为谨慎的态度，但本案判决要求A证券公司赔偿投资人部分机会利益的损失，主要基于以下几个原因：

第一，从证券委托代理合同的特性出发，为客户提供股票交易机会是证券公司作为金融中介机构履行合同义务的基本内容。证券公司作为专门从事各种金融活动的组织，在买卖股票这一直接金融活动中充当中介，必须为交易进行提供物质、人员、技术上的保障，为当事人参与金融活动提供保障，该保障并非保障客户获利，而是保障客户具有符合交易规则的交易机会。在我国现行证券交易制度下，而该机会利益对客户而言意义重大，无机会则无利益。因而，交易机会在本案中具有独立价值，应当受法律保护。

第二，从传统民商法理论来看，机会丧失理论不存在适用障碍。合同法上，机会丧失理论主要适用于这样的情形：如果合同约定的内容就是为一方当事人提供一个获益的机会，则因一方违约导致该机会丧失当然应该予以赔偿。本案中，由于A证券公司的原因发生了系统故障，使周某丧失了利用原有股票进行交易的机会，从根本上剥夺了股民获利的可能性，如不让证券公司承担任何责任，民法通则规定的公平、诚实信用和合法权益不受侵犯的原则就无从体现，客观上也放纵了证券公司违约行为的发生。所以，法院可依据民法通则的原则，酌情判令证券公司对股民交易机会的丧失给予适当赔偿。

另外，在机会利益损失的计算上，司法在确定机会利益的价值时，可以综合考量合同的特性、机会中所蕴含的或然性、相对方的可预见性等因素，进行酌定。例如，机会对缔约目的实现越重要，该机会利益的价值越大；机会中蕴含的偶然性越多，机会的价值就越小。

本案中，周某自述其为“超级短线客”，每天交易频繁，利用自有股票进行短期套利，这种操作本身较大的风险，最终法院结合周某交易情况和当时的股票行情走势等因素综合分析酌情确定其机会利益损失为964元。

八、虚假陈述侵权赔偿的构成要件

关 键 词：虚假陈述　民事责任　构成要件

问题提出：法院如何判断是否构成虚假陈述民事侵权责任？其构成要件是什么？

案件名称：朱某与贵州A能源控股（集团）股份有限公司证券虚假陈述赔偿纠纷案〔1〕

裁判规则：如果上市公司披露信息有虚假记载、误导性陈述或者重大遗漏，使投资者被该信息误导，并在此基础上作出错误的判断，而这种错误的判断导致投资者在不适当的时候或者以不适当的价格买进或者卖出证券，从而在证券交易中遭受损失的，上市公司应当承担赔偿责任。

本案中，上市公司虽然存在证券虚假陈述行为且其虚假陈述行为具有重大性，但证券投资人在上市公司更正虚假陈述行为后亦买入该公司股票，其投资决定未受虚假陈述行为的影响。故上市公司虚假陈述与投资人交易决定之间不存在因果关系，即虚假陈述侵权赔偿构成要件中的交易因果关系不成立，故投资人的股票损失不应由上市公司承担赔偿责任。

案情简介

上诉人（原审原告）：朱某

被上诉人（原审被告）：贵州A能源控股（集团）股份有限公司

贵州A能源控股（集团）股份有限公司（以下简称A公司）是在上海证券交易所上市的公司，原名贵州B控股（集团）股份有限公司（以下简称B控股），2011年7月6日更名为A公司。其股票名称为“B控股”、“＊ST四维”，股票代码为“600145”。

2010年4月6日，中国证监会作出（2010）14号行政处罚决定书，认定B控股存在以下违法事实：1. 未按规定披露与大股东青海C创业投资有限公

〔1〕 一审贵州省贵阳市中级人民法院（2011）筑民商初字第10号；二审贵州省高级人民法院（2012）黔高民商终字第3号。

司（以下简称青海C公司）签订《股权转让有关事宜协议书》并付款的重大事项。2007年4月23日，B控股总裁办公会形成决议，拟通过青海C公司受让青岛D信托投资有限公司的部分股权。2007年5月10日，董事长雷某代表B控股与青海C公司签订《股权转让有关事宜协议书》，约定青海C公司将本应由其受让的青岛D信托投资有限公司的股权，转由B控股受让，股权转让款由B控股先行支付给青海C公司或青海C公司指定的公司，再由青海C公司支付给股权出让方山东E集团控股有限公司和中铁十八局集团有限公司。根据上述协议，2007年5月18日至12月28日，B控股自行或委托子公司湖南F洁具股份有限公司向青海C公司及其指定的公司累计付款14914.3万元。对于上述与大股东青海C公司签订《股权转让有关事宜协议书》并付款的事实，B控股既未按规定予以及时披露，也未在2007年中期报告中披露。直至2008年4月30日，B控股方在其《2007年年度报告》中披露了上述事项。2. 未按规定披露与深圳市G科技开发有限公司（以下简称深圳G公司）签订《土地使用权转让协议》并付款的重大事项。2007年11月26日，董事长雷某代表B控股与深圳G公司签订《土地使用权转让协议》，约定深圳G公司将其拥有的广东省增城市石滩镇沙庄街下围村白茫的25510平方米的土地使用权转让给B控股，最终转让价格以协议签订后中介机构的评估价格为依据，但不高于6000万元。根据上述协议，2007年11月30日至12月18日，B控股向深圳G公司指定的公司累计付款2085万元。对于上述与深圳G公司签订《土地使用权转让协议》并付款的事实，B控股没有按照规定予以及时披露。直至2008年4月30日，B控股方披露了上述事项。根据上述事实，该会决定对B控股给予警告，并处以30万元罚款；并对雷某等直接责任人分别给予警告或者处以罚款。

2007年5月8日至5月14日，B控股股票每个交易日的收盘价为：9.6元、10.02元、10.59元、10.15元、9.98元。

2007年11月22日至11月28日，B控股股票每个交易日的收盘价为：7.95元、8.06元、8.00元、7.83元、7.75元。

2008年4月28日至5月6日，B控股股票每个交易日的收盘价为：5.55元、5.36元、5.49元、5.58元、5.50元。

另查明：2007年8月29日，B控股发布公告：2007年8月26日，公司与山东E集团控股有限公司签订《股权转让协议》，以每股1.6元的价格受让山东E公司持有的青岛D有限公司的16.65%的股权，转让价款合计83905280元。本次股权转让由公司大股东青海C公司代公司向山东E公司支付股权转让款83905280元。在青海C公司代公司向山东E公司支付股权转让款后，公司形成对青海C公司的负债83905280元。该笔负债的偿还方式由公司与青海C公司另行协商解决。2007年8月27日至8月31日，B控股股票每个交易日的收盘价为：9.64元、10.60元、10.89元、11.04元、11.11元。

2007年10月19日，B控股发布公告：2007年10月17日，公司与中铁十八局签订《股权转让协议》，中铁十八局同意将其合法持有的青岛D信托有限公司21.45%的股权转让给公司，转让价款67559200元，本次股权转让款67559200元由青海C公司代为支付。在青海C公司向中铁十八局支付全部股权转让款后，公司形成对青海C公司的负债67559200元。该笔负债的偿还方式由公司与青海C公司另行协商解决。2007年10月17日至10月23日，B控股股票每个交易日的收盘价为：8.99元、8.50元、8.59元、7.89元、8.10元。

2008年8月23日，B控股发布公告终止收购青岛D公司股权。2008年8月21日至8月26日，B控股股票每个交易日的收盘价为：3.02元、2.95元、2.92元、2.74元。

2008年10月7日，B控股发布关于结清终止受让青岛D公司股权相关债权债务公告。2008年9月26日至10月9日，B控股股票每个交易日的收盘价为：2.45元、2.35元、2.34元、2.28元、2.28元。

搜狐证券网网站公布数据显示，上证综合指数2008年初开盘价为5，265，2008年6月30日跌至2，724，跌幅达48.26%。

朱某于2008年1月29日分6次买入B控股股票106850股，其中42300股，成交价格8.55元；21300股，成交价格8.597元；12500股，成交价格8.516元；10000股，成交价格8.495元；2250股，成交价格8.36元；18500股，成交价格8.492元。另于2008年6月10日买入B控股股票15000股，成交价格4.68元。其于2009年2月9日卖出115700股，成交价格3.18元；同日卖出6150股，成交价格3.16元。

在中国证监会对A公司作出行政处罚决定后，朱某以其股票投资损失系由A公司的虚假陈述行为所造成为由，诉至一审法院，请求判令A公司赔偿损失313193.23元及因诉讼而产生的交通费15520元共计328713.23元，并承担诉讼费用。

二审另查明：2007年5月10日到2008年5月23日，上证综指收盘点位下跌10%，B控股股价下跌45.4%。2007年11月26日到2008年5月23日，上证综指收盘点位下跌26.5%，B控股的股价下跌27.8%。2008年4月30日到2008年5月23日，上证综指收盘点位下跌1.3%，B控股股价上涨5%。

同时，双方在诉讼中认同把大盘点位即上证综指作为考量系统风险的重要因素。此外，双方均认可2007年5月10日及2007年11月26日为虚假陈述实施日，2008年4月30日为虚假陈述揭露日（或更正日），2008年5月23日为计算股票损失的基准日。

判决结果

一审判决：（1）驳回原告朱某的诉讼请求。（2）案件受理费6230.70元，由原告朱某负担。

二审判决：驳回上诉，维持原判。二审案件受理费6230.7元，由上诉人朱某负担。

各方观点

朱某观点：朱某认为其股票投资损失系由A公司的虚假陈述行为所造成，A公司的违法行为被处以行政处罚，说明其行为给投资者造成了危害和损失。

A公司观点：朱某的股票投资是由证券市场系统风险及人民币汇率走高、市场扩容、A公司经营状况恶化等非系统风险多种原因导致的；朱某股票投资损失与A公司虚假陈述之间不存在因果关系。

法院观点

一审法院观点：A公司的虚假陈述行为虽然违反了国家行政管理法规，受到了行政处罚，但考量虚假陈述所涉及的内容、虚假陈述行为相关多个时点的B控股股票价格走势以及系统风险对个股的影响，A公司虚假陈述行为所涉内容没有引起其股票价格的巨幅震荡，并不会使原告产生信赖利益，依据《最高人民法院关于审理证券市场因虚假陈述引发的民事赔偿案件的若干规定》（以下简称《规定》）第十九条第一款第（四）项“被告举证证明原告具有以下情形的，人民法院应当认定虚假陈述与损害结果之间不存在因果关系：……（四）损失或者部分损失是由证券市场系统风险等其他因素所导致的，人民法院应当认定虚假陈述与损害结果之间不存在因果关系”之规定，A公司的虚假陈述与原告损害结果之间不存在因果关系。判决：1. 驳回原告朱某的诉讼请求。2. 案件受理费6230.70元，由原告朱某负担。

二审法院观点：依据《中华人民共和国证券法》第六十九条及《最高人民法院关于审理证券市场因虚假陈述引发的民事赔偿案件的若干规定》第一条之规定，虚假陈述侵权赔偿的构成要件为：存在虚假陈述行为、虚假陈述行为具有重大性、虚假陈述行为与证券交易及损失之间存在因果关系。上述因果关系包括虚假陈述与交易决定之间的交易因果关系和虚假陈述与投资者损失之间的损失因果关系，两者缺一不可。本案中，A公司应否承担责任，取决于其行为是否构成上述四个要件。

第一，A公司未在适当期限内披露与青海C公司签订《股权转让有关事宜协议书》并付款及与深圳G公司签订《土地使用权转让协议》并付款事项的行为已经被证监会的处罚决定所认定，其行为的性质属于未按规定披露信息，即未在适当期限内公开披露应当披露的信息。根据《最高人民法院关于审理证券市场因虚假陈述引发的民事赔偿案件的若干规定》第十七条“证券市场虚假陈述，是指信息披露义务人违反证券法律规定，在证券发行或者交易过程中，对重大事件作出违背事实真相的虚假记载、误导性陈述，或者在披露信息时发生重大遗漏、不正当披露信息的行为。不正当披露，是指信息披露义务人未在适当期限内或者未以法定方式公开披露应当披露的信息”的规定，A公司未在适当期限内公开披露应当披露的信息的上述行为属于不正当披露，应当认定为证券市场虚假陈述行为。

第二，A公司的虚假陈述行为具有重大性。依据《中华人民共和国证券法》第六十七条“发生可能对上市公司股票交易价格产生较大影响的重大事件，投资者尚未得知时，上市公司应当立即将有关该重大事件的情况向国务院证券监督管理机构和证券交易所报送临时报告，并予公告，说明事件的起因、目前的状态和可能产生的法律后果。下列情况为前款所称重大事件：……（二）公司的重大投资行为和重大的购置财产的决定；（三）公司订立重要合同，可能对公司的资产、负债、权益和经营成果产生重要影响”之规定，A

公司与青海C公司签订《股权转让有关事宜协议书》并付款及与深圳G公司签订《土地使用权转让协议》并付款的行为属于公司的重大投资行为和重大的购置财产的决定及公司订立重要合同，可能对公司的资产、负债、权益和经营成果产生重要影响的范畴。一方面，A公司未按规定披露的事件属于法律规定的重大事件。另一方面，从虚假陈述行为更正后的市场反应来看，其股价小幅上涨，亦表明该信息对投资者的投资决定存在影响，具有重大性。

第三，A公司虚假陈述行为的实施与朱某的投资决定之间不存在因果关系。首先，影响投资者作出股票投资决定的因素是多方面的，上市公司的信息披露仅是其中一种因素。股票作为一种有价证券，除具有流动性的特征之外，还具有风险性、波动性的特征。股票的特征决定了投资股票既是一种收益率颇高的投资方式，又是一种高风险的投资方式。作为投资者，不仅要面临外部客观因素所带来的风险，还要面对自身主观决定因素所造成的风险。影响投资者投资决定的主要相关因素有：国家宏观经济状况的变化，国家经济、金融政策的变化，银行利率的影响，通货膨胀，投机操作行为，上市公司本身的声誉、经营状况、股利政策、预期发展前景以及投资者的心理因素和判断等。其次，从朱某买入股票的时间与本案虚假陈述行为的实施日和更正日来分析，A公司虚假陈述行为的实施日为2007年5月10日及2007年11月26日，更正日为2008年4月30日，而朱某买入该公司股票的时间为2008年1月29日和2008年6月10日。可以看出，在A公司未按规定披露信息的情况下，朱某买入该公司的股票，在A公司公告了未及时披露的信息以后，朱某仍然购买了该公司的股票。由此可见，A公司未及时披露信息的行为客观上没有影响朱某的投资决定，亦不会使朱某产生投资其股票的信赖利益。朱某的投资交易并不是由A公司未及时披露信息的行为所决定的。最后，从本案虚假陈述行为的特点及其对股票交易价格的影响来分析，虽然A公司存在未及时披露信息的违法行为，但其行为并非采取浮夸、利好的方式公布信息，从而引诱投资人作出积极投资的决定，而是延迟披露重大信息。在其延迟公告未及时披露所涉事件后，其股价小幅上涨，没有发生巨幅震荡。而其另两次正当公告受让青岛D公司股权及与中铁十八局签订《股权转让协议》的内容与其未及时披露的信息内容基本一致，即转让标的、转让价格、股权数量等均相同，但其股价在这两次公告的前后数日持续小幅上涨，并未引起股价下跌。且在其公告终止受让青岛D公司股权及结清相关债权债务信息前后，其股票价格虽持续走低，但与大盘走势基本一致。

综合分析上述三个方面，A 公司虽然存在证券虚假陈述行为且其虚假陈述行为具有重大性，但朱某在不知道 A 公司存在虚假陈述行为的情况下买入该公司股票，并在 A 公司更正虚假陈述行为后亦买入该公司股票，其投资决定未受虚假陈述行为的影响。A 公司虚假陈述与朱某交易决定之间不存在因果关系。

第四，至于本案双方当事人主张的股票价格下跌与市场整体形势之间的关系，系损失因果关系问题。由于朱某的买入行为与 A 公司的虚假陈述行为之间不存在交易因果关系，在本案中可不予审理。

综上，如果上市公司披露信息有虚假记载、误导性陈述或者重大遗漏，使投资者被该信息误导，并在此基础上作出错误判断，而这种错误判断导致投资者在不适当的时候或者以不适当的价格买进或者卖出证券，从而在证券交易中遭受损失的，上市公司应当承担赔偿责任。由于朱某买卖 A 公司股票的交易决定与 A 公司虚假陈述行为之间不存在因果关系，虚假陈述侵权赔偿构成要件中的交易因果关系不成立，故朱某投资股票的损失不应由 A 公司承担赔偿责任。朱某的上诉没有事实和法律依据，本院不予支持。原判适用《最高人民法院关于审理证券市场因虚假陈述引发的民事赔偿案件的若干规定》第十九条第一款第（四）项规定不当，予以纠正，但判决主文正确，应予维持。

关联案例 1

► **虚假陈述的具体内容应与损害结果有因果关系**

关 键 词： 虚假陈述　因果关系　重大事件

案件名称： 徐某与 H 传媒投资集团股份有限公司证券虚假陈述责任纠纷案

审理法院：

一审：海口市中级人民法院（2011）海中法民二初字第 243 号

二审：海南省高级人民法院（2012）琼民二终字第 85 号

法院观点：《关于审理证券市场因虚假陈述引发的民事赔偿案件的若干规定》第十七条规定："证券市场的虚假陈述，是指信息披露义务人违反证券规定，在证券发行或交易过程中，对重大事件作出违背事实真相的虚假记载、误导性陈述或者在披露信息时发出重大遗漏、不正当披露信息的行为。"即构成虚假陈述的前提是要"违反证券法律"，而且要具体针对

"重大事件"。因此本案应重点审查H传媒年报中存在的问题是否属于"重大事件"的虚假陈述。H传媒年报中被查处的错误既不属于违反证券法律规定的错误，也不属于对《证券法》所规定的"重大事件"，而是违反了会计、税收法律、法规或者规章。而且，除归属于母公司所有者的净利润和利润总额调整的幅度较大以外，其余科目调整幅度均很微小，难以影响股票市场，且不符合《关于审理证券市场因虚假陈述引发的民事赔偿案件的若干规定》所指的"重大事件"的构成条件。此外，就投资者的心理而言，证券市场的一般规律是"大盘看去势，个股看业绩"，即上市公司的业绩是投资者选择股票时考量的重要元素，上市公司业绩越好，越能吸引投资者的投资。这些纠错后的客观调整，增加了H传媒公司资产利润总额。这对投资者而言，无疑是利好消息，而非利差消息；对H传媒公司而言，也是正面信息，而非负面信息。综上所述，专员办查处的H传媒公司错误的信息披露，不是《关于审理证券市场因虚假陈述引发的民事赔偿案件的若干规定》所指的虚假陈述。故H传媒公司年报信息披露行为中存在的错误，不构成虚假陈述。

关联案例2

▶ **原告基于其诉讼利益的判断而选择部分主体作为被告不违反法律规定**

关 键 词：普通共同诉讼　共同侵权　连带责任

案件名称：陈某等23名投资人诉大庆I公司、J证券公司虚假陈述侵权赔偿纠纷案

审理法院：黑龙江省高级人民法院选自《中华人民共和国最高人民法院公报》2015年第11期

法院观点：对发行人或者上市公司的上市文件，证券承销商、证券上市推荐人或者专业中介服务机构都有责任审核，都可能对发行人或者上市公司的虚假陈述行为承担连带责任。以上述主体为被告的诉讼，属于普通共同诉讼，原告基于其诉讼利益的判断而选择其中某些人当被告，不违反法律规定。在虚假陈述行为被完全揭露前，即使其他信息披露义务人后续披露了其他虚假信息，也不能排除投资人对在先披露信息的依赖。投资人进行股票交易期获取收益，是合法行为；投资人的投资动机，并非法定的免除损害赔偿责任的条件。虚假陈述行为给从事合法股票交易的投资人造成损失，不能因投资人交易动机的不同而免除虚假陈述行为人的赔偿责任。J证券公司作为证券经营机构，推荐并承销上诉人大庆I公司股票发行，是法定的信息披露义务人。J证券公司未尽到法律所要求的勤勉、审慎注意义务，没有对源于大庆I公司的虚假陈述予以纠正或出具保留意见，而且自己还编制和出具了虚假陈述文件。同时，J证券公司没有向法院证明其存在法定的免责事由。J证券公司违法行为的内容和性质，已被中国证监会的行政处罚予以确认。依据《关于审理证券市场因虚假陈述引发的民事赔偿案件的若干规定》第二十七条的规定，J证券公司应当承担共同侵权的连带责任。

律师点评

一、虚假陈述的概念

根据最高人民法院2003年《关于审理证券市场因虚假陈述引发的民事赔偿案件的若干规定》(以下简称《规定》) 第十七条规定，证券市场上发生的虚假陈述行为，是指信息披露义务人违反证券法律规定，在证券发行或交易过程中，对重大事件做出违背事实真相的虚假记载、误导性陈述，或者在披露信息时发生重大遗漏、不正当披露信息的行为。虚假陈述主要表现为以下四种类型：

(一) 虚假记载，是指信息披露义务人在披露信息时，将不存在事实在信息披露文件中予以记载的行为。虚假记载的信息披露义务人存在主观故意，同时此类虚假陈述在财务报表中时常发生。

(二) 误导性陈述，是指虚假陈述行为人在信息披露的公开文件中或者通过媒体，作出让投资人对其投资行为发生错误判断并产生重大影响的公开陈述。误导性陈述具有很强的隐蔽性，此类陈述虽然公开了法定应该公开的重大事实，但是在措辞上，使投资者容易产生错误理解和判断，从而影响到投资者的决策。

(三) 重大遗漏，是指信息披露义务人在信息披露文件中，未将应当记载的事项完全或者部分予以记载。重大遗漏可以是疏忽大意的过失也可以是故意为之的。

(四) 不正当披露，是指信息披露义务人未在适当期限内或者以法定方式公开披露应当披露的信息。这种虚假陈述主要是不符合公开时间和公开方式。

二、虚假陈述民事侵权责任的构成要件

(一) 客观要件

1. 存在虚假陈述行为且该行为具有重大性

(1) 前置程序：根据《规定》第六条的内容，投资人向法院提起虚假陈述证券民事赔偿诉讼需要提交有关行政机关对该虚假陈述行为的行政处罚决定或者公告，或者人民法院的刑事裁判文书。

(2) 满足四种行为表现之一：虚假记载、误导性陈述、重大遗漏和不正当披露违法行为，定义已在前文叙述。

(3) 符合“重大性”标准。根据《规定》第十七条第二款，对于重大事件应当结合证券法相关规定的内容认定。其中，《证券法》第六十七条规定，下列情况为前款所称重大事件：（一）公司的经营方针和经营范围的重大变化；（二）公司的重大投资行为和重大的购置财产的决定；（三）公司订立重要合同，可能对公司的资产、负债、权益和经营成果产生重要影响；（四）公司发生重大债务和未能清偿到期重大债务的违约情况；（五）公司发生重大亏损或者重大损失；（六）公司生产经营的外部条件发生的重大变化；（七）公司的董事、三分之一以上监事或者经理发生变动；（八）持有公司百分之五以上股份的股东或者实际控制人，其持有股份或者控制公司的情况发生较大变化；（九）公司减资、合并、分立、解散及申请破产的决定；（十）涉及公司的重大诉讼，股东大会、董事会决议被依法撤销或者宣告无效；（十一）公司涉嫌犯罪被司法机关立案调查，公司董事、监事、高级管理人员涉嫌犯罪被司法机关采取强制措施；（十二）国务院证券监督管理机构规定的其他事项。

2. 存在损害后果

（1）损害符合法定性。即损害事实必须是侵权人违反有关证券的法律、法规而造成投资者的损害，如果是因为违反其他法律规定而给受害人造成了损害，则不属于虚假陈述民事侵权责任。

（2）采用实际损失规则计算损害后果。根据《规定》第三十条，虚假陈述行为人在证券交易市场承担民事赔偿责任的范围，以投资人因虚假陈述而实际发生的损失为限。投资人实际损失包括：投资差额损失、投资差额损失部分的佣金、印花税以及相应资金利息。其中资金利息自买入至卖出证券日或者基准日，按银行同期活期存款利率计算。

3. 虚假陈述行为与证券交易及损失之间存在因果关系

虚假陈述行为和损害后果之间的因果关系应包括：交易上的因果关系和损失的因果关系。即投资人因信赖虚假陈述而做出交易决定的交易因果关系；投资者损失是虚假陈述造成的损失因果关系，两者缺一不可。

《规定》第十八条规定：投资者具有以下情形的人民法院应当认定虚假陈述与损害结果之间存在因果关系：（一）投资人所投资的是与陈述直接关联的证券；（二）投资人在虚假陈述实施日及以后，至揭露日或者更正日之前买入该证券；（三）投资人在虚假陈述揭露日或者更正日及以后，因卖出该证券发生亏损，或者因持续持有该证券而产生亏损。

另外，根据《规定》第十九条：被告举证证明原告具有以下情形的，人民法院应当认定虚假陈述与损害结果之间不存在因果关系：（一）在虚假陈述揭露日或者更正日之前已经卖出证券；（二）在虚假陈述揭露日或者更正日及以后进行的投资；（三）明知虚假陈述存在而进行的投资；（四）损失或者部分损失是由证券市场系统风险等其他因素所导致；（五）属于恶意投资、操纵证券价格的。

（二）主观要件

1. 赔偿责任主体

虚假陈述主体范围可概括为：

（1）发起人、控股股东等实际控制人；

（2）发行人、上市公司及其负有责任的董事、监事和经理等高级管理人员；

（3）证券承销商、证券上市推荐人及其负有责任的董事、监事和经理等高级管理人员；

（4）会计师事务所、律师事务所、资产评估机构等专业中介服务机构及其直接责任人；

（5）其他作出虚假陈述的机构或者自然人，包括证券交易所、证券公司、证券登记结算机构、证券交易服务机构、社会中介机构及其从业人员，或者证券业协会、证券监督管理机构及其工作人员等。

2. 过错

目前虚假陈述民事赔偿案件中针对不同虚假陈述行为人采用三种归责原则。

（1）无过错责任

根据《规定》第二十一条“发起人、发行人或者上市公司对其虚假陈述给投资人造成的损失承担民事赔偿责任”，发起人、发行人或者上市公司承担无过错责任，即不区分主观是故意或过失。

（2）过错推定责任

根据《规定》第二十一条第二款、第二十三条、第二十四条，承担过错推定责任的责任主体有：发行人、上市公司负有责任的董事、监事和经理等高级管理人员；证券承销商、证券上市推荐人及其负有责任的董事、监事和经理等高级管理人员；会计师事务所、律师事务所、资产评估机构等专业中介服务机构及其直接责任人。

（3）过错责任

《规定》第二十五条：本规定第七条第（七）项规定的其他作出虚假陈

述行为的机构或者自然人，违反《证券法》第五条、第七十二条、第一百八十八条和第一百八十九条规定，给投资人造成损失的，应当承担赔偿责任。该条对于“其他作出虚假陈述的机构或自然人”的归责采用过错责任。一般认为，“其他作出虚假陈述的机构或自然人”包括证券交易所、证券公司、证券登记结算机构、证券交易服务机构、社会中介机构及其从业人员，或者证券业协会、证券监督管理机构及其工作人员等。

图书在版编目(CIP)数据

金融案件司法观点集成/孙彬彬主编. —北京：
法律出版社,2016.5
(典型案例与司法观点系列)
ISBN 978-7-5118-9436-6

Ⅰ.①金… Ⅱ.①孙… Ⅲ.①金融法—案例—中国
Ⅳ.①D922.280.5

中国版本图书馆 CIP 数据核字(2016)第 087672 号

金融案件司法观点集成
孙彬彬 主编

编辑统筹 法律应用出版第二分社
策划编辑 冯雨春
责任编辑 李沂蔚
装帧设计 李 瞻

出版 法律出版社
总发行 中国法律图书有限公司
经销 新华书店
印刷 三河市兴达印务有限公司
责任印制 吕亚莉

开本 710 毫米×1000 毫米 1/16
印张 26.25
字数 406 千
版本 2016 年 6 月第 1 版
印次 2016 年 6 月第 1 次印刷

法律出版社/北京市丰台区莲花池西里 7 号(100073)
电子邮件/info@lawpress.com.cn
网址/www.lawpress.com.cn
销售热线/010-63939792/9779
咨询电话/010-63939796

中国法律图书有限公司/北京市丰台区莲花池西里 7 号(100073)
全国各地中法图分、子公司电话：
第一法律书店/010-63939781/9782
重庆公司/023-65382816/2908
北京分公司/010-62534456
西安分公司/029-85388843
上海公司/021-62071010/1636
深圳公司/0755-83072995

书号:ISBN 978-7-5118-9436-6
定价:78.00 元
(如有缺页或倒装,中国法律图书有限公司负责退换)